集人文社科之思 刊专业学术之声

集 刊 名：北大史学
主　　编：赵世瑜
主办单位：北京大学历史学系

CLIO AT BEIDA

编辑委员会（按音序排列）

安　然　曹家齐　陈博翼　陈侃理　崇　明　戴海斌　党宝海　范韦里克　贺　喜
胡　鸿　康　鹏　李隆国　李云飞　刘永华　陆　扬　罗　敏　邱源媛　石川祯浩
宋怡明　唐利国　王东杰　谢国荣　徐晓旭　张　静　赵冬梅　赵世瑜　仲伟民

主　编　赵世瑜

本辑执行主编　唐利国

本辑特约编辑　李伏媛

本刊投稿邮箱　beidashixue@163.com

第23辑　2022年第1辑

集刊序列号：PIJ-2021-429
中国集刊网：www.jikan.com.cn
集刊投约稿平台：www.iedol.cn

北大史学

CLIO AT 23 BEIDA

2022年第1辑

北京大学历史学系　主办

赵世瑜　主编

社会科学文献出版社
SOCIAL SCIENCES ACADEMIC PRESS (CHINA)

第 23 辑
东亚思想与文化史专号

目 录

专题研究

伎乐铜屋为古越灵台考 …………………………… 刘晓峰（1）
儒教的圣人像
　　——制作者还是人格者 …………………………… 小岛毅（27）
明朝时期朝鲜与琉球关系的"中国因素" ………… 张崑将（41）
以冈仓天心为媒介 …………………………………… 孙　歌（63）
试析丸山真男的思想史研究方法论 ……………… 唐永亮（76）
自中国考察到日本的"天职"
　　——试析内藤湖南的日本文化论 ……………… 吴光辉（93）
《日本书纪》讲读中的"日本"与"倭"
　　——"日本"国号问题及其超克 ……………… 梁晓弈（116）
日本中世五山禅僧的"儒化"倾向
　　——以中岩圆月的政治关怀和"儒学"认知为中心
　　　……………………………………………… 王明兵（137）

日本近世初期对马藩的中国情报搜集活动 ………………… 程永超（162）
日本近世"素读吟味"汉文训读法标准考
 ——汉文训读视角下对"日本儒学体制化"问题的探究
 ……………………………………………………… 王侃良（187）
荻生徂徕经世思想的历史检视
 ——兼对日本儒学思想史研究方法的初步反思 ……… 杨立影（205）
柄谷行人的"D的研究"：原游动性与普遍宗教 ………… 廖钦彬（226）
历史囚徒的困境
 ——和辻哲郎的天皇制伦理学探析 …………………… 王　超（243）
解构与重建：柳田国男"固有信仰说"解析 ……………… 罗　敏（266）
近代日本儒学史的成立
 ——以井上哲次郎的"三部曲"为中心 ………………… 王茂林（283）
帝国日本语境中的"东亚" ………………………………… 顾菱洁（305）

会议纪要

"近代东亚的知识生成与变异"青年学者工作坊（第二期）纪要
 ……………………………………………………… 李果安（325）

学术评论

去"中心主义"：全球史语境下的"新世界史"
 ——读羽田正《全球化与世界史》 …………………… 陈佳奇（332）

学术通讯

荣新江教授当选英国学术院通讯院士 ………………………… （345）
Table of Contents & Abstracts ………………………………… （348）

专题研究

伎乐铜屋为古越灵台考

刘晓峰[*]

摘　要　本文以中国古代时间文化体系为背景，对浙江省博物馆所藏、出土于绍兴坡塘狮子山306号战国墓中的伎乐铜屋进行整体分析和释读。本文以相风释读伎乐铜屋之上部，以明堂释读伎乐铜屋之下部，以古代音乐与时间之关系释读伎人乐歌场面，认为这件文物应为一座古越灵台模型，所再现的是春天祈年的场景。这座古越灵台模型，是目前已知年代最早且唯一一件明堂式建筑模型。灵台屋顶的鸠与八角柱组合在一起，更是中国目前已知年代最早的相风实物。这一释读对今后思考古越与中原文化的关系，对讨论中国古代时间文化在古越地区的影响，具有非常大的意义。

关键词　伎乐铜屋　相风　明堂　八角柱　灵台

1982年3月，伎乐铜屋出土于浙江绍兴坡塘狮子山306号战国墓的壁龛中（M306：13），今藏于浙江省博物馆（见图1）。关于这件文物，王屹峰曾有比较准确的描述：

　　青铜质。全屋通高17厘米，平面作长方形，面宽13、进深11.5厘米。三开间，明间较两侧次间宽0.3厘米。正面无墙、门，仅立两明

---

[*] 刘晓峰，清华大学历史系教授。

图 1 浙江省博物馆藏伎乐铜屋

资料来源：浙江省文物管理委员会等：《绍兴 306 号战国墓发掘简报》，《文物》1984 年第 1 期，第 10~19 页。

柱，余三面有墙，呈透空格子状，背墙中间开一格子窗。内有人俑六，分别呈击鼓、抚琴、吹笙、咏唱状。屋顶作四角攒尖顶，上设 7 厘米高的八角柱，柱顶再有一鸟。器身密布大面积的具有南方特色的纹饰。[①]

因为形制特殊，又出土于有鲜明地域特色的古越之地，所以伎乐铜屋这件文物得到很多学者的重视，是该墓葬出土文物中讨论比较多的一件。先行研究中，多有认为这件文物表现的是祭祀活动，对具体祭祀内容却很

---

① 王屹峰：《绍兴 306 号墓出土的伎乐铜屋再探》，《东方博物》2009 年第 3 期，第 90 页。

可惜没能做出令人满意的解释。

有鉴于此，本文从中国古代时间文化研究的视角入手，提出伎乐铜屋为古越灵台模型，再现的是春天祈年的场面。这座古越灵台模型，是目前已知年代最早且唯一一件明堂式建筑模型。灵台屋顶的鸠与八角柱组合在一起，更是中国目前已知年代最早的相风实物。

这件伎乐铜屋可分为顶上鸠鸟、八角柱、铜屋、屋内歌舞乐人等四个部分。这四个部分都可以从中国古代时间文化体系出发加以解读，故我们根据文物形制从上而下地分而述之。

一　鸠鸟与八角柱

（一）鸠鸟

在中国古代，鸠是与四季转化关系极为密切的鸟。《淮南子·天文训》云：

> 行十二时之气以至于仲春二月之夕，乃收其藏而闭其寒。女夷鼓歌，以司天和，以长百谷禽鸟草木。孟夏之月以熟谷禾。雄鸠长鸣，为帝候岁。是故天不发其阴则万物不生，地不发其阳则万物不成。天圆地方，道在中央。日为德，月为刑。月归而万物死，日至而万物生。远山则山气藏，远水则水虫蛰，远木则木叶槁。[①]

"雄鸠长鸣，为帝候岁"，典型地反映了古人对鸠与时间关联的认识。因为鸠鸟鸣时耕事方作，中国古代农民以此来占验节气，所以在古代中国的时间文化系统中，鸠鸟成为春耕之候。《禽经》云：

> 鸤鸠、戴胜，布谷也。扬雄曰："鸤鸠、戴胜生树穴中，不巢

[①] 马骕：《绎史》卷一五一，《外录第一·天官书》，王利器整理，中华书局，2002，第3780页；刘安编《淮南鸿烈集解》卷三《天文训》，中华书局，2013，第107页。

生。"《尔雅》曰:"鵖鴔,戴鵀。"鵀即首上胜也。头上尾起,故曰戴胜。而农事方起,此鸟飞鸣于桑间,云五谷可布种也,故曰布谷。《月令》曰:"戴胜降于桑,一名桑鸠,仲春鹰所化也。"①

之所以肯定鸠与时间的关联,还源于古人对于鸠类生活习性的认识。其一,传说斑鸠哺乳非常讲究次序。重视秩序是鸠的特性。鸠"凡哺子朝从上下,暮从下上",这种情况在其他鸟类那里很难看到。其二,鸠类多为候鸟。《尔雅》疏引《春秋左氏传》云:"鹘鸠氏,司事也。"杜预注云:"鹘鸠,鹘鵃也。春来秋去,故为司事。"② 鸠的迁徙春来秋去,这一习性同样是对时序的遵守。

论及鸠与时间,还涉及中国古代先民与季节变化有关的一个非常奇异的想象,即所谓"羽物变化,转于时令"的鹰鸠之变。③《礼记·月令》:"仲春之月……仓庚鸣,鹰化为鸠。"④《夏小正》云:"正月鹰化为鸠,五月鸠化为鹰。"《礼记正义》引《逸周书·时训》云:

> 惊蛰之日,桃始华。又五日仓庚鸣,又五日鹰化为鸠,至秋则鸠化为鹰。故《王制》云:鸠化为鹰,然后设罻罗。《司裘》注:中秋,鸠化为鹰。⑤

不论是"鹰化为鸠"还是"鸠化为鹰",都是我们实际生活中根本不可能出现的事情。但鸠可以"顺节令以变形"这一想象的意涵是非常重要的。在《礼记·月令》《逸周书·时训》《夏小正》中鸠鸟按照时令转化角色这一想象,反映出在古人思想中鸠鸟与时序变化存在极为深刻的联系。

---

① 《禽经》,宋百川学海本,第3~4页。
② 陆玑:《毛诗陆疏广要》卷下之上,毛晋注,明津逮秘书本,第68~69页。
③ 孔广森:《大戴礼记补注(附校正孔氏大戴礼记补注)》卷二《夏小正第四十七》,王丰先点校,中华书局,2013,第285页。
④ 《礼记》上册,陈戍国导读、校注,岳麓书社,2019,第104页。
⑤ 阮元校刻《十三经注疏·六·礼记正义》卷一五《月令》,清嘉庆刊本,中华书局,2009,第2947页。

（二）八角柱

这件伎乐铜屋模型的屋顶顶心立一八角柱，高 7 厘米，柱顶中空，上塑大尾鸠，但不与屋顶相通。① 杨爱国曾指出：

> 学界对这件房屋模型较多地关注其功能及其中人物的族属，对屋顶的立柱关注的也是它的功能，至于它为何不与南面立柱一样呈圆形，而是呈罕见的八角形则未引起注意。不过从这件房屋模型南面立柱看，当时真正的房屋立柱还多圆形，八角形的立柱要到石材用于建筑上之后才出现。②

杨爱国的意见值得格外注意。在中国古代建筑中，方柱和圆柱是比较常见的形式，而八角柱并不常见，所以杨爱国称方柱、圆柱为主要形式，而八角柱为次要形式。伎乐铜屋模型中，南面立柱为圆柱，那么屋顶的八角柱一定是有意为之的。

这根八角柱的象征意义是什么？这是释读伎乐铜屋模型的一个关键问题。

探究这根鸠首立柱何以为八角柱，首先须从立柱与柱顶大尾鸠组合在一起的造型出发寻绎其原因。立柱与鸠的组合，在王嘉《拾遗记》中有相关线索：

> 帝子与皇娥泛于海上。以桂枝为表，结薰茅为旌，刻玉为鸠，置于表端，言鸠知四时之候。故《春秋传》曰司至是也。今之相风，此之遗象也。③

---

① 《绍兴306号战国墓发掘简报》，《文物》1984年第1期，第10~26页。图见彩色插页；图版壹-1；图三七—三九（第24页）。
② 杨爱国：《幽墓美　鬼神宁——山东沂南北寨村汉代画像石墓探析》，《美术学报》2016年第6期，第10页。
③ 马骕：《绎史》卷六《太古第六少皞纪》，第72页。

这个用桂树枝做柱表、柱顶装饰以玉鸠的装置，与伎乐铜屋模型基本上是同构的，不同的是前者还用薰茅作旌多了一点装饰。这一装置在后世称"相风"，关于它的用途我们可以从后世对"相风"的理解中去探寻。相传郑玄所著《相风赋（并序）》云：

> 昔之造相风者，其知自然之极乎？其达变通之理乎？上稽天道阳精之运，表以灵鸟，物象其类；下凭地体安贞之德，镇以金虎，玄成其气。风云之应，龙虎是从；观妙之征，神明所通。夫能立成器以占吉凶之先见者，莫精乎此。乃构相风，因象设形，宛盘虎以为趾，建修竿之亭亭，体正直而无挠，度径挺而不倾，栖神鸟于竿首，候祥风之来征。①

相风实为古人"因象设形"而制作，它展示的是"自然之极""变通之理"。特别是柱顶的鸟，象征"天道阳精之运""正直而无挠""径挺而不倾"的亭亭之竿，就是立柱。整个装置设置的目的，则是"候祥风之来征"。

那么，候风为什么要使用八角柱？这应与古人的时空想象相关，所谓"大块噫气，其名为风。既破萌而开甲，亦养物以成功"。② 风是中国古代时间文化体系中最为核心的观念，也是古汉语中最有外延扩展力的一个词。古人把风按照四正四隅八个方位分成八风：

> 何谓八风？东北曰炎风，东方曰滔风，东南曰熏风，南方曰巨风，西南曰凄风，西方曰飂风，西北曰厉风，北方曰寒风。③

---

① 此赋一说为晋人傅玄所作。参见严可均编《全上古三代秦汉三国六朝文·全晋文》卷四五，中华书局，1958，第3431页。
② 曾枣庄、刘琳主编《全宋文》第六册卷一一三《吴淑一·风赋》，上海辞书出版社、安徽教育出版社，2006，第155页。
③ 张震泽：《孙膑兵法校理》上编《地葆》，中华书局，1984，第74页。

八风的称谓不同，但其基本框架是相同的。这就是方向取自古代二绳四维所表示的四正四维。如《说文·风部》："风，八风也。东方曰明庶风，东南曰清明风，南方曰景风，西南曰凉风，西方曰阊阖风，西北曰不周风，北方曰广莫风，东北曰融风。"① 《淮南子·坠形训》："何谓八风？东北曰炎风，东方曰条风，东南曰景风，南方曰巨风，西南曰凉风，西方曰飂风，西北曰丽风，北方曰寒风。"② 《左传·隐公五年》："夫舞所以节八音，而行八风。"陆德明释文称："八方之风，谓东方谷风，东南清明风，南方凯风，西南凉风，西方阊阖风，西北不周风，北方广莫风，东北方融风。"

八风又称"八门之风"。③《淮南子·坠形训》云"八门之风，是节寒暑"，这八门是：

> 东北方曰苍门，生条风。东方曰开明门，生明庶风。东南方曰阳门，生清明风。南方曰暑门，生景风。西南方曰白门，生凉风。西方曰阊阖门，生阊阖风。西北方曰幽都门，生不周风。北方曰寒门，生广莫风。④

风可以施以调节，如《五行大义》云：

> 冬夏二时，天地气并。坎离各当其方，所以极寒热也。今分八卦以配方位者，坎离震兑，各在当方之辰。四维四卦，则丑寅属艮，辰巳属巽，未申属坤，戌亥属乾。八卦既通八风八方，以调八节

---

① 王聘珍：《大戴礼记解诂》卷一三《易本命第八十一》，王文锦点校，中华书局，1983，第257页。
② 李之亮笺注：《欧阳修集编年笺注》卷九一《表奏书启四六集》卷一《表启札子书状·谢赐庆历五年历日表·笺注》，巴蜀书社，2007，第336页。
③ 刘文典：《淮南鸿烈集解》卷四《坠形训》，冯逸、乔华点校，中华书局，2013，第139页。
④ 何宁：《淮南子集释》卷四《坠形训》，中华书局，1998，第335页。

之气。①

人们可以凭借舞蹈来调节风，如《左传·隐公五年》所云："夫舞所以节八音，而行八风。"

在古代中国的时空想象中，风连接天地并调理一年寒暑的变化：

> 天地以顺动，故日月不过，而四时不忒。圣人以顺动，则刑罚清而民服。天地变化，必由阴阳，阴阳之分，以日为纪。日冬夏至，则八风之序立，万物之性成，各有常职，不得相干。②

八风同时也关乎万物生化："八主风，风主虫，故虫八月化也。"③风是生命的起源：

> 风之为言，萌也。其立字：虫动于几中者，为风。注云：虫动于几，言阳气无不周也。明昆虫之属，得阳乃生，遇阴则死，故风为阴中之阳者也。④

风是结构中国古代时空体系的重要因素。明乎八门来八风，八风与时间变化、与生命之生化密切相关，则伎乐铜屋屋顶立柱为八角柱就不难理解了。八角柱的设计观念应当与八风直接相关，是时间文化的象征性表述。

伎乐铜屋的立柱八角与八风相关，由八角的立柱与鸠组合而成的顶部，实为目前为止所发现的中国古代年代最早的相风装置。认识到这一点非常重要。相风为测风向的器具，《宋书·礼志》记载宋代何承天认为周

---

① 萧吉：《五行大义》卷四，清佚存丛书本，第57页。
② 唐晏：《两汉三国学案》卷二《周易》，吴东民点校，中华书局，1986，第64页。
③ 王聘珍：《大戴礼记解诂》卷一三《易本命第八十一》，第257页。
④ 《太平御览》引《春秋考异邮》，转引自赵在翰辑《七纬（附论语谶）》卷二九《春秋纬之七·春秋考异邮》，钟肇鹏、萧文郁点校，中华书局，2012，第559页。

礼无此制，"战国并争，师旅数出。悬乌之设，务察风祲"，因谓秦时始有，先用于军旅。

而在中国古代科技研究领域，目前科技文献可确认的相风铜乌创制于西汉，立于都城长安。即在地上立一根五丈高的长竿，竿尖装一只可以随风转动的灵巧铜鸟。鸟随风转动，可以此来判定风向。这一关于张衡发明相风铜鸟的记载，研究者认为比欧洲最早出现的风向计如"风信鸽""候风鸟"要早一千多年，西汉相风铜鸟是世界上最早的风向计。但张衡这一发明是否真的存在，国外一直都存在疑问。为这一发明提供了有力证据的，是1971年河北安平县逯家庄发掘出土的一幅东汉建筑鸟瞰图壁画中，画在一座钟楼上的相风鸟。

随着我们对伎乐铜屋顶部象征意义的正确解读，中国古代相风铜鸟的出现时代，很可能会被提前数百年到春秋时代。且如下文所考，其最早的设计目的实无关乎战国师旅之察风。

相风后来经常出现在帝王卤簿之中。《西京杂记》记"汉朝舆驾"条言"相风乌，车驾四中道"。① 《晋书·舆服志》："相风，中道。"② 《正字通》："晋制，车驾出，相风居前。刻乌于竿上，名相风。"③ 《艺文类聚》卷六八引《宫卫令》云："车驾出入，相风前引。"④ 南宋淳熙十五年编《锦绣万花谷·前集》卷二记载："相风鸟，晋车驾出，相风在前，刻乌于竿上，名曰相风。"⑤

河北磁县湾漳北朝壁画墓是一座规格很高的北朝墓葬，墓主据推测是北齐文宣帝。其中的卤簿图里，即有相风（见图2）。关于此图，扬之水《磁县湾漳北朝壁画墓卤簿图若干仪仗考》中有非常精当的考证，足资参考。⑥ 本文这里只围绕历代帝王卤簿为什么使用相风再略措数语。

---

① 刘歆：《西京杂记》卷五，葛洪辑，四部丛刊明嘉靖本，第16页。
② 《晋书》卷二五《志第十五·舆服》，中华书局，1974，第759页。
③ 张自烈：《正字通》卷一一，清康熙二十四年清畏堂本，第2366页。
④ 此条亦见《太平御览》卷九。
⑤ 《锦绣万花谷·前集》，四库类书丛刊本，上海古籍出版社，1991，第924~925页。
⑥ 扬之水：《磁县湾漳北朝壁画墓卤簿图若干仪仗考》，《故宫博物院院刊》2006年第2期，第114~123页。一如《中朝大驾卤簿》所记。

图 2　河北磁县湾漳北朝壁画墓中卤簿图

说明：从左至右为幢麾、罼罕、相风、华盖、旌、白虎幡。

古代卤簿常以相风前引，而以豹尾断后，所谓"自豹尾车后而卤簿尽矣"。怎样理解这种仪仗顺序？前引《相风赋》给我们提供了很好的线索。相风遵循的是"自然之极"与"变通之理"，是"上稽天道"且"下凭地体"结构而成的。依照《相风赋》的思路，我们认为，从相风始到豹尾终，实际上是一个结构，本质上是古代相风的空间化展示。相风前引，是始，是春，是生；豹尾结束，如相风镇以金虎，是终，是秋，是杀。而整套卤簿以仪仗的空间排列形式展示的正是"玄成其气"，"风云之应，龙虎是从"。

如果伎乐铜屋的大尾铜鸠和八角立柱是我们所讲的相风，那么按照《相风赋》"上稽天道阳精之运，表以灵乌，物象其类；下凭地体安贞之德，镇以金虎，玄成其气"的逻辑去思考，这件文物下半部分象征的当是"玄成其气"的"地体安贞之德"。这一思路对我们释读伎乐铜屋的下半部分很有启示意义。

二　铜屋考

伎乐铜屋屋下平面宽 13 厘米，进深 11.5 厘米，作长方形。这非常符合古人对大地的想象。在古人的认识里，大地并不是正方形，而是长方形，这一点《山海经》《淮南子》《周髀算经》都有记载。

我们再看建筑模型本身，这座建筑物由屋顶和四面结构而成。它有三个明显的特征：其一，建筑为四角攒尖式屋顶。其二，左右两壁皆为镂空壁面，其中正面最特殊，无墙无门，立两明柱，呈透空格子状。后背墙亦特殊，中间开有一格子窗，使整座建筑具有一般建筑物所没有的通透性。其三，左右与背面墙均抱暗柱将墙面一分为三。所有的明柱和暗柱加起来是 12 根，四壁墙面等于被这 12 根柱子分割成了 12 份。这三个建筑结构特征，为我们释读这一文物提供了很重要的线索。

首先是数字"四"与"十二"。这两个数字与中国古代时间文化关系极其密切。伎乐铜屋建筑模型的四面房檐和四壁 12 根柱子，能让我们直接联想到天地运行的四季和十二个月。将四季十二个月作为结构空间的要素体现于建筑之中，这在中国古代建筑文化领域并不罕见。

古代典籍中记载的与时间文化关系最深的著名建筑——明堂，就是典型。尽管明堂究竟如何结构建筑，因为没有实物遗址发现，今天我们尚没有办法给出令人完全信服的答案，但学者们以《礼记·月令》中的文字为核心资料经过研究绘制出的各类明堂图中，太室居中，十二堂运行于其周边（见图 3），这两点基本上是确定的。

伎乐铜屋正面无墙、门，仅立两明柱，这也可以参照明堂理解之。明堂之所以被称为"明堂"，蔡邕有如下解释：

> 明堂者，天子太庙，所以宗祀其祖，以配上帝者也。夏后氏曰世

明堂图

图3

室,殷人曰重屋,周人曰明堂。东曰青阳,南曰明堂,西曰总章,北曰玄堂,中央曰太室。《易》曰:"离也者,明也。南方之卦也。"圣人南面而听天下,向明而治。人君之位,莫正于此焉。故虽有五名,而主以明堂也。其正中皆曰太庙,谨承天顺时之令,昭令德宗祀之礼,明前功百辟之劳,起养老敬长之义,显教幼诲稚之学,朝诸侯、选造士于其中,以明制度。[①]

按照蔡邕的解释,因为古代明堂南面的房间号曰明堂,圣人南面而听天下,向明而治,所以西周时候整座祭祀建筑单取"明堂"以命名。我们认为,伎乐铜屋无墙无门,立两明柱于呈透空格子状的正面,应当就是南面。透空的设计,很可能也是为了体现南方向"离"面"明"之意。

前已提及,伎乐铜屋建筑模型的第二个特征是左右两面墙都是镂空的。这也可以参照明堂来理解。"明堂"一词最早见于文献《逸周书》:"天子造明堂,所以通神灵,感天地,正四时,出教化,崇有德,重有道,显有能,褒有行者也。"据说周公在洛邑始建明堂,但其最初的形制并没有留下准确记述。《考工记·匠人》记载的周代明堂是从夏代的"世

---

① 蔡邕:《明堂月令论》,清汉魏遗书抄本,清嘉庆刻本。

室"、殷商的"重屋"发展而来的。各朝营建的明堂形制与规模不尽相同，没有统一样式，但追求通透是共同的特点。汉武帝时的明堂规制，可参见《史记·封禅书》：

> 初，天子封泰山。泰山东北阯古时有明堂处，处险不敞。上欲治明堂奉高旁，未晓其制度。济南人公玉带上黄帝时明堂图。明堂图中有一殿，四面无壁，以茅盖，通水，圜宫垣为复道，上有楼，从西南入，命曰昆仑，天子从之入，以拜祠上帝焉。于是上令奉高作明堂汶上，如带图。①

有异于西汉明堂的"四面无壁"，东汉明堂"八窗四闼，九室重隅十二堂"，这一规制后来为曹魏、西晋略为修正后继续使用。

日常生活中的建筑，通常是为了构建阻风挡雨的独立空间。问题在于，为什么明堂要违反构建独立空间的准则，强烈追求通透？我们认为这与明堂的时间属性相关。明堂是古代时间空间化最典型的建筑，它所模拟对应的，是一年四季时间的变化，而为大地带来季节变化最直接的就是风。在古人看来，八风顺遂则"气无滞阴，亦无散阳，阴阳序次，风雨时至，嘉生繁祉，人民和利，物备而乐成，上下不罢"。② 也就是说，八风遂畅，风调雨顺，则丰收可望；五谷丰收，则人民和利，才会有国泰民安。

我们前面讲到在古代中国的时空想象中，风连接天地并调理一年寒暑的变化，决定万物生化，是结构中国古代时空体系的重要因素。明堂务求通透，目的就在于让风畅通无阻。只有八风通畅，四季流转才正常，天地间的阴阳转换才正常，万物的生死刑德才正常。明乎此，对伎乐铜屋何以设计得如此通透，我们也就有了深入理解的可能性。

以上我们以古代较具代表性的时间化建筑——明堂为参照，对伎乐铜屋进行了初步分析。我们的结论是：立于相风下面，由四角攒尖式屋顶和

---

① 《史记》，中华书局，1982，第1401页。
② 马骕：《绎史》卷八二《春秋第五十二·王子朝之乱》，第1807页。

四面结构组成的这个建筑物，三个主要特征从古代时间文化角度解读几乎都若合符节。不论是它内在包含的"四"与"十二"这两个特殊的数字，还是打开南面取离火取阳的设计，以及呈透空格子状所具有的通透性，都完全可以通过与古代时间文化联系到一起思考而获得比较通透的理解。

通过对由鸠鸟、八角柱组成的相风和对铜屋下方建筑进行的上述分析，我们可以肯定地说，这样一个由相风和拥有多时间元素结构而成的建筑物，在古代建筑设计中一定不是普通用途，而是与明堂一样拥有特殊性质的建筑。

实际上，根据史料记载，古代有一类建筑物与伎乐铜屋特别类似，这就是汉灵台。据南北朝时期《述征记》记载：

> 长安宫南有灵台，高十五仞，上有浑仪，张衡所制。又有相风铜乌，遇风乃动。一曰：长安灵台，上有相风铜乌，千里风至，此乌乃动。①

相关记载亦见《西京杂记》："长安灵台相风铜乌，有千里风则动。"② 汉灵台，初称清台，后改名灵台，亦称清灵台、清泠台，这个上为相风、下为高台的建筑，实际上是一处观象台。史有记载的古代建筑物

---

① 《述征记》为南朝宋郭延生著，延生亦作缘生。《隋书》卷三三《经籍志》曾做摘录，二卷。原书已佚，仅见《初学记》卷一《天部》及《太平御览》卷一七七《居处部》等引用。
② 按，韦述《两京新记》称："修真坊内有汉灵台。"修真坊南为普宁坊，"坊西街有汉太学余址，次东汉辟雍"。修真坊是唐长安城西北角的一个坊，修真坊南面第七个坊是丰邑坊，此坊之东就是长安县廨所在的长寿坊。汉灵台、辟雍等定位于长安县廨所的西北，由长寿坊到普宁坊差不多是七里；普宁坊是辟雍所在，由长寿坊到汉灵台所在的修真坊也就是八里（参见黄盛璋《历史地理论集》，人民出版社，1982，第65页）。又见《水经》渭水注云，辟雍在"鼎路门东南七里，其制上圆下方，九宫十二室，四响五色堂，北三百步，有灵台"。鼎路门即安门，是汉长安城南面中间的门。辟雍在安门东南七里，灵台在辟雍之北三百步，与《两京新记》所载符合。《长安志》卷一〇《唐京城四》亦载，唐修真坊，"有汉灵台余址"，"崇五尺，周一百二十步"，约在今陕西省西安市任家口村以东（参见何清谷校释《三辅黄图校释》卷之五《台榭·汉灵台》，中华书局，2005，第280页）。

中，从形体上它与伎乐铜屋最为相似。

汉代班固称："天子所以有灵台者何？所以考天人之心，察阴阳之会，揆星辰之证验，为万物获福无方之元。《诗》云：'经始灵台。'"①"天子有三台。有灵台，所以观天文。有时台，以观四时施化。有囿台，所以观鸟兽鱼鳖。"② 是则灵台为古代帝王观察天文星象、妖祥灾异的建筑。《文选》所收张衡《东京赋》写道："左制辟雍，右立灵台。"薛综注："司历纪候节气者曰灵台。"③《说苑·辨物》云：

《易》曰："仰以观于天文，俯以察于地理。"是故知幽明之故。夫天文地理、人情之效存于心，则圣智之府。是故古者圣王既临天下，必变四时，定律历，考天文，揆时变，登灵台以望气氛，故尧曰："咨尔舜，天之历数在尔躬，允执其中，四海困穷，天禄永终。"《书》曰："舜在璇玑玉衡，以齐七政。"④

灵台作为观象台，是与"变四时，定律历，考天文，揆时变"密切相关的"望气氛"的设施，这和我们前文对伎乐铜屋与古代时间文化密切相关的考证方向是一致的。

综合以上各点，我们认为伎乐铜屋模型反映的不是普通建筑物，而是古越族具有明堂性质的灵台，是反映古代越族时间文化的重要建筑模型。汉代赵晔《吴越春秋·勾践阴谋外传》称："昔者桀起灵台，纣起鹿台，阴阳不和，寒暑不时，五谷不熟。"⑤ 灵台在古代是具有神性的建筑物，古代君王于此观察天文气象。史书多有汉代皇帝登灵台望云物的记载。

---

① 王先谦：《诗三家义集疏》卷二一《灵台》，吴格点校，中华书局，1987，第862页。
② 参见阮元校刻《十三经注疏·四·周礼注疏》卷一九《肆师》，第1661页。
③ 高步瀛：《文选李注义疏》卷三《赋乙·京都中·张平子东京赋一首·东京赋》，曹道衡、沈玉成点校，中华书局，1985，第584页。
④ 向宗鲁校证《说苑校证》卷一八《辨物》，中华书局，1987，第442页。
⑤ 李步嘉校释《越绝书校释》卷一二《越绝内经九术第十四》，中华书局，2013，第325页。

也有一种说法称灵台只可天子建造，而"诸侯卑无灵台，不得观天文"，① 按照这一逻辑，古越族墓葬随葬品中是不可能出现灵台模型的。但申培《诗说》称："文王迁都于丰，作灵台以齐七政、奏辟雍。周公述之，以训嗣王。"② 当时周文王并非天子，但为了施政而"作灵台"，可知早期灵台并非天子所独有。以此观之，上古时期灵台只为天子所有的说法是不可信的，显然是后世周纳递补之文。古代越族建造和使用明堂性质的灵台建筑是完全有可能的。

三 伎人考

前引申培《诗说》这段话，是为解释《诗经·大雅·灵台》一诗。实际上，《灵台》这首诗对我们理解铜屋中的六位铜制乐人很有参考意义。现引用全诗如下：

> 经始灵台，经之营之。庶民攻之，不日成之。
> 经始勿亟，庶民子来。王在灵囿，麀鹿攸伏。
> 麀鹿濯濯，白鸟翯翯。王在灵沼，于牣鱼跃。
> 虡业维枞，贲鼓维镛。于论鼓钟，于乐辟雍。
> 于论鼓钟，于乐辟雍。鼍鼓逢逢，蒙瞍奏公。③

关于这首诗的意义，一如《孟子·梁惠王》所讲：

> 文王以民力为台为沼，而民欢乐之，谓其台曰灵台，谓其沼曰灵沼，乐其有麋鹿鱼鳖。古之人与民偕乐，故能乐也。④

---

① 孙诒让：《周礼正义》，《春官宗伯第三·肆师》，王文锦、陈玉霞点校，中华书局，2013，第1480页。
② 严虞惇：《读诗质疑》卷二〇下，清文渊阁《四库全书》本，第314页。
③ 阮元校刻《十三经注疏·毛诗正义》卷一六之五，第1128页。
④ 阮元校刻《十三经注疏·孟子》卷一上，第5795页。

孟子从儒家立场出发,将《灵台》的诗旨解说得很清楚。《毛诗序》亦云:"《灵台》,民始附也。文王受命,而民乐其有灵德以及鸟兽昆虫焉。"① 周文王有德,所以他兴建灵台时,人民乐于归附相助,这是非常准确的解释。引起我们更多注意的,是《灵台》诗中描写的鼓钟之乐,它对我们理解铜屋中奏乐唱歌的伎人演出有参考意义,对我们提出的伎乐铜屋为古越灵台之观点也将形成有力支撑。

伎乐铜屋中有铜人六个,其中一人弹琴,一人击筑,一人打鼓,一人吹笙,另二人裸身而歌。这个演出场面是否也可以从古代时间文化角度给出解读?答案是肯定的。

在中国古代,音乐文化是时间文化的一个重要组成部分。《世本》中有一段话,对古代历法起源交代得最为提纲挈领:"黄帝使羲和占日,常仪占月,臾区占星气,伶伦造律吕,大挠作甲子,隶首作算数,容成综此六术,而著《调历》。"宋衷注曰:"皆黄帝史官也。黄帝世,伶伦作乐说之。"② 这段话告诉我们,古代中国的时间文化体系,实际上是一个综合性知识系统,它综合了"占日""占月""占星气""律吕""甲子""算数"这六种知识。其中的"律吕"即音乐。

音乐与古代时间文化是相互关联的。《后汉书·律历上》云:

> 夫五音生于阴阳,分为十二律,转生六十,皆所以纪斗气、效物类也。天效以景,地效以响,即律也。阴阳和则景至,律气应则灰除。是故天子常以日冬夏至御前殿,合八能之士,陈八音,听乐均,度晷景,候钟律,权土灰〔炭〕,放〔效〕阴阳。③

围绕"乐"的神奇力量,涌现了许多只有中国古代才有的神话传说。《吕氏春秋·古乐》记载:

---

① 阮元校刻《十三经注疏·毛诗正义》卷一六之五,第1128页。
② 《世本》传为赵国史书,有汉人宋衷注,已佚散。这里使用的是清人秦嘉谟等辑《世本八种》。参见宋衷注,秦嘉谟等辑《世本八种》,中华书局,2008,第356页。
③ 《后汉书》志第一《律历上》,李贤等注,中华书局,1965,第3061页。

17

> 昔古朱襄氏之治天下也，多风而阳气畜积，万物散解，果实不成，故士达作为五弦瑟，以来阴气，以定群生。……昔陶唐氏之始，阴多滞伏而湛积，水道壅塞，不行其原，民气郁阏而滞著，筋骨瑟缩不达，故作为舞以宣导之。昔黄帝令伶伦作为律。伶伦自大夏之西，乃之阮隃之阴，取竹于嶰溪之谷，以生空窍厚钧者，断两节间，其长三寸九分，而吹之以为黄钟之宫，吹曰舍少。次制十二筒，以之阮隃之下，听凤皇之鸣，以别十二律。其雄鸣为六，雌鸣亦六，以比黄钟之宫适合。黄钟之宫皆可以生之，故曰"黄钟之宫，律吕之本"。①

乐出于凤凰之鸣，朱襄氏时以五弦瑟"来阴气"，陶唐氏时"阴多滞伏而湛积"，民气"郁阏而滞著，筋骨瑟缩不达"，可以依靠乐舞而得宣导，都反映了古代人对乐所拥有的神奇力量的想象。表现音乐的力量最神奇的，是《风俗通义》引自《春秋》的一个故事：

> 师旷为晋平公奏清徵之音，有玄鹤二八从南方来，进于廊庙之扈。再奏之而成列，三奏之则延颈而鸣，舒翼而舞。音中宫徵，声闻于天。平公大悦，坐者皆喜。平公提觞而起，为师旷寿，反坐而问："音莫悲于清徵乎？"师旷曰："不如清角。"平公曰："清角可得闻乎？"师旷曰："不可。昔黄帝驾象车交龙，毕方并辖，蚩尤居前，风伯进扫，雨师洒道，虎狼在后，虫蛇伏地，大合鬼神于太山之上，作为清角。今主君德薄，不足听之，听之将恐有败。"平公曰："寡人老矣，其所好者音也，愿遂闻之。"师旷不得已而鼓之。一奏之有云从西北起，再奏之暴风遂至，大雨滂沛，裂帷幕，破俎豆，堕廊瓦，凡坐者散走。平公恐惧，伏于室侧，身遂疾痛。晋国大旱，赤地三年。②

---

① 许维遹：《吕氏春秋集释》，梁运华整理，中华书局，2009，第118~122页。
② 王邦直撰，王守伦、任怀国等校注《律吕正声校注》卷五〇，中华书局，2012，第478页。

从科学逻辑上讲，演奏五音中的一个音，无论如何不可能引发天变地动。但一个将音乐与四季变换紧密联系起来的逻辑想象，就这样在漫长的历史发展中被构建而成。而音乐与季节的关系，一个核心的关键点在乐与风的联系。《淮南子·泰族训》记载："夔之初作乐也，皆合六律而调五音，以通八风。"① 在汉代，冬至和夏至都有以八音之士来帮助天地调理阴阳的庄严仪式：

> 日冬至、夏至，阴阳暑景长短之极，微气之所生也。故使八能之士八人，或吹黄钟之律间竽；或撞黄钟之钟；或度暑景，权水轻重，水一升，冬重十三两；或击黄钟之磬；或鼓黄钟之瑟，轸间九尺，二十五弦，宫处于中，左右为商、徵、角、羽；或击黄钟之鼓。……日夏至礼亦如之。②

这段文字中的"八能之士"指的就是能操演八音的乐师。古代分乐器为金、石、土、革、丝、木、匏、竹八类，合称八音。《尚书》云："帝曰：'夔！命汝典乐，教胄子：直而温，宽而栗，刚而无虐，简而无傲。诗言志，歌永言，声依永，律和声。八音克谐，无相夺伦，神人以和。'"③《淮南子·原道训》记载："师旷之聪，合八风之调，而不能听十里之外。"④《淮南子·俶真训》记载："耳分八风之调，足蹀阳阿之舞。"⑤ 八音与季节、时间的变化密切相关。我们前面讲到，在古代中国的时空想象中，风连接天地并调理一年寒暑的变化，同时也关乎万物生化。只要八风按照时序吹动，大地的季节就会按照时间循环变化。而古人认为乐对于风有决定性影响。

八音与八风的具体联系，前引《国语·周语》记载了伶州鸠的一段话：

---

① 何宁：《淮南子集释》卷二〇《泰族训》，第1390页。
② 《后汉书》志第五《冬至》，第3125~3126页。
③ 阮元校刻《十三经注疏·尚书正义》，第277页。
④ 何宁：《淮南子集释》卷一《原道训》，第15页。
⑤ 此为踏歌最早的记载。参见何宁《淮南子集释》卷二《俶真训》，第150页。

> 夫政象乐，乐从和，和从平。声以和乐，律以平声，金、石以动之，丝、竹以行之，诗以道之，歌以咏之，匏以宣之，瓦以赞之，草木以节之。物得其常曰乐极，极之所集曰声，声应相保曰和，细大不逾曰平。如是而铸之金，磨之石，系之丝木，越之匏竹，节之鼓而行之，以遂八风。于是乎气无滞阴，亦无散阳，阴阳序次，风雨时至，嘉生繁祉，人民和利，物备而乐成，上下不罢，故曰乐正。①

明乎音乐与古代时间文化体系的关系，我们对铜屋中的六位乐人也有了进一步解读的空间。三人裸体而歌，属于"歌以咏之"；一人弹琴，一人击筑，都在丝、竹之列，属于"丝、竹以行之"；一人打鼓，属于"节之鼓而行之"。六人在一起，正是"声以和乐"，目的在于"遂八风"，在于祈求"气无滞阴，亦无散阳，阴阳序次，风雨时至，嘉生繁祉，人民和利，物备而乐成，上下不罢"。

更具体的解读，我们可以以乐器中的琴为例。《礼记·乐记》记载："昔者舜作五弦之琴，以歌南风，夔始制乐，以赏诸侯。"②《广雅》记载了舜帝的琴的形制："琴长三尺六寸六分，五弦。"③《新论》则认为是炎帝发明了琴："上观法于天，下取法于地，于是始削桐为琴，练丝为弦，以通神明之德，合天地之和焉。"④《琴操》则认为琴的发明与伏羲有关："伏羲造广雅云琴，长三尺六寸六分，象三百六十六日。广六寸，象六合。"这样能"通神明之德，合天地之和"的琴，一定是蕴含了宇宙规则的乐器。

古琴的制造极具内涵，其中暗含诸多文化符号，背景正是源于一整套中国古代时间文化体系：

> 古者造琴之法，削以峄阳之桐，成以庞桑之丝，徽以丽水之金，

---

① 徐元诰：《国语集解》，中华书局，2002，第111页。
② 阮元校刻《十三经注疏·礼记·乐记》，第3325页。
③ 阮元校刻《十三经注疏·礼记·月令》，第2964页。
④ 朱谦之校辑《新辑本桓谭新论》，中华书局，2009，第64页。

轸以昆山之玉。虽成器在人，而音含太古矣。盖其制长三尺六寸六分，象朞之日也；广六寸，象六合也。弦有五，象五行也；腰广四寸，象四时也；前广后狭，象尊卑也；上圆下方，象天地也；晖十有三，象十二律也，余一以象闰也。其形象凤，而朱鸟南方之禽，乐之主也；五分其身，以三为上，二为下，参天两地之义也。司马迁曰："其长八尺一寸，正度也。"由是观之，则三尺六寸六分，中琴之度也；八尺一寸，大琴之度也。①

进一步说，在这套古代世界想象体系中，不同的乐器在不同的季节分别扮演主角。具体的内容，可以参考《五行大义》所引《乐纬》的文段：

> 物以三成，以五立。三与五如八，故音以八。八音，金、石、丝、竹、土、木、匏、革，以发宫、商、角、徵、羽也。金为钟，石为磬，丝为弦，竹为管，土为埙，木为柷圉，匏为笙，革为鼓。鼓主震，笙主巽，柷圉主乾，埙主艮，管主坎，弦主离，磬主坤，钟主兑。《乐纬·叶图征篇》云："坎主冬至。宫者，君之象。人有君，然后万物成。气有黄钟之宫，然后万物调，所以始正天下也。能与天地同仪、神明合德者，则七始八终，各得其宜。而天子穆穆，四方取始，故乐用管。"②

按照汉代纬书的划分，笙为"太簇之气像万物之生"，春之乐也。革为鼓，鼓主震，琴、筑皆为丝为弦，弦主离。参诸后天八卦，这正是东与南的方位。东为生，南为长，生生长长，与建筑体敞开南面、取阳取离之意是完全一致的。二位铜人裸身而歌，也应与阳赤离炎不无关系。

---
① 参见宋代陈旸《乐书》，转引自马端临《文献通考》卷一三七《乐考十》，中华书局，2011，第4172页。
② 赵在翰辑《七纬（附论语谶）·乐纬》，第360页。

四　古越灵台与古代时间文化的传承

论至于此，我们从古代时间文化体系出发，对伎乐铜屋从上到下、从内到外进行了文化解读。通过解读，我们大致可以得出这样三个结论：其一，伎乐铜屋从建筑细节到人物、道具，相当地具有整体解读的可能性。该文物的每一个部分都与中国古代时间文化体系密切相关。其二，从它与时间文化的关联性和建筑特征出发，我们判断它与汉代的灵台相近，应当是与古越族时间文化生活密切相关的灵台性质的建筑物，我们可以称之为古越灵台。其三，古越灵台再现的是春天祈年的场面，取阳、招阳是其主题。整座伎乐铜屋有明确的方向性，鸠鸟首的朝向与建筑体敞开面的朝向均应为南，有取阳取离之意。室中乐人所执乐器二丝一竹一革，二位铜人裸身而歌，同样有取阳取离之意。综合以上三个层面，我们认为伎乐铜屋实为古越灵台，是一座以祈年为主题的建筑模型。

至此我们已经完成了本文的基本目的，即为整座伎乐铜屋提供一个新的文化解释。但是检讨整个论证过程，从方法论的角度看，存在一个明显的问题：为了说明伎乐铜屋与古代时间文化体系的关系，我们使用的大多是比较典型的中原地区文化传承资料。问题也在于此：在制造伎乐铜屋的时代，古越族是否有这样发达的时间文化知识？古越族是否可能与中原共享这样丰富的文化传承？

实际上，历史发展到春秋战国时代，中原文化对越地的影响已经随处可见。《吴越春秋》中文种为越王谋划霸王之术，"一曰尊天事鬼，以求其福"，所拜祭者居然为"立东郊以祭阳，名曰东皇公；立西郊以祭阴，名曰西王母"。越王与计研讨论如何战胜吴国，计研对以"察天地之气，原于阴阳，明于孤虚，审于存亡，乃可量敌"，[①] 思路无异中原。

在考古学方面，今天越地能够看到中原风格的出土文物甚夥，两者之

[①] 张觉校注《吴越春秋校注》，岳麓书社，2006，第230页。

间在文化上的深度联系,已经毋庸再证。这里只想就夏与古越关系略做检讨。

本文讨论的相风,据传起源于夏代,即崔豹《古今注》所称:"伺风鸟,夏禹所作也。"① 从文化发展历程来看,古越族相传为夏禹之后,若这一传说有可信成分,那么很可能古越地区本身就有比较久远的时间文化传承。《史记》记载:"越王勾践,其先禹之苗裔,而夏后帝少康之庶子也。封于会稽,以奉守禹之祀。文身断发,披草莱而邑焉。后二十余世。"②《吴越春秋·越王无余外传》也说越君无余是夏禹的后人:

> 禹以下六世而得帝少康。少康恐禹祭之绝祀,乃封其庶子于越,号曰无余。余始受封,人民山居,虽有鸟田之利,租贡才给宗庙祭祀之费。乃复随陵陆而耕种,或逐禽鹿而给食。无余质朴,不设宫室之饰,从民所居,春秋祠禹墓于会稽。无余传世十余,末君微劣,不能自立,转从众庶为编户之民,禹祀断绝。十有余岁,有人生而言语,其语曰:"鸟禽呼,咽喋咽喋。"指天向禹墓曰:"我是无余君之苗末。我方修前君祭祀,复我禹墓之祀,为民请福于天,以通鬼神之道。"众民悦喜,皆助奉禹祭,四时致贡,因共封立,以承越君之后,复夏王之祭,安集鸟田之瑞,以为百姓请命。自后稍有君臣之义,号曰无壬。③

尽管"越为夏裔"的史料只能追溯到两汉,但古越地区受中原文化影响的痕迹在考古学上却有实在的证明。当时的文化交流我中有你,你中有我,远比我们想象的丰富。董楚平在《吴越文化新探》中甚至认为"禹为越后":"陶寺类型与二里头类型都有东南史前文化作风,夏王朝有多方面的苗蛮血缘,北方不少夏裔住过的地方,地名与吴越地名相似,都

---

① 参见崔豹《古今注》,转引自马骕《绎史》卷一二,第 156 页。
② 《史记》,第 1739 页。
③ 张觉校注《吴越春秋校注》,第 172~173 页。

有古越语特点，'禹为越后'的证据恐怕比'越为禹后'更为充分、坚实。"他指出，"先是'禹为越后'，然后是'越为禹后'"。①

文献记载禹与越地渊源深厚。《国语·鲁语下》："昔禹致群神于会稽之山，防风氏后至，禹杀而戮之。"②《韩非子·饰邪》："禹朝诸侯之君会稽之上，防风氏后至，而禹斩之。"③ 大禹死后葬于会稽的记载更出于秦汉以前，如《墨子·节葬下》即云："禹东教乎九夷，道死，葬会稽之山。"④ 会稽的大禹陵墓，司马迁曾实地考察过，所以《史记·太史公自序》称"二十而南游江、淮，上会稽，探禹穴"。⑤ 记载古越历史文化的传世文献中，禹墓祭祀非常引人注目，正源于古越族之肇始与禹墓、守禹之祀密切相关。

伎乐铜屋的出土地绍兴，正是传说中的禹穴所在之地，其与禹夏的文化关联至深，而夏文化最大的文化特征正在其时间文化上。

《论语》记载颜渊向老师请教怎样治理国家，孔子回答说："行夏之时，乘殷之辂，服周之冕，乐则韶舞。放郑声，远佞人。郑声淫，佞人殆。"⑥《论语》里孔子还讲道："夏礼，吾能言之，杞不足征也。殷礼，吾能言之，宋不足征也。文献不足故也。足，则吾能征之矣。"⑦

孔子对于夏时的推崇，是建立在他学习过夏文化基础上的。《礼记·礼运》记载孔子曾说：

> 我欲观夏道，是故之杞，而不足征也，吾得《夏时》焉。我欲观殷道，是故之宋，而不足征也，吾得《坤乾》焉。《坤乾》之义，《夏时》之等，吾以是观之。⑧

---

① 董楚平：《吴越文化新探》，浙江人民出版社，1988，第4、128页。
② 徐元诰：《国语集解》，第202页。
③ 王先慎：《韩非子集解》卷五，中华书局，1998，第126页。
④ 吴毓江：《墨子校注》，孙启治点校，中华书局，2006，第266页。
⑤ 《史记》，第3293页。
⑥ 阮元校刻《十三经注疏·论语注疏》，第5112页。
⑦ 阮元校刻《十三经注疏·论语注疏》，第5357页。
⑧ 《礼记》上册，第146页。

对于"夏时",自古以来学者们议论颇多。《史记》载,"孔子正夏时,学者多传《夏小正》云"。对于《论语》中孔子所说的"行夏之时",何晏注释为"据见万物之生,以为四时之始,取其易知",皇侃解释为"谓用夏家时节以行事也。三王所尚正朔服色也虽异,而田猎祭祀播种并用夏时,夏时得天之正故也"。《天原发微》说:"故孔子尝曰:吾得夏时而说者,以为谓《夏小正》之属。盖取其时之正与其令之善也……孔子之论为邦,乃以夏时为正,盖取诸阴阳始终之著明也。"[①] 夏代的时间文化因为"得天之正",具有"阴阳始终之著明"的特点,素为中国古代学者所重视。更有学者认为夏历为十月太阳历,这种说法文献上亦有支撑。《汉书》记载道:"言历者以夏时,故周十二月,夏十月也。"

在古代,历法是政治的象征,是整个中国古代文化体系的凝缩和结晶。《竹书纪年》载"帝禹,夏后氏。元年壬子,帝即位,居冀,颁夏时于邦国",这是天子颁历的最早记载之一。隋代杜台卿《玉烛宝典》云:"夏、殷及周,正朔既别,凡是行事,多据夏时。"源于夏朝的这套时间文化体系,影响远及整个东亚地区朝野上下的生活。日本典籍《江次第抄》云:

> 三代正朔不同。周以建子之月为正,今十一月也。商以建丑之月为正,今十二月也。夏以建寅之月为正,今正月也。本朝制从夏之时,故以建寅为岁首,以寅时为一日之始。盖正月者,一年之始。一日者,一月之始。寅者,一日之始。一刻者,一时之始。四方拜者,万机之始也。一年之行事起于四方拜,终于追傩,循环而不已。[②]

拥有如此巨大影响的夏时,在古代不会只是单纯的历法,更在同时必

[①] 鲍云龙:《天原发微》卷三下,鲍宁辨正,清四库全书本,台北:台湾商务印书馆,1982,第166、167页。
[②] 一条兼良『江家次第抄』早稻田大學図書館藏。

定有相应的众多时间文化想象和事物得以流传。古越族之肇始既然与禹墓并守禹之祀相关，其文化中有源自夏代的时间文化传承，亦为自然之事。

　　本文以中国古代时间文化知识为背景，分别以相风、明堂、乐与时的关系释读了伎乐铜屋的上部、下部及伎人乐歌场面，从整体上完成了对该件文物文化内涵的分析与释读。如果我们上述释读成立，那么今天这件被称为伎乐铜屋的文物，真正的名称应为古越灵台。这座古越灵台模型，是中国目前保存下来的年代最早且唯一一件明堂式建筑模型。这件古越灵台模型屋顶上的鸠与八角柱组合在一起，更是中国已知年代最早的相风实物。这一释读对我们今后思考古越与中原的文化关系，对讨论中国古代时间文化在古越地区的影响，相信具有非常大的意义。

儒教的圣人像
——制作者还是人格者

小岛毅[*]

摘　要　儒教中的"圣人"概念，古来被理解为礼乐的制作者。至宋明理学（Neo-Confucianism），人格卓越的圣人，成为人人皆"可学而至"的存在。不过，这一变化并不简单。在此前纬书的记述之中，圣人的形象是与常人不同的。王安石虽然否定了这种异形性，但仍旧认为圣人是制作者，就此而言他仍旧站在传统的立场上。表面上来看，这显示出了他在思想史上的过渡性地位。但是在日本，作为宋学批判者的荻生徂徕将圣人再次限定为制作者，这一逻辑与王安石有着共通之处。王安石与荻生徂徕在整体思想上的相通性可通过"圣人观"象征性地体现出来。虽然宋学式的圣人观至今依旧广泛流传，但我们应该意识到有必要更加关注儒教思想的政治性。本文首先介绍了日本学者岛田虔次关于圣人观自宋学以后发生根本性变化的观点，然后概括了宋学中"可学而至"论的内容与意义，接着分析欧阳修、王安石等人对圣人是一种理想的为政者形象的强调。通过与荻生徂徕的观点相对比，本文提示圣人概念的两种形象（制作者抑或是人格者）不仅是由历史发展而形成的，还可以从儒教思想的根本是置于政治还是伦理的差别中得到理解。

关键词　儒教　圣人　王安石　荻生徂徕

---

[*] 小岛毅，东京大学人文社会系研究科教授。

一　道学中圣人形象的变质

有一种说法叫作"圣人可学而至"，一般认为出自北宋周敦颐之口，后在其弟子程颢、程颐两兄弟所开创的道学之中传播开来。① 朱熹从道学之中登场而大成朱子学之后，这种说法就作为真理而成为古代读书人的共识。

但是，在宋代以前的人们看来，圣人并非任何人都能通过学习而达致，只有极其少数的生而被选者才是圣人。而且，所谓圣人并非单指人格完美的个人，更为重要的内核是为政者色彩，限定而言即"王"。例如，周公旦作为制定周礼的为政者而受到尊崇，孔子则被定位为其敬仰者和后继者。

转换这种圣人术语概念的是唐代的韩愈。岛田虔次论述如下：

> 宋学以前对圣人的理解是圣人即"作者"。因此，代表"作者"的周公大体居于孔子之上。这种圣人概念被后来的宋学内在化，圣人变成了仁义道德的完全体现者。②

---

① "圣人可学而至"这一表述，在历史上最早见于程颐的《颜子所好何学论》（《河南程氏文集》卷八）。"二程"即程颢、程颐兄弟将古已有之的概念"道"重新定位为尤其根植于每个人的内面之物，从而与王安石重视外在之法、苏轼重视外在之文的思想相对抗。根据后世的命名，一般将其流脉称为"宋学"。因为笔者使用的"宋学"一词也包含了王安石和苏轼的思想，所以下文将二程开创的流派称为"道学"，以示概念上的区别。关于不应将周敦颐称为道学的开山始祖，可参照土田健次郎『道学の形成』創文社，2002；小島毅『宋学の形成と展開』創文社，1999。周敦颐《通书·圣学》确实有如此表述："圣可学乎？曰：'可。'"但这句话并不是谁都可以成为圣人的意思。这也是二程以降的道学尤其是朱子学的解释。另外，与本文同一主题且言及孟子、荀子的，有吴震「中国思想史における『聖人』概念の変遷」吉田公平教授退休記念論集刊行会編『哲学資源としての中国思想：吉田公平教授退休記念論集』研文出版，2013。

② 島田虔次『朱子学と陽明学』岩波書店，1967、20頁。岛田的宋学（即笔者所谓的道学）研究引起了中国哲学研究者的强烈批判。最近的文章，是木下鉄矢「『仁義礼智信』か『仁義礼智』か——現在の朱子学理解を問う」前掲『哲学資源としての中国思想：吉田公平教授退休記念論集』。该文指出日本的许多（转下页注）

岛田的以上论述，间接指出了成为宋学（道学）孕育契机的韩愈《原道》（《韩昌黎文集》卷一一）这篇文章的重要性。虽然韩愈还没有达到自觉论述的程度，但是在思想史的脉络中，他的观点确实促使圣人概念发生质变。这也是韩愈被视为道学之源流的缘由所在。《原道》将孟子作为孔子之道（教）的正统继承者来表彰。道学（还有王安石）也继承了这一见解。在此之后，儒教就从"周孔之教"质变成"孔孟之道"。

岛田认为使用"作者"一词指称古代的圣人像是具有象征性的。当然，此"作者"非著者之意，而是指制定礼乐刑政即制度的为政者（王）。《礼记·乐记》篇有"作者之谓圣，述者之谓明"，唐代孔颖达解释说，"圣"是指尧、舜、禹、汤，"述"是指孔门高弟子游、子夏之徒。① 在《论语·述而》篇的开头，孔子说"述而不作"，此亦为篇名的由来，该句往往与前述《礼记·乐记》篇之语相结合，一起被理解为"作者圣人之事业"，认为孔子在这里将自己定位为祖述者。与此相对，朱熹在《论语集注》卷四的此处，虽然沿袭了"作＝圣，述＝贤"这一传统解释，但认为这不过是孔子的谦逊之词。朱子论孔子说："其事虽述，而功则倍于作矣。"认为孔子比尧、舜更伟大，这是道学的特征。②

岛田特地使用"作者"一词来表达圣人形象，虽然是以《礼记·乐

（接上页注②）研究者"迷信"岛田『朱子学と陽明学』之弊害，笔者也在被批判之列。虽然笔者也许确乎如此，但是木下所引用的其他研究之中，也有很多不应视为受岛田影响的事例，木下的这一批判反倒是过高评价了岛田。或许更为根本的问题在于，包括笔者已出版的著作在内，目前还没有超越岛田新书的用日语写就的概说性入门书。附带一句，作为放送大学的教材，笔者以前写过与岛田新书同名的『朱子学と陽明学』，2013年由筑摩学艺文库再版。

① 孔颖达等奉敕编撰的《礼记疏》（阮元校刻本《十三经注疏》）卷三七言："'作者之谓圣'，圣者通达物理，故作者之谓圣，则尧、舜、禹、汤是也。'述者之谓明'，明者辨说是非，故修述者之谓明，则子游、子夏之属是也。"汉唐训诂学虽然也没有将孔子配属为"述"，但它形容作者之圣的典型为尧、舜、禹、汤这些圣王，从中可以窥见与宋学的差异。

② "孔子贤于尧舜"之论，如后揭注所示，本为《孟子》中的语句，但更为重视孔子能传道于后世的功绩则是宋代以降的倾向。

记》篇以来的圣人定义为基础的，但也许多少有些受到丸山真男的影响。丸山关注到荻生徂徕（1666~1728）所谓的圣人为礼乐制作者这一特点，强调从朱子学式的"自然"到"作为"的转变。①

实际上，徂徕在《论语征·庚》中对《论语·宪问》篇的"作者七人"章②论述如下：所谓的"作者"，依据《礼记·乐记》篇，是指"圣"，如北宋的张载所言是指尧、舜、禹、汤、文、武、周公这七人。注释者长期以来从此章出发，受前后章的影响将圣人解释为隐者，徂徕认为这是没有根据的，所谓"作者"一定是指圣人。

"尧、舜、禹、汤、文、武、周公"，是韩愈《原道》中列举的传道的圣人。其后继者是孔子、孟子，"轲之死，不得其传焉"，即孟子殁后道绝至今，这是韩愈的历史认识。继承这样的认识，程颐认为其兄程颢使孟子以来断绝1400年之道学"复兴"，朱熹则再往前追溯一代，将"周敦颐再兴道，传授二程"的观点予以定型。这就是所谓的道统论。张载与二程亲交甚笃，被朱熹定位为道学源流之一。张载以此七人为圣人，也许也受到了《原道》的影响。

要言之，作为王者而君临万民、制定制度的人物，是道学以前的圣人像。道学虽然继承了这一观点，但将重点置于道（教说）的传承，从而孕育了道的内核"仁义道德完全体现者的圣人"（岛田）像。

---

① 丸山真男『日本政治思想史研究』東京大学出版会、1952。尤其是其中的第二章，值得参考。中译本可参考〔日〕丸山真男《日本政治思想史研究》，王中江译，生活·读书·新知三联书店，2000。

② 之前往往认为《宪问》篇的"作者"并非先王，而是指与孔子的立场相异的隐逸人士。张载的解释被朱熹的《论语精义》引用，因此徂徕也能读到，"制法兴王者之道"。只是，张载列举的七人为伏羲、神农、黄帝、尧、舜、禹、汤，与徂徕的记述不同。臆测言之，如后述，于徂徕而言比起伏羲、神农、黄帝三人，也许韩愈所列举的周王朝三个创业者更适合"圣人=作者"之说。反过来，张载未认可韩愈列举的七人，而是将伏羲、神农、黄帝加入圣人之列，这应该有其理由，然未详。《论语精义》从尹焞的文章"臣师及张载皆谓"中引用了张载的话。尹焞是程颐的门人，故此"师"当指程颐，朱熹引用程颐的解释即传统的逸民说。且朱熹在《论语集注》中采用了逸民说，并且遵循了李郁的意见，认为"纠结于这七人具体有谁并无意义"。

二 王安石的圣人像

之前的宋代思想史研究，认为周敦颐所复兴的道学显示出了与唐以前不同的宋代儒学特征，从此立场出发，在北宋也形成了以道学的谱系为中心的言说方式。但是北宋的实情与此不同，王安石存在的重大意义越来越受到重视。[①]

在圣人像的质变过程之中也是如此。如果将王安石的存在列入考察的范围，则不能像之前一样简单地插入韩愈来谈唐宋之间的变革。王安石及其学派盛行的时期是北宋的后半段到南宋初期，也就是11世纪后半叶到12世纪前半叶，其间与日本的文化交流处于相对低谷状态。因此，王安石的思想几乎没有影响到日本。然而，从朱子学圣人像的形成过程来看，王安石的存在是不能无视的。

《王文公文集》卷二九中列有四篇文章，[②] 按其顺序，这四篇文章的题目依次是《礼乐论》《礼论》《大人论》《致一论》，其中均可见到论述圣人的内容。在论述王安石的圣人像之前，先来介绍一下这四篇文章的内容。

《礼乐论》从心与诚的对应开始，"贤者尽诚以立性者也，圣人尽性以至诚者也"。论述的部分以《礼记·中庸》篇的文字为依据，并无耳目一新之处。不过，将"诚者"与"诚之者"的区别（《中庸》）视为"圣

[①] 参照土田健次郎『道学の形成』。邓广铭以修正"文革"期间儒法斗争史观的形式于1990年前后提出了这一问题，参见邓广铭《王安石在北宋儒家学派中的地位——附说理学家的开山祖问题》，《北京大学学报》1991年第2期。这一时期笔者正在北京大学求学于邓先生门下。此外，师从邓先生的漆侠在《宋学的发展和演变》（河北人民出版社，2002）的第十章、第十一章、第十三章中也谈到了王安石学派的重要性。此外，印象中余英时在其著作《朱熹的历史世界——宋代士大夫政治文化的研究》（上、下卷，台北：允晨文化实业股份有限公司，2003）的"绪说"中首次提出类似观点。

[②] 王安石的文集之中，有《临川先生文集》和《王文公文集》两大系统，虽然收录的作品大体相同，但其排列顺序迥异。本文遵从后者所列的顺序。王安石关于礼的四篇文章，与另外两篇文章一起收于《临川先生文集》卷六六中。

人"与"贤者"的差异，将穷理尽性（《易》之语）视为圣人的本质，并以此来强调其能动性，这一点让人感觉到宋学的气息。接着他对比了"世人"（常人）与"圣人"，"圣人内求，世人外求，内求者乐得其性，外求者乐得其欲"，在此基础上论说圣人为了"养人"而作礼乐。最后还引用"百工之事，皆圣人作"，以赞颂作为"作者"之圣人（先王）的伟大。

《礼论》批判了荀子性恶说中的"圣人化性而起伪"。人生而具善性，圣人为了善加引导而定礼："圣人因其性之欲而为之制焉。"因此，其制度看似强制，然而亦顺其本性之欲。王安石是性善论者。[1] 从重视后天的教化这一点而言，实际上王安石与朱熹的人性论并没有那么大的隔阂。只是行教化之责的主体并非处于修养过程中的个人自身，而是交给了礼的"作者"——圣人。依此而论，《礼论》的观点依旧属于传统的圣人像。

《大人论》论述说，《孟子》中的"大""圣""神"三者，都是形容圣人之语，指示对象并无不同。"由其道而言谓之神，由其德而言谓之圣，由其事业而言谓之大人。"道因其虚无寂寞故不可视，从人所具之德的代表而言称为圣人。也就是说，体神妙天地之道而立事业于人世间者即为圣人。

《致一论》以"万物莫不有至理焉，能精其理则圣人也"开篇。这里说到的圣人像也是穷天地万物之理并将其还原于社会的作者。后半部分言及孔子与颜渊的关系，叙述了作为圣人的孔子与不过是贤者的颜渊之间的差异。这在《礼乐论》中也可以见到。通过回应《论语·颜渊》篇第一章的"非礼四条"[2]，文章论述了垂范训辞的圣人（孔子）与拳

---

[1] 关于王安石的人性论的解释，非性善说是古已有之的见解。但是，笔者认为他基本上持孟子性善说的立场，强调后天教育的必要性、重要性这一点与荀子相近，故而生出了"与性善说不同"的理解。而且实际上，朱子学的人性论在构造上与王安石相同。可参见拙稿「王安石から朱熹へ——宋代礼学の展開」小島康敬編『「礼楽」文化：東アジアの教養』ペリカン社、2013。

[2] 《论语·颜渊》篇有名的"克己复礼"章的后半部分有言："非礼勿视，非礼勿听，非礼勿言，非礼勿动。"

拳服膺其教的贤者（颜渊）之间的质的差异，即尽性者与尽诚者的境界之差。

通过以上四篇文章，我们可以一窥王安石的圣人像的概要。王安石认为，圣人的定义是：体现了天地之道（理），为了人类社会而制作礼乐刑政，并由此而实现完善的政治秩序的人物。当然，在他看来，这一定义并非自己的创见，而是正确理解孔子、孟子之说的结果，此前的儒者以及与他同时代的论敌则理解有误。

不过，孟子将圣人这一称呼的适用范围扩展到了"作者"以外，即王安石围绕"三圣人"（《王文公文集》卷二六）讨论过的伊尹、伯夷和柳下惠。孟子偏偏评价自己称为圣人的伯夷为"隘"，柳下惠是"不恭"，而在王安石看来，这三人连贤者都算不上。但是，王安石并不认为孟子观点有误。殷商开国元勋伊尹说"治亦进，乱亦进"，为了实现天下太平而努力，因此到了殷末就出现了清浊不辨的风潮。为矫此弊害，伯夷登场以正本清源。然而，周朝衰亡后"隘"的弊害却发展到极致，于是柳下惠出而不拒污浊。只是这又带来孔子之时"不恭"的弊害，孔子"集其行而制成法于天下"，如此方一扫前弊。

在《夫子贤于尧舜》（《王文公文集》卷二八）中，王安石先引用《孟子·公孙丑上》中的宰我之言，[①] 进而比较尧、舜以来作为王的圣人和伊尹、伯夷、柳下惠、孔子，对孔子远贤于尧、舜的观点做出说明。"圣人之心不求有为于天下，待天下之变至焉，然后吾因其变而制之法耳。"孔子集历代圣人之事业之大成而开创万世之法，孟子以"集大成"盛赞孔子即由此之故。

在《老子注》（《王文公文集》卷二七）中，王安石虽然在一定程度上肯定了老子的无为自然说，但批判老子没能理解何为自然。他认为万物虽不待人力而生，然待人力而成；圣人不为前者，而用四术以成后者。四术即"礼、乐、刑、政"，此四术为形器，是人为之术。老子虽说道具是无用之用，然道具本身即为制作而非自然。圣人的礼乐刑政在"成"而

[①] 《孟子·公孙丑上》中，宰我说道："以予观于夫子，贤于尧、舜远矣。"

非"生"的维度是必不可少的，不可废弃。虽然并未言及，但王安石的这一批判应该是立足于"大道废，有仁义"等主张而谈的。王安石既非道家也非法家，只将自己定位为一个正统的儒者。

王安石的圣人像还影响了他在政治制度改革上的实施。王安石对他最为推崇的《周礼》及其作者周公的评价，这里因篇幅有限不做详述。但需要指出的是，王安石所谓的圣人只是从作为"王"、作为"作者"的层面来定义的，他并没有考虑常人（世人）通过学习而能够达致的境地。即便圣门高足颜渊也不过是贤者，并不能被称为圣人。从"礼乐刑政的制作者才是圣人"这一点来看，王安石的圣人像基本属于宋代以前的谱系。

三 异形的圣人们

王安石的圣人像，从礼乐制作者的色彩这一点来看，是与宋代以前的谱系相连的。但是，两者之间有一处根本的变化，那就是圣人之形态，即真正的圣人像。

《太平御览》是宋太宗敕命编纂、太平兴国八年（983）成书的类书，从1690种书籍中摘录而成。① 其中随处可见现在已经散佚的古代典籍，是了解唐代思想状况不可或缺的资料。以下介绍该书中可见的圣人像。

首先，在卷三六三《人事部四·形体》中，可以见到《尚书大传》②的如下文段：

---

① 这样的类书编纂古已有之，日本也有传入。在平安末期藤原赖长的《台记》中，可以见到以通读《修文殿御览》为志（但因侍从的忠告而断念）的记述。《太平御览》的特征是作为该时期的官方事业被印刷出来，不过长时间被禁止流出国外，史料上可以确定的传入日本时间是在平清盛之时（1170年代）。

② 《尚书大传》一般认为是西汉初期伏胜所撰，《汉书·艺文志》中可见"传四十一篇"，《隋书·经籍志》可见"三卷"的记载。现在的通行本，是清朝的考据学派学者根据《太平御览》和经书的注疏中所引用的佚文而辑佚之书。

小岛毅　儒教的圣人像

尧有如八字的眉，舜有四瞳，禹跛足而行，汤半身不遂，文王有四乳。①

据说这五人的形貌均与常人相异，禹、汤更是有身体障碍。这也许是民俗、神话的世界之中所见的超人圣痕传承的一种显现。比如"禹"字的部件中有"虫"，由此看来他的原型被认为是"虫"（蛇）。他们原本并不是普通人，虽然后来故事被合理化了，他们作为上古为政者名列儒教的圣人之中，但此前这种异形性支撑着他们的圣性。

与此同类的记述散见于《太平御览》之中。试举一例，卷三六七《人事部八·鼻》中，引《孝经·援神契》称"伏羲山准，禹虎鼻"。"准"是鼻柱，"山准"是说鼻梁高。与此相对，禹的鼻子像虎一样，鼻尖圆圆的，鼻翼不显眼。虽然不能判断选此二人加以并列的理由，不过无论如何，这样的相貌并非他们真实的"肖像"，而是为强调作为圣人应该具有的异形性进行的一种创作。了解这点尤为重要。

这里提到的《孝经·援神契》属于一种叫作纬书的典籍群。严格来说，它并非独立的书名，而算文章篇名，因此按照现代的表记方式或许并不应该使用双书名号②。

---

① 原文为"尧八眉，舜四瞳子，禹其跳，汤扁，文王四乳"。根据郑玄等的注解释如上。与此类似的记述，可参见《庄子》《荀子》《淮南子》等战国后期至汉初的文献（《庄子·盗跖》篇称"禹偏枯"）。其中，《荀子·非相》篇在论及"人不可貌相"时，将"即便是圣人亦如此"作为例证。不过，这反而证明在撰述《荀子》之时，社会上已对圣人的异形传承性形成共识。《史记》的《三皇本纪》（由晚于司马迁八百年的司马贞所撰）也描绘了伏羲蛇身人首、神农人身牛首这种人兽混淆的姿态。为了证明早在宋初异形的圣人像就被敕撰书所采用和公认，笔者在此处引用了《太平御览》。此外，《太平御览》卷八〇所引的《春秋元命苞》称"尧眉八彩"（非"八"之字形），即八色之眉。愚考，正如舜之瞳、文王之乳头的数量异于常人一般，八眉之说也旨在凸显尧的异形性，故宜释为"八条眉（右眼四条，左眼四条）"。孔广森的郑玄《尚书大传注》辑佚本（《通德遗书所见录》卷三二）等则根据《太平御览》中原文大字、注文小字的区别，认为"八者，如八字者也"这句话出自伏胜之口。不过笔者认为，释读正确的应该是郑玄的注文。

② 日语的现代标点中，书名的表记与文章篇名不同，书名与中文一样使用双书名号，篇名常用单书名号以示区别——译者注。

纬书附会记录历代圣人所定之制度的沿革，于西汉末年迅速流行。在经书的解释学即经学的形成过程中，正如一匹布既有经线（纵线）也有纬线（横线），纬书可以视为由当时学者作为纬线编织而成的著作。它立足于以阴阳五行思想为基准的世界观，提示了理想的政治，比如《太平御览》卷四一九《人事部六十·仁德》之中，能看到出于《尚书考灵耀》的"春行仁政，顺天之常"。①

原本王朝交替也通过基于五行思想的五德终始说被理论化，相生说在西汉末年成为定说，在此基础上尧（火）→舜（土）→禹（金，夏王朝）→汤（水，殷王朝）→文王、武王（木，周王朝）成为定式，汉高祖上承周德，故与尧同居于火德。② 所谓圣人，有着与常人相异的身体特征，作为接受天命的王而制礼作乐。

早在东汉时期，批判纬书荒唐无稽的论调已然出现。经书的注释者之中，也有如三国时期曹魏的王肃从此立场出发摒弃纬书者。但是，唐初《五经正义》对《诗》与《礼》虽然采用了郑玄的注释，但仍利用纬书作为自己学说的根据，因此如上的言说在宋初之前一直以国家公认的方式广泛传播。

宋学从根本上改变了经学的这种存在方式。从欧阳修致力于从注疏中消除纬书的引用开始，③ 11 世纪后半叶的注释者解释经书时都排斥纬书的记载。王安石的经书注释亦被归为此类。④ 因此，他设定的圣人并非异形的存在，而是与常人有着相同的形貌。道学的"学以至圣"这一圣人像，也通过切断传统表象而获得了新生。正因为如此，即便不是王的普通人也

---

① 顺应季节来施行政治，自然界即可风调雨顺，这被称为时令思想，《吕氏春秋》和《礼记·月令》对此有所整理。纬书对此思想进行了更为精致的体系化整理。顺便一提，平家灭亡时后鸟羽天皇使用的年号"元历"，即出典于《尚书考灵耀》。
② 关于朱子学带来的五德终始说的解体，可参考拙稿「天道・革命・隠逸——朱子学の王権をめぐって」『岩波講座　天皇と王権を考える4 宗教と権威』岩波書店、2002。
③ 欧阳修：《论删去九经正义中谶纬札子》，《欧阳文忠公奏议集》卷一六。
④ 笔者现阶段的看法，曾反映于拙稿「宋代における経学と政治——王安石と朱熹の異同」小南一郎編『学問のかたち：もう一つの中国思想史』汲古書院、2014。

可以通过自己的努力成为圣人的理论化才得以可能。圣人的性格,并非单单从"作者"变为了人格者。正是由于丧失了纬书那种异形性,唐与宋之间才可以被视为有着根本性的变化。①

四　荻生徂徕的圣人像

传入日本的儒教,先是汉唐训诂学。②经书的解读,也依照《五经正义》和皇侃的《论语集解义疏》,在博士家世袭的状况之中未能产生日本独自的解释。因此,有关圣人像也吸收了纬书的思想。③朱子学虽然在镰仓时代(13世纪)作为外典之学渗透进了禅宗寺院,但是其真正被接受是从江户时代(17世纪)开始的。

山崎闇斋(1618~1682)的学派被视为"日本化朱子学的最初学派",在涉及圣人之处世时,汤武放伐成为其论述的话题。闇斋将韩愈的《拘幽操》(《韩昌黎文集》卷一)以及程、朱对其的批评,加上自跋一起公开出版。此后,文王直到最后仍为殷之从臣与其子武士之放伐就成为闇斋学派议论的标的。佐藤直方(1650~1719)的《拘幽操辨》解说道:

---

① 韩愈对于纬书有着怎样的看法,因为并没有明确的流传下来的批判性言辞,所以不得而知。只是,以《原道》及其他相关文章推论,他应该与纬书的非合理性保持了一定的距离。从他赌上性命非难皇室对舍利的崇拜这件事来看,虽然是从儒教的立场批判佛教,但是其思维方式或许有着与批判纬书的相通之处(《韩昌黎文集》卷三九《论佛骨表》)。顺带一提,清朝考据学虽然批判宋学而重视郑玄等汉代的经学者,但是他们尊重西洋传来的科学知识,并不信奉纬书的内容。在此意义上,可以说考据学应该也仍旧属于宋学开启的言说空间。
② 《古事记》中有应神天皇之时百济博士带来《论语》的记载,并解释为儒学传入日本。这一记事不过是渡来系氏族为了赞颂先祖而书写的传承,并非现代意义上的史实。本来,经书的文本要与特定的注释一体而授,因此即便此事为史实,传授的也并非《论语》,而应该是郑玄的《论语注》或何晏的《论语集解》。此后,在7世纪后半叶的律令编纂过程中,作为唐的政治体制基础,儒教经学的接受不断被推进,最终形成了博士家的明经道这种世袭的、封闭的知识传授。介绍朱子学到日本的是禅僧,这是日本的朱子学与中国、韩国具有不同特征的原因。关于中岩的圣人像,可参见拙稿「中巌円月が学んだ宋学」小島毅編『中世日本の王権と禅・宋学』汲古書院、2018。
③ 阴阳道中可以窥见纬书的影响,虽然不能像从前那样简单地归于"道教的影响",但本文暂不讨论这一问题。

"汤武放伐之事，非圣人之上不为，当以经权一时之权道处之。"① 与孟子认可放伐论相对，朱熹原样引用了王勉的解释："惟在下者有汤武之仁，而在上者有桀纣之暴则可。"②《拘幽操辨》沿袭了这一说法，放伐者的角色仅仅适用于已经成为圣人之人，而且有着极端的限定，是只在特殊情况下才能得到认可的行为。也就是说，此处的圣人并非制作者，而是人格者。而且，既然信奉朱子学，那么理所当然"文王四乳"这一形象也是不存在的。

那么，对朱子学的教说内容心存疑念，展开日本自己的儒学的儒者们，是如何把握圣人概念的呢？以下，先简单叙述一下中江藤树（1608～1648）以及山鹿素行（1622～1685）的论述，再来考察荻生徂徕的圣人像。

"近江圣人"中江藤树，在《翁问答》开篇即对《孝经》讲的"至德要道"这一"灵宝"进行了说明："生而保合此宝，则为圣人也，学而保合之、守成之，则为贤人也。"③ 在他的思想中虽然已经不再抱有纬书式的异形的圣人像，但这种说明又不同于将成圣的资质向万人开放的道学式发想。④ 藤树爱用自己所造的句子："天，此大底之圣人；圣人，此小底之天也。"⑤

山鹿素行在《圣教要录》开头即立"圣人"之项，"圣人唯中庸"，《山鹿语类》卷三三《圣学》之中也先设"圣人"之项，可以说是对圣人抱有执念的儒者。⑥ 在他看来，所谓圣人是"不异许多人"之

---

① 西顺藏・阿部隆一・丸山真男校注『日本思想大系 31 山崎闇斎学派』岩波书店、1980、211 页。
② 朱熹：《孟子集注・梁惠王下》。由此看来，认为"朱子学认可孟子的革命思想"这一类的说明是不正确的。对这一点的详细讨论，可参考拙著『足利義満——消された日本国王』光文社新书、2008。浅见絅斎编《拘幽操附录》也引用了朱熹的书简（《朱文公文集》卷三九《答范伯崇书 四》），朱熹接受了范念德提问的词句中用以指代文王的"圣人"这一表达，在回信中也使用了这一用语，暗示文王不是作为"作者"，而是作为终生尽忠义的人格者而被称为"圣人"。
③ 中江藤树「翁問答」山井湧・山下龙二・加地伸行・尾藤正英校注『日本思想大系 29 中江藤樹』岩波书店、1974、23 页。
④ 进一步说，这一说明与由朱子学的圣人像展开的阳明学式的"满街圣人"说（往来于路上之人本来皆为圣人）亦不同。
⑤ 中江藤树「孝経啓蒙・敢問章」山井湧・山下龙二・加地伸行・尾藤正英校注『日本思想大系 29 中江藤樹』212 页。
⑥ 田原嗣郎・守本顺一郎校注『日本思想大系 32 山鹿素行』岩波书店、1970、11 页、176～178 页。

人，①"周子论圣人，甚高过矣"。② 素行强调圣人之道的作为性，即主张作为"作者"的圣人，以此批判朱子学，而这一点则关联到荻生徂徕。

荻生徂徕的《辨名》之中有"圣"这一条目，开头一文即下定义："圣者，作者之称也。"作为依据而引用的是前揭《礼记·乐记》篇的文段与《礼记·表记》篇③。荻生徂徕认为，伏羲、神农、黄帝三人是礼乐兴隆以前的圣人，尧、舜制礼作乐之后为王道时代，因此孔子编纂的《尚书》就从《尧典》《舜典》开始。④ 夏、商、周三代亦遵尧、舜而制礼作乐。孔子虽不胜制作之任，但通过编纂经书之事业而存制作之道。因此，他（荻生徂徕）也判断孔子贤于尧、舜。孔子虽非礼乐之"作者"，然因存古之道的功绩而足以获称为"圣"。

日本思想史研究的主流观点认为荻生徂徕的"圣人＝制作者"论并非简单地主张返回汉唐训诂学的先祖，而是显示出了超越朱子学的思维。对其定位因论者而异，但往往将荻生徂徕的见解把握为江户儒学独自展开的形态，并将他的圣人像重置于当时的政治、社会脉络之中，以此来考察其所具有的思想史意义。笔者也认为这样的见解在思想史研究中是合适的。不过笔者希望再次强调的是，如果将荻生徂徕的圣人像还原到他自身意识中的经学言说框架之中，那么在其背景之中就存圣人的第一义是制作者还是人格者这一问题。

关于《论语·季氏》篇"君子有三畏"章中对天命、大人和圣人之言的并列，长期以来的古注都认为此处的大人应与圣人同义。但《论语征·辛》对此进行了批判，认为有必要区别两者："大人以当世言，圣人开国之君也，以往世言。"有德之人并非都是圣人，后世盖棺定论之后该

---

① 山鹿素行「山鹿語類・卷33」田原嗣郎・守本順一郎校注『日本思想大系 32 山鹿素行』349 頁。
② 山鹿素行「山鹿語類・卷33」田原嗣郎・守本順一郎校注『日本思想大系 32 山鹿素行』349 頁。
③ 《礼记·表记》篇在对比虞夏之质与殷周之文的文脉中，在"子言之曰：'后世虽有作者，虞帝弗可及也已矣'"的部分，赞颂了舜的伟大。
④ 荻生徂徕《论语征》的"作者七人"章也如是说。参见荻生徂徕著、小川环树訳注『論語徴』平凡社、1999。

人物才成为圣人,其言论才称得上是"圣人之言"。"三畏"的另一对象是天命,指君子祭祀时的敬天。朱熹的《论语集注》采用了尹焞(程颐门人)以修己解释"三畏"的说法,荻生徂徕认为这是没有意识到修己是以敬天为基础,并在此章注的结尾部分进行了批判。荻生徂徕在这里所论之"德"也并非朱子学式的人格的意义,他强调的应该是安民之义。

朱熹以修己治人为学问的枢要,以明自身所具天理之明德和新民为目标。成为其主体的人格者即是"圣人"。如前所述,这一圣人像是在儒教史的展开中诞生的,是历史性的产物。与此相对,荻生徂徕将圣人规定为"往世"的"开国之君"。但是,这并不意味着圣人不会再次登场。这是因为作为"开国之君"而制礼作乐的人物会被后世评价为"圣人"。也就是说,圣人也可能在现存的大人和君子之中产生。实际上,孔子虽无制作之功,但因给予了后世更多的恩惠,故也被称为圣人。荻生徂徕在《论语征》中也以圣人指称孔子。

以作者来把握圣人,就这一点来看荻生徂徕回到了朱子学以前的圣人像。但是,其圣人像并非异形。就此而论他的圣人像也应归于宋代以后脱神秘化的圣人像。圣人的本质并不在于朱子学所重视的个人的人格修养("可学而至"),而在于作为为政者制作礼乐刑政的一面,这种思维方式与王安石摒除纬书,设定作为新"作者"的圣人像相同。当然,荻生徂徕并没有受到王安石的直接影响,间接影响恐怕也很难成立。但是,在圣人是制作者还是人格者这一二元对立的图式①之中,就类型而言,王安石与荻生徂徕同属一侧究竟意味着什么呢?

从理论分析而非思想史的角度比较考察两者的思想,或许能深化儒教中对"政治"的问题(丸山意义上)的考察。

[刘莹(北京大学外国语学院日语系博士后)译,张晶(北京大学外国语学院日语系助理教授)校]

---

① 正如本文前述,这一思想史上的二元对立,是在道学的"可学而至"的圣人像登场之后成立的。为了覆盖"异形的圣人像",道学的圣人像产生了。正因为如此,王安石用作为"作者"的圣人抹去纬书的那种异形性,这在思想史上可以说尤为重要。关于此问题,笔者拟在王安石研究中进行考察。

明朝时期朝鲜与琉球关系的"中国因素"

张崑将[*]

摘　要　中国作为庞大他者的存在，常让周边国家将之拉向"自我"或推向他者，形成既迎合又拒绝的推拉矛盾关系。本文透过中国周边之琉球与朝鲜的外交往来关系，分析它们常在意的"中国因素"及其所凸显的意义，时代焦点则紧扣在14世纪末到17世纪中叶的明代。本文在第二节以朝鲜与琉球国书的往返、如何接待琉球使臣，在第三节以朝鲜与琉球送返漂流人，说明作为中国周边国家的朝鲜与琉球的交往，都不是仅考虑朝鲜、琉球关系，最重要的考虑仍然是"中国因素"，以凸显"中国因素"无所不在地在周边国家发酵的现象。在最后结论中，本文试图从"本质"企图检讨所谓的"中国因素"，认为"中国因素"绝非单一因素而成，而是互为因果、陈陈相因。因此当我们思考"中国"或"中国因素"之际，从周边国家或从东亚乃至世界局势来看中国，比单纯在中国看中国或从中国看周边国家会有更大的格局与胸襟。

关键词　明朝　朝鲜　琉球　漂流人　中国因素

---

[*] 张崑将，台湾师范大学东亚学系教授。

一　导语

本文所谓的"中国因素"有别于"中国认同"[①]一词。"中国因素"系紧扣中国周边国家受到中国之政治外交关系的影响而言，如我们常说"韩国受美国或中国因素影响"，可能因为美国或中国的某些政策或措施对韩国造成某种冲击或影响；"中国认同"则非专指政治上的国族或民族的认同，尚包括文化情感上的认同。

探讨"中国因素"这个课题，主要想凸显从周边视角来看中国，而非从中国本身来看中国。在近代以前甚至今日的东亚区域，无论周边国家如何的有意或不愿意，都必须慎重地把"中国因素"考虑进来，过去的朝贡体系以及今日的经贸来往都充分说明了这一点。吊诡的是，无论中国本身有意或无意，周边国家也很自然地要思考"中国因素"。换言之，中国作为巨大他者的存在，常让周边国家将之拉向自我或推向他者，是一种既迎合又拒绝的推拉矛盾关系。

本文拟透过中国周边的琉球与朝鲜之外交往来关系，分析它们常在意的"中国因素"及其所凸显的意义，时代焦点则紧扣在14世纪末到17世纪中叶的明代。

不论是中琉关系，还是琉日关系，均不乏相关的研究，不过仍比较偏向近现代，[②]而对于17世纪以前明代的琉韩关系或中琉关系的研究，显然关心不足。过去可能受限于朝鲜史料的难以搜寻，除了台北中研院与台湾大学图书馆有相对比较多的资源，如《燕行录》《朝鲜王朝实录》《韩国文集丛刊》等上千册的藏书外，其他各大图书馆可谓付诸阙如。当然，文史哲学界要进行跨区域的研究也不是件容易之事。不过，随着《朝鲜王朝实录》《韩国文集丛刊》《韩国历史文献》等的数字检

[①] "中国因素"对应的英译为China factor，"中国认同"对应的英译为Chinese identity。
[②] 例如西里喜行的《清末中琉日关系史研究》（上、下册，胡连成等译，社会科学文献出版社，2005）。另外中国及琉球自1986年开始召开的"中琉历史关系国际学术会议"，至2019年已经举办了17届。

索系统的出现,在面临庞大的韩国近代以前史料时,研究者不再望而却步。

《朝鲜王朝实录》《韩国文集丛刊》记载了诸多关于琉球的君臣讨论及儒臣对琉球的评论,或可反映当时朝鲜人的琉球观。本文即大量利用此类文献,加上朝鲜出使使臣的记录,努力勾勒明代(1368~1644)朝鲜与琉球交往过程中所涉及的"中国因素"及其展现的意义。

二 朝贡体系下的朝鲜、琉球关系比较

首先,册封之使臣的官阶不同。明太祖洪武五年(1372),琉球第一次入贡。[①] 在此之前,高丽、安南、占城在洪武二年即已入贡。据学者统计,此次入贡后,明廷对琉球的册封,自洪武五年至崇祯二年(1629)共61次,先后派出册封使臣92人,足见琉球与明朝紧密的朝贡关系。[②] 至于明廷派去册封之使臣的官阶为何,可以参考明嘉靖年间陈侃(1489~1507)出使琉球归国后留下的《使琉球录》,其中写道:

> 按我朝封锡藩王之制,如安南、朝鲜,则遣编修、给事中等官为使;占城、琉球,则遣给事中、行人等官为使。各以麒麟、白泽,公侯伯、驸马之服,恩荣极矣。[③]

编修(翰林院掌典簿记载之事)属正七品官职,给事中(掌规谏、

[①] 《明史·本纪》卷二记载洪武五年这一年:"琐里、占城、高丽、琉球、乌斯藏入贡。高丽贡使再至,谕自后三年一贡。"此亦是琉球向中国朝贡之始。根据《大明一统志》所载:"唐、宋时,未尝朝贡。元遣使招谕之,不从。本朝洪武中,其国分为三,曰中山王、山南王、山北王,皆遣使朝贡。嗣是惟中山王来朝,其二山盖为所并矣。"又,隋唐宋时期称其为"流球",元朝称"瑠球",至明洪武五年始定国名为"琉球国"。

[②] 李金明:《试论明朝对琉球的册封》,《历史档案》1999年第4期,第82~87页。

[③] 陈侃:《使琉球录》,《台湾文献史料丛刊》第3辑,台北:大通书局,1984,第32页。

补阙、拾遗、稽查之事）属从七品官职，行人（掌邦国宾客奉使之事）则为正八品官职，虽然是清贵之职，但严格来说官阶并不高。派往安南、朝鲜多以七品官员充任，且多以编修前往，应是需要具有相当的文翰水平者；而派往琉球、占城的使臣，则比较不需要编修一类的官员，看来仍是有所差别。

其次，封贡亦涉及制定朝服的礼制问题。朱元璋开国翌年（1369），即订定藩属国君臣冠服，《明史》载之如下：

> 洪武二年，高丽入朝，请祭服制度，命制给之。二十七年，定蕃国朝贡仪，国王来朝，如尝赐朝服者，服之以朝。三十一年，赐琉球国王并其臣下冠服。永乐中，赐琉球中山王皮弁、玉圭、麟袍、犀带，视二品秩。① 宣德三年，朝鲜国王李祹言："洪武中，蒙赐国王冕服九章，陪臣冠服比朝廷递降二等。故陪臣一等，比朝臣第三等，得五梁冠服。永乐初，先臣芳远遣世子禔入朝，蒙赐五梁冠服。臣窃惟世子冠服，何止同陪臣一等，乞为定制。"乃命制六梁冠赐之。嘉靖六年，令外国朝贡人，不许擅用违制衣服。如违，卖者、买者同罪。②

由上述史料可知，明廷开始专门制作藩属国君臣冠服，还是因高丽国王之请，此后朝贡国日多，不得不在洪武二十七年（1394）制定朝贡礼仪与冠服制度，但因来朝贡者往往是王子与朝臣，故世子、朝臣的冠服有了初步的定制。上述史料显示，琉球国王被特赐冠服，后来中山王被颁赐等同二品官阶的服饰；取代了高丽王氏的朝鲜国王则被赐予"冕服九章"，类亲王等级。

在明太祖、成祖时代，朝鲜与琉球虽同属藩属国，然从文献记载来

---

① 谢杰《琉球录撮要补遗》亦载："以其国有三王：曰山南王、山北王，后为所并，故独称中山封之者，仍其旧号也。赐以麟袍、犀带，视二品秩。"（收入《使琉球录三种》，台北：台湾银行经济研究室，1970，第270页）
② 《明史》卷六七，台北：鼎文书局，1980，第1655页。

看，似乎琉球的表现较为中国皇帝所接受。这一点或可从琉球派遣子弟入学，明廷大肆记载此事的举动中窥其端倪。《明实录》特意记载了琉球派遣子弟入中国受学：

> 惟安南、占城、真腊、暹罗、大琉球，自入贡以来，至今来庭。大琉球王与其宰臣，皆遣子弟入我中国受学。凡诸番国使臣来者，皆以礼待之。我待诸番国之意不薄，但未知诸国之心若何。①

但关于琉球派遣子弟入学一事，万历年间出使琉球的明朝使节萧崇业（？~1588）在《使琉球录》中提及：

> 国初，朝贡无定期。今二年一举，寻以为常。若夫令子侄入太学，仅创见于洪武二十二年。嗣后惟遣陪臣之子进监授业大司成，处以观光之馆，教以诵诗、学礼，裘葛、廪饩，加儒生一等，其礼待不亦厚乎！②

洪武二十二年是1389年，琉球国王室子侄入学在此年发生，日后仅派朝臣之子来学。③ 此前的洪武五年虽有高丽子弟欲入太学，但明廷的回复是："入学固美事，但涉海远，不欲者勿强。"④ 比起积极肯定琉球遣子弟入学的态度，明廷对朝鲜的类似举动的态度似较为消极。由此往后，琉

---

① 中研院历史语言研究所校勘《明实录·明太祖实录》卷二五四，台北：中研院历史语言研究所，1966，第3672页。
② 萧崇业：《使琉球录》，《台湾文献史料丛刊》第3辑，第114~115页。按：萧崇业于万历四年（1576）以正使身份出使琉球。
③ 这些陪臣子弟至明朝入学，又以三十六姓为主。夏子阳（1552~1610）于万历三十四年（1606）出使琉球，所著《使琉球录》中有说："余闻诸琉球者遣陪臣之子进监者，率皆三十六姓。"参见《使琉球录》，收入《台湾文献史料丛刊》第3辑，第260页。
④ 《明史·朝鲜列传》载："（洪武）五年表请遣子弟入太学，帝曰：'入学固美事，但涉海远，不欲者勿强。'贡使洪师范、郑梦周等一百五十余人来京，失风溺死者三十九人，师范与焉。"

球成为派遣子弟入学之诸藩属国中"于诸夷为最笃,国家待之亦为最优"的国家。① 因此,朱元璋先是画图赐示,接着颁赐琉球国王中国冠带,特别提出对其欣慕中国礼义的嘉许,这应是明朝诸藩属国中的第一次。②

由此看来,在明朝时期,依归顺的程度,琉球的藩属国地位并不亚于朝鲜。③ 明朝对琉球进行册封,准予其君臣子弟入中国受学,以发挥效学中国礼仪的带头作用,这相当程度上具有指标性,亦可作为其他藩属国效法之用。

明太祖初年厚待琉球,后者地位并不亚于朝鲜,亦可从朝鲜初期政权的不稳定看出。朝鲜对明朝的"事大之礼",在前期似乎进行得不太顺利,这可能是影响朝鲜必须"谨慎"面对明朝的原因,并且可以追溯至朝鲜李朝太祖李成桂(1392~1398年在位)时期。李成桂得国后,虽采"事大之礼"以尊明廷,甚至请赐国号,但因李成桂系以政变方式上台,加上所用诸臣不为明廷所喜,且两国边疆纷扰,所以他常遭明廷斥责,明廷甚至有出兵朝鲜之议。如以下资料所载:

> 朝鲜国王李旦(即李成桂——引者注)遣使臣柳珣等,奉表贡方物进贺。明年正旦,上见其辞不逊,谓礼部臣曰:"以小事大,礼重修辞。前者朝鲜王李旦,数生衅端,已尝诘问,彼谢罪之使方归,而侮慢之辞又至,朕非不能伐之。古人有言:不勤兵于远。所以不即兴师者,以此。今留其使,可移咨李旦,令遣撰文者至,方归之,

---

① 关于琉球派遣子弟入学的记载,可参见清乾隆时期担任琉球官学教习的潘相辑《琉球入学见闻录》,台北:文海出版社,1973;还可参见王士禛《纪琉球人太学始末》,台北:广文书局,1968。
② 洪武三十年,"赐琉球国中山王察度冠带。先是,察度遣使来朝,请中国冠带,上曰:'彼外夷能慕我中国礼义,诚可嘉尚。礼部其图冠带之制,往示之。'至是遣其臣亚兰匏等来贡谢恩,复以冠带为请。命如制赐之,并赐其臣下冠服"。参见《明实录·明太祖实录》卷二五六,第3706页。
③ 即便在清朝,《琉球入学见闻录·凡例》如是记载:"(琉球)自明初始通朝贡遣子入学,渐染华风,稍变旧习。至于圣清受命,威灵震叠,文教诞敷,皇纶二锡,宸翰叠颁,定两年一贡之令,沛三次入监之恩,百有二十余年。其国之政俗,沐浴圣化,蒸蒸然日进于雅,视朝鲜国,殆弗让焉。"

俾知生衅之由。"珣言表文是其国门下评理郑道传所撰，遂命遣道传，未几，释珣。①

引文中所谓的"其辞不逊"，发生在洪武二十九年（1396），恐怕是朝鲜的这次进贡违反了"以小事大"之礼，加上前此李成桂的夺位途径和对边疆之事的处理态度，触怒了朱元璋，故而多次遭到斥责。②洪武三十一年，明廷群臣再次提出兴师问罪于朝鲜：

> 庚辰，五军都督府及兵部臣奏言："朝鲜国虽奉贡不绝，而叠生衅隙，请（讨）之。"于是礼部咨其国王李旦曰："……（我至尊）每谕王曰：'靖保尔疆，毋生边衅，自始至今，切戒谕之。'自王当国以来，假以入贡为名，阴说守边将士，啖以财贿。群臣屡请兴师问罪，我至尊恐伤生灵，故不忍为……"③

由此看来，朝鲜"罔事大之道"还表现为"假以入贡为名，阴说守边将士，啖以财贿"等事。由此亦可窥知，朝鲜开国初期在朝贡上与明朝确实有过一段关系紧张期，而且影响到了朝鲜在中国朝贡体系中的地位。

最后，朝鲜对于琉球、日本的态度不同。如学者所称，朝鲜半岛在汉唐时期即曾以"华"自居，将周边民族纳为属民，朝鲜王朝世宗和世祖在对女真的政策上，也曾接受女真的朝贡，也满足于日本称朝鲜为"大

---

① 《明实录·太祖高皇帝实录》卷二四三，第3533页。
② 洪武三十年，朱元璋谕令礼部移文斥责朝鲜国王李旦："自古分茅胙土之君，必得正人君子，国家乃昌，任用小人，必乱其邦。朝鲜国王李旦，因王氏数终，天将更运，遂有三韩之地，更号朝鲜。仅从本俗，法守旧章，有国之道全矣。奈何谋虑不远，罔事大之道，左右所用，皆轻薄小人，不能以德助王，撰述表笺，搜求构祸之言，置王于无容身之地，此徒用之何益？虽在朕以为意，然神明有知祸不可逃尔。礼部移文朝鲜国王，俾知朕意。"参见《明实录·太祖高皇帝实录》卷二四九，第3605页。
③ 《明实录·太祖高皇帝实录》卷二五七，第3853页。

国"或"上国"。① 相较于此，朝鲜对于同属明藩属国的琉球，可能不如此造次。

揆诸《朝鲜王朝实录》，琉球向朝鲜进贡的记载仅一见之，即太祖李成桂取代高丽王氏建国之际，1392年载曰："是年，琉球国中山王察度（在位46年——引者注）称臣奉书，遣通事李善等，进贡礼物，并送还被虏男女八口。"② 儒臣赵浚在歌颂李成桂文武之治时亦说："文治既洽，武威远昭。扶桑之寇，奉珍来庭。琉球南蛮，重译入贡。王氏十六年既亡之业，实赖殿下而复兴矣。"③

不过，到了1394年，有关琉球遣使来朝的记载则不见"贡"字："琉球国中山王察度遣使奉笺献礼物，发还被掳男女十二名，请发回在逃山南王子承察度。其国世子武宁，亦于王世子奉书献礼物。"④ 关键字眼的"贡"字已改为"献"字。此后《朝鲜王朝实录》记载的琉球所献之物，皆不见"贡"字。

《明史》亦载洪武二十七年（1394）是朝鲜正式入贡明朝的开始，盖为避讳故，《朝鲜王朝实录》此后皆不载琉球入贡。⑤ 但朝鲜儒臣往往在私人文集中不经意地透露出琉球来贡的信息，如18世纪李德懋（1741～1793）在《琉球使》中说："琉球使祖宗朝来贡，路由庆尚道，似应抵于日本萨摩州，

---

① 参见白永瑞《思想东亚：韩半岛视角的历史与实践》，台北：台湾社会研究杂志社，2009，第6页。
② 《朝鲜王朝实录·太祖实录》（太白山史库本）第1册第2卷，太祖元年闰十二月二十八日，第21页。以下所引《朝鲜王朝实录》皆属太白山史库本，不再说明。
③ 赵浚：《李成桂至诚事王氏笺》，《松堂先生文集》卷四，《韩国文集丛刊》第6册，汉城：民族文化推进会，1990，第432页。即便到了18世纪，儒臣洪良浩（1724～?）亦说："我太祖大王，以圣神之姿，当千一之运，南征北伐，奄有三韩。创业垂统，立经陈纪，斥佛老之异教，敷先王之大法，文章焕乎商周，声明耀于寰海。琉球入贡，暹罗献款，兀良哈、源了浚之属，相率而听约束。"参见洪良浩《耳溪集》卷二〇，《韩国文集丛刊》第241册，第341页。
④ 《朝鲜王朝实录·太祖实录》第2册第6卷，太祖三年九月九日，第14页。
⑤ 《明史》载洪武二十七年，"乌斯藏、琉球、缅、朵甘、爪哇、撒马儿罕、朝鲜入贡"。朝鲜入贡顺序被排到琉球等之后，盖因新朝成立第一次入贡。但翌年即载"朝鲜、琉球、暹罗入贡"。史书记载顺序变化，亦可窥朝贡秩序国的位阶，不过朝鲜与琉球之间的顺序经常变动，有时琉球在前，有时朝鲜在前。

因随日本使者,达于我国也。"① 李林松的文集也曾将琉球国视如"属国"而曰:"朝鲜八道六十六州,在属国中,视琉球诸国较大。"②

虽然如此,朝鲜君臣都相当谨慎地避免使用"贡"字而常用"献"字。同为藩属国的安南,面对周边小邦来献礼物,则比较不那么谨慎,其史书动辄书写"真腊国来贡"、"占城来贡"或"真腊、占城二国来贡",而占城与真腊同时也向中国朝贡。③ 由此可窥知朝鲜与安南两国在面对明朝时的不同态度,朝鲜谨慎以对,而越南则较无顾虑。

至于朝鲜本国如何对待同属朝贡国的日本,从朝鲜君臣关于邻国使臣前来祝贺国王时应如何安排其位阶的讨论中,我们约可略窥端倪。如世宗与儒臣有以下两次对话,一次发生于世宗十三年(1431)十一月七日:

> (上曰)"邻国使臣至京,累日不见,则殊无主人之意。且不于至日备礼之时,而见于移御狭(窄)之处,无乃不可乎?"
>
> (黄)喜等对曰:"琉球国,乃皇帝锡命封爵之邦,非野人、倭客之比,与本国群臣同班行礼未便,宜于受朝之后,入序西班三品之列行礼,仍赐引见。"④

这里凸显琉球与朝鲜一样都是明朝封爵之邦,不可与未受明朝封爵的"野人"(女真)、倭客相比,故将琉球使臣列入文班而非武班(野人)。同年十一月九日记载道:

> 上曰:"前日议定琉球国使臣,依权豆例,序于三品班次,然权豆虽受中朝官职,居本国境内,今琉球国使臣,乃敌国之使,序于从

---

① 李德懋:《青庄馆全书》卷六九,《韩国文集丛刊》第259册,第260页。
② 李林松:《金陵集》,《韩国文集丛刊》第272册,第4页。
③ 只要稍翻《大越史全书》的《本纪》之卷,处处可见"××来贡"的书写用语。参见陳荊和编校『大越史記全書』東京大学東洋文化研究所附属東洋学文献センター刊行委員会,1984~1986。
④ 《朝鲜王朝实录·世宗实录》第17册第54卷,世宗十三年十一月七日,第21页。

二品班次若何？"

黄喜以为："琉球国客人，既不与本朝群臣一时行礼，岂计其班次高下，宜序于三品之行。"

孟思诚、权轸、许稠等以为："前此日本国王使人，序于本国三品之列，其来尚矣。今琉球国王使人，亦依日本国王使臣例，序于三品班次，似不失宜。"

申商以为："琉球国小于日本。日本国王使人，已序于三品之行，则今此客人，不宜序于二品之列。"从之。①

"权豆"指居住在朝鲜东北之境的地方部落首领童权豆，也曾接受明朝的册封，朝鲜将之列于二品班次，儒臣想援用此例将琉球使臣之班次列为二品。之后讨论到琉球与日本的班次比较问题，若将琉球使臣序于二品之列，则高于序于三品之列的日本，最后定调琉球使臣为三品，与日本同一班列。

由上足见，朝鲜世宗时代是将琉球与日本视若同等地位的。不过即使与日本同列三品，在16世纪末"壬辰倭乱"以前，在朝鲜君臣眼中，琉球的地位还是高于日本，所以《朝鲜王朝实录》每书"召琉球国使臣及倭、野人设宴……"② 云云。必须说明的是，这些16世纪以前所指涉的"倭"通常为九州岛地区与琉球有商贸往来的商人，即所谓的"倭客"，日本与朝鲜并无正式的使臣往来，故将"倭"与琉球同列，此不可与17世纪以后德川时代的日本相提并论。

同时值得注意的是，在琉球与日本的班次问题上，朝鲜的主要考虑还在于"中朝"的宗主国因素。因琉球受封于中国，与朝鲜同属藩臣之列，日本则没有受封，故朝鲜君臣讨论过程中甚至提出要将琉球使臣的品阶列在日本之上。由此班次列序问题，可窥知"中国因素"在朝鲜无所不在

---

① 《朝鲜王朝实录·世宗实录》第17册第54卷，世宗十三年十一月九日，第23页。
② 如世祖七年载："幸慕华馆，御大门，召琉球国使臣及倭、野人设宴，宗亲、宰枢二品以上入侍。令武士射侯，骑射、骑枪、射毛球，又命倭、野人射侯。"参见《朝鲜王朝实录·世祖实录》第9册第26卷，世祖七年十二月二十日，第27页。

的影响。

本文以下两节即从"国书回复"和"漂流人送返"事例出发，进一步探究朝鲜与琉球两国交流过程中时时兼顾的"中国因素"。

三 "国书回复"事例所涉及的"中国因素"

尽管琉球在明朝朝贡体系中的特殊地位不亚于朝鲜，但从朝鲜的文献来看，朝鲜君臣对琉球的评价普遍不佳，甚至视琉球为夷狄者的朝鲜儒臣不在少数。如李德懋所撰《夷狄尊孔子》，文中之"夷狄"即指琉球。①但轻视归轻视，放在自己国内讲都不成问题，一旦面临公开外交，不得不有诸多顾虑，顾虑的关键所在即中国。故本文探讨朝琉关系，不免也都涉及与中国之间的关系。

朝鲜在接待琉球使臣之际，常考虑以下两种情形：接待是否合乎外交礼仪？接待规格采取什么原则？琉球也是明廷的属国之一，与朝鲜同为袭位封爵之国，若失礼数，恐得罪明廷，此其一。因两国皆为明朝的藩属国，凡藩属国互相遣使往来，理应通报明廷，因而担心明朝是否怀疑朝鲜私通琉球，此其二。以下通过分析朝鲜君臣的讨论，来详述上述两大因素的影响。

揆诸《朝鲜王朝实录》，只要涉及琉球使臣来访，常出现宜采用何种礼仪规格来接待的讨论，甚至出现争议。例如《世宗实录》记载诸臣议事，其中提到日本通事金源珍从琉球携来国王书信时质疑朝鲜："朝鲜为国，境壤辽远，礼仪详备，素为中国所敬。今来书契，礼曹判书图书，何其小也？"对于琉球国的这次外交文书，朝鲜仅由礼部官员（"礼曹判书"）书信回应，没有钤用国王的官印，所以金源珍质疑朝鲜方面轻视无礼。面对此项质疑，朝鲜君臣乃有如下讨论：

（上曰）"彼琉球国尝通中国，曾受印章，自今每于通信，亦用

---

① 李德懋：《青庄馆全书》卷五八，《韩国文集丛刊》第258册，第21页。

印章何如？若倭人则散乱无统，各用图书，故我国回答，亦用图书。自今特铸礼曹郎厅印章，通信之际，随其等秩，皆用印章若何？"

佥议以为："倭人本无礼义，不告其主，擅用图书，我国回答，独用印章，未便。琉球国事大甚勤，而不知文学，故朝廷独遣王官，来教礼文，我国以图书相通，出于偶尔，闻于中国，似为无妨。若用印章，则事关大体，中国闻之，则必以为私交，仍旧为便。"①

以上反映的是世宗十三年正月十一日朝鲜君臣的讨论。讨论结果还是仅以一般书信响应，不宜钤用国王名义的官方印信，否则可能会被明廷误会为朝琉两国私交，朝鲜将由此得罪中国。同年十一月十五日，则有更细致的讨论：

上谓左右曰："今琉球国王移咨本国，若使攸司修书契以答，似违于礼，以咨修答，则非邻国交通之礼，何以处之？以书契答之，彼虽有怒于大小强弱，何畏！然琉球国交通中朝，至受爵命，非倭人之比，中朝必见本国修答之文，不可不合于礼也。虽以书契答之，勿用图书安印若何？"

故人有言曰："彼虽无礼，我不可以无礼待之。当稽古文以答。"

孟思诚曰："宜稽古文以答。"

申商曰："琉球乃至小之国，无衣裳之制、礼义之事。今咨文云：'右咨朝鲜国。'此必是指咨公厅也。臣意修书契以答，似无害也。"

上曰："咨内初面书名，咨下著署，亦非咨文之例。然指予也，非指公厅也。予更思之。"②

上述书信所用的"咨"，是平行机关往来公文书的用语。琉球使臣携

---

① 《朝鲜王朝实录·世宗实录》第 16 册第 51 卷，世宗十三年正月十一日，第 3 页。
② 《朝鲜王朝实录·世宗实录》第 17 册第 54 卷，世宗十三年十一月十五日，第 25 页。

来的国书用的是"咨",朝鲜如果要回复,宜用平等的国书回"咨",因缺乏国王的官印,不宜仅用礼部官员的答书。朝鲜君臣面临如何回应琉球国书的两难,如世宗国王所称:若仅用礼部的书契回应,显然"违礼"——"彼虽有怒于大小强弱",即轻视了琉球;但若用平等的咨文回礼,固然对两国而言是合礼了,但何以又言"非邻国交通之礼"?这里的"邻国",指的应是宗主国明朝的"邻国",即同属藩属国的朝鲜与琉球,两国若要交往,依礼应该让宗主国明朝知悉,否则就是"私交",此不合礼也。

由此可知,关于朝琉两国交往宜采用何种礼仪规格,朝鲜君臣之所以如此慎重讨论,主要顾虑还在于明朝。而其根本原因,即前引文中所说:"若用印章,则事关大体,中国闻之,则必以为私交,仍旧为便。"后引文中也说:"琉球国交通中朝,至受爵命,非倭人之比,中朝必见本国修答之文,不可不合于礼也。"前者提到"私交",后者提到"不合礼",无论是"私交"还是"不合礼",考虑的关键所在都是宗主国明朝。

四 处置漂流人的"中国因素"

揆诸《朝鲜王朝实录》的记载,琉球多次送还朝鲜籍漂流人,顺便献上外交国书与礼物,还往往要求朝鲜国王接见,朝鲜国王也经常回赐丰厚礼物。朝鲜君臣也往往通过漂流到琉球的朝鲜人来了解琉球国的风情文物。①

如何处置琉球的漂流人,对这个问题朝鲜诸臣相当重视。重视理由在于,朝鲜与琉球同属明朝藩属国,处置问题不仅涉及人道立场,也要顾及宗主国的立场。

以下记载道出了朝鲜的外交顾虑:"郑眉寿、李昌臣议:'琉球国,

---

① 对琉球之文物制度有最详细记载的,莫若1462年《世祖实录》,载有船军梁成等人及肖得成八人漂流到琉球后对其国家风土民情的描述。参见《朝鲜王朝实录·世祖实录》第9册第27卷,世祖八年二月十六日。

世奉中国正朔。今漂流人，就于明年圣节使，一时具奏辞送，则非但便于递送，朝廷庶知本国不曾私交之义。'"① 礼曹参议韩承贞说："琉球国，世奉上国正朔，则今此漂流人，无异上国之人，不可留置。故今付正朝使，解送上国，以听处分。"②

之所以如此处置，主要是为了避免明廷怀疑两个藩属国有所"私交"；同时基于同等对待的考虑，因为朝鲜人漂流到琉球，也往往一样被送到中国，再返回朝鲜，琉球也常因这样的举动受到明廷褒奖。③ 如刑曹判书朴壕等议：

> 琉球国亦我邻国，其国漂流人，图还本国，要在万全。圣虑实当。（昇）付倭人，虑或难保。倭人惟利是谋，得此以为奇货，终为祸媒，亦未可测也。琉球国人，间或贡于中国，且我国人曾漂琉球国，转由中国而还。将此漂流人，奏达帝庭，使还本土，未为不可。今正朝使之行，先奏达缘由，中国若许，则付后行入送，亦无不可。④

从上述议论中也可知朝鲜归还琉球籍漂流人何以要大费周章。辗转送到中国再回返琉球，除了有让明廷知道自己无私交其他藩属国的考虑，也是出于人道主义考虑，因为若直接送返琉球国，可能会落入日本的人口贩子之手，终究死路一条。

此外，朝鲜君臣还有更细致的讨论：

> 且外国漂流之人，不先咨禀上国，而遽使转解，有违于事大之礼。且若上国责其不禀命于朝，而轻易率来之意，推问之际，琉球国

---

① 《朝鲜王朝实录·燕山君日记》第8册第28卷，燕山三年十月十八日，第10页。
② 《朝鲜王朝实录·中宗实录》第35册第69卷，中宗二十五年十月八日，第37页。
③ 《明实录》曾载："礼部复奏琉球世子呈送被虏人民，请照例赏赉。上以尚永世敦忠诚，赏银五十两，彩段四表里，降敕奖励，仍赏其使臣银币有差。"参见《神宗显皇帝实录》卷二〇（第54条）。
④ 《朝鲜王朝实录·中宗实录》第35册第69卷，中宗二十五年十月八日，第37页。

使臣又谓非我国人，则应对实难。姑留于此，细知根（底），将漂流到国之意，咨达礼部，乃蒙准而知其入送之旨，然后待后行押送何如？且闻此漂流人，先闻付倭送还之奇，至于涕泣云。朝廷未定之议，辄漏传于外国之人，事体轻浅。若此人他日到于中原，盘诘之时，言我国初欲付倭入送之意，则我国之交通倭国事，亦自败露，此亦不可不虑。请推漏通之因，更与大臣处之。（皆不允）①

以上讨论均认为凡处理琉球的漂流人，宜先通报明廷，以尊"事大之礼"。当然，这一处理方法同时也是考虑到朝琉两国皆属藩属国，不可私交。儒臣们还考虑到，这些漂流人往往无法确认身份，任其随朝鲜使臣到中国后，在移交给琉球国使臣时，万一琉球国使臣否认这些漂流人是琉球人，就会出现相当尴尬的情形。

值得注意的是，儒臣们之所以排除将琉球漂流人直接交由倭人护送回国的处置方法，是因为他们更担心有可能会从漂流人那里传出让明廷误会朝鲜私通日本的声音。由此可知，朝鲜君臣认为漂流人的处置颇为棘手，稍有不慎，将引起明廷的怀疑与猜忌，既不可私通琉球、日本，又要顾及人道立场。而如此种种考虑，均因琉球漂流人的特殊身份，而其身份之所以特殊，正是因为琉球对明廷的藩属关系。

朝鲜方面的考虑和行动如此之缜密，明廷给予了肯定。我们看到在朝鲜中宗时代的1531年，明廷给朝鲜谢恩使的一段敕书中写道：

礼部题："为发解瑠球国漂流人口事，主客（清）吏司案呈奉本部，送礼科抄出朝鲜国王奏等因，奏奉圣旨'览王奏，具见忠敬'"

---

① 《朝鲜王朝实录·中宗实录》第35册第69卷，中宗二十五年十月九日，第40页。漂流到琉球的朝鲜人，往往也由琉球先送至中国，再辗转回到朝鲜，即便清代亦然。如1741年有这样一条记载："济州民二十一人，漂海到琉球国，留一年。转到福建，又留一年。至四年，始还归，而独一人死。上闻而恻隐，命加清典，生还者给衣粮。"（《朝鲜王朝实录·英祖实录》第39册第53卷，英祖十七年二月十四日，第10页）

云云。又曰："再照，朝鲜素称礼义之国，岁修职贡，罔敢（怠）遑。况累次送回辽东走去人口，曾经巡抚衙门奏称，各尽臣节。今又能抚兹外国流民，请命中国，不惟照恤怜拯溺之仁，抑亦尽忠君报国之义。迹其忠敬，实可嘉尚云。"①

这道敕书表彰朝鲜方面"不惟照恤怜拯溺之仁，抑亦尽忠君报国之义"，肯定相关举措"忠敬"可嘉。明廷派至朝鲜的使臣也携带皇帝诏书，褒奖朝鲜对漂流人的处置方法。中宗二十六年（1531）四月的相关记载如下：

> 正朝使吴世翰，奉皇帝敕书，还自中朝，百官迎于慕华馆。皇帝敕谕："朝鲜国王讳：得王奏称，琉球国民马木邦等七名，漂流到境，随付进贡使臣领解赴京等因，足见王恤邻拯溺之义，忠敬可嘉。除将马木邦等遣归外，兹特降敕奖励。王其恪守臣节，益敦礼义，庶永享太平之福。故谕。"②

由此，我们看到明廷表彰朝鲜"恤邻拯溺之义，忠敬可嘉"。"恤邻拯溺之义"彰显的是人道主义的普遍价值意义，"忠敬可嘉"则是"大国"肯定"小国"的特殊价值意义。漂流人问题的考虑和应对，牵涉当时诸多政治外交的特殊敏感意义。

朝鲜送还琉球漂流人之举，不仅赢得明廷的信任，同时也得到琉球国王的感谢。特别是在丰臣秀吉兵侵朝鲜之后，琉球中山王表现得更为积极，万历二十九年（1601）琉球国王给朝鲜李朝宣祖的咨文即是证明：

> 先前敝邦凡遇贵国漂流人口，俱即奏闻天朝，转解回乡；而

---

① 《朝鲜王朝实录·中宗实录》第35册第70卷，中宗二十六年三月九日，第30页。
② 《朝鲜王朝实录·中宗实录》第35册第70卷，中宗二十六年四月四日，第41页。

贵国亦如之。先年敝邦将贵国运米、布员役奉解回乡，此系遵行旧制，不足深谢；而贵国再行备物咨谢，又报贼酋死亡消息，厚意郑重，无以为报。所据关贼罪盈恶积，天降之罚。此非但敝邦之幸，实是天下之幸！余贼蚕食者，亦已俱被官兵驱剿过海去讫。烦乞贵国日后凡有贼情，不拣缓急，须径报天朝以转示敝邦。仍将不腆土宜，远表微忱，令贺至陪臣柳根赍赴京师转交贵使，庶几得达左右，拟合咨复。①

从上述咨文中，我们看到朝琉两国漂流人的送返事宜均须奏闻明廷，转解回乡。我们还从中看到，琉球国王在赞同朝鲜将日本相关情报呈报明廷的同时，也希望能"转示敝邦"，以便己方随时掌握日本情势。万历三十七年（1609）琉球国王致书朝鲜，进一步表达了欲结兄弟盟邦的愿望：

敝邦迩年荷天朝颁赐冠服，袭封王爵，始能与贵国缔兄弟之雅，同藩天朝，为股肱臣子。且蒙海不扬波，舟楫安宁，国泰民安，贼酋丧胆，不敢复挺螳臂以睥睨中原。顾天朝威命灵爽，有屈服之，亦友邦和睦，福有自来矣。自今以往，请结永盟，贵国为兄，敝邦为弟，以弟、兄而仰事天朝父母，欢睦聘问，愿与天长地久之耳。为此咨复。②

这封国书虽然再一次表达了谢意，但所谓结盟之语透露了不寻常的讯息。1609年这一年，正是日本萨摩藩出兵攻灭琉球之年，琉球国王大概是急切寻求自保，希冀得到朝鲜的支持。但是"壬辰倭乱"（1592～1598）后的朝鲜元气大伤，有心无力，甚至对南边釜山杂居的日本人也

---

① 杨亮功等主编《琉球历代宝案选录》，台北：台湾开明书局，1975，第22～23页。
② 《朝鲜王朝实录·光海君日记》（鼎足山史库本）第5册第23卷，光海元年十二月二十一日，第6页。

无法有效看管，以致明廷浙江总兵杨宗业、游击守将沈有容怀疑朝鲜有私通日本的想法。①

　　丰臣秀吉兵侵朝鲜之后，朝琉两国出现了大量漂流人，加之中、朝、琉三国海防的严重问题，朝琉两国逐渐由冷漠关系转而追求唇齿相依。可惜当时居于天朝上国地位的明朝不仅要面对东南沿海的倭寇及大量漂流人的问题，也须应付女真在东北的崛起，从而日益自顾不暇。东南沿海的倭寇之患，终究不如东北女真之患严重，而"壬辰倭乱"及1609年萨摩藩占领琉球国一事，似乎预告了天朝的无力，从而开启中国周边国家因应"新中国"的变化，调整适应另一"中国因素"的新里程。

五　余论："中国因素"与"周边国因素"之间

　　17世纪以前的朝琉关系鲜为学者所关注。本文尝试从朝鲜官方档案和使臣文集等史料中挖掘朝琉关系的演变，在此过程中，既关注了朝鲜人如何评价琉球人及其风俗，也发现两国交往过程中，"上邦"中国仍然是双方顾虑的重点。

　　如本文在第二、三节指出，朝鲜在处理如何接待琉球使臣和怎样送返琉球漂流人的问题时，并不只考虑朝琉关系，最重要的考虑仍然是中国因素。由此可知，小国之间的交往交流，处处要顾虑大国的观感。当时朝琉两国均属于明朝的藩属国，最要顾虑的即宗主国明朝。

　　从本文的分析中可知，明廷显然相当重视琉球的封贡关系，并且似有意使琉球的地位不亚于越南、朝鲜，这点颇值得玩味。明朝万历年间出使

---

① 杨宗业及沈有容的奏文写道："日本萨摩州兵强无敌，新灭琉球国，俘其王。今又借居朝鲜釜山，开市往来，全、庆四道，半杂倭奴，朝鲜君臣，怵而从之。今闻朝鲜，力辞吾人，不入彼国，名若吾人轻扰，实恐泄其从倭之情也。有如倭一朝举事，则腹心肘腋，皆为敌，朝鲜何不虑耶？"参见《朝鲜王朝实录·光海君日记》（鼎足山史库本）第16册第66卷，光海五年五月八日，第12页。

58

琉球的使臣萧崇业曾高度称赞琉球为"夷王之冠"。① 而朝鲜自称"儒冠"之国，派遣到明朝的使臣，也相当在意自己在外国使臣中的位阶，且看以下两条史料的记载。

第一条史料来自鱼叔权（生卒年不详）的《稗官杂记》：

> 嘉靖丙午（1546年——引者注），序班李时贞谓贺至使金金知铦曰："琉球、安南二国，其冠服之制，与中国无异。而贵国冠服，独异于中国。近日朝天宫演礼及会同馆赐宴之时，御史及礼部诸官皆以为，朝鲜不及于琉球、安南二国。"予力辨曰："琉球、安南不知义礼，琉球则其俗无袴子，有同狗彘；来朝之日，二国之人，皆假着中国衣服。至若朝鲜，则有礼乐文物，凡天文、地理、医药、卜筮、算律之书，一如中国，衣服则有朝服、公服、纱帽、团领，但其礼制少异而已。且服章有等差，堂上官乃纱罗绫缎，士庶人则皆不得着，非二国之所可比也。"于是皆相顾叹嗟！诸公之初所以指二国为优者，徒以冠服之同于中国也。公辈还国，须告大臣，改其冠服体制。幸甚！②

另一条史料来自朝鲜李朝宣祖（1567～1608年在位）时代君臣之间一段耐人寻味的问答：

> 上曰："我国儒冠，可使与中国同欤？"

---

① 萧崇业说："臣等窃惟寰海之外，封界寥阔，以国称者万数，琉球固上仁之所不绥而强武之所不薔者。乃独于皇祖统驭之初，裹诚奔附，被服裳缨；继今敬畏，秉忠不斁。臣节陈书奏表，有华士之风；履绳蹈规，为夷王之冠。翼翼然恭而有礼，郁郁乎文而不惭！"（萧崇业：《使琉球录》，第130页）
② 鱼叔权：《稗官杂记》卷二。原书共6卷，由《大东野乘》4卷、《诗话丛林》部分节录2卷组成。《大东野乘》在1909～1911年由京城古书刊行会印刷成13册，1968年庆熙出版社缩印成4册出版；《诗话丛林》4卷4册的手抄本在1973年由亚细亚文化社复印刊行。《稗官杂记》的译本（汉字翻为韩文）在1971年由民族文化促进会所出的《国译大东野乘》收入。

对曰："制冠之物，彼此殊宜，比而同之，势似难矣。"
　　上曰："中国之待我国，视琉球如何？"
　　对曰："礼部之官，待臣等之时，犹恐失仪，宴琉球时，则不往矣。"
　　白惟让曰："见《外国记》，我国居首矣。"①

　　第一则史料的时间据记载发生于1546年，其书名为《稗官杂记》，虽其记载的真实性难以确定，但仍可反映出当时中国官员普遍以冠服之制为准，认为朝鲜冠服稍异于中国，故文化程度不如琉球、越南。

　　第二则史料中的朝鲜君臣问答发生于1585年，距离朝鲜王朝开国已经将近两百年，朱子学成为朝鲜官学且在当时正处于发展鼎盛阶段。而朝鲜国王尚有此问，更引琉球以相比较，足见朝鲜固然自视为礼仪之邦，但从明廷的角度来看，中国并非不重视朝鲜，只是在华夷政策上，是以归顺程度及礼仪制度为区分对待的主要标准——实际政策运用中，归顺程度往往比礼仪制度更为重要。

　　由此可知，早在明朝开国之初，琉球送子弟入学等事受到明廷褒奖，这一点朝鲜、越南都不如琉球。按理，在过去海权不发达的时代，周边陆地紧邻的国家的地位自然比隔海之邦更为重要，但明廷的思维并非如此。正是因为国家地理空间上太过接近，所以常常发生边境纷扰。越南、朝鲜在明朝开国初期，都与其发生过边疆冲突，明成祖更曾直接出兵越南，前后占领了约20年。而朝鲜李朝开国之君李成桂在位时期，明廷诸臣尚多次建议兴兵讨伐。由此可以窥知，明廷如此优待琉球——一个边境没有紧邻且礼仪文化也未必能够拟比朝鲜、越南的藩属国，主要原因在于双方没有边疆纠纷，琉球也恰逢其时地表现出明廷所需要的诸藩属国中"优等生"的水准。

　　在本文看来，明朝开国之初如此刻意重视琉球的倾向，激发了朝鲜君臣努力改善中朝关系的愿望。除了密集派遣使节外，朝鲜官方取士采用严

---

① 《朝鲜王朝实录·宣祖实录》第10册第19卷，宣祖十八年四月十七日，第6页。

密的科举制度，礼仪上采用《朱子家礼》，法典精神一如《大明律》，学术上奉朱子理学为正宗。朝鲜所有这些举措，就是要使自己成为明廷认可的"华"者，同时也反映出周边国家深受"中国因素"刺激而形成的文化氛围。

由此可推知两点结论。首先，明廷对周边国家采取的是比较"抽象理想型"的政策。言其"抽象"，是指它"舍近求远""借远服近"，即对前来归顺的远国施以特别礼遇，而令近国羡慕效法。

相较而言，清朝对周边国家则倾向"具体实务型"的政策，毕竟朝鲜最紧邻清朝统治阶级位于东北地区的发祥之地，理所当然成为最被重视的国家，所以藩属国觐见顺序以朝鲜为第一。[①] 清廷接待外国使臣时，琉球与暹罗同列，令其住同馆，朝鲜则是自住一馆。[②]

无论是"抽象理想型"还是"具体实务型"的政策，前提是有一个强大稳固的"天朝"。但"天朝"不会是永远不变的"天朝"，每当"天朝"衰败、自顾不暇之际，周边国家就调整因应新的"中国因素"。吊诡的是，明朝本擅长经营东南海防，尚不至闭关自守，却亡于东北游牧民族；清朝崛起于东北游牧之地，不惜闭关自守，却裂于来自海洋的叩关。看似两个不相干的衰败王朝，却存在藕丝般的关联。而在近代东亚的发展局势中，"日本因素"一度取代"中国因素"。

其次，我们应更严肃地思考何谓"中国因素"。无论从中国内部还是中国周边来看，都会发现所谓的"中国因素"并不是铁板一块。"中国"是与周边民族互动而不断累积形成的大国，"中国因素"的本质也在于此。所谓的"中国因素"，就是在不断与周边民族互动交融的过程中形成

---

① 觐见中国皇帝的顺序也是先朝鲜后琉球，如使臣洪大容的记载："日出后，通官引一行，坐御路西，皆北向。千官分班，列坐于午门外。琉球使在我使之后，行三拜九叩头礼，通官言皇上率千官，朝于太后云。少顷午门上鼓声大震，皇帝坐殿也。"参见洪大容《湛轩书外集》卷九《正朝朝参》，《韩国文集丛刊》第248册，第297页。

② 李尚毅在《李芝峰安南使臣唱和集跋》中说："余与芝峰子，俱贺节于天朝，薄海内外，咸集阙下。而琉球、暹罗，则同寓一馆。"参见李尚毅《少陵先生文集》卷三，1708年刊，收入《韩国文集丛刊》第12册，第156页。

的，因此"中国因素"本身就是变动不居的概念。

由此可知，"中国因素"常渗入周边国家决策的内容，而非单纯只有固定不变的"中国因素"。易言之，"中国因素"是周边国家与中国内部的总和体的产物，"中国因素"会激发"周边国因素"，而"周边国因素"也会影响"中国因素"，彼此互相为因，亦互相为果。从古代史来看，"中国因素"渗融了周边民族或国家的族群、血缘、文化、经贸等各种关系；从近代史来看，"中国因素"注入了诸多"日本因素""美国因素""马克思主义思潮因素"等；现代中国的发展，也渗融了诸多"韩国因素""美国因素"等。总之，"因素"绝非单一因素的成分，而是诸多因素互为因果、交融交织而成。亦即中国之所以为"中国"，不会只是因为自己而"中国"，而是在一定程度上周边国家使之成为"中国"。

由此进一步思考，中国深深影响周边国家，而周边国家又何尝不深深影响中国？试想，如果没有明朝在16世纪末支持朝鲜抗击日本入侵，还会存在往后延续三百多年的朝鲜王朝？反过来思考，如果没有朝鲜时局的变动，会有清朝的崛起？朝鲜问题一直延续到1894~1895年甲午中日战争以及1950~1953年的抗美援朝战争，这也反映出周边国家往往是牵动"中国因素"的关键。职是之故，当我们思考"中国"或"中国因素"之际，从周边国家或从东亚乃至世界局势来看中国，比单纯在中国看中国或从中国看周边国家会有更大的格局与胸襟。

以冈仓天心为媒介[*]

孙 歌[**]

摘 要 冈仓天心是日本近代史上颇具争议性的思想家。后世对他的解读往往无视其文本的脉络，无视他所处时代的特征，把他有关亚洲一体的论述以及"东洋之爱"的说法抽象化。为了在历史语境和冈仓个人的思想理路中准确地理解这些论述的含义，切近他的文本并参照他所处时代的状况展开分析是必要的。本文以冈仓的两个文本为解读对象，分析了日本战后思想史中三位思想家的有关论述，尝试勾勒出冈仓无法被日本浪漫派范畴简单回收的思想要素，初步探讨如何以冈仓为媒介思考"亚洲"这个概念在今天的含义。

关键词 冈仓天心 丸山真男 竹内好 桥川文三 亚洲一体

一

如果在今天再提起冈仓天心（1863～1913），恐怕需要相应的理由。他在一百多年前提出的论点和思考的结构，已经无法原样适用于今天的状况。更需要小心的是，"冈仓天心"已经符号化了。例如"冈仓天心"等

---

[*] 本文原载于《环》2008 年秋季号（总第 35 号），东京：藤原书店，2008 年 10 月。
[**] 孙歌，北京第二外国语学院特聘教授，中国社会科学院文学研究所研究员。

于"亚洲是一体""爱"之类的观念,已经在相当程度上成为大家的共识。如果要在今天再讨论天心,其理由应当在于,当下这个时代要求破除"冈仓天心"这一符号,并将其历史化。

那么,为什么说需要"破除符号"呢?笔者想以冈仓留下的两篇文本——《东洋的理想》(1905)和《东洋的觉醒》(1901)为线索展开讨论。不过需要先说明的是,笔者并非研究冈仓的专家,笔者的解读也绝非唯一的解读。在此前提下,笔者尝试思考冈仓想要说的到底是什么。

"亚洲是一体"这个命题,明显是作为"欧洲是一体"的反命题而提出的。关于这个命题,已有不少学者讨论过了,笔者在此不再重复。但只补充一点,冈仓是在清清楚楚地认识到了欧洲内部矛盾的情况下,讨论的"(欧洲是)一体"的命题。他这样说道:"欧洲各国虽然互相嫉恨,但在面对东洋人的时候就毫不犹豫地结为一体,一个劲地展现出威压的态度。"[1] 在面对亚洲的时候,(欧洲)就是彻彻底底的"入侵的联盟",它们的"一体"化程度越高,亚洲的灾难就越严重。从这个意义上来说,"欧洲的荣光就是亚洲的屈辱"。[2] 冈仓认为,相对于欧洲内在的"互相嫉恨"的机理,亚洲的机理则在于其"多样性"。

对于冈仓来说,欧洲成为"一体",是为了抢夺利益。而亚洲之所以成为"一体",正是以这种"西洋的傲慢"为媒介的。不过冈仓指出,使亚洲成为"一体"的,不是像西洋那样的"力",而是"爱与和平的本能"。[3]

然而,冈仓的前述两篇文本绝不是单纯的浪漫主义诗篇。两篇文本各以英国人和印度人为对象,用英语写成,贯穿其中的是冈仓冰冷的视线。这与冈仓对"爱"的理解也有关。只看字面含义,以我们非宗教的、日常的生活感情来理解,冈仓的"爱"可能仅仅是非暴力的、宽容世间万物的感情。但是,凭借这种理解无法分析下引两段文字:

---

[1] 岡倉天心「東洋の覚醒」『岡倉天心集』第1卷、平凡社、1980、159頁。
[2] 岡倉天心「東洋の覚醒」『岡倉天心集』第1卷、136頁。
[3] 岡倉天心「東洋の覚醒」『岡倉天心集』第1卷、161頁。

东洋的伟大的自由不止于此。我们不仅拥有在社会内部的自由，也拥有离开社会本身的自由——能够过上遁世的生活。……抛弃世俗的姓名与社会纽带，重生为自然的孩子。他把所有的爱恋之情都踩在脚下。因为他的爱是普遍的爱。①

甲午中日战争明确了我国对东洋海域的支配权，但同时也使得两国的关系更加紧密友好。这实际上，是一个半世纪以来新的国民活力自然成长、向外表露的成果。②

第一段引文中，为了证明东洋的自由如何优于西洋的自由，冈仓强调社会性与超社会性之间的调和是东洋文明思想整体的支柱。此处冈仓讨论了两种"爱"，即乍一看互相对立的世俗爱情与遁世者的爱情。不过，如果不建立基于遁世者这一特定视角的价值观，是难以从本质上区分冈仓简单一句话就结束了的"把所有的爱恋之情都踩在脚下的""普遍的爱"，与通过"普遍化"这一意识形态操作而正当化了的西洋"暴力"。

冈仓以"艺术"为中心强调了东洋的理想。这并不单单是由于他个人工作的性质，或者是因为这篇文章的写作对象是英国的女性。这种强调可能与他本人的意图无关，而是含有某种政治上的理由。也就是说，只有处在保持与俗世的关系而又舍弃俗世的两难之境中，他才能面对近代世界的矛盾。他将面对这种矛盾的态度称为"调和"，但这绝不是消极的、被动的"接受"。《东洋的理想》一文处理明治时代的方式，已然明确地表现出冈仓的这种政治态度。这明显与前述第二段引文所示的他对甲午中日战争的看法密切相关。

冈仓作为明治初期的思想家，具备与那个时代其他思想家共通的要素，那就是，日本如何撑住西洋的压力的危机意识。他在高唱"亚洲是一体"的时候，绝不是处在与福泽谕吉"脱亚论"完全相反的立场。只是，在福泽谢绝亚洲之"恶友"的时候，冈仓却在思考通过引导"恶友"（这与之后

---

① 岡倉天心「東洋の覚醒」『岡倉天心集』第1卷、152頁。
② 岡倉天心「東洋の理想」『岡倉天心集』第1卷、112頁。

的军国主义的构想仅有一层纸之差，但也正因此而有本质上的区别）而构建友好关系。只有置于这一文脉上，才能理解他对甲午中日战争的讨论。

将冈仓的东洋观符号化为"亚洲是一体"以及"爱"的时候，容易忽视其中的这种政治性。针对这一问题，笔者试图将冈仓的前述两篇文本的关键词提炼为"爱"、"力"与"利益"以进行讨论。当然这三个关键词地位并非均等，重点更多是在"东洋的爱"上。不过，冈仓绝非无视出自欧洲的"力"与"利益"的问题，这一点只要阅读了他对文艺复兴的评论就能理解：

> 其生命之惊人在于其绚烂的才气，其生命之宏大在于其罪行……近代的精神离开了神而扑向了黄金。与人类内在的竞争破坏了西洋，它以别的形式开始了征服。①

东洋的"爱"与"调和"如何能够对抗这种西洋的贪欲？这对冈仓来说是一种两难之境。他在极力主张"东洋之爱"的雄壮能够克服西洋之野蛮的同时，也强调东洋的"战争"的必要性。因而最重要的是，如果认识不到冈仓的"爱"中内在的"把所有的爱情都踩在脚下"的特质，恐怕难以很好地把握《东洋的理想》一文的伦理性。

时至今日，时代发生了巨变。《东洋的理想》发表之后，世界经历了两次大战以及之后的冷战，历史似乎走向了冈仓论述中人类的理想存在方式的相反方向。冈仓高唱的"东洋的价值观"，最终或是被人们视为非现实的乌托邦，或是遭到了遗忘。但是不论哪一种结果，都等于是将冈仓当作过去式而埋葬。面对这种状况，如下疑问自然出现：在现在这个时代，冈仓是否还能够再次充满生命力地复活呢？当然，他的论点明显地不再适应这个时代，甚至含有非常危险的部分。但他提出问题的方式，并不完全与今天的问题意识无关。如果说，冈仓与今天的问题意识依然有着联系，那么这种联系应该通过怎样的媒介才能展现出来？

---

① 岡倉天心「東洋の覚醒」『岡倉天心集』第 1 卷、157 頁。

二

冈仓天心最具政治性的文本——《东洋的理想》和《东洋的觉醒》，包含着明显的自相矛盾之处。这就是"爱"（不论是世俗的爱还是普遍性的爱）与"力"的关系问题。冈仓有着一种二重构想，其一是以"爱"否定"力"，其二是以"力"对抗"力"。然而冈仓并没有明确地解释这一二重构想。本来，在"艺术"的视角下，甚至会产生"力"化为"爱"的可能性（如冈仓的甲午中日战争观）。但在讨论国际政治的时候，是不允许采用这种模糊的解释的。

因此我们有必要通过某种转换，重新定义冈仓的关键词。这就是，将"爱"转换为"道义"，将"力"转换为"政治权力"，再将"利益"转换为"经济"。只有通过这种转换，才能发现冈仓提出的问题中所蕴含的现代最大的困境。

笔者想要指出的是，"爱"并不是与"力""利益"完全无关的。冈仓的论述重点在于艺术和文化，并没有正面处理这三者的关系。但在今天，如果不将这个问题明确化，就无法解答冈仓的思想为何后来容易被侵略性意识形态所利用的问题。

在今天，当谈到对冈仓的印象时，人们往往用暧昧方式来表述冈仓的"爱"的命题，并不触及其中所包含的具体状况指向，而是将其处理为彻底同政治、经济分离开来的命题。这里的"爱"，常常是以与政治、经济相对立的形式下定义的。政治和经济是与实际利益相结合的，与此相对，"爱"则更显得纯洁，独立于实际的算计之外。在冈仓的文本中，"爱"并不是以孤立的形式被讨论的，但为何后世之人却以孤立的形式将其抽象化？其原因，很可能在于社会通行的思维结构对这种"爱"的定位。与此互为表里的是，将政治与经济分别孤立看待的思维结构，进一步加强了"爱"的孤立性。

冈仓在说到"爱"的时候，他说的究竟是什么？他并不是单纯地在说人类的自然感情。他所高唱的是作为社会秩序的"爱"。在《东洋的理想》一文中，他主张和平、调和、同情、礼让等价值观是"亚洲的荣光"。这些价值观，才可以说是"爱"的内容。他透过模糊的"爱"的意象，清晰地表述出了"东洋的道义"。

不过，冈仓并未深入讨论这里的"道义"与"力"的关系问题。他甚至试图将对天皇制的政治力的无条件拥护，与"美""艺术"等"东洋的理想"结合在一起。因此，冈仓所言的"道义"（也就是"美"与"爱"）最终被定位为产生"力"的原动力。对我们来说，正是冈仓思想的这一部分，成为生产性地继承他的思想的障碍。

观察今天的世界形势，很容易理解，不论是"东洋"还是"西洋"，都尚不能使"道义"与政治并存。从某种意义上来说，"道义"往往成为政治的借口并使政治行为正当化，这个过程甚至是作为权力机关的"国家"再寻常不过的做法。但问题在于，从历史的角度来看，特别是两次世界大战之后，世界上的国家并非一概平等地存在。

借用英国学者卡尔（E. H. Carr）的概念来说，世界大战产生了"满足现状的国家"与"不满现状的国家"。[①] 前者指欲维持现状、称霸世界的国家，后者指不满于现状、试图颠覆现状的国家。在国际关系中，满足现状的国家与不满现状的国家之间的矛盾，时常影响着国际"道义"的实然与应然。前者在历史上占有世界上的多数资源，常向后者炫耀自己的优越地位。因而在"道义"上，前者甚至有着后者所没有的某种"余裕"。因这种"余裕"，前者将自己的价值观（其欺瞒的性质因其言行不一致而暴露）抬高至宛如代表世界的道义一般，作为"普遍性产物"推广开来。比如美国发布的所谓人权白皮书，就是在这种不平等的优越地位的基础上产生的。反过来说，不满现状的国家被迫在国际关系中处于极为不利的地位，因而愈加容易在国际上受到道义方面的抨击。比如国际上对朝鲜、伊拉克、伊朗以及南美诸国的认识之中，就有不少这方面的例子。

在这种国际形势下，"道义是什么"这个问题并不是不言自明的。人们熟练地使用"道义"这个词，实际上这不过是因为国际上共享着"满

---

① E. H. 卡尔『危機の二十年』岩波書店、1968、142 頁。

足现状的国家"以自我为中心的基准。然而另一方面，若站在政治决定"道义"、经济决定政治的决定论的角度，就会变成对现状的追认。因而我们不得不面对一个两难之境。如果认为"道义"是先天的前提，那么在"满足现状的国家"的霸权面前，我们就有着成为其共犯的危险。为了避免这种情况，我们必须从"道义"的定义出发进行讨论。另一方面，如果只从这种"寄生"的侧面理解"道义"，就容易陷入"道义"的虚无主义之中。

冈仓是一位生活于日本"国民国家"形成期的、热情的民族主义者。谴责他的"日本主义"，或是将他视为后世法西斯主义者的大东亚新秩序意识形态的创始人的看法，都是基于"反历史的视角"的做法。这种粗暴的意识形态批判，并不是今天迫切的思想课题。相较于此，处理如何理解冈仓的浪漫主义"文明观"中的政治性这一课题，并将其视为对知性的锤炼，才是当下有意义的工作。之所以要这么说，是因为我们常常能够看到一个现象，即冈仓的"政治的浪漫主义"（丸山真男语）中的政治性被偷换为抽象的"爱"，并使其天马行空。

1958年，丸山从冈仓的民族主义之中，敏锐地发现了"政治的浪漫主义的'逻辑'中特有的陷阱"。这是一个悖论：在尊重理想化了的、作为被给予的前提条件的历史的同时，通过"美"这一媒介确立主观的立场并将其与历史一体化。从这样的立场来看，冈仓的民族主义与福泽、内村相比，缺乏对体制的批判。不仅如此，冈仓以有机体的逻辑，将东洋的文化创造力视为单纯内发性的东西，期待重返受到近代冲击之前的历史。另一方面，冈仓否定了以下事实：近代以来东洋文化的创造力，若不置于与西洋冲击这一状况的相互作用之中是无法理解的。丸山指出，这一点是非常致命的。①

丸山这一观点与他的《日本政治思想史研究》的主题是一致的。他意在驳斥通过回归日本"纯洁的历史"以完成"近代的超克"这种虚假

---

① 丸山眞男「福沢・岡倉・内村」『丸山眞男集』第7卷、岩波書店、1996、359～364頁。

的逻辑。就这一点来说，丸山对冈仓的判断是正确的。不过丸山如此判断的根据，其实是与冈仓的文化价值相对立的。丸山批判冈仓的自由概念，认为其中没有包括自我实现的自由，反而有着对社会停滞的不当美化。这些判断的基准始终是从欧洲的"近代性思维"中获得的价值观。因此，丸山虽然敏锐地看穿了冈仓的"政治的浪漫主义"的弱点，但也因为依托离开了欧洲的文脉就无法生存的"政治的浪漫主义"这一范畴，而忽视了冈仓拥有的另一个可能性。

面对"欧洲是一体"的命题，冈仓提出了"亚洲是一体"这一正好相反的命题，并指出前者对东洋的暴力入侵正是后者形成的媒介。冈仓的另一个可能性，就潜藏于这一构想之中。因此他强调"爱"。也因此他与"日本浪漫派"不同，在今天依然不断地复苏。

的确，在冈仓的那个时代，虽说日俄战争的结果令孙中山振奋，但要说起面对欧洲的白人，有色人种构成的亚洲是"一体"的这种口号到底在多大程度上具有现实的基础，答案并不乐观。不仅如此，从其在之后历史中所发挥的作用来看，日本哪里是东洋的博物馆，明明是东洋的"怪胎"。但是，冈仓的梦想并没有成为过去。今天的"东盟+3""东北亚共同体"等，看起来都是冈仓梦想的重演，只不过其实际内容不是"爱"，而是"利益"（经济）。

因此，我们也已经不能再停留于像丸山那样的境况中，将冈仓所述简单地归结为"政治的浪漫主义"。我们进一步探究的问题是，在今天"亚洲共同体"的构图之中，冈仓天心为何会被再次想起？

在今日，所谓"亚洲共同体"的结构本身，看似有着经济性的基础。这一共同体的样板，就是欧盟这个"一体"。然而"亚洲共同体"自不必说，就算是在东北亚这个很小一部分的"亚洲"里，也没有出现过"共同体"。这就是在今天"复活"冈仓天心的最大理由。

三

在明治的思想家之中，能够从正面回应今天的"亚洲共同体需求"

的，没有比冈仓更合适的人选了。这是因为，他在预言"亚洲是一体"的时候，也已经预言了今天"没有成为一体的亚洲"。洞悉到这一点的，正是竹内好。

竹内好的《冈仓天心》一文发表于1962年，从有异于丸山的角度论述了冈仓思想上的可能性。关于冈仓的浪漫主义，他不仅给出了与丸山相同的判断，还指出若将日本浪漫派对冈仓的评价排除掉，是很难清楚认识冈仓的浪漫主义的。不过，与丸山不同的是，竹内努力避免将冈仓的浪漫主义直接回收进施米特式的"政治的浪漫主义"解释之中。他尽可能地提炼出冈仓的浪漫主义的独特意涵，关注其与日本浪漫派的差异。

竹内好指出，"一体的判断，不是事实，而是要求"。[①] 他认为，这个要求绝不仅是浪漫主义的梦想，其基础是冈仓认识到亚洲诸国之间文化差异、互相孤立的现状，这个认识本身具有现实性。确实，从冈仓的这种危机意识出发，竹内认为冈仓的要求有着改变既成事物的可能性。但《冈仓天心》的重点并不在此。该文的核心议题与问题意识，是如何在历史状况的场域之中把握冈仓天心这位放射着能量的思想家。

以竹内讨论亚洲主义的其他文本为参考，我们可以提炼出他讨论冈仓时的问题意识。他并没有将冈仓的浪漫主义视为通行的返回"没有受到近代冲击之前的历史"的认识，而是在冈仓与伊泽修二的对立、与小山正太郎的论争之中，描绘出冈仓的文明观、亚洲观的边界。这项工作的真正意义，在于脱离从观念与推论的层面理解冈仓的做法，开辟了多样地解读冈仓的道路。

丸山与竹内对冈仓的评价有重合的部分，并非完全对立，但也有着根本上的分歧。关于这个根本上的分歧，由于篇幅限制此处难以展开，笔者仅指出一点。对于丸山而言，理性法则与伦理规范是不可动摇的基准，与此相对，竹内高度评价冈仓对抗日本近代"理性主义"的"美的政治性"（竹内强调这只有借助冈仓与伊泽的具体对立才能够理解）。因而在被丸山仅视为"反讽"的冈仓的"西洋文明观批判"之中，竹内反而发现

---

① 竹内好『日本とアジア』筑摩学芸文庫、1993、409頁。

了冈仓"鼓起勇气不退缩"地改革"文明之要器"的姿态。

1972年10月,《朝日周刊》发表了桥川文三的论文《福泽谕吉与冈仓天心》,两年后此文被收录于《近代日本与中国》(上)之中。桥川将福泽谕吉与冈仓天心"并置",是以最具生产性的方式继承了丸山与竹内的分歧。桥川以对立的方式处理两位思想家的做法,本身既与将福泽、冈仓、内村置于同一时代,考察其间共通之处的丸山的方法、意识不同,也与单独考察冈仓的竹内的方法、意识不同。因此桥川反而同时继承了丸山与竹内各自的视角。丸山的"明治日本中的近代性思维"的视角,与竹内的"面对西洋近代的东洋的主体性存在方式"的视角,通过桥川对福泽、冈仓的评价,在桥川的论文中产生了接触点。

桥川论文的焦点之一,就是如何处理福泽与冈仓的"文明批评"的对立这一问题。桥川继承了丸山的视角,从福泽基于儒教批判的"中国停滞论"之中,发现了"启蒙的课题",并积极地评价了包括"脱亚论"在内的福泽文明论。与此同时,他与丸山不同,对福泽的文明论还持有保留态度:"谕吉的文明批评的方法,由于过于急切追求启蒙的效果,而几乎完全失去了对一个文明内在生命力的感受力。"[①] 冈仓强调的亚洲文明的"内发创造性"被丸山批判为"有机体的逻辑"(即否定与状况的相互作用,所谓"文化本质主义"的认识论),而桥川在冈仓的亚洲文明观中挖掘出了另外的可能性。正是在被丸山否定了的"遮掩支配关系,对社会性停滞加以不当美化"的冈仓文明观中,桥川挖掘出了亚洲文明的历史多样性。

桥川通过福泽发现了亚洲文明的"停滞性"之后,又通过冈仓意识到亚洲绝非福泽所言的那样"简洁明快"的东西。这样的一个过程,正是桥川文章中福泽与冈仓最大的"交汇点"。

对于福泽来说,政治、社会制度以及机构是文明的中心轴;与此相对,冈仓则强调宗教与艺术的作用。桥川指出了这种差异,并明确指出以

---

① 桥川文三「福沢諭吉と岡倉天心」竹内好・桥川文三編『近代日本と中国』(上)朝日新聞社、1974、25頁。

儒教为中国文明的唯一表象、以启蒙理性为文明批评的唯一视角的说法有着局限性。丸山用"政治的浪漫主义"对冈仓的"美的判断"加以盖棺定论；而桥川则运用与竹内相同的视角，致力于再次发现这一"美的判断"在政治上的可能性。

竹内指出，如果按日本浪漫派的解释来理解，冈仓的思想会显得过于贫乏。他给出了从历史状况的角度理解冈仓的提示，但并没有进一步展开对问题的考察。他停留在了明确"问题内容"的阶段，仅指出了"一体"不是现状认识而是理念。

不过，竹内留下了很有趣的"作业"。他并没有把"一体"理解为理所当然的命题，而是视作一个"谜题"。桥川继承了这一点，并进一步提出了一个问题："天心为何在清楚知道亚洲的多样性与分裂性的情况下，还要提出'一体'的要求？"明明从冈仓的直觉与认识来看，是不可能产生空洞的"一体"的命题的，而这正是"谜题"的内容。

桥川回到了福泽的"脱亚论"，直面这一"谜题"。甲午中日战争之后，"脱亚论"作为思想的有效性以及福泽作为思想家的生命都结束了。在时代的巨大转变期，冈仓试图令"作为文明人种的日本人"意识到追求究极形态与普遍性的爱。尽管徒剩空壳的"脱亚论"之后还有存在的一席之地，冈仓还是在虚假文明的潮流之中完成了他在历史转换期的任务——尽管是被他最不能接受的形式所利用。

四

丸山、竹内、桥川基于各自的问题意识，解读了冈仓的思想。但冈仓为何高唱"一体"的这个"谜题"依然没有得到解决。这正是因为今天理解的冈仓，依然是远离现实的一具空壳。

桥川对冈仓的讨论，正因为是最具生产性地继承了丸山与竹内的问题意识，所以其包含的命题血肉丰满。从桥川的思考出发进一步向前推进，正是今天讨论冈仓的课题。如果将桥川的讨论视作起点，将冈仓的"一体"命题视为理念，而非到达点，那么可以进行如下所述的问题设定。

如前所述，冈仓的"爱"的命题并不是自然感情层面的产物。如果进一步将他的"爱"转换成"道义"，就能以此开辟新的视野。特别是在国际政治中，在直面"道义"与"霸权"相结合的同时，追求道义这一范畴的政治性意义，是一个古老又崭新的课题。冈仓的爱与美，在以超越日本的形式向日本发出呼唤。由于冈仓的呼吁长期以来被视作"非理性的"，其政治性的功能反而容易被忽视。以冈仓为媒介，重新思考今天国家（当然这里指的不仅仅是日本）的理想状态，其实就是"亚洲是一体"的理念在当下的重生。

确如桥川所指出的那样，甲午中日战争从某种意义上来说较大程度上规定了日本近代的性质。然而，桥川在推论中将冈仓"亚洲是一体"的新理想设定为与日本近代的性质相对立，因此反而忽视了冈仓对甲午中日战争的态度，由此使得冈仓的理想成为空中楼阁，失去了现实性。如果说冈仓只是一位预言家，面对自己的预言难以成真的现实，冈仓就会与福泽同样失去生命力。如果要从桥川的到达点再次出发，就必须以冈仓的政治现实性而非政治的浪漫主义为抓手。

不过，直接从冈仓出发提炼出政治现实性是不可能的，让以美术为中心展开活动的冈仓背负这一政治现实性的做法，也是非历史的。冈仓运用"爱"与"美"象征日本国家的时候，以及痛感到亚洲各国之间的孤立状态的时候，他就从个人层面直接飞跃到了国家层面。冈仓以宗教为媒介，高唱普遍性价值的时候，他并不关心普遍性的维度与国家的关系。因此，冈仓的政治性不如说是在于他的问题意识本身。

桥川敏锐地发现了冈仓的感受力中蕴含的思想可能性，并指出，与对"惊奇以及宛如浪漫主义的神秘感之物感到茫然"之迟钝的福泽相比，冈仓正是通过福泽所欠缺的感受力孕育了自己独特的文明观。[1] 冈仓并没有沉溺于观念性的世界，而是通过自己具有丰富创造性的感受力，"发现"了亚洲。这意味着什么呢？

冈仓发现的"亚洲"，不论是宗教方面的还是艺术方面的，在今天都

---

[1] 桥川文三『福沢諭吉と岡倉天心』25 頁。

是无法直接从思想、政治的角度来理解的东西。然而，冈仓的视野本身，有着冈仓的意图之外的政治性。换句话说，在东洋与西洋的现实紧张关系之中，冈仓"茫然地"尝试回答了艺术（"道义"）如何与国家政治相联系的问题。在政治学上，冈仓的尝试本身几乎是不成立的，因此被像丸山那样的政治学者所无视也是可以理解的。然而冈仓的视野，正是由无法被归结为日本浪漫派的要素构成的——打碎日本国粹主义者用烂了的"美"与"爱"的框架，通过"亚洲是一体"的要求，重新构筑"美"与"爱"。从这个意义上来说，我们为了不让冈仓变成一具空壳，需要解决一个思想上的课题，这就是：

亚洲的，不，普遍性的"爱"与"美"所体现的理想的国际"道义"，到底以什么方式才能存在？

李原榛（北京大学历史学系博士生）译

试析丸山真男的思想史研究方法论

唐永亮*

摘 要 丸山真男是二战后日本著名的思想史学家,为战后日本思想史学科的确立做出了奠基性贡献。本文主要利用丸山关于思想史研究方法的相关研究成果,尝试梳理其思想史研究方法论的主要内容和内在逻辑,以期为宏观性地把握战后日本思想史学提供一个路径。丸山将思想史研究对象分为四个要素、三种类型,并提出了分析思想史研究对象的两个不同维度,具有重要的启发意义。他的思想史研究方法论具有内在逻辑性和合理性,其所提出的研究方法要么立足于对思想史研究对象、思想意义的深入分析,要么基于文化接触论视野下对日本思想史的宏观把握,既体现了学理化讨论的严肃性,也有落脚于日本思想史研究的民族主义情怀。他的思想史研究方法论看似不完全成体系,但这种多元性恰恰提供了思想史研究的多元思路,为未来开拓创新提供了多种可能性。丸山的思想史研究方法受马克思主义唯物史观影响甚大,其研究方法对我国学界开展日本思想史研究亦有参考意义。

关键词 丸山真男 思想史 方法论 价值

所谓思想史,是以思想的发展历程为考察中心的研究。作为学问的日

---

* 唐永亮,中国社会科学院日本研究所研究员。

本思想史学在日本本土大约形成于明治末年到大正初年，村冈典嗣、津田左右吉、和辻哲郎等为日本思想史学的学科化和理论化做出了重要贡献。但是，直至战后，日本思想史学作为一门独立的学科尚未获得"市民权"。

丸山真男（1914～1996）是二战后日本著名的思想史学家，其诸如《丸山真男讲义录》（全7卷）、《关于思想史的思考方法——类型、范围、对象》（1960）、《近代日本思想史方法的形成》（1961）、《思想史方法的摸索——一段回想》（1978）、《日本的思想》（1961）、《原型、古层、执拗低音——我关于日本思想史方法论的历程》（1984）等著述，为战后日本思想史学的学科化奠定了重要基础。在日本思想史学界，无论是他的继承者还是反对者，几乎都以他为坐标轴的原点来进行自身的构筑。[①]

中国学界关于日本思想史学多有研究。葛兆光在《谁的思想史？为谁写的思想史？——近年来日本学界对日本近代思想史的研究及其启示》一文中认为，日本学界近代思想史研究有两大特点，即特别关注思想史的社会环境、日常生活和常识世界的实际情况，注重"顺着看"而不是"倒着看"，也就是注重从日本自身的资料和历史脉络来追溯思想史，而不是以某种后设的、现代的价值立场来描述思想史。[②]刘岳兵、王萌对村冈典嗣的思想史学贡献做了较为系统的介绍。[③]徐水生、韩东育、区建英等深入讨论了丸山真男的思想史研究。[④]王鑫、张慧对丸山真男有关思想史方法论的著述进行了较为深入的分析。[⑤]邱静对丸山真男的政治思想史

[①] 区建英：《丸山真男思想史学的轨迹》，《日本学刊》2019年第3期。

[②] 葛兆光：《谁的思想史？为谁写的思想史？——近年来日本学界对日本近代思想史的研究及其启示》，《中国社会科学》2004年第3期。

[③] 刘岳兵、王萌：《村冈典嗣的"日本精神"论与近代日本思想史学》，《历史教学》2018年第9期；王萌：《村冈典嗣思想史学探析》，《史学理论研究》2019年第2期。

[④] 徐水生：《丸山真男的日本思想古层论初探》，《武汉大学学报》2000年第3期；韩东育：《丸山真男"原型论"考辨》，《历史研究》2015年第1期；区建英：《丸山真男思想史学的轨迹》，《日本学刊》2019年第3期。

[⑤] 王鑫、张慧：《丸山真男の思想史方法論》，《外语学界》第2卷，中国对外翻译出版有限公司，2013。

研究方法做了深入研究。① 本文将在上述研究成果的基础上，进一步系统讨论丸山的思想史研究方法论，以期为宏观性地把握战后日本思想史学提供一个路径。

1943年到1968年，丸山真男在东京大学法学部开设"日本政治思想史"（1966年以前，在制度上曾被称为"东洋政治思想史"）讲座。这一讲座是丸山最重要的职业活动，因此他格外重视，投入了很大精力讨论思想史学科的研究对象、研究方法等问题。可以说，学科视野下的思想史研究方法论是丸山思想史研究的重点，某种意义上也是落脚点，对日本思想史研究方法的思考一直贯穿他整个研究生涯。

一 思想史学何以难成为一个独立学科

丸山在《关于思想史的思考方法——类型、范围、对象》一文开篇指出，思想史学科在日本没有完全确立主要有三点原因。

第一，从内部看，思想史这门学问本身在日本还不很发达。对于这一点，丸山在《日本的思想》一书的前言中做了进一步讨论。他认为，在日本，虽然有研究儒学史或佛教史的传统，但对于追溯时代的知性构造、世界观的发展或历史性关联的研究却非常贫乏，至少没有形成思想史研究的传统。虽然有津田左右吉《文学中所表现的我国民思想之研究》、和辻哲郎《日本精神史研究》等的积极尝试，但后来思想史研究的方向发生了偏转，从日本"精神史"变貌为"日本精神"史，"不久便可怕地向独断和狂热信仰的方向发展"。"虽然日本思想论和日本精神论从江户时代的'国学'到今日不断以各种变奏曲或变种形态表现出来，但日本思想史的概括性研究，与日本史及日本文化史的研究相比，也还是显得非常贫乏。"②

造成日本没有形成思想史研究传统的原因，丸山认为可以归结为三

---

① 邱静：《"非西方"的可能性：丸山真男的日本政治思想史研究方法及启示》，《日本学刊》2019年第4期。
② 丸山真男：《日本的思想》，区建英、刘岳兵译，生活·读书·新知三联书店，2009，第2~3页。

点。(1) 思想没有被当作一种传统积淀下来。(2) "传统"思想糊里糊涂地延续和无关联地潜入近代。按一定时间顺序引进的各种思想，在精神世界内部都只是转换了空间配置而已，可以说具有无时间顺序的并存倾向。① (3) 近代天皇制不能成为将思想进行实质性整合的原理，而只在否定性的同质化（异期的排除）作用方面发挥了强大作用，它对于人格性主体的确立，从一开始就包含着成为决定性桎梏的命运。② 值得说明的是，对近代天皇制的反思不仅是战后思想史学科发展的内因，也是丸山在战后急于建立独立的思想史学科的现实背景。

第二，思想史往往与各传统学科紧密联系，存在各学科自身的思想史，譬如政治思想史、经济思想史、文学思想史等。与之相应，其研究方法又是多样的。

第三，没有形成学界公认的对思想史的方法、对象和范围的定论。③ 也就是说，思想史研究积累的不充分以及思想史研究边界的不清晰，在根本上制约了思想史作为一个独立学科的真正确立。

那么，如何才能解决上述问题呢？丸山批判脱离研究对象而空谈通用方法的"陆上练游泳"的做法，主张"只有在进入思想史的茂密森林，融进对象内部，从而遇到各种问题的过程中，才能思考思想史的方法"。④ 基于这一思路，丸山试图通过厘清思想史的研究对象，寻找推进思想史研究学科化的路径。

二 思想史的研究对象

丸山对思想史研究对象的认识是逐渐深化的。在1949年"日本政治思想史"讲座中，丸山就已基于思想史研究的先期积累，尝试对思想史

---

① 丸山真男：《日本的思想》，第12页。
② 丸山真男：《日本的思想》，第64页。
③ 丸山真男：《关于思想史的思考方法——类型、范围、对象》，《福泽谕吉与日本近代化》，区建英译，北京师范大学出版社，2018，第202页。
④ 丸山真男：《关于思想史的思考方法——类型、范围、对象》，《福泽谕吉与日本近代化》，第204页。

研究对象按照类型进行分类。他将思想分为特定个人的思想和不特定多数人的思想两类,前者具有人格性,后者或多或少具有非人格性的特点。前者又可具体分为具有体系性、抽象性的思想(理论、学说),以及基于经验反省、类似于感性认识的片段性、具体的思想;后者可具体分为具有社会传播性、逻辑自洽性、内在整合性,通常被称为"主义"的思想(意识形态主要属于此类),以及具有非人格性的、不具有明确逻辑形态的思想(社会意识、时代精神即属于此类)。

但是,这几类思想并不是固定不变的,存在流动的可能性。譬如,理论和学说一旦经过社会性传播和历史性发展(有时甚至是有违作者原意的歪曲),也会演变成某某主义。① 丸山后来提出,思想史的研究对象可分为四个要素:"感性经验"、"理论学说"、"主义"和"时代精神"(或"时代思潮")。从与思想的关系性看,"理论学说"关系最大,"感性经验""主义"次之,"时代精神"(或"时代思潮")关系最小。

丸山认为,不同国家思想史研究的侧重点有所不同。德国学者多侧重以理论、学说为中心并加入社会意识、时代精神为研究对象的(政治)学说史研究,而英、美、法学者则多侧重以社会意识、时代精神为中心的社会思潮研究。②

思想史主要是以思想家的"思想"和"主义"为研究对象的学问。通常,研究以"理论学说"这种具有高度抽象性、体系性思想的变迁为中心的学问,被称为"学说史"或"理论史"(History of Political);而研究以"主义"、意识形态③等的变化为中心的学问,则被称为狭义的思想

---

① 『丸山眞男講義録 第二冊 日本政治思想史1949』東京大学出版会、1999、3~4頁。
② 『丸山眞男講義録 第二冊 日本政治思想史1949』6頁。
③ 丸山在为《政治学辞典》撰写的"意识形态"词条中指出,观念形态或意识形态的最广义,就是指马克思所谓的与经济基础相适应的所有上层建筑,即:第一,对人最初的意识形态上的权力,这是一种国家的政治结构;第二,法律体系和家族形态等社会制度;第三,宗教、道德、哲学、艺术等精神文化诸形态。狭义的意识形态指的是第三种。更为狭义的用法,就如曼海姆,他通过与乌托邦概念相对比,认为意识形态主要指的是维持或拥护现存秩序的支配层的观念形态。参见丸山眞男「政治学辞典執筆項目 イデオロギー」『丸山眞男集』第6巻、岩波書店、1998、81~82頁。

史。由于两者的边界并不是特别清晰,要想进一步将两者区分开来,就必须加入其他考察要素。由此,丸山得出结论:广义的思想史是以思想家的"思想"和"主义"为中心,并考察两者之间的相互关联,以及"思想"或"主义"是如何为"感性经验"、社会意识或"时代精神"所规定或未规定的学问。① 而与之相对,只以"感性经验"、社会意识或"时代精神"为中心的研究则脱离了思想史的研究范围,属于以个体心理学或社会心理学为基础的个人史或社会史的范畴。②

1960年10月3日,丸山应国际基督教大学武田清子教授邀请,在该校举办了一场题为"关于思想史的思考方法——类型、范围、对象"的讲座。大概是想让听众更好地理解,丸山没有纠缠思想之概念本身的界定以及思想史与学说史、理论史及个人史、社会史之间的微妙区别,而是清晰简洁地将思想史的研究对象概括为如下三种类型。

第一种类型是"教义史"(History of Doctrine)。其研究对象"一般是具有高度觉悟的、抽象度较高的理论体系或教说,'教义史'就是要追寻这种体系、教说的历史展开过程,而其作为对象的人物往往主要是比较著名的思想家和学者"。

第二种类型是"观念的历史"。它是以某个文化圈里、某个时代或几个时代里一直通用的特定观念为对象,分析这些观念的内部结构,以及其与其他观念之间的化合或混合关系,追寻其历史发展的线索。

第三种类型是"范畴的历史"。这主要是把时代精神或时代思潮的整体历史作为对象来探讨,其任务是总体把握特定时代政治、社会、人文、艺术等各领域出现的思维方式及其相互关联,以及其与社会政治状况的关联。此外,还需综合性地把握时代意识形态的整体结构,从而明晰其历史的发展状况。③

---

① 『丸山眞男講義録 第二冊 日本政治思想史1949』6~7頁。
② 『丸山眞男講義録 第二冊 日本政治思想史1949』6頁。
③ 丸山真男:《关于思想史的思考方法——类型、范围、对象》,《福泽谕吉与日本近代化》,第204~206页。

就思想史的学科化而言,丸山认为第一种类型的"教义史"贡献不易被确认,这是因为:

> 在这个研究领域中,思想发展的历史容易被视为教会中教义的继承,或学院中科别学问的继承……特别是在"学说史"领域里,各个专门学科越是发达,其思想史便越被分解在各个具体学科中。因为,在那里,思想的历史严重地受到教会、学院或教义、科别理论等的横跨或凌驾,所以难以产生作为独立学问领域的觉悟。

与之相较,"只是在第二种类型的'观念的历史'和第三种类型的'时代精神的历史'的研究领域中,思想史渐渐被承认为独立的学问领域"。[①]

在1966年的"日本政治思想史"讲座中,丸山又将思想分为"生活上的"和"学说、理论上的"两种。他认为:"思想之下层结构的连续性与上层结构变化的迅速性,两者看似矛盾,结构上却是互补的。"[②] 一方面,处于下层的思考方式从古至今从未中断过,在不知不觉中一直规定着人们的行为方式;另一方面,处于社会上层、指导人们行动的高度理论化的学说和主义属于意识形态,其与处在底层的人们不自觉的思考方式不断相互作用,也发挥着修正人们行为的作用。[③]

综上,按照丸山的思路,如果再借用拉卡托斯的科学研究纲领来解释,上述问题或许能说得更加清楚。拉卡托斯认为,一切科学研究纲领都是在"硬核"上有明显区别,"硬核"是不可反驳的。"硬核"的周围会被发明一些"辅助假说"来起到"保护带"的作用,"保护带"是"可反驳的变体"。在面临挑战时,"保护带"首当其冲,调整、再调整甚至全部被替换,以守护"硬核"。而一旦"保护带"完全失效、"硬核"被

[①] 丸山真男:《关于思想史的思考方法——类型、范围、对象》,《福泽谕吉与日本近代化》,第207~208页。
[②] 《丸山真男讲义录》第6册,唐永亮译,四川教育出版社,2017,第16页。
[③] 《丸山真男讲义录》第6册,第19页。

证伪，则意味着这个理论纲领失败。①

就思想史学科而言，在为思想史学科正名的意义上，第二种类型"观念的历史"和第三种类型"范畴的历史"是"硬核"，第一种类型"教义史"则属于外层"保护带"。没有第二种类型和第三种类型的思想史研究，思想史作为独立的学科很难确立。

但是，问题并非这么简单，如果换一个角度从思想的层次看，则是另一番景象。丸山认为，按照思想所包含的"浓度"，可以将思想史研究对象的四个要素分为由高到低四个层次："理论学说"最浓，"主义"和"感性经验"次之，"时代精神"（或"时代思潮"）的"浓度"最低。②

从这个意义上，"理论学说"和"主义"是"硬核"，而"感性经验"和"时代精神"（或"时代思潮"）则属于外层"保护带"。如果不关注"理论学说"和"主义"，思想史会失去中心；不将"理论学说""主义"与"感性经验""时代精神"（或"时代思潮"）相结合，则思想史会失去作为独立学科的依凭。

正因如此，丸山认为，着眼于具有较高抽象性的普遍性的教义、学说以及与日常生活紧密相关的思考方式、感觉、思想间的相互作用，这种研究方法将更具有生产性。③ 需要指出的是，无论是思想史研究对象的四种要素还是三种类型，它们都是思想史研究不可或缺的。基于此，丸山指出：

> 要建立具有独自规律的思想史，必须超越传统学问的专业领域。

---

① 伊·拉卡托斯：《科学研究纲领方法论》，兰征译，上海译文出版社，1986，第67~69页。
② 『丸山眞男講義録 第二冊 日本政治思想史1949』5页。1960年，丸山在"关于思想史的思考方法——类型、范围、对象"讲座中，又进一步将思想由高到低分为四个层次，最高层次是高度抽象化的体系性理论、学说、教义，第二层次是较有总括性的世界观，第三层次是意见、态度，第四层次是生活感情、生活气氛等实际感觉。丸山认为，一般来说，层次越高，其体系性、抽象性越高；层次越低，其与生活相结合的密切度越大。通常，各种层次的思想是相互关联的，带有目的意识或"方向性"的思想一般是从高层次向低层次扩展的。而与之相反，思想的能源或推动思想发展的动力，是从低层次向高层次上升的。
③ 《丸山真男讲义录》第6册，第20页。

这样一来，思想史自然要变为光靠一个人的力量难以进行研究的学问，因此在思想史研究中产生出多种专业部门共同协作的必要性。①

三　思想史研究的方法论

在厘清思想史研究对象的基础上，丸山尝试对思想史研究方法进行多维讨论。丸山认为研究对象不同，研究方法也会有差异。他在1949年的"日本政治思想史"讲座中，将思想史研究方法分为如下两大类。

一类是逻辑性研究方法。他把思想家的思想看作一个独立的完整体系，研究历史上的各种思想与这一体系间存在何种逻辑上的关联。这种方法主要以理论、学说为研究对象，被称为精神史研究方法或"教义史"（Dogmengeschichte）研究方法。②

另一类是功能性研究方法。如果把逻辑性研究方法称为"内在性研究"（Innererkenntnis），那么功能性研究方法可称为"外在性研究"（Außererkenntnis），即把思想主要放在一定的历史和社会环境中来把握，也就是说从一个时代的政治、社会、经济的现实中把握其间的思想。在这种情况下，思想史不是被看成一个独立完整和自足的体系，也不能仅仅被理解为过去思想的逻辑性发展，应该说其在本质上被视为社会性实体的一个函数，思想史学者要分析的是思想史与社会实体的关系及其所具有的一定社会功能。也就是说，这种方法的研究对象多为时代精神、意识形态等，注重对其社会制约性和社会功能性的讨论。③

当然，丸山也客观地指出，上述方法都有内在缺陷。

---

① 丸山真男：《关于思想史的思考方法——类型、范围、对象》，《福泽谕吉与日本近代化》，第213页。
② 此为教义史通常的研究方法，但丸山也承认存在从思想家个人成长过程来研究其思想、分析其思想内在统一性的方法。参见『丸山眞男講義録　第二冊　日本政治思想史1949』7頁。
③ 『丸山眞男講義録　第二冊　日本政治思想史1949』7~8頁。

第一，逻辑性研究方法注重学说的逻辑体系性和客观定型性，但容易忽视学说归根结底是人的某种社会欲求和愿望的高度凝练性表现。此外，该方法还容易产生对思想史之历史性的忽视。

第二，功能性研究方法也容易产生机械地理解有关上层建筑和经济基础理论的危险。丸山认为，生产关系既然是人们行为的组合，"关系"本身已经同时包含了精神性的契机。如果无视这一点，只把它当成物质性的东西，就无法产生和规定作为上层建筑的精神。① 归根结底，属于上层建筑的意识或精神就是这种关系的自觉的主观精神。

丸山也承认："大概在思想史方法上，要不陷入单纯的'反映论'而又具体地阐明所谓经济基础同上层建筑之间的关联，是一件非常不容易的事。"② 思想史的研究对象就是内在于这些经济基础的精神之自觉的抽象之物。而根据抽象程度的不同，会产生学说史、意识史等不同层次的思想。从这个意义上说，思想史的任务就是把对作为客观实在的社会关系之内在结构关系的自觉作为研究对象，使之抽象化、逻辑化。

逻辑性研究方法和功能性研究方法的区别是相对的，两者具有共通的观念，即思想是人社会性实践的构成契机。人的实践既不是纯精神的，也不是纯物质的。经济基础之学以作用于精神的、作为媒介的物质为研究对象，与之相对，作为上层建筑之学的思想史则以作用于物质的、作为媒介的精神为研究对象。③

为了进一步厘清思想史的研究方法，丸山还通过区分思想史与思想论、事实史的不同，阐述了思想史研究方法的特色。

丸山认为，思想史是介于思想论与一般历史叙述之间的学问。他将单纯以过去的各种历史遗产为素材，完全脱离其历史的来龙去脉，随着主观的关心点自由议论思想的方式称为思想论。与之相对，思想史是由历史的考证严密确定的。在剖析资料和使用资料方面，它与一般历史学具有共同特点。

---

① 『丸山眞男講義録　第二冊　日本政治思想史1949』10~11頁。
② 丸山真男：《日本政治思想史研究》，王中江译，生活·读书·新知三联书店，2000，第309页。
③ 『丸山眞男講義録　第二冊　日本政治思想史1949』13頁。

丸山也认为，思想史不同于事实史。事实史注重研究事件本身的时间性关联，而思想史重点研究对事件的意义赋予。另外，相比事实史受史料的完全限制，思想史则强调按照历史顺序对历史对象积极发挥能动作用。在判断资料价值方面，思想史与事实史也不完全相同。丸山曾借用艺术形式来说明这一区别。他用演奏家来形容思想史家，用画家、文学家来形容思想论者，用乐谱来形容史料。一方面，与作曲家乃至画家、文学家不同，演奏家完全不能随心所欲地任凭幻想飞翔，而需要考虑作品自身的形式结构以及其中体现的理念、时代背景等。另一方面，演奏家也绝不是单纯地、机械地再现乐谱，而是要在尊重原本的基础上进行再创作（Nachschöpfen）。①

　　基于此，丸山将思想史研究者的工作定位为"双重创造"。思想史家埋没于历史中时表现得傲慢，从历史中脱出时表现得谦逊。一方面，思想史很容易掺杂研究者的主观想法和价值判断，② 因而要严守历史的约束性，"不管是多么与自己意见不合的立场和思想，也要做到超越性地一刀两断，必须暂时将自己置于思想内部，尽量忠实地观察体会其思想的未来"。③ 另一方面，要发挥自己对历史对象的能动性。思想史研究者"不仅仅是像商店里的售货员一样对所陈列的思想进行一一解说，而要将其与伟大的思想家结合起来，发现其思想中的内在必然性，通过其曾说过的话读出其所没有说出的东西"。④ 在这种辩证的紧张关系中再现过去的思想，这是思想史本来的课题，也是思想史之妙趣的源泉。⑤

　　与上述问题相关联，思想史与历史学一样也面临着如何把握古与今之关系、历史思想与书写者主体意识之关系的问题。对此，在发表于《展

---

① 丸山真男：《关于思想史的思考方法——类型、范围、对象》，《福泽谕吉与日本近代化》，第 220 页。
② 丸山眞男「偶感一束」『丸山眞男集』第 12 卷、岩波書店、1996、15 頁。
③ 丸山眞男「自分勝手な類推」『丸山眞男集』第 5 卷、岩波書店、1995、87~88 頁。
④ 丸山眞男『自分勝手な類推』『丸山眞男集』第 5 卷、87~88 頁。
⑤ 丸山真男：《关于思想史的思考方法——类型、范围、对象》，《福泽谕吉与日本近代化》，第 221 页。

望》1965年第5期的《幕末观念的变革——以佐久间象山为例》一文中，丸山提出了如下具体操作方法。

首先，进行想象的操作，即"设身处地地体验过去"[①]。将我们置身于历史上蕴含着各种可能性的时点，尽量在当时的语境下，用当时的价值标准对思想进行考察。

其次，对思想家生活的历史状况不要采取只发生一次或某个时间某个地点发生的特殊事件来看待，而要将其抽象化为一个或数个典型状况。虽然一切历史事件都不可能原原本本地反复出现，但如把历史状况及时人的应对抽象为各种"型"，就会成为今天或今后我们可能面对的东西。通过如此操作，历史上的过去不是直接被"现在化"，而是在某种程度上以过去为媒介被"现在化"。[②]

思想并不是固定不变的，而是具有流动传播性。丸山利用文化接触论研究日本思想史后发现：日本思想史上的主旋律是成为教义的意识形态，但从儒、佛开始，"自由主义""民主主义""马克思主义"等都是外来思想，因此日本思想史的主旋律就是外来思想。[③]

那么，该如何从思想史的角度挖掘日本传统呢？丸山认为应该注意两个问题。

第一，不应把重点放在研究外来观念在输入时发生了什么变化上，因为如果过于神经质地注目于外来思想歪曲和变质的尺度，日本的思想也许会在某种意义上被全部描写成对原物的歪曲和误解的历史，或者会导致思想史研究上的所谓"思想缺乏论"。"这样又会在思想史研究上出现与'思想缺乏论'相对立的倾向——力图从日本的'固有'思想中寻找西欧思想在日本的'对应物'。"[④] 因此，在发掘过去的思想传统时，与其拘泥

---

① 日语为"過去の追体験"。
② 丸山眞男「幕末における視座の変革—佐久間象山の場合—」『丸山眞男集』第9卷、岩波書店、1995、206~208頁。
③ 丸山眞男「日本思想史における『古層』の問題」『丸山眞男集』第11卷、岩波書店、1996、180~181頁。
④ 丸山真男：《关于思想史的思考方法——类型、范围、对象》，《福泽谕吉与日本近代化》，第223~224页。

于这些思想本地化的程度，不如更多关注这些思想的出发点，着重弄清楚这些思想孕育时的多重价值、未来的可能走向，以及其是否能解决问题、是否具有多产性：

> 日本思想史是由多种思想相杂居的，那里不存在本来有条理的传统结构。要从日本思想史中抽出具有生产性的思想传统，就不能忽视其思想发端时的多重价值所包含的可能性。①

第二，不以现在的结果和基准去评价过去，或用现在的想象力去装饰过去。丸山认为，诸如"亚里士多德虽然伟大，但因为他不懂量子力学，表现了局限性"这样的评价是不科学的，因为对当时没有出现的问题，亚里士多德没有做出回答是很自然的。思想史学者应该关注当时的人对出现的或没有出现的什么问题，在多大范围内做了何种回答。在这种文脉中进行比较分析，才有可能论述出某思想家相对的"独创性"或相对的不足。②

在 1964 年的"日本政治思想史"讲座中，丸山还从思想的意义出发，尝试讨论思想史的研究方法。他通过"刺激－反应"模式来解释思想的意义。他认为，人通过通信接受事件的"刺激"，再通过思考事件与自身的关系，先对事件进行价值判断（即对事件的意义赋予），而后做出反应。人们通常会通过对事件意义的定型化来积累经验，从而形成思维习惯。而一旦出现从未出现过的新状况，就有必要对该事件进行新的意义赋予，由此产生出新的思想。从这个思路上说，思想史不仅要讨论事件解释的变化，还要关注认识事件的"眼镜"（认识的工具和评价标准）本身的变化。③

---

① 丸山真男：《关于思想史的思考方法——类型、范围、对象》，《福泽谕吉与日本近代化》，第 225 页。
② 丸山真男：《关于思想史的思考方法——类型、范围、对象》，《福泽谕吉与日本近代化》，第 222～224 页。
③ 参见『丸山眞男講義録 第四冊 日本政治思想史 1964』東京大学出版会、2007、13～18 頁。

在1966年"日本政治思想史"讲座中,丸山又进一步指出,有规律的生活一旦确立,就不再需要意义赋予,意义赋予只有在人类为环境所抛弃时才是必要的。当人面对日常生活中无法理解的异常和非常事态时,优秀的思想就具有了意义。①

那么,哪些思想值得研究,也就是说,如何衡量思想的价值呢?1953年,丸山在纪念著名文学家野间宏的《关于野间君的回忆》一文中指出,一个人的生活要有思想史意义,需要具备很多条件,其中重要的是:

"思想"对人而言不单单是像戴帽子一样,而是必须具有从内在驱动这个人肉体行动的力量。其思想的发展,不仅仅是通过读书和观念性的反省来实现的,而是成为他的经验,通过他的行动被验证而得到发展。只有如此,他的思想变化和发展才具有内在、必然的一惯性。不管外在的表现发生多么大的转向和飞跃,其精神上的发展都为一贯的法则性所支配。这是古来思想家的典型特点。②

1960年,在"关于思想史的思考方法——类型、范围、对象"讲座中,丸山进一步提出了五个衡量思想价值的标准。(1)思想的分量,即思想对问题做出解答的透彻性程度。思想的意义在于对人所面临的问题、状况做出解答,因此思想对问题解答的程度越透彻,就越有思想史意义。(2)思想的渗透范围和流通范围。影响越大,流通范围越广,思想就越有意义。(3)思想的幅度。所涉及的问题范围越广,思想就越有意义。(4)思想的密度。内在逻辑越严密,思想就越有意义。(5)思想的多产性。生成力和启发性越大,思想就越有意义。③

---

① 《丸山真男讲义录》第6册,第22页。
② 丸山眞男「野間君のことなど」『丸山眞男集』第6卷、9~10頁。
③ 丸山真男:《关于思想史的思考方法——类型、范围、对象》,《福泽谕吉与日本近代化》,第217~218页。

四　结语

　　本文并不试图深入丸山具体的思想史研究成果之中去讨论丸山思想史研究方法的变迁过程，而是主要利用丸山围绕思想史研究方法的相关文献，尝试分析他为思想史研究学科化而付出的努力。从整体上看，丸山对思想史研究方法的讨论主要是从战后开始，在此之前，他对曼海姆的意识形态论等学说的认识主要通过构思论文结构而加以学习参考。[①] 其中既有他反思战前、战中日本思想史研究畸形发展的动因，也是其思想史研究方法在马克思主义唯物史观、知识社会学等影响下逐渐走向成熟的自然发展过程。

　　丸山较为集中讨论思想史研究方法的文章是《关于思想史的思考方法——类型、范围、对象》，正如松泽弘阳对该作品进行"解题"时所说，丸山对思想史方法、对象、范围的讨论，没有给出唯一正确的方法，而是提出了复数、多元的研究方法。[②] 除此之外，丸山对思想史研究方法的讨论还散见在"日本政治思想史"讲座等的诸多讲义中，这使他的思想史研究方法论看起来并不具有体系性。但正如松泽弘阳所说，这就要求我们在析出这些多样性的基础上，找出它们的"相互关系"。这也是本文的目的所在。

　　丸山对思想史研究方法的讨论，建立在他对思想史学在战后日本尚未真正确立的现状的分析基础上，其目的在于推进日本思想史研究的学科化。思想史研究学科化的前提是厘清思想史研究的对象和边界，丸山分析指出了思想史研究的对象主要有四个要素和三种类型。

　　基于不同的分析路径，上述研究对象在思想史研究中所呈现的情况有所不同。譬如，从对思想史学科建设的贡献而言，"主义""时代精神"

[①] 丸山眞男「思想史の方法を模索して」『丸山眞男集』第10巻、岩波書店、1996、332～333頁。

[②] 松泽弘阳「解题」『丸山眞男集』第9巻、440頁。

相比"理论学说"更为重要。但如果从思想的"浓度"来看,"理论学说"最浓,"主义"次之,而"时代精神"最低。由此可见,每一个对象都是思想史研究所不可或缺的。也正因如此,丸山认为思想史学科要真正确立,只有多个专业部门共同协作才有可能实现。

丸山认为思想史研究方法是多元的。他根据研究对象的不同,将研究方法大体分为逻辑性研究方法和功能性研究方法。前者以"理论学说"为研究对象,后者以"主义""时代精神"为研究对象。前者把思想当成一个独立的体系,而后者则把思想看作社会性实体的一个函数。前者注重对思想进行逻辑分析,而后者注重思想的结构功能研究。从把思想史作为一个独立学科来考虑,丸山主张思想史研究者应该进行双重创造,既要"体验过去",置身于历史之中观察体会思想的意义及其未来的可能性,又要超越史料发挥对历史对象的能动性;既要立足于现在,又不能直接把过去"现在化",而应该把过去作为媒介使之"现在化"。只有在相互的紧张关系之中,才能发挥思想的真正意义。

从思想的传播来看,丸山强调日本思想史研究与其重视外来思想的本地化程度,不如重点关注外来思想在接受之初的多重价值及其蕴含的可能性。

从思想的意义来看,丸山强调对异常和非常事态的思想史研究。他强调评价思想研究的意义,提出了衡量思想价值的五个标准,即思想的分量、思想的渗透范围和流通范围、思想的幅度、思想的密度、思想的多产性。实际上,这些标准对我们选择具体的思想史研究对象也有参考意义。

这些研究方法相互交织,共同构成了丸山思想史研究方法论的立体网状结构,其核心支柱有二。(1)使日本思想史研究更加科学化,以探寻思想史研究的规律性、非个人性的一面。丸山曾言,"现在流行把所有的'学问'都还原为'思想',再把'思想'还原到'人'。我反对这种做法,我想强调的是学问的、非人格性的一面"。[①] (2)使日本思想史研究

---

① 丸山眞男「『一哲学徒の苦難の道』対談を終えて」『丸山眞男集』第 9 卷、365 頁。

学科化，厘清与其他学科的边界，形成独具特色的研究方法和研究意义。丸山认为：

> 学习思想史，如果仅仅大概地记住过去有过哪些思想，或者仅仅按照时间顺序摆出结论，是毫无意义的。学习思想史的一个意义是重新认识我们以前未曾反省就作为前提的观念和在刻意宣扬的作为意识形态的"主义"底层所潜藏着的、我们自身尚未意识到的为意识形态所制约的思考方式，以此将我们自身从这些思考方式中解脱出来。①

在丸山的头脑中，这大概是有效提升现代日本人主体性的重要途径。

---

① 《丸山真男讲义录》第6册，第289~290页。

自中国考察到日本的"天职"
——试析内藤湖南的日本文化论

吴光辉[*]

摘　要　提到内藤湖南的日本文化论,离不开他作为新闻记者而进行的1899年中国考察之行。可以说,这次考察进一步令内藤坚定了自己于1894年就大力提倡的日本"天职"论。迄今为止的研究大多着力于梳理这一日本"天职"论依存于甲午中日战争、日本主义的思想线索,但是忽略了内藤的中国考察、中国文化研究这一基本前提。就此而言,探究内藤最初的中国评价,进而落实到最初的中国体验,再到而后的中国文化研究,可以为内藤的日本文化论梳理出一条清晰的线索,进而更好地理解与把握内藤研究中国、"为了日本"的根本目的。

关键词　内藤湖南　中国考察　天职　日本文化论

"明治文运之盛,源起于德川三百年之教化。德川三百年之教化,滥觞于镰仓室町时期之风尚。镰仓时期传来,室町时期研究,从而成为德川三百年间之普通读本者,《论》《孟》《学》《庸》(按:指《论语》《孟子》《大学》《中庸》)之《四书集注》也。四书与士人精神教育之有效,

---

[*] 吴光辉,厦门大学外文学院教授。

以立维新之业，以为明治文运之源，是任何人不可否定的。"① 这一段话来自明治汉学家西村天囚（1853～1932）的代表作《日本宋学史》（1909）的"绪言"。在此，较之明治时代初期针对儒学或者儒教的"恶评"，西村天囚探讨了江户时代以来日本输入与普及宋学的历史，指出朱熹《四书集注》带给日本文化史和明治维新以深远影响。

如何历史地、正确地评价中国，尤其是站在近代日本这一视点来评价中国，可谓是明治时代中后期最为关键的问题。这一时期，以元田永孚（1818～1891）为代表的实学派儒学者就对明治维新以来的欧化主义提出了批评：

> 维新以来，俄而模仿欧美文明，教育方法亦用其规则，学科精密，生徒增多，全国面目一变。至近年，法律、理学、经济、工艺，博识多艺之人胜维新之前百倍。然皆外面之装饰，长于才思技能之动。而我邦之精神魂性匮乏，道德义勇之根柢浅薄，虽欲养成国家柱石之才而不复可得。……举本国将成为欧美之粉饰人，是皆教育误于本末之故也。②

在元田等看来，作为时代流行的西学，都不过是"外面之装饰，长于才思技能之动"，不足以培育出"国家柱石"。究其根本，在于"教育"的问题。

与此同时，经历了自由民权运动之后的日本逐步建立以天皇制为核心的国家政体，标志就是1889年颁布的《大日本帝国宪法》。这一天皇制政体的关键，就在于如何挖掘历史，树立根源。唯有如此，才能确立日本这一国家存在的合理性与合法性。正如元田契合这一社会需求而主张的，教育成为最为重要的手段，也成为最为紧迫的事业。依照元田的主张，教育必须"阐明祖宗之谟训，继述代代之令典，准由国体风俗，养成日本

---

① 西村天囚『日本宋学史』杉本梁江堂、1909、绪言。
② 元田竹彦・海後宗臣編『元田永孚文書』第2巻、元田文書研究会、1969、159頁。

人之魂性"，为此"不可不首以孔子之教资之"。① 由此日本迎来了一个"汉学复兴"的时期。

在这样一个背景下，内藤湖南（1866～1934）、青木正儿（1887～1964）等于大正8年（1920）创办了《支那学》杂志，并表示：

> 应神以还，常导我者乃汉学，突如其来而覆之者乃西学，学亦尚有沉浮哉？人之不顾支那学，莫甚于当世，岂彼为彼、我为我，高举晦藏，以洁己而止，可乎？②

当时有一种"脱亚"（福泽谕吉）的主张认为，中国传统学术衰败，国运没落，不足以引领亚洲、屹立于世界，那么，日本是否应该摆脱中国影响、脱离亚洲。针对这样的主张，内藤反过来认为，日本人需要也应该不同于过去的中国认识，树立以"支那学"这一称谓为核心的新的中国研究，以此来思索和探究日本自身的未来。

一 内藤湖南与1899年中国考察之行

> 先生通汉文，通英文，善诗歌，工书法，兼好美术，且富鉴识，可谓多才。然先生之特长在于其汉学，其于支那一切文物典章、地理风俗、近代实情形势无不通晓，不若以往汉学者流之跼踏于唐宋之前经学、史学之狭小范围。前年游历清国之后，其学术造诣更深一层。故先生论及东亚之事，言皆凿凿，有根有据，切中肯綮。若夫至其文章之劲练雅健，当代可比肩者甚稀。先生虽身材矮小，风采亦不甚扬，然乃温厚之君子，其待人亦和蔼可亲也。③

---

① 元田竹彦·海後宗臣编『元田永孚文書』第2卷、159頁。
② 转引自刘岳兵《日本近代儒学研究》，商务印书馆，2003，第130页。
③ 转引自傅佛果《内藤湖南：政治与汉学（1866—1934）》，陶德民、何英莺译，江苏人民出版社，2016，第74页。

这一段文字出自《万朝报》明治34年（1901）11月26日的报道，讲述的"先生"就是时为新闻记者的内藤，推崇他"求一胸有万卷书与天下之奇山异水者，首屈一指者非先生莫属"。[1] 该报道提到内藤侧重于汉学研究，但是脱离了既往的经学、史学的狭小范围，而是将之拓展到"近代"的视野之下，具有宏大的视角与世界的眼光。

不仅如此，该报道特别提到内藤"前年游历清国"即1899年中国之行的积极意义，认为这确证了"读万卷书，行万里路"的学者之道，由此令内藤成为"东亚"研究的翘楚、中国问题的专家。该报道还描绘了内藤的人格美，说他尽管身材、风采不够突出，但是是一位"温厚之君子"，带有古风的气质。就这样，围绕内藤的描述，既包括学问，亦包括人格，更牵涉中国的问题。

正如该报道所说，内藤以自己的考察、论述、研究，在波澜壮阔的近代东亚史上留下了极为浓重的一笔。

（一）内藤湖南的中国考察

近代日本人的中国考察，始于1862年幕府派遣贸易商船"千岁丸"赴上海的考察。以此为开端，一直延续到明治、大正、昭和前期，日本考察者不断来到中国。依照张明杰的研究，这一时期来中国的日本考察者包括官僚或政治家、学者、记者、编辑、作家、艺术家、教习、留学人员、军人、所谓的大陆浪人、实业家或商人、宗教界人士、儒学者、民间人士等各种各样身份的人物，他们的中国之行也带有各种各样的目的：

> 他们所写的游记，大多不同于纯粹以访古探胜、欣赏大自然为目的而做的"观光记"，而是以调查和探知中国的政治、经济、文化、军事、地理、风土、人情等为目的的"踏察记"或"踏勘记"。[2]

---

[1] 转引自傅佛果《内藤湖南：政治与汉学（1866—1934）》，第74页。
[2] 张明杰：《近代日本人中国游记总序》，内藤湖南：《燕山楚水》，吴卫峰译，中华书局，2007，第9页。

换言之，这样的中国游记，表面上是所谓的探幽访古的观光日记，实质上却是全面整体的中国调查。最为关键的是，通过游历、考察、认识中国，深受西方文明价值观念影响的日本考察者们，既认识到强大无比的西方席卷天下的大势，也感到中国文明的辉煌不再与清朝国运的衰败走势。影响尤为深远的，则是日本人的中国认识由"崇仰"转为"鄙薄"，由"憧憬"转为"蔑视"，这不仅是近代日本人的"中国认识"出现转折的一个开端，① 也是近代日本重新建构"中国形象"的起点。

内藤的这次中国之行，始于1899年9月9日。这一天，内藤乘坐"仙台号"抵达山东烟台（芝罘），而后游历天津、北京、上海、杭州、苏州、汉口、南京等地，至11月25日乘坐"西京丸"离开上海，返回日本。

如果说艺术论者冈仓天心的考察动机在于发现"Asia is one"（亚洲是一体），儒学者宇野哲人（1875~1974）的考察动机在于"向世人介绍中国国情之一斑"，谷崎润一郎（1886~1965）、芥川龙之介（1892~1927）等文学者游历中国的动机在于找到所谓的"支那趣味"，② 那么，介于他们各自所处的时代之间，处于甲午中日战争之后、日俄战争之前的内藤湖南的中国考察，则带有一个极具复杂性、多重性的动机或者目的。

关于这一动机或者目的，内藤曾在《燕山楚水》卷首阐述了自己的思考：

> （对少年学生）前往彼岸大陆，畅游长江上下游，饱览武昌、金陵的景色，从闽、粤、厦、澳进入香港、新加坡，目睹欧洲东侵的经营，也算得壮举。这样的壮游，会有越来越多的人模仿。今天看起来觉得异常的事物，以后就会习以为常，不再少见多怪。我希望他们再进入内陆地区，去探寻那些中国诗人自古以来咏怀抒情，而现在依然能尝到羁旅辛苦的地方，或踏访东三省、山东这些新近被欧洲列强侵

---

① 冯天瑜：《"千岁丸"上海行——日本人1862年的中国观察》，商务印书馆，2001，第300~301页。
② 吴光辉：《日本的中国形象》，人民出版社，2010，第95、110、115页。

占的地方，以备思考战略雄图。我还希望游历这些地区的人，能够具备一定的学术上、美术上的眼光。①

审视这一段话，首先进入我们视野的即是"彼岸大陆"一语。所谓"彼岸大陆"，也就是被过去的日本视为道德典籍、儒学传统的"文明母国"——中国。与"彼岸大陆"相对应的是"此岸的岛国"——日本。尽管历史上中国文化不断滋养着日本，亦深刻地影响到整个日本，但是内藤考察中国的出发点，应该说不在于求证中国与日本的同一性，而是为了将中国"异化"为一个不同于日本文化的绝对性的他者。唯有如此，日本才能自中国文化的"阴翳"之中独立出来，树立所谓自身的"天职"。

其次，这一段话尽管是针对日本学生暑期考察的指导性评价，但是揭示出了内藤考察中国的宏大背景。尤其是"欧洲东侵"作为内藤或者日本人目睹的事实，在这一时代带有了双重性的内涵：一个是武力的、技术性的侵略，也就是利用坚船利炮逐次打开东方国家的大门，使东方沦为西方的殖民地或半殖民地；一个是文明的、知识性的侵略，也就是通过文化的经营来改变东方人的思维模式，将之牵引到西方现代性文明的道路上。至此，中国的问题或者日本的问题不再是单独的、一国一地的问题，而是整个"亚洲"的问题。

最后，我们由此还可以发现内藤认识中国的多重性视角。在内藤的眼中，所谓内陆中国，也就是自古以来的传统中国或者文化中国，它代表了古典中国，同时也是传统日本人想象之中的中国；所谓沿海中国，即欧洲列强直接侵占掠夺的地区，它代表了现代中国，同时也是日本考虑未来的"战略雄图"即与西方对抗、谋求自身利益最大化的一个存在。② 在此，内藤站在东西文明比较的视角，划分了内陆中国与沿海中国，应该说也展

---

① 内藤湖南：《燕山楚水》，第5页。
② 内藤湖南所谓的沿海中国是否包括台湾，在此不予细究。内藤湖南第一次到台湾是在1897年4月至1898年4月期间。关于内藤湖南的台湾论述，可以参考黄俊杰《十九世纪末年日本人的台湾论述——以上野专一、福泽谕吉与内藤湖南为例》，《开放时代》2004年第3期，第30~42页。

现出以政治论为底蕴的现代日本知识分子所独有的"中国认识"①的想象空间。

我们同样不可忽视的,是上述引文最后内藤提到的"学术上、美术上的眼光"。内藤之所以提出这样的"眼光",一是为了区别于日本浪人的"狂言乱语"——内藤亦曾警告赴日留学的中国人要谨慎选择与己交往的日本人,②需要保持一种"文"的气质;二是为了区别于西方列强的武力,保持一种"美"的追求或者评价基准。这样的"眼光",应该说同时也是日本人以中国为镜象树立自身现代形象的前提之一。就此而言,可以说内藤依旧力图保持自身作为一名学者、一名知识分子的本职。

(二) 内藤湖南的中国认识

历史上,内藤湖南曾经十次访问中国,足迹遍布中国南北,以此来"寻求养料而集大成"。③但是就内藤湖南而言,其印象最为深刻、感受最为直接的,莫过于1899年的中国之旅。这一次中国之旅尤为"刺激"了内藤湖南的创作欲望。1900年,内藤通过博文馆出版了《燕山楚水》一书,该书收录《禹域鸿爪记》(《游清纪程》,即各地见闻)、《鸿爪记余》(《游清琐谈》,即游历随笔)、《禹域论纂》(内藤湖南的中国政论),代表了内藤湖南最初的中国印象。

就中国的风土而言,内藤湖南抵达中国的第一印象,既不是"不安",亦不是"震惊",更不是"遗憾"。④按照他自己的描述,即为"痛心"二字。"山都裸露着山脊,山脚下的土是褐色的,坡度很缓,海岸上可以看到不少陡峭的岩石。"由此,内藤不禁感慨:"两千年郡县制度的流弊使这个历史久远的国家荒废到如此地步,实在让人痛心。"⑤

---

① 日本人的中国认识,最为显著的立场即"中国非国论",内藤湖南亦是持这一立场的代表人物之一。参见水野明《日本的"中国非国论"的检证》,《东南文化》1997年第1期,第120~123页。
② 内藤湖南:《燕山楚水》,第139页。
③ 三田村泰助『内藤湖南』中央公論社、1972、127頁。
④ 宇野哲人:《中国文明记》,张学锋译,光明日报出版社,1999,第3页。
⑤ 内藤湖南:《燕山楚水》,第21页。

不过，这样的景象应该是内藤预想到了的。经历了鸦片战争、第二次鸦片战争、中法战争，中国一败再败。甲午战争，中国亦败于日本。由此，内藤湖南认为，中国的衰弱、分解或者崩溃乃是历史的必然。① 对于内藤而言，目睹中国走向衰败、颓废的景象，不过是事实的印证而已。在"文明开化"的现代化的浪潮之中，中国落后于整个世界，也落后于日本。

内藤湖南笔下的中国风土，呈现出多样性、多元化的风格。内藤描述自己遥望八达岭长城时："岂能不为之神往，为之激动呢？""一种崇高的感怀，凛然生于心中。"游历北京文庙，目睹破败荒凉的景象，禁不住感慨："清朝到乾隆时代，国运达到了鼎盛，仿佛汉武帝、唐玄宗的治世。……即使这样的盛世也绝没能消除掉中国千年的积弊。"② 即便是到了南方，内藤依旧感到一种"矛盾"。游览夜半钟声到客船的寒山寺，内藤写道："竟然也没什么人来凭吊。这也应该看作中国衰败气象的一个征兆吧。"③

通过这样的风土考察，内藤湖南认识到中国文明的变迁与衰败，认识到自遥远的过去到眼前的当下的盛极必衰的命运轮回，进而站在世界文明大势实则是西方文明主导的立场来为中国文明重新进行定位。与此同时，这样耳闻目睹的事实也深刻地刺激着内藤湖南作为日本人的内心，在令他感到困惑与迷茫的同时，也激起了书生意气式的雄心壮志——如何才能"改革"中国？④

就中国的人物而言，作为考察中国历史、晚清政治的实证材料，内藤湖南的《燕山楚水》也提到了一批清末的知识分子。在内藤湖南的眼中，改良运动的倡导者康有为"才力有余"，见识度量则不足；梁启超"恃才傲物、自我炫耀"；洋务派的张之洞"好大喜功，是创业之

---

① 高木智见：《内藤湖南的历史认识及其背景》，马彪译，转引自内藤湖南研究会编著《内藤湖南的世界》，马彪等译，三秦出版社，2005，第12页。
② 内藤湖南：《燕山楚水》，第50、51、49、42、74页。
③ 内藤湖南：《燕山楚水》，第94、105、114页。
④ 内藤湖南：《燕山楚水》，第185页。

才，而非守成之器"。不过，对于一批与自身交往、对谈之人，内藤予以了高度评价：供职于北洋学堂的严复"眉宇间透着一股英气……（言谈）纵横无碍，不怕忌讳，当是这里第一流的人物"；王修植"容貌温和，为人得体"；陈锦涛、蒋国亮皆是"少壮有为的人才"。[①] 内藤湖南与他们一起探讨中国政治积弊之根源、改革之必须、迁都之必要、译介之重要等诸多问题，亦深受中国人士启发，为后来的中国研究奠定了基础。

不过，内藤湖南笔下的中国人物，与其说是保持着一个固定的形象，倒不如说对于内藤而言是不断变化且持续地激发自身感慨的对象。目睹日本在华东本愿寺学堂的中国学生追名逐利、不学无术、倏去倏来，内藤也禁不住感慨他们意志不坚，"志向不定，是追逐眼前利益的中国青年的常态"；"作为世界上最好面子的国民"，注重面子是任何一个中国阶层都不曾忽视的重要环节；"贪钱是名胜守卫的常例"，尤其是北京国子监、孔庙的守卫，这或许是清末时期中国人的真正品性。即便是立志维新、锐意改良的新式人物，内藤湖南亦担心他们"没有选择好交往的对象"，会被好斗骄横的日本人引入歧途，从而沾染日本士人的"弊病"。[②] 一言以蔽之，内藤认为中国人需要日本"有识之士"的指导，且中国人自身也必须睁眼看世界。

历史上，内藤湖南曾经遍历中国的山河名城，不过在此之所以把内藤湖南1899年中国考察之行作为重点，是基于这一次考察与之后大多以"访书"[③]为目的的中国考察截然不同，可以说它为内藤湖南提供了最为真切的体察与认识，内藤湖南第一次接触到赴日流亡之外的中国知识分子，第一次真正地认识到中国的自然风土与历史文化，第一次深切地感受到中国文化的问题与弊端、中国人的性格与心理、中国未来的改革与出路的问题。这一次中国考察不仅奠定了内藤湖南的中国认识的基调，同时也

---

① 内藤湖南：《燕山楚水》，第137~139、30、76页。
② 内藤湖南：《燕山楚水》，第93、146、148、139页。
③ 内藤湖南、长泽规矩也等：《日本学人中国访书记》，钱婉约、宋炎辑译，中华书局，2006，第3~77页。

成为后世日本学者考察中国、把握中国的"必备指南",① 因此具有典范的意义。

二　内藤湖南的中国研究

　　欧美眼中的亚洲形象是如何逐渐成为亚洲人自己眼中的亚洲形象的一部分的,这个问题与"西方"观点的影响是不可分而论之的。认识到这一可能性之后的一个重要结果便是对所谓亚洲"传统"提出质疑,因此如果我们细察之,这些亚洲"传统"也许不过是些"臆造的传统",是欧亚人接触时的产物而非前提,并且它们也许更多是产生自东方学学者对亚洲的看法而非亚洲人自己对自己的审视。②

这是中国现代史研究者、美国杜克大学教授阿里夫·德里克(Arif Dirlik)在《中国历史与东方主义》之中的一段话。在此,阿里夫揭示了西方所谓的"东方学"的本质,即"西方"这一他者驱使着我们依照西方的知识系谱、思维模式、权力结构、想象空间来思考我们自身,我们只能被动地去接受它的"审判"的眼光,仿佛坠入地狱之中。那么,我们如何去把握自身,树立起东方的话语权,这一点或许也是内藤湖南追求的一大目标。不过,内藤湖南的探究视角不同于时代流行的指向西方,倒不如说是转向了东方的中国,也构筑起现代日本中国研究的新格局。

(一) 京都学派的中国研究

　　1906 年,继 1898 年京都大学成立之后,京都帝国大学文科大学得以

---

① 内藤湖南:《燕山楚水》,序言,第 3 页。
② 阿里夫·德里克:《后革命氛围》,王宁等译,中国社会科学出版社,1999,第 281~282 页。

成立。次年，内藤湖南迎来了人生的重要转折点，被破格聘为京都帝国大学文科大学东洋史学科的学术带头人，从此开始了以中国历史文化为研究对象的学术生涯，一直到1926年自大学退休。这一时期的京都大学到1945年战争结束为止，构筑起以狩野直喜（1868~1947）、内藤湖南为起始的"支那学派"，以桑原骘藏（1871~1931）为开端的东洋史学派。两大学派锐意于教育与研究，学风缜密，凝聚为国内外称颂之"京都学派"，一直延续到今日。

作为京都学派创始人之一，狩野直喜于1900年获得文部省委派到北京留学，遭遇义和团事件。1901年秋再到上海，留学三年。1906年至1928年，于京都帝国大学主持"中国哲学"讲座。1911年，赴欧洲追踪访查敦煌文献资料。1920年9月，与小岛祐马（1881~1966）、青木正儿（1877~1964）、本田成之、神田喜一郎（1897~1984）、武内义雄（1886~1966）等创办《支那学》杂志。1923年至1938年，狩野直喜担任外务省"对支文化事业调查会委员"。

提起狩野直喜的学问，大概可以分为三大领域，即考据学、文学、儒学。在考据学领域，狩野出版了《清朝学术》（1908）、《清朝经学》（1910、1914）、《清朝文学》（1912）、《两汉学术考》（1924）、《魏晋学术考》（1926）等著作。在文学领域，狩野出版了《支那文学史》（1908）、《两汉文学考》（1925）、《支那小说史》（1916）、《支那戏曲史》（1917）等一系列讲义。在儒学领域，狩野则作为一代儒宗多次为天皇讲书，反对霸道，主张德治，祖述孔子之教，成为帝师级的重要人物。

桑原骘藏毕业于东京帝国大学大学院，师从福泽谕吉的弟子、汉学家那珂通世（1851~1908），专门研究东洋史。1907年4月，桑原骘藏前往中国，开始了为期两年的官费留学和历史研究。这一时期，桑原游历了陕西、山东、河南、内蒙古东部等地，以日记形式为文部省撰写了详细的考察报告，并在《历史地理》杂志分别以《雍豫二州旅行日记》《山东河南地方游历报告》《东蒙古旅行报告》为题进行连载。1909年，桑原骘藏担任京都帝国大学文科大学东洋史第二讲座教授，负责东西交通史和风俗史的教研工作，以世界史的眼光来看待东洋史。

作为研究成果，桑原骘藏的《中等东洋史》（二卷本，1898）、《宋末提举市舶西域人蒲寿庚的事迹》（最初于 1915～1918 年连载于《史学杂志》，后于 1926 年经岩波书店出版）、《东洋史说苑》（1927）等一系列著作先后出版。尤其是《中等东洋史》，该书由樊炳清翻译，王国维作序，被命名为《东洋史要》经中国上海东文学社于 1899 年出版，在中国产生了较大影响。

处在这样的氛围下，内藤湖南也通过主讲东洋史概论、中国上古史、中国近世史、清朝史专题、中国史学史、中国目录学史、中国绘画史等一系列课程，并与狩野直喜、桑原骘藏、小川琢治（1870～1941）、滨田耕作（1881～1938）、富冈谦藏等人一起创建京都学派，著述了《支那论》（1914）、《日本文化史研究》（1924）、《新支那论》（1924），还出版了《读史丛录》（1929）、《新制中等东洋史》（1931）等一系列著作。在内藤湖南去世之后，弘文堂还相继出版了《东洋文化史研究》（1936）、《支那绘画史》（1938）、《清朝史通论》（1944）、《支那上古史》（1944）、《支那近世史》（1947）。

整体而言，内藤湖南的学术研究跨越了中国史学史、美术史、目录学史、敦煌学、满蒙史地等多个领域，涉及古籍史料的搜求、考证、编辑、出版等诸多内容，不仅超越了这一时期的中国研究，更成就了内藤湖南作为"东洋史研究之巨擘"的传世之名。

（二）唐宋变革论与文化中心移动说

提到内藤湖南的中国研究，究其精神，一是注重实证主义的治学精神，强调实地考察、原典解读、文献搜集和考辨等具体实在的治学方法；一是在态度上接近中国、了解中国，保持与中国同行学者的接触交流，尽量真实地、中国式地理解和研究中国的治学志趣。不过，究其重点，则不可忽略两大问题：一个是时间性的问题，即"宋代近世说"；一个是空间性的问题，即"文化中心移动说"。不过，细致审视内藤湖南的"宋代近世说"与"文明中心移动说"，我们可以清楚地认识到，内藤湖南的根本目的，就是在重构"一个统一的东洋文化"，但是究其本质，可谓"为了日本"。①

首先，就"宋代近世说"而言，这一理论描述了远远领先于同时期世界各地的、高度发达、灿烂辉煌的宋代文明景观，但是它属于接近一千年前的中国；内藤湖南认为，这一文明存在着早熟的性格，正是这一文明催生了眼前这个政治腐败、经济贫弱、军事落后，面对西方茫然不知所措，亟待寻求出路的中国，它不仅是中国目前弊端的根源，也是中国走向未来所必须克服和超越的对象。

内藤湖南提出这一理论，是基于1910年撰写的《概括的唐宋时代观》（《历史与地理》第9卷第5号）一文。在该文中，内藤湖南提到历史的分期方法，指出过去大多以朝代来区划时代，而今要站在学术的视角，"尝试综合说明从中世转移到近世的变化情形"。②所谓"学术的视角"，依照欧洲人的传统分期法，即所谓"西洋史上古、中古、近代的正统分期法，是文艺复兴时代的产物"。但是依照内藤湖南的历史时代划分，则为上古（至后汉中叶）、中世（中古，从五胡十六国至唐中叶）、近世（前期为宋元，后期为明清）。在这一过程中，内藤湖南为了论证中国史也和西方世界一样发达，并检验"封建制"在中国占据的关键位置，从而提出了著名的唐宋变革论。

依照内藤湖南的诠释，唐宋之交乃是一个实物经济走向终结，货币经济得以开始的时期。就在这一时期，经学由"重师法、疏不破注"转变为"疑古"，以己意解经；文学由注重形式的"四六体"演变为自由表现的散文体，诗、词、曲等亦由注重形式转为自我发挥，庶民式的文学取代了贵族式的文学。③在此，不管是内藤湖南还是其弟子宫崎市定（1901～1995），皆可谓站在世界史的立场，认为中国的宋元时期与西亚、南亚、东亚及欧洲的近世化过程保持同步，或者说是整个世界的近代化链条之中不可或缺的一环。

---

① 钱婉约：《内藤湖南研究》，中华书局，2004，第119、140页。
② 『内藤湖南全集』第8卷、筑摩書房、1997、111頁。
③ 『内藤湖南全集』第8卷、112～119頁。

其次，就"文化中心移动说"这一理论而言，正如内藤所指出的，所谓文化中心是指中国文化在特定时代、特定地域内形成的"文化集合"。① 文化中心的移动推动了统一的大势。文化中心的移动不是相对的兴衰，而是文明的普及。换言之，文化中心移动到哪儿，文明即被带到哪儿，从而令文化间的差异逐渐缩小，带来统一的气运。② 内藤湖南提出这一理论，最早是基于自己的处女作——《近世文学史论》。该著作直接运用"文化中心移动说"，由此来体现对于"边陲文化"的关注。

不仅如此，内藤湖南还在附录《地势臆说》之中指出，自西周至唐末，中国的重心在长安；宋代之后，尽管政治中心北迁到燕京，但是文化中心却由此而与政治中心分离开来。中国的文化中心与政治中心分离之后，逐渐南移到了江南。政权在北方不断更替交叠的时候，文化中心却一直保留在江南地区。在这一时期，广东地区逐渐被包纳进中国文化圈之中，进而成为新的文化中心所在地。③

内藤湖南提出的"文化中心移动说"，最为直接、形象地展现了中国文化中心的演绎与转换，但是这一点仿佛不是重点之所在。正如内藤所提出的一个问题，这样的文化中心今后将移向何方？所谓今后，也就是近代之后的中国，依照甲午战争之后内藤撰写的《日本的天职与学者》，这一中心最终将由中国转移到日本。

之所以如此判断，一方面，内藤认为文化中心移动之际，后之中心必将对之前的中心有所因承，有所损益，前者之特色或而流失，故后者之新特色以代之；另一方面，经历了近代化的洗礼之后，日本成为强壮的民族，中国则日益老迈。日本将大有受命之所，识者审之久矣。一言蔽之，日本将"成就东方之新极致，以代欧洲而兴，成为新的坤舆文明之中心"。④ 不仅如此，内藤湖南还始终坚信一点，即"成为东方文化中心的

---

① 『内藤湖南全集』第1卷、21頁。
② 『内藤湖南全集』第1卷、22～23頁。
③ 内藤湖南：《地势臆说》，转引自钱婉约《从汉学到中国学——近代日本的中国研究》，中华书局，2007，第170页。
④ 『内藤湖南全集』第1卷、132頁。

日本",必然会"对中国文化产生有力的影响"。①

内藤湖南的中国文化研究,应该说超越了前人的研究。日本文化学者冈仓天心曾提出"南北中国"说,指出北方中国的风土决定了北方人的生活意趣与人文性格,形成了以儒学为核心的思想观念;南方中国的风土充满了对大自然、自由、自我的讴歌,南方人形成了以老庄思想为代表的"自由、复杂的天性"。② 内藤湖南考察中国之初,应该说一方面也延续了这样的"南北中国"的文化地理之划分;另一方面则提示了东、西中国,或者说沿海、内陆的中国的划分方式,也可以说是站在"表里中国"③ 的立场来认识中国。不仅如此,内藤湖南的研究不管是"宋代近世说"还是"文明中心移动说",皆站在一个与西方相抗衡的立场,站在"中国人的一统思想"的立场来认识中国、把握中国。这也正是内藤湖南超越前人,认识中国文化的独特之处,④ 同时也由此而认识到世界大势下的中国将走向何处的问题。

不过,审视内藤湖南的中国研究,正如内藤所谓的,"如果我们讨论人一统,就要把视野放大,寻找更大的关键所在,而且要问:什么时代是大一统的时代?什么地方是大一统的关键?"⑤ 也就是要站在东亚、世界的立场来将中国的思想加以扩大,由此才能认识到中国思想的真正价值。站在这一视角来认识中国,也就必须构筑起与世界同步的、基于根本性的"进步"的观念来对之加以把握。正是基于这样的"进步"观念,内藤湖南在 1914 年经文会堂出版的《支那论》"自叙"之中就开宗明义地提出,"自己完全是代替中国人,为中国着想而撰写此书的"。⑥ 换言之,内藤湖

---

① 内藤湖南:《新支那论》,转引自《内藤湖南的世界》,第 226 页。
② 冈仓天心:《中国的美术及其他》,蔡春华译,中华书局,2009,第 122、118 页。
③ 内藤湖南提到,中国南北分立之说乃是"无视支那的历史,尤其是对支那近世历史全然无知者之言"。但是,内藤并不是以地理来进行划分,而是站在多民族间的紧张结构的立场来认识中国的统一。参见杨栋梁《民国初期内藤湖南的"支那论"辨析》,《南开学报》2012 年第 1 期,第 1~10 页。
④ 小岛晋治「明治日本人の中国紀行」小岛晋治・大里浩秋・并木赖寿主編『二十世紀の中国研究』研文出版、2001、23 頁。
⑤ 内藤湖南:《燕山楚水》,第 218、221 页。
⑥ 转引自《内藤湖南的世界》,第 133 页。

南要"教育"与"引导"中国人走向"进步","解放"中国人的心智,走向世界大势。

三 日本的"天职"

或许在此过多地讨论内藤湖南的中国考察、中国研究,仿佛干扰了最为根本的主题,也就是内藤湖南的日本论。但是,正如本文所考察的,如果我们对内藤湖南的中国考察、中国认识不予最为直接、最为明确的把握,那么也就无法梳理出内藤湖南的日本论。换言之,内藤湖南的日本论完全是嫁接在中国考察、中国认识的基础之上,也就是将中国作为"工具"而构筑起来的。这一点最为直接地体现在日本"天职"论的立场上。

不仅如此,我们亦不可忽略这一特殊的时代大势。这一时期正是一个东西碰撞、世运转移,治平动乱不断更替、风云急剧震荡变化的时期,过去的旧物刹那间荡然无存,未来的命运亦不可预测,尤其是面对欧风美雨的冲击,未来的东亚将会走向何处?未来的日本将走向何处?

面对这一世界形势,内藤湖南可以说一直冷眼进行着观察与思考。就在1894年甲午中日战争战事方起的时候,内藤起草了一篇文章,即《所谓日本的天职》。他写道:

> 日本的天职,就是日本的天职,不是介绍西洋文明,把它传给中国,使它在东亚弘扬的天职;也不是保护中国的旧物卖给西洋;而是使日本的文明、日本的风尚风靡天下、光被坤舆的天职。①

日本的"天职"究竟何在,正是内藤这一时期最为关注的问题之所在,也关涉内藤湖南的日本文化论。

---

① 内藤湖南:《燕山楚水》,第183页。

（一）内藤湖南的日本文化认识

  做个比方来说，过去日本的学者在解释日本文化的由来时，认为在日本原先就存在着树木的种子，由于得到了中国文化的养分，树木便成长了起来，而我的比喻是做豆腐，日本文化好比是由大豆磨成的豆浆，本身存在着成为豆腐的要素，但如果没有能够使之凝固的外力，就只能是豆浆，中国文化就好像是促使豆浆凝固的盐卤。[①]

  这一段文字来自最初载于1922年的一次专题演讲，原标题为《何为日本文化（其二）》。在这一段文字之中，内藤湖南未曾否定日本文化的原初性，也未曾否定日本文化得到中国文化的影响，而是将日本文化与中国文化的关系形象地比喻为"豆浆"与"盐卤"的关系。之所以如此，是因为内藤湖南站在一个"动态"的立场，深刻地意识到中日之间的"文化羁绊"之所在。

  内藤湖南的这一态度，首先源自对近代以来日本人排斥中国的态度予以反驳的思想。不言而喻，明治时代以来，虽说日本的史学研究日趋兴盛，但是以所谓的国史为根本的思想依然支配着学界，尤其是获得了神道人员或教育学者的支持。审视整个日本历史，来自朝鲜、中国、欧洲的外来刺激固不可少，但是在这一时期，却几乎被加以排斥，呈现出了一种全面地以日本史来概述日本历史的"日本中心主义"。换言之，这一时期的日本学术界极力排斥借助外国的文献资料来阐述或者确立日本的历史根源。

  但是在内藤湖南的眼中，若是缺乏了来自中国、朝鲜等的外部史料，日本就没有什么材料可以利用，从而陷入一个"神话世界"之中。这一点无疑与宣扬实证主义的历史学、主张学术研究的科学性的东洋史学派存在着本质性的差别。因此，内藤湖南认为，要阐明日本的历史，必须站在东亚历史乃至世界历史的整体框架来予以认识与把握。

[①] 『内藤湖南全集』第9卷、18頁。

其次，内藤湖南的这一认识也是基于历史材料的整理，也就是实证主义的基础研究。历史上，来自中国的稻作文化直接影响到日本文明，来自隋唐王朝的律令制度更是直接为日本所模仿借鉴。因此，来自朝鲜、中国的文献史料可以有效地论证日本文明是如何在外部刺激下逐渐树立起来的过程；自镰仓末期到南北朝时期，日本开始拥有自己的文化，意识到自身文化的独立性。

对此，内藤湖南指出：这一时期的"日本有别于天竺，有别于中国，日本有日本独自的经纶，有日本独自的社会组织，有日本独自的学问思想"。[①] 北畠亲房（1292～1354）就是这一思想的代表性人物，故而著述了《神皇正统记》。也就在这一时期，日本意识到了以天皇为中心的"神国"，自中国文化的束缚之中开始解放出来，成就了日本文化的发端。[②]

不过，内藤湖南认为，这样的独立意识绝不是日本自身的"独创"行为，同时亦牵涉来自中国的宋学，日本独立的愿望与引进宋学的需求构成表里的关系。即便是到了江户时代，哪怕是日本文化走向独立，哪怕是日本的国家观念发生变化，也是得益于中国传来的宋学。正是宋学发挥出来的有效作用，或者说正是宋学这一媒介，促使日本发生了根本性的转变。一言以蔽之，内藤湖南通过历史文献的梳理与实证主义的考察，构筑起日本文化与中国文化，即"豆浆"与"盐卤"之间的互动性。

内藤湖南的这一态度，可谓是完全地根植在现实主义的思索之中。这一时期，面对来自西方的冲击，日本不仅流行着"唇齿之邦、同心齐力"的兴亚论思想，也出现了占领整个东方，雄踞西亚，而与欧洲列国相对抗的殖民主义言论。但是内藤湖南认为，这样的言论全部"没有可取之处"。尤其是针对中日之间的甲午战争，内藤认为这乃是"天命"所在，[③] 使日本得以与中国彼此交织在一起，给了日本以履行自身"天职"的使命。也就是说，日本文化认识、中国文化的阐述，两者之间的

---

① 内藤湖南「日本文化史研究」『内藤湖南全集』第9卷、125页。
② 《内藤湖南的世界》，第223页。
③ 内藤湖南：《燕山楚水》，第172～175、180页。

互动性，最为深切地贯穿到了内藤湖南针对所谓日本"天职"的认识之中。

诚如内藤湖南在1899年中国考察之际曾不无讽刺地提到的，开凿一条玉泉山的水道"对于现今的清国政府，这是根本不可能的"。提到浙江武备学堂、本愿寺的日语学堂、中西学堂，可以联想到来自日本教育的影响，"如果进展顺利，应该是一个极有希望的地方。只是希望相互间和睦友善，不要反目为仇，以得到一个好的结果"。[①] 由此，内藤期望中国人在日本人的"教导"下走向进步，期望中国人可以放弃独立的尊严，接受日本的"统治"。

换言之，如果中国文化兴起的契机或者希望不在中国自身，那么就只能站在"东亚"的立场来进行思考。如果说世界文化可以将一切国家、一切民族的文化都包容进来，那么"东亚"的立场就应该是可以将中国、日本、朝鲜包容为一个整体的"统一"的立场。所谓日本的"天职"，也就是这样一个统一的实践。

（二）日本的"天职"

承前所述，1894年8月，正值甲午中日战争爆发之际，内藤湖南发表了《所谓日本的天职》一文，阐述以中国为关键的日本"天职"问题。

内藤湖南之所以提到日本的"天职"，首先是基于西方文明走向没落的"预言"。1893年，内藤为将出席美国芝加哥万国博览会的日本僧侣发表了《赠渡美僧序》一文，指出：

> 十九世纪的文明，并非一个世代就能完成的。三四百年以来，随着自由思想的发展，机会逐渐成熟，于是才能看到今天这样繁荣的物质文明。虽说这也是自然发展的趋势，但没有基督教引以为自豪的自由主义的养育，是万万成功不了的……今天欧洲文明之所以繁荣，实

[①] 内藤湖南：《燕山楚水》，第64、96页。

际上靠的就是自由思想的发达。发达既臻极致，其衰退岂不也就由此而生。①

在此，内藤湖南依照"盛极必衰"的逻辑，指出西方文明走向极致的根源在于自由主义，同时也预言今日繁荣无比的西方文明必然走向没落的命运。

其次，日本的"天职"亦需要来自亚洲的呼唤。内藤湖南在《赠渡美僧序》之中写道：

> 印度以其秘密的特性，中国以其礼义的特性，日本以其趣味的特性，来弥补西欧所欠乏而且也是难以融通之处，从而为世界文明的进步作出贡献，这或许也是上天之明命吧。②

内藤湖南分别论述了印度、中国、日本的特性，揭示出以东方国家的"特性"来弥补西方，从而实现世界进步的可能性，并将之确立为"上天之明命"，也就是"天职"之所在。不言而喻，这一思想与冈仓天心的"亚洲一体论"如出一辙，更确立了以东方的"秘密""礼义""趣味"来弥补西欧的价值观念的思想。换言之，东方国家之间的互动，乃是一个必然的选择。

最后，为什么会出现所谓的日本"天职"？何谓日本的"天职"？就此而言，日本的特性在于"趣味"，日本何以成为"新的中心"？在此，或许会出现一大"误读"，即作为"中心"的日本不仅是包容性的存在，更是一个排他性的存在。但是，依照之前论述的"豆浆"与"盐卤"的比喻，内藤湖南的本意或许绝非如此。倒不如说，日本必须以中国为"天职"，也就是与中国一道，必须以中国为媒介。

正如内藤湖南对中国思想传统的核心始终抱着一股由衷的敬意所示：

---

① 内藤湖南「赠渡美僧序」『内藤湖南全集』第 1 卷、343～344 页。
② 内藤湖南「赠渡美僧序」『内藤湖南全集』第 1 卷、347 页。

"中国的文化虽然平实稳健,难以使人动好奇之念。……但是一旦入了门,连它的残羹冷饭,也足以医治他们被甘美伤害的口腹。"① 尤其值得一提的是,中国的"大一统"观念也吸引了内藤的注意:"中国容易天下一统的趋势,人民一统思想的强盛"远超欧洲,这样的大一统的思想可以预示亚洲的未来。②

不过,针对内藤所谓的日本"天职",我们可以找到不少的破绽。就在《日本的天职与学者》一文之中,内藤希望"创造东方的新极致,以此来替代欧洲,而成为新的坤舆文明的中心",并断言这就是日本"天职"之所在,日本要替代以物质文明为中心的欧洲,承担起发展地球文明的责任。③

不仅如此,通过1899年中国考察之行,内藤湖南认为中国的民众大多是文盲,中国的士人存在着一种崇文尚古的思想,中国文化走向衰弱乃是文明之大势、历史之必然;提出中国千年积弊的最大弊端就在于"安于旧态难以改变"。④ 但是,中国要如何进行改革?中国将走向何处?对此,内藤在《支那论》"自叙"中即表明"自己完全是代替中国人,为中国着想而撰写此书的",也就是"只要(中国人)放弃国民独立的体面,对支那的人民来说,实在是最为幸福的境界"。⑤ 不仅如此,内藤更露骨地主张,日本要"观察其(中国)国情的惰性力和国土人民自然的推动力量如何倾斜,是否在走向(中国)西藏那样的衰退之路,然后拿出统治方针来"。⑥

正如日本学者子安宣邦所指出的:

《支那论》并非以反语讽刺的方式表现自己对中国的立场那样

---

① 内藤湖南:《燕山楚水》,第182~183页。
② 内藤湖南:《燕山楚水》,第220页。
③ 内藤湖南「日本の天職と学者」『内藤湖南全集』第1卷、132頁。
④ 内藤湖南:《燕山楚水》,第138页。
⑤ 内藤湖南「支那論」『内藤湖南全集』第5卷、296頁。
⑥ 内藤湖南「支那論」『内藤湖南全集』第5卷、296頁。

的著作，而是以妄自尊大傲慢的旁观者清的视线，于棋盘上向黑白相争的对手指手画脚的著述。不用说，棋盘上黑白相争的一方乃是日本帝国主义。内藤湖南正是以自己对中国古来的盛衰史之全部积蓄，及对"支那国民性"的洞察，而试图向棋盘上黑白相争的对手施行教训的。①

内藤湖南的立场直接指向了中国，且是以一种妄自尊大、傲慢无比的态度对中国"指手画脚"，蔑视中国，这一立场可谓与子安宣邦所谓"日本帝国主义"的立场保持了同步。②

结　论

针对内藤湖南的日本文化论，或许我们可以揭示出一系列基本特征。

首先，就是内藤依托自甲午战争到日俄战争，进而突入昭和时代的这一独特的时代语境，既针对欧洲文明、东方文明展开批评，更是自东方文明的连带意识进而转向作为文化中心的日本文明论，故而带有极为显著的"为了日本"的特色。究其目标，也就是日本履行自身的所谓"天职"，取代过去的中国，取代物质文明的欧洲，成为世界的中心。

其次，内藤不仅认识到中国文化作为日本文化"媒介"的不可磨灭的价值，更是认识到作为"新兴国"（德富苏峰语）的日本不可摆脱中国的影响。不过，正如"支那学"发起者之一的吉川幸次郎（1904～1980）所言：

> 我们必须对产生了《论语》的支那和吸鸦片的支那作为一个整体给出说明；必须阐明贯穿于两者之间的是什么。我们不能只观其支

---

① 子安宣邦：《东亚论：日本现代思想批判》，赵京华编译，吉林人民出版社，2004，第169页。
② 子安宣邦：《东亚论：日本现代思想批判》，第171～172页。

那优美的部分，还要看到其丑陋之处。惟其如此，才能建立起健全旺盛的支那学来。①

这一立场也可谓是内藤湖南"豆浆"与"盐卤"论的一大终结。它既颠覆了明治维新以来的欧化主义思潮，也落实完善了日本主义或者亚细亚主义的立场，成为极具政治论色彩的日本文化论。

最后，内藤湖南的日本文化论既保持了实证主义的风格，也带有针对日本现实乃至亚洲未来的深入思索。在这一过程中，中国成为日本论证自身的一大工具。不过，诚如内藤湖南所突出的，"现在日本的汉学与中国人之间流行的汉学相比，时间上迟了短则七八十年，长则一百年以上"，因此，"我希望做支那学问的人，至少要了解支那现在学问的状况……把对于西洋学问的兴趣，同样地用在对于支那思想上，这对于学问的进步一定是有益的"。② 正是由于这一实证主义立场带有学术性的光环，故而也遮蔽了内藤湖南日本文化论的"权力意识"。换言之，内藤湖南的日本文化论带有一种意识形态式的"知识权力"结构，这一点绝不可以忽视。

---

① 吉川幸次郎：《支那学的问题》，转引自子安宣邦《东亚论：日本现代思想批判》，第166页。
② 内藤湖南：《支那学近状》，转引自钱婉约《从汉学到中国学——近代日本的中国研究》，第44页。

《日本书纪》讲读中的"日本"与"倭"
——"日本"国号问题及其超克

梁晓弈[*]

摘　要　《日本书纪》讲读的相关记载中，收录有一系列关于"日本"和"倭"的讨论。长久以来，日本学界将此视作国号问题讨论的嚆矢，认为在这一系列讨论中发生了两个认识转变：其一，从认为"日本"是自己提出的国号，转而认为这是由唐朝赋予的国号；其二，基于上述变化，时人的自我认同也经历了从"日本"到"倭"（やまと）的转变。本文指出，对于平安时代的知识分子而言，音训不对应的情况并不罕见，与"やまと"这一日语发音对应的国名表述多种多样，"日本"只是其中之一；通过复原讲读过程，可以进一步发现，日本学界过度敏感于国号问题，同时不够熟悉讲读的流程与活动性质，导致了对"日本"和"倭"之讨论的诸多误解。

关键词　《日本书纪》　国号　"日本"　倭国

导语：作为国号的"日本"及其研究史

"日本"一词何时正式出现，何时正式作为国号确定下来，其间又经

---

[*] 梁晓弈，北京大学历史学系助理教授。

历了哪些变化，可以说是日本研究的根本问题之一。21 世纪以来，先后发现了《井真成墓志》（2004）、《祢军墓志》（2011）、《李训墓志》（2019）等带有"日本"一词的数篇墓志，每一次发现都引发了日本学界关于墓志行文中的"日本"一词是否可以视作"日本"国号用例的争论，日本学界对这一问题的关心程度由此可见一斑。

对于日本学界积极关注这一问题的前因后果，中国学界或有知其然而不知其所以然之处；此外，由于断代研究的限制，对于整个前近代的"日本"国号演进过程，国内外学者往往难以知其全貌。因此，在进入本文正题之前，有必要对相关问题进行简单的梳理与介绍，由此也能进一步明确本文的问题意识。

关于"日本"国号问题在整个前近代直至二战期间的演变过程，目前以神野志隆光给出的概述最为直观。① 他的概述可以简要地分为如下五个时间段。

第一个时间段可谓"日本自称说"阶段。"日本"作为国号首次得以确定，与古代律令国家的形成和"日本天皇"这一称谓的确定直接相关。这可以追溯至公元 701 年制定的《大宝律令》，大宝年间的遣唐使后来正式向唐朝（武则天）通报了这一国号并获得其认可，使"日本"作为国号在中华文化圈内通用。古代律令国家选择使用"日本"这一国号，既是对本国归属于中华文化圈的承认，又是对朝鲜半岛诸国的上位优势的强调，换言之，是一种"小中华意识"的显现。在这一时段中，"日本"是日本方面自行选择、主张的国号，故暂以"日本自称说"指代。

第二个时间段可谓"日本他称说"阶段。随着 9 世纪末律令国家体系的逐渐解体，古代日本人对帝国理念的认同感下降，在《日本书纪》讲读中出现了将"日本"视作唐朝赋予的外来名称，转而在倭音古语中寻求其本源的自我认同的现象，于是用于自称的国号不再限于"日本"一词，而呈现多种多样的面貌。与上一时段的"日本自称说"相反，这一时段的国号观念可以称作"日本他称说"。

---

① 神野志隆光『「日本」国号の由来と歴史・おわりに』講談社、2015。

第三个时间段可谓"大日如来本国说"阶段。流行神话与"日本他称说"观念的兴起大致同期,"日本自称说"由于"小中华意识"的衰弱,转而向佛教寻求其理论根源,于是出现了"日本＝大日（如来的）本国"这一将日神传说与密教信仰相结合的全新解释,这在中世日本颇有影响力。与此同时,在其外围也有诸如"东海姬氏国"这种基于谶纬等传统汉家思想的解释。

第四个时间段是国号观念完全神话化的阶段。近世江户时代,日本国号问题集中体现为对"大日如来本国说"的挑战与颠覆,其主要表现形式是对"日本"的解释神话化,强化了"日本"与"大八洲""瑞穗国"等概念或称谓之间的联系,这也被此后的近代国民国家所继承。

第五个时间段是"皇国史观"主宰的阶段。二战前,"日本"论被"国体"论裹挟,成为论述近代国民国家"日本"特殊性起源的方法论,这带来了两大结果：一是上述第四个阶段的解释（在官方的强制下）层累式地覆盖了此前三个阶段的讨论与演进过程,其结果也就是产生了所谓的"皇国史观"；二是相关研究的僵化。

需要注意的是,这一系列基本认知的形成时间,其实比中国学者所想象的要短暂得多。根据东野治之的回顾梳理,战后初期由于日本历史学界对"皇国史观"和国体问题的彻底批判,五六十年代关于"日本"国号与"天皇"名号问题的研究并不多。[①] 相关研究的再度兴起,要从80年代后期中世史研究者网野善彦提出一系列问题开始。[②] 受其启发与刺激,此后古代史学界与国文学界也开始重新考虑"日本"国号的形成时间与意义等问题,才产生了上述共同认知。

换言之,上述认知大致是在兴起于20世纪80年代并延至世纪之交的相关讨论中逐渐形成与确定的,相关著作也集中出现于这一时期。[③] 此

[①] 东野治之「日本国号の研究動向と課題」『史料学探訪』岩波書店、2015。初出于『東方学』5、2013、12頁。

[②] 網野善彦『日本論の視座』小学館、1990；網野善彦『日本とは何か』講談社、2000。

[③] 吉田孝『日本の誕生』岩波書店、1997；網野善彦『日本とは何か』；神野志隆光『「日本」国号の由来と歴史』講談社、2016（原本为『「日本」とは何か』講談社、2005）。

外，长久以来"日本"国号问题与"天皇"名号问题是共同探讨的对象，这也是需要注意的一点。①

当我们理解了上述共同认知的形成过程，便不难意识到21世纪以来"日本"国号相关讨论的特征。这一系列讨论的共同特征在于，墓志史料的大量出现，导致对上述第一个阶段"日本"国号形成期论述的冲击与再度巩固。

《井真成墓志》行文中，对井真成（734年病逝于长安）的描述有"国号日本，才称天纵"之语，它的主要意义在于确认了当时"日本"一词作为国号确实存在，这是墓志公布当时已知最早的"日本"一词明确作为国号使用的发现。

《祢军墓志》对日本学界的冲击，则在于这方7世纪的墓志（祢军去世于678年）中出现了"日本"一词，假如它可以被认作日本国号，则"日本国号在《大宝律令》中确立，经过大宝遣唐使的告知，在东亚范围内得到承认与使用"这一论断，将面临直接地修正与冲击（目前这方墓志中出现的"日本"一词，被认为只是东方的代名词，而非国号）。

而目前尚处于真伪论争旋涡中的《李训墓志》，它的研究意义与《井真成墓志》相似，假如确认它为真迹，将可成为古代日本人在对外场合将"日本"作为自称使用的重要案例。

然而中国学者容易忽略的一点是，对于日本学者而言，"日本"国号问题并不仅是一个单纯的历史问题，同时更是一个现实政治问题。20世纪80年代末，由于昭和天皇去世、平成天皇即位这一现实政治问题，天皇制成为研究热点；同理，在经历了漫长的争论之后，日本于1999年8月9日正式通过了《国旗国歌法》，将日之丸、《君之代》正式确定为国旗、国歌，这也是20世纪八九十年代日本学界相关研究集中出现的一个背景原因。②

---

① 近年来的研究整理，参见富谷至『漢倭奴国王から日本国天皇へ——国号「日本」と称号「天皇」の誕生』臨川書店、2018年。
② 关于这一现实问题对相关研究的影响和日本历史学者的态度，網野善彦『日本とは何か』第一章中有较为详尽的论述。

由此而来的一个直接反思，则是八九十年代以来日本学界关于"日本"国号问题的集中讨论，在多大程度上受到了这一现实政治事件的影响；当我们使用搜集到的前近代文献中的"日本"国号论述时，是否将现代人的问题意识过度投射到古人论述上。

基于这一问题意识，本文将梳理平安时代《日本书纪》讲读中出现的关于"日本"和"倭"及其他国号名称的相关讨论，并努力对时人的讨论逻辑和过程进行复原。

一 《日本书纪》讲读中的"日本"与"倭"

历次《日本书纪》讲读开讲之时，在进入正文之前会有一系列的开题讨论，内容主要包括《日本书纪》的体例、讲读时使用的参考书、"日本书纪"这一书名的由来，等等。在这些开题讨论中，本文重点关注的是时人对"日本"这一称号的由来与变迁，及其与"倭"等其他国号名称之关系的讨论。

回顾上文所引神野志隆光的概述，目前学界通过对《日本书纪》讲读的研究，认为这一时期关于"日本"国号问题的认知出现了两大变化。

第一个变化是在时人的认知中，"日本"逐渐从一个日本人自己选择的国号，变成了一个由唐朝赋予的国号，即"日本自称说"向"日本他称说"的转变。这一转变的宏观意义在于认为古代律令国家丧失了其帝国理念与自我认知，由此导致"日本"不再具备支撑帝国理念的作用。

对讲读活动中这一认知转变的论述，神野志隆光是通过分析矢田部公望这一特定人物来展开的。矢田部公望有两次出席《日本书纪》讲读的经历，第一次是以尚复学生身份参与延喜讲读，第二次则是以主讲博士身份参与承平讲读。通过分析矢田部公望在这两次讲读中发言的态度变化（从"日本自称"转向"日本他称"），神野志隆光将其作为这一时期"日本"国号认知变化的代表。

第二个变化，则是由于"日本"一词不再具备强调自我认同的意义，由此而出现一系列重新寻找自我认同的尝试。神野志隆光的研究所强调的是平安时代《日本书纪》讲读中出现了向《古事记》的世界叙述和倭音"やまと"回归的倾向。而他此前对《古事记》的研究认为，《古事记》的世界叙述是以"倭"为中心、没有外部他者存在的古代帝国型世界观，因此在《古事记》的世界叙述中未出现"日本"。[①] 而关于《日本书纪》讲读中的"倭音"及其背后的意识形态理念，早在关晃的研究之后就一直是学界争论的焦点，在此不再赘述。[②]

因此，本文的首要工作是分析《日本书纪》讲读中出现的、"日本"与"倭"相关的一系列讨论，以确认这两大变化是否存在。

（一）自称与他称的"日本"

本小节的主要探讨对象是《日本书纪》讲读中实际发生的问答，其内容围绕"日本"这一国号来自日本自行选择还是唐朝赋予的这一核心问题展开。

《日本书纪私记丁本》记载了这样一场问答：

此时，参议纪淑光朝臣问曰：号倭国、云日本，其意如何？又自何代始有此号乎？

尚复答云：上代皆称倭国、倭奴国也。至于《唐历》，始见日本之号。发题之始，师说如此。

师说：日本之号，虽见晋惠帝之时，义理不明，但《隋书·东夷传》云"日出国天皇谨白于日没国皇帝"者。然则，在东夷日出之地，故云日本欤。

参议又问云：倭国在大唐东，虽见日出之方，今在此国见之，日不出于域中，而犹云日出国欤？又训"日本"二字云"倭"，其故

[①] 神野志隆光关于《古事记》世界观的论述颇多，主要参见神野志隆光『古事記の達成——その論理と方法』東京大学出版会、1983；『古事記と日本書紀——「天皇神話」の歴史』講談社、1999；『古事記の世界観』吉川弘文館、2008。

[②] 関晃「上代に於ける日本書紀講読の研究」『関晃著作集』第5巻『日本古代の政治と文化』吉川弘文館、1997（初出于1942年）。

如何？

博士答云：文武天皇大宝二年（按：公元702年）者，当大唐则天皇后久视三年也。彼年遣使粟田真人等入朝大唐，即《唐历》云"是年日本国遣使贡献。日本者，倭国之别名"者。然则唐朝以在日出之方，号云"日本国"，东夷之极，因得此号欤。①

在进入对上述问答内容的讨论前，有必要简单介绍问答中出现的人物。提问者参议纪淑光（869~939）是当时著名学者纪长谷雄之子，也是当时有代表性的文人官僚，据《公卿补任》等史料可以确认，他出任参议是承平四年底（934）之事，这也成为将《日本书纪私记丁本》判断为承平讲读相关记载的主要理由。问答中的"师"与"博士"，被推定为承平讲读的主讲博士矢田部公望。纪淑光与矢田部公望两人构成了问答的主体，而尚复学生只在回答第一个问题时引述"师说"，并没有给出自己的意见。

纪淑光的第一个问题，是"倭国"被称作"日本"的原因以及这一称号出现的时间。针对这一问题，尚复学生援引矢田部公望的说法加以回答：前代都有"倭国"或"倭奴国"的称号，《唐历》中才首次出现"日本"这一称号。针对尚复的这一回答，矢田部公望补充介绍"日本"这一称号在晋惠帝之时就曾出现，但是无法确定其含义；根据《隋书·东夷传》中的"日出国天皇谨白于日没国皇帝"这句记载，他推测"日本"一词是因为位于东方日出之地而出现的称谓。

针对矢田部公望的这一回答，纪淑光又追问了两个问题。第一个问题是，虽然相对唐朝的位置来看，"倭国"确实位于东方，但是立足于日本来看，日本并非真正的"日出之国"，其中的方位差异要如何解释。第二个问题是，"日本"被训读为"倭"的原因何在。

面对这两个追问，矢田部公望引用《唐历》中的"是年日本国遣使

---

① 着重号为笔者添加，下同。这一问答亦收录于《释日本纪·开题》，有若干形式上的变化。参见『新訂増補國史大系　第八卷　日本書紀私記　釈日本紀　日本逸史』吉川弘文館、1969、190~191頁。

贡献。日本者，倭国之别名"这一记述，推测唐朝廷是因为日本"在日出之方""东夷之极"而给出"日本国"这一称呼。这里需要注意的是，他将回答的重点建立在《唐历》记载与《日本书纪》记载的年代关系比对上，并未回答纪淑光追问中的第二个问题，也就是将"日本"训读为"倭"的原因（按：这里指"倭"字的训读是"やまと"，而不使用"ひのもと"这一训读，或"にほん/にっぽん"等音读）。

神野志隆光指出，此前的一次延喜讲读中，矢田部公望关于"日本"国号的来源有着完全相反的主张。相关问答见于《释日本纪》卷一《开题》中的如下记载：

问：大唐谓此国为"倭"，而今谓"日本"者，是唐朝所名欤，将我国自称欤？

答：《延喜讲记》曰：自唐所号也。隋文帝开皇中，入唐使小野妹子改"倭"号为"日本"。然而因隋皇暗物理，遂不许。至唐武德中，初号日本之号。

《延喜公望私记》曰：案《隋书·东夷传》……就之案之，既自谓日出处天子，不可言大唐之所名云云。①

《释日本纪》中引用的私记结构较为复杂，自太田晶二郎指出这一问题以来，②经过近一个世纪的研究，目前学界大致在如下两点认识上达成了统一意见：（1）以问答体形式呈现的"私记曰"部分，主要是反映了元庆年间的讲读讨论，记录主体是矢田部名实；（2）此后的"公望案""《公望私记》曰"部分，是矢田部公望（可能是矢田部名实之子）针对元庆年间讨论给出的按语与评论。简而言之，《释日本纪》中引用的私记是"元庆私记"加"公望案文"的两段式结构。

---

① 『新訂増補國史大系　第八卷　日本書紀私記　釈日本紀　日本逸史』9頁。
② 太田晶二郎「上代に於ける日本書紀講究」『太田晶二郎著作集』第3冊、吉川弘文館、1993（初出于1939年）。

上面所引用的《释日本纪》中，答语部分首先引用"《延喜讲记》曰"给出"自唐所号"这一结论，此后又有"小野妹子改'倭'号为'日本'"，然而未获得隋朝同意，直到唐朝武德年间才改号"日本"这一回答，两者之间存在叙述上的矛盾。神野志隆光对这一材料的处理办法是，将"《延喜讲记》曰"部分视为注记窜入原文的结果，将问答本体仍视作元庆年间的产物。因此他认为，关于"日本"国号的自称与他称，在元庆讲读与延喜讲读之间经历了一次由自称向他称的转变。而矢田部公望的立场，是据"《延喜公望私记》曰"中的"既自谓日出处天子，不可言大唐之所名"之语，他在延喜年间所持的立场是"日本自称说"；而到了承平讲读期间，矢田部公望的立场同样改为"日本他称说"。这就是神野志隆光论述"日本自称说"向"日本他称说"转变的逻辑。

假如将关注的焦点集中在"日本"这一称谓的自称与他称问题上，那么神野志隆光给出的变化趋势似乎确实存在。问题在于，前述引文中的问答的核心并非"日本"国号的自称与他称问题，对于这一问题的过度关注，必然会导致对其他一些问题的忽略，所谓一叶障目，无非如此。而这些被忽略的问题，对于我们理解《日本书纪》讲读而言，具有更为重要的意义。

首先，是延喜讲读与承平讲读之间矢田部公望的立场转变。

延喜讲读中，矢田部公望的立场是青年尚复学生，他更需要推陈出新或标新立异，以求在讲读活动中展现自己的能力，获得博士与公卿的青睐，这也是其在《延喜公望私记》中对前人观点多有批驳的原因（推测成书于承平年间的《倭名类聚抄》已经大量参引《田氏私记》即《公望私记》，可知《公望私记》的主体是矢田部公望的延喜讲读参加记录，而非承平讲读参加记录）。从承平讲读中矢田部公望已经出任博士这一事实来看，他的这一举措当有一定成效。作为承平讲读的博士，他的立场趋于老成持重，当前职责也不再要求他以新观点、新立场取胜，而更看重他知识储备的深度与广度。

延喜年间，矢田部公望依据《隋书·东夷传》中的"日出国天皇"

之语，试图挑战延喜讲读时"日本"国号"自唐所号"这一观点。而到了承平讲读时，面对类似问题，他首先征引了晋惠帝时的"日本"用例（这一用例的记载现已散佚不存），然后同样给出《隋书·东夷传》的案例，并以"在东夷日出之地，故云日本"这一推测，回避直接就自称与他称问题给出明确答案。在接下来面对纪淑光的进一步追问时，他的回答重点没有纠缠于自称或他称问题，而是引用当时最新的唐朝文献资料《唐历》与《日本书纪》的年代记载进行比对，对于"日本"与"倭"的读音问题，他更是直接回避作答。

换言之，"日本"国号是自称还是他称这一源于当代现实政治的问题意识，反而阻碍了我们认识矢田部公望知识体系的变化过程：我们过度关注与强调矢田部公望在两次讲读之间从"日本自称说"向"日本他称说"的立场转变，进而展开关于帝国理念的宏大叙述，却没有意识到这一立场转变本身就是我们强行塑造的产物。

对于历次讲读的参与者而言，"日本"是日本使者的自称或是来自唐朝的命名，这一问题本身未必包含太多的政治理念背景，更多只是一个辩论题目的正反两面。具体到矢田部公望这个人物而言，"日本"自称或他称的这一问题意识，令我们忽略了他在两次讲读间身份立场的转变，以及在两次讲读之间知识结构的深化。

关于"日本"自称与他称问题，矢田部公望在两次讲读中的态度变化，与其说是他本人的观念转变，不如说源自立场的变动。我们首先需要意识到，讲读活动中的问答讨论更接近于现代的正反方辩论，对于时人而言，关键的不是非此即彼的是非判断，而是双方能否言之有理、自圆其说。在延喜讲读中，主讲博士持"日本他称说"，矢田部公望作为尚复学生，假如要挑战权威、展示自身观点，自然只能站在博士的对立面而采取"日本他称说"；而到了承平讲读中，作为主讲博士，面对纪淑光对"日本他称说"的质疑，他自然会更多地展现出对"日本他称说"的捍卫态度。这更多的是所处立场环境的转变，而非他个人在态度与观点上的实质性变化。

从延喜讲读到承平讲读的这三十年间，确实发生了变化的，是矢田部公望的知识结构的改善：延喜讲读时，他单纯根据《隋书》立论；到承平年间，他根据《隋书》《唐历》与晋惠帝时某一文献而展开综合立论。

柳芳编撰的《唐历》是一部成书于760年前后的唐朝断代史，成书于9世纪末的《日本国见在书目录》中已载其名，由此可推定该书传入日本的年代下限（学界或认为该书由承和遣唐使传入日本，然无确证①），堪称当时最新的唐朝资料。很可能是在两次讲读期间矢田部公望首次获得了阅读这一文献的机会。换言之，矢田部公望在这三十年间知识结构的扩大，反映的其实是9世纪中后期以来平安文人能够接触与摄取到的最新文献资料的增加。然而这一史实被对"日本自称说"向"日本他称说"转变的关注所遮蔽，此前未能被我们注意到。

（二）作为自称的"やまと"

本小节的主要探讨对象，是讲读活动中对"倭"（日文读音为"やまと"）的关注。

《释日本纪》卷十六《秘训》载：

> 《日本书纪》卷第一
> 私记曰：……
> 又曰：问，日本两字ᵀ夜未止ᵀ读之，不依音训，若如字比乃毛止ᵀ令读如何。
> 答：是犹叶其义事也。然而先师之说，以山迹之义读之，不可辙改。又，此书中"大日本"ᵀ训ᵉ谓大夜未止，然则，虽为音训之外，犹存心可读夜未止。②

---

① 太田晶二郎「『唐歴』について」『太田晶二郎著作集1』吉川弘文館、1991；姚晶晶「唐代の史官柳芳について：史書『唐歴』と関連して」『史泉』126、2016；姚晶晶「柳芳と『唐歴』の研究をめぐる一視角：中日先行研究の比較」『千里山文学論集』96、2017。
② 『新訂増補國史大系　第八巻　日本書紀私記　釈日本紀　日本逸史』217頁。

这一问答的核心是"日本"的日文读音。问者质疑"日本"不根据字义训读作"ひのもと"而读作"やまと"的原因。答者先是承认这一读音与训读法不合，然后以"先师之说""音训之外"的理由，认为"存心"即刻意保留了"やまと"的读音。

对这一问答，神野志隆光将其解读为时人开始脱离"日本"一词的本义，不再在"日本"这一（时人视为）外来的命名中寻求自我认同，而开始转为向"倭"的日语发音"やまと"中寻找认同资源的表征。这引出了以下两个直接动向：其一，在讲读中层累地开发出一系列关于"やまと"的新解释（例如根据读音"やまと"，赋予"山迹""山户"等义，并由此展开创世神话叙述）；[1] 其二，出现了为"日本"一词重新寻找意义的尝试，这最终导向了平安中后期出现的"日本＝大日（如来的）本国"这一崭新的"日本"解释。[2]

如前所述，神野志隆光这一论述中的问题，是受影响于国号问题的现实政治因素而过度在意"日本"这一名词的历史演变，他的这一问题意识本身带有明显的现实关注色彩。假如注目于时人的问答，"日本"只是作为诸多称号之一出现，并不具有绝对的特殊地位。

《释日本纪·开题》记载道：

> 问：大倭、倭奴、日本三名之外，大唐别有称此国之号哉？
> 答：师说，史书中耶马台、耶摩堆、倭人、倭国、倭面等之号甚多，但史官所记，只通音而由，更无他义。
> 又问：倭面之号，若有所见哉？
> 答：《后汉书》云，孝安皇帝永初元年冬十月，倭面国遣使奉献。注曰："倭国去乐浪万二千里，男子皆黥面文身，以其文左右大小别尊卑之差。"

---

[1] 神野志隆光「『日本』と『やまと』」『「日本」国号の由来と歴史』。另参见神野志隆光「『講書』と『倭語』の擬制」『変奏される日本書紀』東京大学出版会、2009。

[2] 神野志隆光「『日本』の変奏」『「日本」国号の由来と歴史』。

又问：耶马台、耶摩堆、耶靡堆之号，若各有心哉？

答：师说，虽有三号，其义不异，皆取称"倭"之音也。①

这一系列问答集中讨论了两个重点：其一，罗列唐朝对日本的称呼；其二，辨析这些称呼的含义。对第一个问题，答者列出了"耶马台""耶摩堆""倭国""倭面"等出现于中国文献中的称呼；对第二个问题，答者则明确回答"史官所记，只通音而由，更无他义""皆取称'倭'之音也"，即中国文献中出现的各种称谓，都是对"やまと"这一读音的不同表记方式。

从这一系列问答中，我们能够得到的最为明显的解释，是原本存在"やまと"这一读音，在选择其对应汉字时"日本"作为备选项之一出现，此后"日本"取代"倭"等汉字成为国名表记的主要方式，同时读音"やまと"一直并未消失。

一个日语读音对应多种汉字写法，对当时的日本人而言本就是常见之事。像国郡地名的汉字表记、平安京宫殿楼阁城门的正式名称，都经历过所谓的"唐风化"修正，而一手史料中不按照"标准"写法出现的人名、地名更是不胜枚举。但毫无例外的是，无论对应的汉字如何变化，日语发音并不会发生改变。

对于现代人而言，我们会认为写作"日本"而读作"やまと"这一史实有悖于常识，其实这一误解是千百年来"日本"认知的层累叠加而导致的。但对于《释日本纪·开题》这段问答中的对话双方而言，"日本"与"耶马台""耶摩堆""倭"这一系列表记，在指向"やまと"的发音这一点时是没有任何差别的。单独举出"日本"的训读与"やまと"不合这一问题，进而通过时人放弃"日本"、选择"やまと"来论证自我认同资源的变化，初看之下似乎确实很有道理，但假如我们复原整个讨论的场景后可以发现，对于时人而言，汉字与训读之间的不对应原本就是再正常不过的现象。

---

① 『新訂増補國史大系　第八卷　日本書紀私記　釈日本紀　日本逸史』10頁。

关于"日本"的训读与"やまと"不合这一讨论，发生在讲读最初的"《日本书纪》卷第一"这一书名解读的部分。紧随这一讨论的，就是关于"书纪"二字的训读讨论，同样集中在"书纪"能否训读为"ふみ"的讨论主题上。

《释日本纪》卷十六《秘训》这样记载：

> 又曰，问："书纪"二字训读不同，若各相别读者，如何？
> 答：师说，此书之例，若相别读者，义虽似可叶，文已烦碎，仍不别读也。
> 又问：此"书纪"二字于一字仁读成，若有所据哉？
> 答：师说，此书之例，或以一字读成两训，或以二字读如一字，其近文者，则含牙于波苇颖乎含止读，又神圣于波只神止读等也。
> 问："书"字乃训于不美止读，其由如何？
> 答：师说，昔新罗所上之表，其言词太不敬，仍怒掷地而踏，自其后训云不美也。今案，仓颉见鸟踏地而所往之迹作文字，不美止云训依此而起欤。[①]

《释日本纪》的开篇首先记录了关于"《日本书纪》卷第一"七个字的日语读法的问答。在讨论了"日本"为何读作"やまと"这一问题后，接着讨论"书纪"二字为何读作"ふみ"，在此之后还有关于"卷第一"三个字应当使用何种训读法的篇幅较长的讨论。

上段引文中问答双方讨论的问题，同样是汉字表记与日语读音不一致的事例，但相较于"日本"读音问题引发的热烈讨论，这一读音问题却并未吸引学界的注目。本文试图加以辨析。

上段引文中问答双方讨论过程的内容与构成，共出现了三个问题。第一个问题是"书"与"纪"存在不同的训读（目前我们读作"ふみ"，是将这两个字合为一体，仅读出"书"字），是否应当分别读出这两个

---

① 『新訂增補國史大系 第八卷 日本書紀私記 釈日本紀 日本逸史』217頁。

字。对此的回答是，分别读出这两字虽然更符合文义，却会使得文章烦琐破碎，故不采纳。

第二个问题是针对第一个问题的追问，即"书"与"纪"合并读作"ふみ"，是否有其道理或依据。回答者指出《日本书纪》中有许多将两个字合并读作一个字，或是将一个字拆开读作两个字的例子，例如序章中将"含牙"读作"葦牙を含む"（《释日本纪·述义》记录了关于"牙"与"葦牙"的含义是否一致、是否该取"征兆"之义读作"きざし"的讨论），将"神圣"只读作"神"的发音"かみ"而不读"圣"的"ひじり"，等等。

第三个问题进一步地追问将"书"读作"ふみ"是否有语源依据。引用"师说"，回答方说当年新罗上表言辞不敬，于是"以脚踏之"，之后根据"踏"这一动作的读音发展出了"ふみ"这一训读。"今案"部分当是矢田部公望的私案，通过仓颉见到鸟踏地面的痕迹而造字的传说，来解释将"书"训读作"ふみ"的原因。当然，这两条回答是根据"书"这一名词与"踩/踏"这一动词都训读为"ふみ"的这一事实派生出的解释，以现代逻辑来看颇为粗糙与生搬硬套，但这种语源解释在《日本书纪》讲读的诸多案例中都可见其踪迹。与本文讨论直接相关的一个案例是，对于为何将日本称作"やまと"这一问题，时人同样采用的是这样一套解释逻辑。

《释日本纪·开题》记载了"本朝号耶麻止事"：

本朝号耶麻止事_{日本倭号同之}

弘仁私记序曰：天地剖判，泥湿未干，是以栖山往来，因多踪迹，故曰"耶麻止"。又，古语谓居住为止，言止住于山也。

延喜开题记曰：师说，大倭国草昧之始，未有居舍，人民唯据山而居，仍曰"山户"，是留于山之意也。又，或说云，开辟之始，土湿而未干，至于登山，人迹着焉，仍曰"山迹"。

问云：诸国人民俱据山而居耶，将只大和国人独据山耶？

说云：大和国独有此事。

问：本国之号，何独取大和国为国号耶？

说云：磐余彦天皇定天下，至大和国，王业始成，仍以成王业之地为国号，譬犹周成王于成周定王业，仍国号周。

问：初国始祖天降筑紫，何国偏取倭国为国号？

说云：周后稷封邰，公刘居豳，王业虽萌，至武王居周始定王业，仍取周为号。本朝之书亦其如此。[1]

这一系列问答，起初是在讨论"本朝"为何名为"やまと"的语源问题。无论是取"山户"之意还是"山迹"之意，本质上都是从"やまと"这一发音扩展而来的，这里的逻辑与此前关于"书纪"读作"ふみ"的问答一脉相承。

在此之后的问答颇有意思，连续三个提问实质上可归为同一个问题，即都是在讨论为何"やまと"这个大和地方的地名会成为日本的"国号"。第一个提问，是从"山户""山迹"这一语源解释仅适用于大和地方还是普遍适用于"本朝"境内人民出发，试图引发前后矛盾。回答方引用"师说"谨慎对以仅大和地方才有依山而居之事，保证了己方的逻辑自洽。后面两个提问直指根本地发难：建国神话的神武东征故事里，明显给出了"本朝"兴起于筑紫（九州）地方的叙述，但国号最终选择了大和地方的地名，这一矛盾现象应如何解释。回答方则引用中国历史上周朝以成就王业之地的地名为国号的先例，论证"这一矛盾现象"源于日本对先例的仿行。

通过复原这一系列问答的过程，我们可以大致想见讲读活动中这些问答的作用。要明确的是，相关讨论是在接受"日本""耶马台""耶摩堆"等一系列汉字表记都发音为"やまと"的前提下展开的，其核心是为何"やまと"足以作为代表"本朝"的自称，而不存在所谓的由"日本"向"やまと"的认同转变。

对于时人而言，国名自称的核心一直都是"やまと"这一日语发音，

---

[1] 『新訂增補國史大系　第八卷　日本書紀私記　釈日本紀　日本逸史』11頁。

这一点从来没有改变过。具体的讨论从"日本"为何可以读作"やまと"开始,发展到"やまと"的语源解释,再进一步延伸到以"やまと"为国号这一事实与神武东征传说的契合度,以及除了"やまと"以外是否还有其他自称等多个层面。这些问题的基本前提,显然都是承认"やまと"作为自称的绝对地位。

梳理"やまと"相关讨论,我们需要意识到一个理所当然但是时常容易被忽略的事实:虽然以《释日本纪》为首的材料都以汉语记录讨论内容,但讨论过程完全是以日语展开的,因此在使用相关史料时,首先需要复原当时的语言场景。由此便不难意识到,对于时人而言,最重要的自我称谓一直是且仅是"やまと"。在此基础之上,相关讨论的意义仍然需要回归到讲读场景内进行理解。换言之,接下来我们关注的问题是:对于讲读活动的参与者而言,他们表现优劣的评价标准何在。

通过上一小节对"日本"自称与他称问题的分析,我们可以想见,博闻强识、旁征博引的文献学能力,应当是重要的评价标准之一。而在本小节的问题分析中我们可以意识到,自圆其说、言之成理的思辨与表达能力,也是评价体系中的重要一环。

基于"日本""倭"与"やまと"读音展开的关于自我认同的宏大叙述固然精彩,却也有华而不实之嫌。与此相较,我们更应当关注这一确实存在的、精彩的论证攻防的历史意义。考虑到平安时代文人学生的主要出身途径是策问,而策问中主要考察应试者的知识储备(汉籍典故)与思辨能力,[①] 两者之间或有共通之处。对于《日本书纪》讲读的主要参与者,即在讨论中担任主要提问方的青年尚复学生而言,这类讲读活动本来就是至关重要的扬名途径,而迄今为止的学界研究尚未注意到这一点,这是我们需要反思的地方。

---

① 佐藤道生「平安時代の策問と対策文」『句題詩論考——王朝漢詩とは何ぞや』勉誠出版、2016。

（三）"南北二倭"与"东海姬氏国"："日本"与"倭"二元关系之外

本小节将讨论《日本书纪》讲读中出现的其他日本称号及相关讨论。它们既说明了讲读中对"日本"称号问题的关注，并非出于简单的"日本"与"倭"二元论考虑，同时也可用于复原时人探讨相关问题时的具体手法及其局限性。

最能反映时人讨论手法局限性的，是讲读中关于"倭国"称号讨论时出现的"南北二倭"问题，以及此后的"东海姬氏国"问题。

《释日本纪·开题》记载如下：

> 问：倭国之中有南北二倭，其义如何？
>
> 答：师说，延喜说云，北倭可为此国，南倭女国云云。此说已无证据，未为全得。又南北二倭者，是本朝南北之边州也，无别指由。
>
> 问：此国谓东海女国，又谓东海姬氏国，若有此说哉？
>
> 答：师说，梁时宝志和尚谶云，东海姬氏国者，倭国之名也。今案，天照大神始祖之阴神也，神功皇后又女主也。就此等义，或谓女国，或称姬氏国也。谓东海者，日本自大唐当东方之间，唐朝所名也。①

由"师说"引用"延喜说"的"北倭可为此国，南倭女国"之语可知，这是至晚在延喜与承平两次讲读中都出现过的问题。提问中的"南北二倭"，其实来源于《山海经·海内北经》中的"盖国在钜燕南倭北倭属燕"之句。这段文字目前的通行句读，是"盖国在钜燕南、倭北，倭属燕"，描述了"盖国"相对于"钜燕""倭"的地理方位。这里的"倭"与此后"倭国"的"倭"之间，很难说有什么直接关系。但是对于时人来说，这句话被断作"盖国在钜燕，南倭、北倭属燕"，于是就出

---

① 『新訂増補國史大系　第八卷　日本書紀私記　釈日本紀　日本逸史』10~11頁。

现了第一个提问中的"南倭"与"北倭",进而有了"南北二倭"的对象比定问题。这既展示了时人朴素的考据心态与手段,同时也反映了其局限性。

"女国"说法引申出了关于"东海女国"与"东海姬氏国"的第二个提问,这也很明显地反映出了时人的认识水平和思维模式。所谓"东海姬氏国"一语,来源于托名梁朝宝志和尚所作的谶诗,[①] 此后以《野马台诗》之名闻名于世,近年来由于小峰和明的研究,[②] 在整个前近代日本的流传演变过程中逐渐为学界所知。承平年间的这一讨论是已知范围内《野马台诗》出现较早的案例,[③] 且尚未涉及对其中谶纬预言内容的解释,甚至连《野马台诗》这一后世命名都尚未出现。

关于第二个提问的相关讨论表明,"东海姬氏国"这一称呼已经被当时的日本人视作对本国的称呼,只是其认定理由与我们通常的认知恐怕有较大出入。例如,回答者是从天照大神的女性化与神功皇后传说的层面,将"姬氏"解释为"女性"之义,从而实现了"东海姬氏国"与"女国"之间的关联。这一解释自然有其牵强之处,但我们必须承认它的内在逻辑及其自洽性,同时也需要注意到,当时日本人对于自称的认知,绝非简单的"日本"与"倭"之二元对立说可以概括。

结语:不只是国号问题的"日本"论

长久以来,对于《日本书纪》讲读活动的相关研究,既有忽略对讲读活动的场景复原而一味强调定性判断之嫌,同时又由于各种原因,对讲读活动中某些具体问题的相关讨论施加过多关注,甚至将相关讨论从

---

① 关于托名宝志和尚的谶纬诗,相关研究可参见佐野誠子「釈宝誌讖詩考」武田时昌『陰陽五行のサイエンス』京都大学人文科学研究所、2011。
② 小峰和明『予言文学の語る中世:聖徳太子未来記と野馬台詩』吉川弘文館、2019。
③ 假如认为中世史料《延历寺护国缘起》中引用的《野马台诗》"延历九年(按:公元790年)注"是中世之后的伪作,那么这一史料便是《野马台诗》的最早用例。参见东野治之「野馬台讖の延暦九年注」『日本古代史料学』岩波书店、2005。

《日本书纪》讲读的环境与场景中剥离而一味讨论其变化或意义。本文所回顾的关于"日本"与"倭"的称谓讨论，便是一个典型案例。

对于平安时代《日本书纪》讲读活动的意义，只有从各参与者的层面加以考察，才能有一个较为全面的理解：对于年轻的尚复学生而言，这是一个展现自身学识、博得公卿贵族与文人官僚赏识的机会与舞台；对于成名已久的主讲博士而言，这是迎接青年学生的挑战与辩论，是捍卫自己学术声望与地位的活动；对于举办与主持讲读活动的首席大臣而言，讲读活动则是一场扩大自身对公卿贵族影响的仪式。

因此，当我们重视讲读活动的学术价值时，自然有必要首先明确这一学术活动中的评价标准。目前看来，讲读活动中的评价标准大致有两个：一是旁征博引、博闻强识的能力，二是条理清晰、自圆其说的思辨能力。对于讲读活动中反复出现的"日本"与"倭"问题的讨论，除了将其作为现实存在的国号问题讨论之外，也有必要从当时讲读的现场环境出发进行理解。

而复原讲读活动场景时，我们需要先明确的是其语言环境。首先，讲读参与者们使用日语进行讨论，而作为讨论对象的《日本书纪》基本上以汉语写就，这是他们经历的第一重转译；其次，《释日本纪》是以汉语形式对当时的日语讨论进行记录，这一记录过程是第二重转译。换言之，当我们还原讲读场景时，需要在这两重转译的基础上，复原出以日语为主要工作语言的讨论场景，考虑参与者们所掌握的情报、知识，进而复原其知识结构与思考逻辑。

就"日本"与"倭"的论辩而言，不同于后世关注焦点在"日本"国号的自称或他称和"日本"一词的读音问题，对于时人而言，有两个基本事实是无须解释的：（1）他们用于称呼自己国家的名词一直是"やまと"，这一点无论是从讲读的问答体记录还是其他同时代史料中都可以得到例证；（2）"日本"是"やまと"的多种汉字表记方式之一。

在此基础之上，讲读参与者们对于"日本"与"やまと"的词源、语义的探讨，更多应当从讲读活动中的炫技或知识展示这一视角加以理解。对于"日本"一词的讨论，比起承认自称或他称的态度摇摆现象，应当更加重视他们在态度转变过程中参用的文献数量逐渐增加这一事实。对于将"日本"读作"やまと",以及为"やまと"寻找诸如"山迹""山户"等语源解释,这些解读由于一望可知的荒诞不经,长久以来学界并未认真加以分析,然而我们需要意识到这类解释才是构成讲读讨论的主要部分。对于这些以现代眼光看来荒诞不经的讨论,我们更多地注重时人通过这些讨论展现出的知识结构与思辨能力,进而探讨这类辩论在整个讲读活动中具有的意义,对于《日本书纪》讲读活动研究而言是更为基础的工作,但同样具有重要的研究意义。而我们同时需要意识到,《日本书纪》讲读并非仅是青年学生与博士之间私下展开的问答,而是有多达数十人参与观礼、大规模公开性的辩论,这意味着这些讨论的内容和表达方式绝非难以理解,且此辩论活动必然具备某种展示性、观赏性特征,这也是迄今为止《日本书纪》讲读研究未曾注意到的地方,也当成为今后的研究方向。

日本中世五山禅僧的"儒化"倾向
——以中岩圆月的政治关怀和"儒学"认知为中心

王明兵[*]

摘　要　受宋学东传之影响,日本中世末期的五山禅僧鲜明地表现出一种"儒化"倾向。出身镰仓寿福寺的中岩圆月(1300～1375),虽以密宗和禅宗之修炼为安身之本,但对儒学亦持相当的热情,且有不少论述留世。以中岩圆月对儒学的理解和认知而论,他除了具有儒家"士"之仁政政治理想和社会关怀外,还对四书五经进行了极为不俗的研究,特别是他的《易》论,堪为日本中世《易》学之高峰。他对儒家"仁义""性情"等哲学概念的思考,凸显出了一种试图打破佛、儒畛域,寻求儒、佛会通之道的理论追求和实践愿望。

关键词　五山　禅僧　中岩圆月　儒学

受宋学东传的影响,日本中世末期的五山禅僧鲜明地表现出了一种"儒化"倾向。无论是将五山禅僧作为"大陆文化介绍者"[①]"宋学的传播者"[②]的角色定位,还是因其接受儒学而将其纳入"禅宗文化的一

---

[*]　王明兵,东北师范大学历史文化学院副教授。
[①]　玉村竹二『五山文学:大陸文化紹介者としての五山禪僧の活動』至文堂、1955、1頁。
[②]　永田广志:《日本哲学思想史》,陈应年等译,商务印书馆,1978,第22页。

环"① 的把握，均折射出五山禅僧"习儒"之思想及其历史影响。稍加具体地说，五山禅僧的"习儒"行为，在相当程度上促使其内部的思想分化和部分禅僧"脱佛入儒"行为的发生。② 由于五山禅僧人数众多，对儒学的理解、接受及其历史影响个体差异明显，故在对其思想倾向进行整体把握的同时，尚需更多且更为具体的个案研究。

中岩圆月与虎关师炼号称"五山双璧"，其才其识冠盖五山禅林。当时另一位高僧义堂周信曾对中岩圆月作出这样的评价："学穷理性，文法《春秋》，奴仆乎辅教之仲灵，与台乎僧史之通惠，可谓才大者矣。"③ 后世学者亦对中岩圆月给予了极高的评价。上村观光在著作《禅林文艺史谭》中直称："日本之宋学，兴盛于室町时代，德川时代达到顶峰，文教之治长达三百年，追本溯源，可及中岩圆月。"④ 西村天囚对其亦持类似评价："镰仓末至南北朝时期，中岩圆月开日本宋学之先河，故遂形成尊信程朱之风潮。"⑤

考察学界对中岩圆月的研究，泰半集中在诗文注解等文学方面，⑥ 而

---

① 家永三郎：《日本文化史》，刘绩生译，商务印书馆，1992，第103页。
② 王明兵：《日本中世末期五山禅僧的"儒·释"论争与其内部分化》，《古代文明》2014年第1期。
③ 义堂周信「空華集」卷十一、上村観光編『五山文学全集』第二卷、思文閣出版、1992、1639頁。
④ 上村観光『禅林文芸史譚』大鐙閣、1919、393頁。
⑤ 西村天囚『日本宋學史』杉本梁江堂、1909、51頁。
⑥ 关于中岩圆月文学方面的研究，可参见今井寛司「釈註中巖円月『自歴譜』・『中正子』(1~3)」『文化史研究』(16~18)、1964年8月、1965年3月、1967年8月；蔭木英雄「中巖圓月の人と作品」『國文學』(43)、1968年3月；久木幸男「教育思想の比較文化的考察——中巖円月の場合を例として」『教育哲學研究』(43)、1981年；森野知子「中巖円月詩集訳注：1~15」『中國學論集』(5~19)、1993~1998年；森野知子「中巖円月自歴譜」『中國學論集』(20)、1998年；高文漢「五山文筆僧中巖円月の世界」『日本研究』(18)、1998年；野川博之「中巖圓月の宋詞紹介」『中國文学研究』(26)、2000年12月；森野知子「中巖円月と別源圓旨」『中國學論集』(30)、2001年；奥健夫「中巖圓月（佛種慧濟禪師）坐像（特輯 頂相彫刻）」『國華』110(3)、2004年10月；金文京「中巖円月の中国体験——科挙との関係を中心として」『文学』(12-5)、2011年9月。金文京该文的中译版为《日本五山禅僧中岩圆月留元事迹考》，载邵毅平编《东亚汉诗文交流唱酬研究》，中西书局，2015，第1~16页。

对最能体现中岩圆月思想状况和理论高度的佛学和儒学方面的研究,则相对有限。①

从中岩圆月最主要的作品《东海一沤集》来看,他对儒家之道统人物尧、舜、禹、汤、文王、周公、孔子以及程朱诸儒均有评说,对《周易》以及《礼记》、《大学》等儒家经典的钻研亦有相当深度。尽管日本宋学之先河是否由中岩圆月开创这一问题存在争议,但中岩圆月在日本早期儒学上的地位无人可以漠然视之。基于此,本文主要从中岩圆月的儒家情怀、政治关心以及对儒学的认知等方面展开研探,以期能更为深入地揭示出其对儒家思想理解和阐发的水平与局限,作一评骘。

一 淑世情怀与政治关心

在五山禅僧的诗文当中,中岩圆月的诗作与其他禅僧吟风赏月、把玩文物、追寻空境的写作旨趣大为不同。中岩圆月的诗作风格接近"诗史"杜甫的诗,忧国忧民,写尽百姓疾苦。职是之故,北村泽吉称中岩圆月为五山禅林"唯一深入百姓之中之诗人"。②

之所以如此,盖既与中岩圆月的人生经历和社会阅历有关,又与其秉持儒学关心民生疾苦、忧民忧天下之社会情怀有关。比如在《佛种慧济禅师中岩月和尚自历谱》中,中岩圆月不仅记载了当时之"洪水、民间多患赤疱疮""镰仓大火"等自然天灾和百姓所受之疫病疾患等情况,而且详细记载了所学习的儒学经典《孝经》和《论语》等。③

---

① 关于中岩圆月儒学思想的研究,主要分布在一些有关日本汉学或儒学的通论性著作当中,其论述的系统性和深刻性方面均有进一步深入的必要。代表性通论著作主要有高田真治『日本儒学史』地人書館、1921、48～62頁;足利衍述『鎌倉室町時代之儒教』日本古典全集刊行会、1932、250～265頁;牧野謙次郎『日本漢学史』世界堂書店、1938、44～46頁;大江文城『本邦儒学史論攷』全国書房、1944、18～23頁;久須本文雄『日本中世禅林の儒学』山喜房仏書林、1992、80～134頁。
② 北村沢吉『五山文学史稿』富山房、1941、239頁。
③ 中巌圓月「仏種慧済禅師中岩月和尚自歴譜」玉村竹二編『五山文学新集』第四巻、東京大学出版会、1970、612頁。

战争是人类的灾难，不惟传统儒者，所有爱好和平者都批评之、反对之。对于死伤无数的源平之战，中岩圆月直笔痛陈统治者为名利而不惜牺牲百姓之生命：

> 晚浦烟横日影斜，渔歌送恨落蘋花。
> 封侯能有几人得，战骨干枯堆白沙。①

他的另一首怀古名诗谴责了战争造成灾难：

> 天晴海面渺无穷，俄顷云雷鼓黑风。
> 陵谷松枯并石老，林峦雾卷又烟笼。
> 万家结构七乡满，百载经营一日空。
> 自古英雄难久业，霸心休效晋文公。②

中岩圆月的诗作除了表达对战争的厌恶和谴责之外，还显现了心系苍生、关心黎民百姓而敢于与政治势力作斗争的精神和意志："古来献替忠良事，岂弃苍生辞逆鳞"，③ "功夫不为苍生著，寂寞无人能正名"。④ 庶民百姓的艰辛劳作和艰苦生活，也常出现于中岩圆月具有极大同情色彩的笔端：

> 女儿俑织布，日为家人哺。
> 年荒将缩手，未忍弃而走。
> 粥技不当直，圭撮轻两匹。
> 质躬获数钱，助馈慈母筵。⑤

---

① 中巌圓月「東海一漚集」一、玉村竹二編『五山文学新集』第四卷、327頁。
② 中巌圓月「東海一漚集」一、玉村竹二編『五山文学新集』第四卷、351頁。
③ 中巌圓月「東海一漚集」一、玉村竹二編『五山文学新集』第四卷、329頁。
④ 中巌圓月「東海一漚集」一、玉村竹二編『五山文学新集』第四卷、346頁。
⑤ 中巌圓月「東海一漚集」一、玉村竹二編『五山文学新集』第四卷、324頁。

在中岩圆月看来，庶民百姓之所以生活艰难，很大程度上源于统治者的政治纠纷及其引发的战争："民无不衣甲手兵者，百姓皆怠其业，互相侵夺以为利也……祸乱之大，莫之过焉。"① 依据史实，可知中岩圆月指的是镰仓南北朝公、武两家的斗争。由此出发，中岩圆月提出要加强天皇权力，以消泯政治斗争：

　　古今天下国家，一治一乱，虽云命在于天，系乎时运，然复顾夫政事善恶如何耳。所以明主必用君子，君子者以清廉行政事，故其国不危矣。暗君多任小人贪婪，故国乱矣。②

中岩圆月曾上表后醍醐天皇，希望能革新弊政，救世济民："恭维陛下，明继周文，德承神武，兴王除霸，柔远包荒，高天之下，厚地之上，莫不宾顺，非聪明睿智德命于天者，孰能与于此哉。"③ 同时，他主张社会各阶层各安其分，做好自己的本职工作：

　　淳世之民，各务本修业，故国富且强矣。所以，农者播禾谷、种菜果，工者营栋宇、造器皿，贾者通其有无。……如非官君者，衣甲手兵，则诛之，使彼士、农、工、贾及释氏之流，各务本修业，则富强之国，其庶几乎。④

镰仓南北朝时期，武家势力强大，天皇势力衰微，中岩圆月要求加强君权、兴利除弊，革新政治、锐意进取的政治诉求和建立一个士农工商各司其职之四民社会的政治理想，注定是不可能实现的。中岩圆月或许看到了这一点，以致授业恩师东明慧日法师提议他出任寺中首座之时，他愤然予以拒绝："志立而不屈，气养而不馁，守信而不失，适义而不偏，宁可

---

① 中巌圓月「東海一漚集」二、玉村竹二編『五山文学新集』第四巻、393頁。
② 中巌圓月「東海一漚集」四、玉村竹二編『五山文学新集』第四巻、467頁。
③ 中巌圓月「東海一漚集」一、玉村竹二編『五山文学新集』第四巻、381頁。
④ 中巌圓月「東海一漚集」二、玉村竹二編『五山文学新集』第四巻、393頁。

百千此身而以见粉齑,决不可枉己自辱,以为媒于立身扬名之捷径也。"①
"宁可化为碧,暮景谁华予。设使长不死,肯为窃药蜍。"②

在中岩圆月的身上,鲜明地体现出孟子所倡导的"富贵不能淫,贫贱不能移,威武不能屈"的儒家士人风格。拒绝名利场诱惑,固守儒家士人操守,即便生活贫苦,也忧道不忧贫:

> 著麻衣破那堪补,烧叶灰寒难再红。
> 寂寞谩将古人比,却惭道业不相同。③

如诗作所述,君子固穷,要有固穷之乐,且要坚守君子之格,中岩圆月以此区分君子与小人:

> 椅桐寄生千仞岳,处身孤危远鸟雀。
> 鸟雀适为鹯所逐,暂时来投欣有托。
> 幽谷积阴长带秋,风吹寒藤响索索。
> 自然势不雀辈便,莫言椅桐难栖泊。
> 久矣倾枝欲待谁,世间无复见鸾鹜。④

在这首诗中,中岩圆月以凤凰自喻,非梧桐不栖居,意为不愿与小人为伍,即便艰苦困穷,亦要穷斯其乐。诸如此类表达坚守士人品格和安贫乐道之志的诗歌,在中岩圆月的诗歌文集中比比皆是,如"志高不肯尝姜杏,蒙养功成最可欢"⑤"世事皆非常,识者效哈哈",⑥又如"万事应知穷则变,桂轮堪堪待圆来"。⑦

---

① 中巌圓月「東海一漚集」一、玉村竹二編『五山文学新集』第四卷、388頁。
② 中巌圓月「東海一漚集」一、玉村竹二編『五山文学新集』第四卷、334頁。
③ 中巌圓月「東海一漚集」一、玉村竹二編『五山文学新集』第四卷、330頁。
④ 中巌圓月「東海一漚集」一、玉村竹二編『五山文学新集』第四卷、337頁。
⑤ 中巌圓月「東海一漚集」一、玉村竹二編『五山文学新集』第四卷、335頁。
⑥ 中巌圓月「東海一漚集」一、玉村竹二編『五山文学新集』第四卷、337頁。
⑦ 中巌圓月「東海一漚集」一、玉村竹二編『五山文学新集』第四卷、347頁。

在中岩圆月的诗文集中，尽管可以看到他对儒家士人风格的传承、君子固穷其乐的达观和远离名利的高洁，但也可以隐约察觉其空怀政治抱负和社会理想而郁郁不得志的痛苦心境：

麦秋今岁亦昌新，多愧人间闲着身。
若及瓜时犹未死，更烦老圃送供频。①

五山寺院的权力斗争，使得中岩圆月在建长寺受到宏智派僧徒的排挤甚至是迫害。对此，空有一腔抱负的中岩圆月不免生出挫败之感：

空房高咏碧云句，一榻相思雨夜灯。
几度吟哦搜万物，自惭才力竟难能。②

尽管中岩圆月壮志难酬，郁郁寡欢，但他还是在逆境中坚持君子固穷，初心不改，寄希望于来时：

丈夫期远大，莫甘他残杯。
天理有定分，乐极便生哀。
且如今年春，早暖晚雪催。
桃花夸艳冶，俄然色如灰。③

中岩圆月的君子之风和人格操守，在宗派盛行且争名夺利的五山禅林塔头寮舍之制下诚属少见，亦难能可贵。对于五山禅僧，中岩圆月不仅不屑于厕身其中沆瀣一气，而且还公开批评这些人"师焉而尚，宗焉而党"④、拉帮结派、结党营私的行径。就连其授业恩师东明慧日多次力邀

---

① 中巌圆月「東海一漚集」一、玉村竹二編『五山文学新集』第四卷、347頁。
② 中巌圆月「東海一漚集」一、玉村竹二編『五山文学新集』第四卷、346頁。
③ 中巌圆月「東海一漚集」一、玉村竹二編『五山文学新集』第四卷、347頁。
④ 中巌圆月「東海一漚集」二、玉村竹二編『五山文学新集』第四卷、433頁。

他出任首座要职，中岩圆月仍以"予心粗，不能达其密意"①而婉言拒绝。

或许，中岩圆月正是在有志难成而又遭逢山门排挤甚至迫害的抑郁之下，转而寄情于枯灯黄卷，汲汲于书山之中：

> 坐矮窗，凭棐几，蠹简腐编，狼狼藉藉，纷纷披披，而不知其劳也。……故旁驱冥搜诸子百家之说，至天文、地理、阴阳、五行、卜筮之书，亦不废焉。既而稍倦，欠伸而起，复坐俯而静默而思。②

中岩圆月的读书与深思，虽然有着在壮志难酬、遭逢山门迫害的背景下，只好另寻一条自我解脱和放逐之道的苦衷，但是这一行为却在某种意义上使得他的学术思考具有了一定的理论高度。

二 对儒学的总体性看法

从文集的风格来看，中岩圆月出身禅林，本职仍是一介僧人。但若从诗词歌赋及其对儒学典籍的理解和研究观察，很难将中岩圆月当作一名单纯的僧人。如果说吃斋念佛为其日常生活内容，那么作诗著文、研读儒家典籍以成为传统士人所追求的"修身齐家治国平天下"之圣贤，或许才是他最终的人生理想和追求。

中岩圆月在儒学研究，特别是对《周易》的理解方面，可谓五山禅林甚至中世日本之第一人。对儒学的接受和学习贯穿其一生。从年谱自序可知，中岩圆月幼时跟随道惠和尚学习《论语》和《孝经》；22岁入京拜访虎关师炼，而虎关师炼亦为五山禅林对儒学有甚深钻研者；③入元期

---

① 中巌圓月「仏種慧済禅師中岩月和尚自歴譜」玉村竹二編『五山文学新集』第四卷、614頁。
② 中巌圓月「東海一漚集」一、玉村竹二編『五山文学新集』第四卷、320頁。
③ 就虎关师炼和中岩圆月的关系问题，足利衍述认为中岩圆月的儒学思想受虎关师炼的影响并非鲜少，可参见足利衍述『鎌倉室町時代之儒教』256頁。

间，与灵石芝、古林茂、济川楫、绝际中、雪严中、东阳辉、拙逸廓、竺田心等名衲接触，这些高僧大多拥有比较高深的儒学修为。至顺元年（1330）与大学士张观澜会面时，两人就朱子学的太极无极命题进行过深入交流：

> 予既游庐阜，将过番易，买舟彭蠡，风恶不可往也。信宿落星寺，观澜张学士会此，出吟稿示予，且谈以太极无极之义，以及一贯不二之道。予以诗遗之：
> 客邸细读观澜文，风清四座收尘氛。
> 三复之后犹未厌，无那冬日将黄昏。
> 梦中得句参李杜，郊岛瘦寒何足云。
> 诗之于道为小枝，试将大道俱相论。
> 究尽幽明归无极，一贯儒佛空诸群。
> 杨墨申韩宁复数，庄老虚玄犹弗援。
> 天赐先生不失时，今上政是清明君。
> 宁看场屋得意后，护法著论毋相谖。①

引文反映了中岩圆月与张观澜就太极无极命题展开了广泛讨论，可知中岩圆月对当时盛行之朱子学思想已有相当程度的了解与认识。而对于整个儒学史及其各个阶段的代表人物，中岩圆月也有一定的评述：

> 或问诸子。中正子曰：子思诚明，孟子仁义，皆醇乎道者哉。问荀卿如何，曰：荀也醇而小漓。问扬子，曰：扬雄殆庶醇乎，其文也禁。请问文中子，曰：王氏后夫子千载而生，然甚俏焉，其徒过之。宣夫子之化愈远愈大，后之生孰能歧焉。问退之，曰：韩愈果敢，小诡乎道。然文起于八代之衰，可尚。曰子厚如何，曰：柳也渊，其文多骚。或问欧阳，曰：修也，宗韩也。问苏子兄弟，曰：轼也龙也，

---

① 中巌圓月「東海一漚集」一、玉村竹二編『五山文学新集』第四卷、323～324頁。

辙也善文。①

对于儒家谱系中的代表人物，中岩圆月的评价颇为独到，认为子思诚明、孟子仁义，都是儒家"道""醇"之人，荀子虽醇，但有"小漓"。在他看来，孟子、荀子和扬雄背离了孔子、子思的思想，出现了失误；比起孟子、荀子和扬雄三人来，强调儒家之正统的韩愈离孔子、子思所传之道更加遥远：

> 此三子（按：孟子、荀子、扬雄）者，不见正于佛教，故误也，宜也。然其不稽之孔子、子思之教，则失也。但韩子出乎佛教之后，当见正于佛教，当知孔子之道与佛相为表里者也，然独区区别之，甚哉。韩子舍本取末，与孔子、子思之道相远也如此，甚矣哉。②

总体而言，中岩圆月认为孟子、荀子、扬雄三人仍然有益于学术人心，只有庄子"无益"，应予以警惕："孟、荀、扬之三子，有益于学者也。惟庄无益，然可以为窒欲之警也。"③

中岩圆月站在儒家"仁义"论的立场上，极力批判了先秦思想史上与儒家适相对垒的杨朱和墨翟。这些批评基本上来自孟子批判杨朱、墨翟不讲仁义道德、无父无君、堪比禽兽之类的说辞，认为杨朱、墨翟的理论背离了"道"即仁义道德，所以不能传之久远，无法被世人所接受：

> 杨朱以离仁为义。人而无仁，何以能生？墨翟以离义为仁。人而无义，何以能成？无仁非人也，无义非人也。④

对于程朱理学，中岩圆月不曾给予太高的评价。就二程批判佛教的行

---

① 中巖圓月「東海一漚集」三、玉村竹二編『五山文学新集』第四卷、407頁。
② 中巖圓月「東海一漚集」三、玉村竹二編『五山文学新集』第四卷、423頁。
③ 中巖圓月「東海一漚集」三、玉村竹二編『五山文学新集』第四卷、410頁。
④ 中巖圓月「東海一漚集」三、玉村竹二編『五山文学新集』第四卷、408頁。

为，中岩圆月从佛教徒的立场出发，认为二程的批评是欠缺理论支持的，所以无法立住脚：

> 伊洛之学，张程之徒，夹注孔孟之书，而设或问辩难之辞，亦有恁地，便是恰好。不要者般，什么说话，无道理了，那里得个不理会得，却较些子等语。然其注意于搥提佛老之道也。此等语非禅也，审也。……苟不得佛心者，纵使亲口佛语，亦非禅也。特教焉耳。何况恁地，却较些子等语，尘疏下俚者乎？非禅也，审矣。倘不本佛心而固执，而以若此等为禅者，伊洛家之流，何异之耶？可言禅乎？①

在此，中岩圆月不仅对二程的行为进行了反批判，同时还告诫学佛者，学佛要有佛心，只有从佛心出发，才是真正的佛弟子。这也说明，尽管中岩圆月倾心于儒学，但是当佛教受到与之异质的儒者的批判时，佛教信仰也会促使他加以反驳。但这并不影响他对儒家经典的理性分析。

三 对儒家核心经典的理解：《易》论

根据《日本国见在书目录》，《易》在古代日本并不为宫廷和时人所看重，9世纪末朝廷书库中与《易》相关著作只有35种，共计177卷；12世纪著名藏书家藤原道宪（1106～1159）所收藏的《易》相关著作仅9种，共计29卷。② 观察五山禅僧所留文集可知，虽然有不少禅僧对《易》有所接触，也引用《易》中的卦辞文句，但对《易》较为深刻和系统性的阐释盖为寡少。

中岩圆月是一个例外，留下了不少解读和辨析《易》的篇章。中岩圆月的《易》学论述大致表现在三个方面。

---

① 中巌円月「東海一漚集」三、玉村竹二编『五山文学新集』第四卷、431页。
② 参见严绍璗《汉籍在日本的流布研究》，江苏古籍出版社，1992，第96～107页。

(一) 对《易》的整体性理解

《易经》可"明性",这是中岩圆月对《易》之重要性的基本定位。《易》的功用和价值主要在于"阳长君子之道":

> 可以明性者,《易经》也。《易》之所贵,在乎阳长君子之道。凡卦六十有四,惟复为一阳初生之卦。有六位,居二、五以得中见贵。复之于二曰休,于五曰敦。①

就具体应用来看,从起初钻龟甲而察吉凶这一"占"的过程来说,《易》的这种预判作用是独一无二的,也是其他学问所没有的:

> 《易经》八八之卦,钻龟以视其兆。太玄九九家,准《易》以察其占。试问为《易》学者,二仪四象八卦之表,未视其兆之先,能知几否?曰:否也。又问为玄学者,三元九州二十七部之外,别占一家否?曰:除八十一外,不可别有一家也。②

关于《易》的产生和编纂问题,中岩圆月并不曾进行过细致的讨论和详细的梳理,只是简单提到伏羲画八卦和孔子编纂《十翼》之事。伏羲画八卦,乃"书契之滥觞":"昔宓牺氏画八卦,是书契之滥觞也。八中中虚者,离也。而离者文明,属火属日。"③ 对于孔子是否编纂《周易》之事,中岩圆月并没有进行过考证,只是直接言及孔子的《十翼》对《周易》的美化加工:"孔子《十翼》,擅美于《周易》。"④

---

① 中巌圓月「東海一漚集 別集」卷二、玉村竹二編『五山文学新集』第四卷、554 頁。
② 中巌圓月「東海一漚集 卷之字說・不疑說(中巌圓月作品拾遺)」玉村竹二編『五山文学新集』第四卷、678~679 頁。
③ 中巌圓月「東海一漚集 卷之字說・虚中說(中巌圓月作品拾遺)」玉村竹二編『五山文学新集』第四卷、678 頁。
④ 中巌圓月「東海一漚集」二、玉村竹二編『五山文学新集』第四卷、384 頁。

在引用孔子关于《周易》"显诸仁，藏诸用"之说时，中岩圆月对其加以解释，认为一在乎"用之形"，一在乎"仁之心"："孔子曰：显诸仁，藏诸用。说者曰：显仁者，用之形也；藏用者，仁之心也。"① 这一"藏用"观点，对中岩圆月影响很大。从其《自寿》七绝诗来看，他甚至将其视为一套应对进退和自我修身养性的法则：

夜半之精天一水，利金流气学乾方。
策全大衍历初度，置而不用自行藏。②

《周易》所包含的易与不易的经权之辩，作为理解《周易》辩证思想及其占卜应用的一项主要内容，是研究者不可不提及的基本原则。中岩圆月仅仅从蒙卦出发言及权变问题：

《洪范·庶征》：在休曰圣，在咎曰蒙。蒙与圣，反之称乎？《易·象》曰：蒙以养正，圣功也。由是观之，固是反而用之，为权也的矣。③

（二）对韩愈和朱熹《易》论的批判

在学习《易》的过程中，中岩圆月主要是汲取了韩愈和朱熹的《易》论思想，但最终的结果是他发现了韩愈和朱熹《易》论的不少问题。

中岩圆月对韩愈《易》学思想的理解，主要体现在《复初说》中。《复初说》是对复卦"坤上震下"的理解。何谓"复初"："复者，反本之谓；初者，元本之称。"④ 即反本溯源、追本溯源。中岩圆月之所以要反

---

① 中巖圓月「東海一漚集 卷之字說·溫中說（中巖圓月作品拾遺）」玉村竹二編『五山文學新集』第四卷、658~659頁。
② 中巖圓月「東海一漚集」一、玉村竹二編『五山文學新集』第四卷、349頁。
③ 中巖圓月「東海一漚集」二、玉村竹二編『五山文學新集』第四卷、376頁。
④ 中巖圓月「東海一漚集 卷之字說·複初說（中巖圓月作品拾遺）」玉村竹二編『五山文學新集』第四卷、657頁。

本溯源，主要原因是韩愈《原道论》先是提出自尧、舜经孔子而至他本人的道统脉络，继而排佛反老，并自认为继承和发扬儒家之道的第一人。

尽管中岩圆月推崇韩愈的复古文风和写作旨趣，但对韩愈提出的儒家道统和排斥佛老的做法甚是不满，故《复初说》旨在从实际出发寻求道的原发性：

> 复初之本，立乎虚无，而交泰之道，生乎实有者也。退之之责求清净寂灭者，以为禁而相生养之道者，复初之理未之思矣。吾闻之，本立而道生也。不立本而能生道，则未或闻之，复初复初，必有辩诸。①

同样，中岩圆月尊崇朱子，且汲取了朱子学的不少儒学论述，但对朱熹的学说并非全盘肯定。特别是朱熹的《易》论，他予以了非常精细的论辩。从这一辩驳中，可以了解中岩圆月在《易》学方面的造诣之深，确实非常人所及。

朱熹曾对乾卦九三爻加以"重刚，谓阳爻阳位"的注释。中岩圆月认为，朱熹之说实乃谬见，并著文《辩朱文公易传重刚之说》以批驳朱熹之失：

> 若是以阳爻而居阳位，言之重刚，则《易》中阳爻一百九十二。阳位亦如之，而以阳爻而居阳位者九十六，独以乾九三为重刚，其他九十五不言之，且亦乾九四以阳爻而居阴位，而为重刚也。是故明矣。重刚也者，非以阳爻而居阳位者之谓也。朱氏《易传》乾之九三曰：九，阳爻；三，阳位。重刚不中也。且以《文言》九三重刚不中，以为合义。然于九四重刚不中，则无故而言九

---

① 中巖圓月「東海一漚集 卷之字說・複初說（中巖圓月作品拾遺）」玉村竹二編『五山文學新集』第四卷、657頁。

四非重刚。①

反驳朱熹的"重刚说"时,中岩圆月所举事实和辨析逻辑非常清楚明了,仅从乾卦九四爻"重刚不中"一例即说明朱熹的失误所在。

中岩圆月的"仁义""性情"等人论思想,都受到朱熹的深刻启发,且吸纳了朱熹的许多观点。但对于朱熹论点的错误,他不但不因朱熹是儒学大家而予以隐讳或避之不谈,而且批判的笔锋甚为凌厉,直指朱熹问题之所在,此足可显示出他对《易经》的深刻理解和钻研真理精神。

(三) 革卦的理解

《易》之六十四卦中,中岩圆月分外重视革卦。这一点已为日本汉文学研究者千坂嵃峰所注意到。千坂认为,对革卦的重视显示出了中岩圆月要求加强天皇权力的思想;尽管中岩圆月希望天皇恢复大权,但极力避免革卦所具有的中国易姓革命色彩,而仍主张天皇万世一系。②

千坂的判断未尝没有道理,因为中岩圆月曾给后醍醐天皇上奏表文,希望他乾纲独断、兴利除弊,而且中岩圆月的著述表明,他的思想意识中似乎很难发现中国思想传统所具有的易姓革命论的痕迹。中岩圆月对革卦的理解,应该说具有相当的深意。

对于革卦,中岩圆月作出了极为详细的解释和说明:

> 离下,兑上,革。《序卦》曰:井道不可不革,故受之以革。《杂卦》曰:革去故也。中正子《传》曰:离火也,兑金也,火能克金。金曰从革,改更之,销铸之,可以为器也。离之于时夏也,于日为丙,丙者,炳也。兑之于时秋也,于日为庚,庚者,更也。凡四时之为运,春生夏养,秋杀冬静,静故能生,生则养之,是则沿之道

---

① 中巌圓月「東海一漚集」二、玉村竹二編『五山文学新集』第四卷、397頁。
② 千坂嵃峰『五山文学の世界:虎関師錬と中巌円月を中心に』白帝社、2002、279~290頁。

也。既生既养而杀之，是革之道也。是故自离而兑者，革之象也已。①

从中岩圆月引用《序卦》和《杂卦》两传来看，他并非仅以卦之构成来解释革卦，而是从其所涉及和隐含的大义来说明革卦在整个六十四卦中的地位及重要作用："《易》曰：已日乃孚。仲尼曰：革而信之。中正子曰：改革之道，不可疾行也。是故，周公于初曰：巩用黄牛之革。于次曰：已日乃革之。"②

中岩圆月对革卦的解释极为细密，对于革卦之六爻也分别解析。特别是他解释革卦时所反映出来的政治革新思想，兼具理论意义和实践价值。革卦所具有的政治意涵和目标指向，从其卦名即可得知，旨在通过权力分配促使政治体制有所调整，或在其过程中发生具有政治颠覆性的革命行为。

对于改革以何种方式及何时进行的问题，中岩圆月的观点较为明确。改革必须要在人心齐一且充分信任之时方可进行："人心未信之之时，不可改也。人心已信之之日，可以革之者也。"③

对于革新和改革过程的艰难，中岩圆月似乎也有预料，认为改革不宜急速操之，必须要引导一些无知之民逐渐了解革新之道，以及改革后的获益可能，这样他们方可支持或参与改革活动：

> 凡秋之为味也辛。晏日之继，庚以辛。辛者，新也，辛难也。是以天下国家行制令之新者，则蛊蛊庸庸无知之民，不习熟故。故以艰辛不便之患，以至偶语于朝廷，流言于天下。故兑为口舌也。是故庚革之道，不宜速疾，必逮其事毕已之日，则彼无知之民，渐之熟之，而后信之，反为便利，以自行之。故曰：已日之孚，元亨悔亡

---

① 中巖圓月「東海一漚集」三、玉村竹二編『五山文学新集』第四卷、414頁。
② 中巖圓月「東海一漚集」三、玉村竹二編『五山文学新集』第四卷、414頁。
③ 中巖圓月「東海一漚集」三、玉村竹二編『五山文学新集』第四卷、414頁。

利贞。①

改革是利国利民的大事，君主要率先垂范，指引和带领民众进行改革。对于改革来说，君主的作用最为重大：

> 改革之道，天下之大利也。君人者及率众者，不可不知乎。《说卦》曰：离者南方之卦，明也。圣人南面而听，天下向明而治。又曰：兑者，说也。说言乎兑也。中正子曰：革之为卦，文明之德在内，而说言之应在外。宜乎，革而言之。故《象传》曰：文明以说，大亨以正，革而当，其悔乃亡。②

对于改革在历史上的价值和正面意义，中岩圆月以正反两方面的例子来论证：

> 孔子曰：天地革而四时成。汤武革命，顺乎天，应乎人，此之谓也。或问：《象》曰，泽中有火，革。何谓也？对曰：泽也者，秽浊之谓也；火也者，文明之称也。以文明之才，除秽浊之恶，不亦革也？桀、纣之恶，秽浊之泽与。汤、武之才，文明之火与。③

尽管中岩圆月颇为支持和肯定汤武革命所具有的历史意义，但是在面对日本万世一系之天皇体制时，中岩圆月基本上对革命采取回避态度，仅就革新弊政问题表达意见或上书后醍醐天皇。《原民》《原僧》《上建武天子表》这三篇宏论，不能说与他对革卦的理解没有一点关系。

---

① 中巖圓月「東海一漚集」三、玉村竹二編『五山文学新集』第四卷、414頁。
② 中巖圓月「東海一漚集」三、玉村竹二編『五山文学新集』第四卷、414頁。
③ 中巖圓月「東海一漚集」三、玉村竹二編『五山文学新集』第四卷、415頁。

四　对儒学核心义理的认知："仁"论

"仁"是儒家理论的核心。按照陈来对"仁"之"本体论"的构建，或可得出这样一种认识："仁"不仅是一种本体性或本原性存在，更是一种至高的价值性境界：

> 仁体是万物存在生生、全体流行的浑然整体，故天、地、人、物共在而不可分。仁体不离日用常行，即体现在生活和行为，无论是识仁还是体仁，人在生活中的践行和修养就是要达到仁者的境界，回归到与仁同体。①

孔子贵"仁"，《论语》105 例"仁"论，从不同侧面对之进行论述。孟子"仁""义"并举，将其上升为治道与人伦的核心，如《孟子·离娄上》："仁，人之安宅也；义，人之正路也。"《孟子·告子上》："仁，人心也；义，人路也。"《孟子·尽心上》："居仁由义，大人之事备矣。"《孟子·尽心下》："人皆有所不忍，达之于其所忍，仁也；人皆有所不为，达之于其所为，义也。"

宋明理学家讲"仁"，不仅将其纳入伦理学的范畴，而且将其上升到本体论的存在高度，提出了"仁体"：

> 仁者，浑然与物同体。义、礼、知、信，皆仁也。识得此理，以诚敬存之而已。不须防检，不须穷索。若心懈则有防，心苟不懈，何防之有？此道与物无对，大不足以名之，天地之用皆我之用。②

以中国传统儒家对仁义的理解为参照体系来审视中岩圆月对仁义的阐

---

① 陈来：《仁学本体论》，生活·读书·新知三联书店，2014，第 200 页。
② 黄宗羲等：《明道学案》，《宋元学案》卷 13，中华书局，1986，第 540 页。

发，可以说其论述基本上不出儒家仁论之藩囿。关于儒家之仁论，中岩圆月的观点非常明确："仁也者，天生之性。"仁是人作为人先天具有的、先验性的自然本性：

> 仁也者，天生之性也。亲也，孝乎亲也。义也者，人伦之情也。宜也，尊也，忠乎君也。忠孝之移，以仁义相推耳。①

在此可以看到，仁义是人之天性，孝亲、忠君、人伦等行为是天性内推而致的外在表象。这一点近乎《中庸》所言的"仁者，人也，亲亲为大。义者，宜也，尊贤为大"。

由于仁义乃人之内在的存在之本，在政道或治道的层面，仁义作为天然的政治治理指导原则有其合理性，儒家对士人所追求的"齐家治国平天下"莫不以仁义为本：

> 夫世间之人，或治家邑，或治州国若天下者，皆莫不以仁义之道也。仁义之道，治世之大本也。②

仁义作为一项政治原则，可上溯至《孟子·梁惠王上》："王何必曰利，亦有仁义而已矣。"中岩圆月不仅将仁义视为"治国之大本"，而且还将其作为日用伦常之道予以强调：

> 仁义者，天人之道与。天之道亲亲，人之道尊尊。亲亲之仁生于信也，尊尊之义成乎礼也。天人之道虽殊，推而移之，一也。一之者，可谓知也哉。
> 由信而仁，由礼而义，人之道也哉。
> 诚行仁义，则礼也，孝也，忠也，在其中矣。曰：何惟四者而

---

① 中巖圓月「東海一漚集」三、玉村竹二編『五山文学新集』第四卷、408頁。
② 中巖圓月「東海一漚集」三、玉村竹二編『五山文学新集』第四卷、428頁。

止，推而行之，万善之道备矣。①

从仁义作为政治治理之道和日用人伦之道的形式来看，该过程也曾遭到过一些思想家的批判甚至是诋毁，尤其是墨翟和杨朱。这一点，中岩圆月在提倡仁义之道时，对孟子批判墨翟、杨朱的话语形态和论述逻辑予以解析：

> 墨翟之仁，而可以尚之。问：何尚？曰：义。杨朱之义，而可尚之。问：何尚？曰：仁。子曰：哜哜之仁，可谓仁乎，小仁也哉。琐琐之义，可谓义乎，小义也哉。圣人之道大也，仁义而已矣。何尚之为？惟仁义之道大矣哉。
>
> 杨朱以离仁为义。人而无仁，何以能生？墨翟以离义为仁。人而无义，何以能成？无仁则非人也，无义则非人也。
>
> 仁义之离，杨、墨之道也，邪之道也，偏之道也。杨也为我，墨也无亲。无亲，何以为仁？无我，何以为义？是故，墨之仁，非仁也；杨之义，非义也。杨、墨之道，不能推而移。……惟圣人者，能推而移之。是以仁义不离，正之道也，中之道也。
>
> 惟天之春秋，犹人之仁义与。仲明或问：墨也春与，杨也秋与，圣人之道也，春而秋与，中正子曰：白也，可以与语仁义之道矣。②

如果对中国哲学史上孟子对墨翟、杨朱的批判之论不觉陌生，那么上述所引中岩圆月的解析也就不难理解。中岩圆月的主张极为明确："人而无仁，何以能生"，"人而无义，何以能成"，之所以如此，是因为"仁义不离，正之道也，中之道也"。除了直陈一种先验本体的观点外，他还将仁义比诸时间的存在："惟天之春秋，犹人之仁义与。"时间不以人的意志而停滞不前，那么仁义也将如同时间一般具有其存在上的客观与永恒。

中岩圆月具有相当高的《易》学水平，常常以《易》理和《易》学

---

① 中巖圓月「東海一漚集」三、玉村竹二編『五山文学新集』第四卷、408~409頁。
② 中巖圓月「東海一漚集」三、玉村竹二編『五山文学新集』第四卷、408頁。

思维进行理论思考和知识辨析。他对仁义的理解，是将其纳入《易》学的理论视域进行论述的，比如从《易》之"元亨利贞"发生和形成的路径论述仁义的先验及其必然性：

  元者生乎仁。故曰：善之长也。亨者其礼哉，嘉之会也。利者成乎义，故曰义之和也。贞者其信哉，事之干也。
  有仁而生，生而必亨，有义而成，成而必贞，譬如天有春夏秋冬而成季耳。
  春而不秋，不可成也。秋而不春，不可生也。①

中岩圆月从《易》理出发来论述仁义问题，未尝没有一定的道理。仁、义对举，最早见之于《易》。《易·说卦》云："昔者圣人之作《易》也，将以顺性命之理，是以立天之道曰阴与阳，立地之道曰柔与刚，立人之道曰仁与义。"从事物生发和形成之"元亨利贞"的过程来论述仁义的客观必然性，无疑是中岩圆月的首创。

中岩圆月还进一步利用《易·系辞传》之"显仁藏用"来论述仁义的呈现方式和利用法则：

  温之称者，怵惕恻隐之心，已著乎仁也。中之言者，喜怒哀乐之机，未发乎用也。孔子曰：显诸仁，藏诸用。说者曰：显仁者，用之形也；藏用者，仁之心也。是故，温其形而怵惕恻隐之心已著矣，中其心而喜怒哀乐之机未发矣。形也者，可见，故曰显。心也者，叵见，故曰藏。虽然，形之与心不可离也，然则温由中温，中由温中。②

---

① 中巌圓月「東海一漚集」三、玉村竹二編『五山文学新集』第四卷、408頁。
② 中巌圓月「東海一漚集 卷之字說・温中說（中巌圓月作品拾遺）」玉村竹二編『五山文学新集』第四卷、658~659頁。

以《易》来论证仁义的先验客观与本体特色，暂不论其逻辑论证上的失误和漏洞，这一做法体现出了中岩圆月对儒家经典的融会贯通。

对于仁义的坚守之道，中岩圆月提出以教化进行强化实施：

> 凡天下之事，靡不有弊。仁之弊也无威，义之弊也无慈。无威则教导隳之，无慈则化育夷之。教导之隳，何以治之？化育之夷，何以尼之？教而不治，义不之为也；化而不尼，仁不之施也。教化之张，仁义之行也；教化之弛，仁义之弊也。①

从中岩圆月实施仁义教化的意见中，我们可以进一步了解到他对仁义的看法。中岩圆月的论述是从反思仁义之弊入手的，"仁之弊也无威，义之弊也无慈"。既然仁义本身存在失去威信、缺乏慈爱而过于严酷等问题，那么仁义的实施必须辅之以教化，既要进行理论宣传，又要潜移默化、春风化雨般地展开"化育"。仅仅了解仁义之义理，但不以"教化"而施行，那么这种知行失衡行为无疑也是一种非仁义之举。

五　余论：寻求儒、佛会通

中岩圆月是中世五山禅林在儒学方面特别是《易》学领域深具造诣的禅僧。除儒学外，中岩圆月旁涉诸子百家，对老庄之道家情有独钟，亦有精微之深研。在有志难酬、遭逢山门排挤迫害之时，中岩圆月在行动上学习道家归隐山林。

就儒、释、道三家的学问来说，中岩圆月认为三家之旨均在于"道"，均以"道"为最高之旨归和最后所达之境界，只是由于三家之"道"不同，故有精粗高下的差别。比如他批评老庄之道：

---

① 中巌圓月「東海一漚集」三、玉村竹二編『五山文学新集』第四卷、409頁。

以本为精，以物为粗。庄子所说之风也。所谓本者，道也。物乃事迹也。……彼事务有万不同，皆有道所行之迹也。今人之能行者，用足也。足之履而遗迹焉。有愚人于此执迹为足，犹以物为本之类尔。是迷寤精粗之分也。①

尽管中岩圆月对道家哲学有所批判，但在诗文创作方面，道家山林隐逸思想对他影响深刻，他的不少七言绝句均体现出老庄道家的归隐和避世思想。

就身份本质与所持价值观念而言，中岩圆月尽管儒学造诣深厚，但在其思想底线和信仰方面，仍以佛教为安身立命之所在。对于韩愈、朱熹等宋明理学家的"辟佛"行为，中岩圆月给予了态度鲜明的反驳和论辩：

盖夫今之为儒者，斥吾佛之道以为异端。为佛者，亦非彼儒术为外道。是皆泥乎其迹，而未通其道耳。迹者，物也。物且未能尽，故泥焉，况乎道尽之哉。②

对于孟子、荀子和扬雄的人性论，中岩圆月也曾从佛教角度进行过评述：

孟子以善为性，非也。荀子以恶为性，非也。扬子以善恶混为性，亦非也。此三子者，不见正于佛教，故误也，宜也。然其不稽之孔子、子思之教，则失也。③

中岩圆月对孟、荀、扬三人的人性论加以批判，对孔子和子思的人性论持肯定态度，且认为其与佛教相类："孔子、子思之言乎性也，不与吾

---

① 中巖圓月「東海一漚集」二、玉村竹二編『五山文学新集』第四卷、390頁。
② 中巖圓月「東海一漚集」二、玉村竹二編『五山文学新集』第四卷、390頁。
③ 中巖圓月「東海一漚集」三、玉村竹二編『五山文学新集』第四卷、423頁。

佛之教相瞑也如此。"① 孔子论及人性论问题时，仅说过"性相近"一句，从何判断孔子的人性论与佛教相合？对此，中岩圆月明确指出："孔子之道，与佛相为表里，而性情之论，如合双璧。"②

儒、佛相合是中岩圆月对两者关系的基本态度。中岩圆月经常以儒学思想与佛教的理论概念进行相互类比，以期推动儒、佛交融。比如他将儒家之诚、礼、知比附于佛教之定、戒、慧三宝：

> 诚乎内而正之，之谓定。定证于静，静则有信。无信何以定焉。形乎外而行之，之谓戒。戒齐于禁，禁则有礼。无礼者何以戒焉。以此道教之人，人从而效之，之谓慧。慧生于明，明生于知。无知者何以慧焉。
>
> 禅者信，律者礼，教者知。
>
> 禅则心也。律者身也。教者口也。③

他还将儒家之"教"比附于佛教之"禅"：

> 归性之道，知而言之者，教也。履而行之者，律也。信而证之者，禅也。④

日本学界对于中岩圆月的儒佛相合论，有着不同的评价。足利衍述对此就曾评论道："中岩圆月的儒佛比定说，比起前辈只言其一端来，中岩此说则明了清晰，亦为儒佛调和史上所应特书之事。"⑤ 西村天囚认为："中正子十篇乃其倾注心血之所在，论及仁义之道、性命死生之理，发挥

---

① 中巖圓月「東海一漚集」三、玉村竹二編『五山文学新集』第四卷、422頁。
② 中巖圓月「東海一漚集」三、玉村竹二編『五山文学新集』第四卷、422頁。
③ 中巖圓月「東海一漚集」三、玉村竹二編『五山文学新集』第四卷、427~428頁。
④ 中巖圓月「東海一漚集」三、玉村竹二編『五山文学新集』第四卷、430頁。
⑤ 足利衍述『鎌倉室町時代之儒教』258頁。

其儒佛不二之本领。"① 不过，也有和岛芳男这样的看法，认为其"尚未参悟到宋学之真髓"。② 由于宋明理学的体系庞大，当时学者能领悟到一端，实属不易。如果对当时中日交通史和中世佛教史有所了解，那么可以认为和岛对中岩圆月的评价稍显苛刻了。

---

① 西村天囚『日本宋學史』87 頁。
② 和岛芳男『日本宋学史の研究』吉川弘文館、1962、101 頁。

日本近世初期对马藩的中国情报搜集活动

程永超[*]

摘　要　"锁国"时期的日本对中国一直保持高度的警惕,通过多条渠道来搜集中国情报。其中,由于釜山倭馆与对马府中(国元)、对马藩主与老中、日朝间信件的存在,"北京→汉城→釜山倭馆→对马→江户"被评价为验证中国情报向江户传递过程的最可靠渠道。日本近世初期,朝鲜应对马藩的要求,在准确提供了清朝入关相关情报的同时,又尽力隐瞒了朝鲜在"丙子之役"后降清等对朝鲜不利的事实。幕府打算从多个渠道验证情报的真实性,期望对马藩从朝鲜搜集中国情报;对马藩主为了回答将军的提问,命令倭馆馆守积极搜集中国情报。搜集虚实交错的中国情报,是对马藩在釜山设立倭馆的目的之一,到幕末演变成对马藩主最重要的职责。

关键词　对马藩　对马宗家文书　中国情报　朝鲜王朝　译官使

导　语

江户幕府建立初期,德川家康对中国怀有浓厚的兴趣,希望能恢复与明朝的勘合贸易。后来,在秀忠和家光的统治下,日本建立了以自我为中

---

[*] 程永超,日本东北大学东北亚研究中心副教授。

心的国际秩序。此后不久的明清鼎革加剧了东亚国际环境的紧张,日本当然不可能完全置身事外。此时,幕府通过四个不同渠道获取中国情报,情报搜集成果中最著名的,是由幕府儒官林鹅峰和林凤冈编撰的《华夷变态》。

本文主要聚焦江户初期对马藩对中国情报的搜集。对马藩承担了"北京→汉城→釜山倭馆→对马→江户"这条情报传递路线的后段工作。路线的前段"北京→汉城",指出使中国的朝鲜燕行使和中朝边境的朝鲜官员(义州府尹等)进行的情报搜集工作。中段"汉城→釜山倭馆→对马",指经朝鲜筛选的中国情报从汉城经东莱府和釜山倭馆传至对马岛。后段的"对马→江户"则指对马藩主通过信件向幕府老中报告所获得的中国情报。①

在总数超过12万件的对马岛宗家文书中,有许多对马藩搜集的中国情报。特别是几件题为"唐兵乱"和"北京兵乱"的史料,均与中国情势变化有关。例如,明清鼎革、"三藩之乱"、清朝平定准噶尔之战以及台湾朱一贵起义等情报,都由对马藩汇报给了老中。这些情报汇总被分别保存在对马江户藩邸(如《唐兵乱风说公仪江被仰上候控并朝鲜国山贼徒党御案内被仰上候控》②)、对马府中(如《唐兵乱风说公仪江被仰上候控〈诸记录一番〉》③《唐兵乱风说之觉书御老中方江差上候控》④)并流传至今。

此外,对马藩根据需要定期编纂的《分类纪事大纲》⑤ 中也有许多与中国政治变化有关的内容,例如《唐兵乱一件》(第1辑33)、《风说之事》(第2辑25)、《北京帝崩御之事》(第2辑4)、《北京帝之事》(第5

---

① Ronald P. Toby, *State and Diplomacy in Early Modern Japan*: *Asia in the Development of the Tokugawa Bakufu*, Princeton: Princeton University Press, 1983, Chapter 4. 日译本参见ロナルド・トビ著、速水融・永積洋子・川勝平太訳『近世日本の国家形成と外交』第4章、創文社、1990。
② 日本庆应义塾大学所藏,请求记号为94-10-39-37。参见http://dcollections.lib.keio.ac.jp/ja/tsushima/94-10-39-37,最后访问时间:2021年7月1日。
③ 韩国国史编纂委员会藏《对马岛宗家文书》,国编宗家·记录类5219、MF848、MF849。下文提到韩国国史编纂委员会藏《对马岛宗家文书》时,均以"国编宗家·记录类××××,MF×××"的形式简要表示。
④ 国编宗家·记录类3603,MF620。三册合编。
⑤ 对马藩将日记和记录类的内容根据主题筛选后按照年代顺序编辑成册,江户时代先后组织编辑过七次。详见田代和生『日朝交易と対馬藩』第5章、創文社、2007。

辑1、第6辑4)。在幕末，对马藩还努力搜集太平天国运动的情报，对马宗家文书中留下了相应的记录，如《北京筋兵乱风闻集书》《北京筋兵乱之事》《北京兵乱风说》。

中外学者都十分关注日本如何通过对马藩和朝鲜搜集中国情报，但先行研究大多关注17世纪后半期，特别是"三藩之乱"时期。"三藩之乱"爆发后，朝鲜期待明朝复辟，积极搜集各种情报。① 日本除通过来到长崎的中国商船、琉球使节以及荷兰商馆外，还通过对马藩从朝鲜搜集与"三藩之乱"有关的情报。

Ronald P. Toby 以分析幕府外交政策为出发点，曾对对马藩的情报搜集活动进行过基本研究。② 刘芳亮指出对马藩主要通过三种途径从朝鲜获得中国情报：对马藩主修书朝鲜，以索求情报；询问朝鲜问慰译官（日文为译官使）；以倭馆为据点，搜集情报。③ Toby 和刘芳亮都认为，朝鲜基于反清政策和对日本的不信任，经常刻意歪曲或隐瞒中国情报，因此此条路线获得的情报质量不高。此外，对马藩的朝鲜通词也在秘密地搜集中国情报。④ 米谷均还指出，对马口是朝鲜情报和中国情报的流入口，也是

---

① 近年来，中、日、韩学界出现了许多关于朝鲜搜集"三藩之乱"情报的研究，例如伍躍「朝貢関係と情報収集——朝鮮王朝対中国関係を考えるに際して」夫馬進編『中国東アジア外交交流史の研究』京都大学学術出版会、2007、185~220頁；金昌洙「17세기 후반 조선사신의 공식보고와 정치적 파장」『史學研究』106、2012年、141~173頁；禹仁秀「17세기 후반 鄭氏海上勢力에 대한 조선의 정보수집과 그 의미」『大丘史學』100、2010年、163~187頁；王桂东、达力扎布《清"三藩之乱"期间朝鲜对清朝情报的搜集》，《北华大学学报》（社会科学版）2013年第4期，第60~63页；李在璟「三藩의亂 전후（1674~1684）조선의 정보 수집과 정세 인식」『韓國史論』60、2013年、185~237頁；陈波《对马倭书与朝鲜传闻——朝鲜与日本围绕三藩之乱的情报交涉》，《国家航海》2015年第4期，第1~18页；等等。

② Ronald P. Toby, *State and Diplomacy in Early Modern Japan*: *Asia in the Development of the Tokugawa Bakufu*.

③ 刘芳亮：《江户时期日本的中国情报搜集活动——以朝鲜—对马渠道为例》，《安徽史学》2013年第6期，第61~69页。

④ 木村直也「朝鮮通詞と情報」『歴史手帖』第22巻第4号、名著出版、1994、4~10頁；米谷均「対馬藩の朝鮮通詞と情報」『歴史手帖』第22巻第4号、11~17頁；許芝銀「근세 쓰시마 조선어통사의 정보수집 경로와 내용」『韓日關係史研究』32、2009年、63~103頁；許芝銀『왜관의 조선어통사와 정보유통』景仁文化社、2012。

日本情报的流出口。① 此外，陈波和许芝银分别从《华夷变态》中提取了对马藩、萨摩藩渠道搜集的中国情报并进行分析。②

Toby 和仲光亮都曾经使用朝鲜史料（如《朝鲜王朝实录》）以及日本史料（如《华夷变态》《本邦朝鲜往复书》《（国元）每日记》），对近世初期对马藩情报搜集活动进行研究，特别是仲光亮还详细地分析了对马藩所搜集的"丁卯之役"（1627 年后金攻打朝鲜之役）、"丙子之役"（1637 年清军攻打朝鲜之役）以及清军入关的情报。③ 但是，Toby 和仲光亮都未详细分析对马藩所搜集中国情报的具体内容以及幕府将军和对马藩主在情报搜集一事上的立场。

本文主要利用韩国国史编纂委员会收藏的对马宗家文书（《分类纪事大纲》和《古文书　秘籍》），对 Toby 和仲光亮的研究进行补充，并在此基础上阐明中国情报搜集活动对对马藩的意义所在。

一　围绕清军入关的对马藩情报搜集活动

清顺治元年（1644），清军在吴三桂的帮助下进入山海关，打败了李自成，占领了北京。此后，清迁都北京，开始统治中国。Toby 曾经指出，1644 年 8 月 4 日来到长崎的中国商人首先将清军入关的消息传到日本，并将其内容简要概括为李自成叛乱、崇祯帝自缢、吴三桂打开山海关、清军占领北京并南下。仲光亮也分析了对马藩围绕清军入关的情报搜集活动，认为对马藩的一系列做法为幕府打通了一条新的中国情报渠道。

事实上，在对马藩全面开展情报搜集活动之前，就已经有不少情报传入了釜山倭馆。例如，日本正保二年（1645）五月，对马藩的裁判有田

---

① 米谷均「対馬藩の朝鮮通詞と情報」『歷史手帖』第 22 巻第 4 号、11～17 頁。
② 陈波：《对马倭书与朝鲜传闻——朝鲜与日本围绕三藩之乱的情报交涉》，《国家航海》2015 年第 4 期，第 1～18 页。許芝銀：《근세일본의 규슈지역 대외창구와 중국관련 정보 –『華夷變態』를 중심으로』『韓日関係史研究』70、2020 年、3～75 頁。
③ 仲光亮：《日本江户幕府搜集中国情报研究》，山东大学出版社，2017，第四章第三节 "对马藩所搜明清鼎革时期的中国情报"。

杢兵卫（朝鲜方面称为藤智绳）留在倭馆处理与禁教有关的事务时，就在备忘录中记载了从朝鲜人那里获得的中国情报。①

朝鲜倭学译官洪喜男向有田杢兵卫口头传达的这份情报，很可能是对马藩获得的第一份有关清军入关的情报。其内容是清军占领了北京，"王"（即清帝）的年号被确定为顺治。② 此外，在"丙子之役"后作为人质滞留盛京（今中国辽宁省沈阳市）的朝鲜王子昭显世子及凤林大君（即后来的孝宗）回到了朝鲜；清向朝鲜派出了敕使，朝鲜也在冬天向北京派出了使节（即冬至使）。③ 这一年（1644）也是朝鲜与清朝北京之间使节往来的开端。④ 裁判有田杢兵卫获得的上述情报基本正确，他将此报告给对马府中后，对马藩便开始了情报搜集活动。

（一）对马藩中国情报搜集活动相关的书信

Toby 曾评价过，"北京→汉城→釜山倭馆→对马→江户"是验证中国情报向江户传递过程的最可靠途径。⑤ 在讨论对马藩的中国情报搜集活动之前，我们先把与此相关的釜山倭馆与对马府中（国元）、对马藩主与老中、日朝间的信件等整理成表1。这些书信即传递中国情报的载体。

表1 对马藩中国情报搜集活动相关书信一览

编号	日期	发信人	收信人	出处	备注
1	（正保三年?）八月十三日	宗义成	平田将监、西山寺、有田杢兵卫	《光云院样御直书之写》	
2	丙戌年（1646）	宗义成	礼曹参议	《同文汇考》二附编卷七《告还·岛主告还岛书》	文阙

① 「裁判有田杢兵衛覺書」『分類紀事大綱』第一輯三十四、日本國立國會図書館藏対馬宗家文書、請求記號 W41‑6‑30。
② "今程達ら北京を取り候、王順治と年号も則申候。"
③ "達ら使者来り候由被申候、朝鲜よりも冬北京ニ使者被差越。"
④ "但シ、此年北京朝鮮通路之初也。"
⑤ Ronald P. Toby, *State and Diplomacy in Early Modern Japan*: *Asia in the Development of the Tokugawa Bakufu*, p. 151.

续表

编号	日期	发信人	收信人	出处	备注
3	丙戌年	礼曹参议	宗义成	《同文汇考》二附编卷七《告还·礼曹参议问慰岛主书》	渡海官：李亨男
4	正保三年十一月四日	宗义成	酒井忠胜、松平信纲	对马国元《每日记》	
5	正保三年十一月	宗义成	礼曹参议	《同文汇考》二附编卷七《告还·岛主探问慰行期书》	
6	正保三年十二月二日	宗义成	松平信纲、阿部重次、阿部忠秋	九博（002080601）	
7	正保三年十二月十七日	宗义成	松平信纲、阿部重次、阿部忠秋	对马国元《每日记》	
8	正保三年十二月十九日	宗义成	酒井忠胜、松平信纲、松平右卫门大夫、松平主膳	对马国元《每日记》	还有几封相关书信
9	正保三年十二月廿四日	李亨男 韩相国	古川右马助、平田将监	《古文书 秘籍》	
10	正保三年十二月廿五日	宗义成	松平信纲、阿部重次、阿部忠秋	对马国元《每日记》	
11	正保三年十二月廿五日	宗义成	酒井忠胜、松平信纲	对马国元《每日记》、《分类纪事大纲》	
12	正保四年正月廿日	佐左卫门、勘解由、式部少辅、将监、右之助	古川伊右卫门	对马国元《每日记》、《分类纪事大纲》	
13	正保四年正月廿日	佐左卫门、勘解由、式部少辅将监、右之助	李亨男、韩相国	对马国元《每日记》、《分类纪事大纲》	

续表

编号	日期	发信人	收信人	出处	备注
14	正保四年正月廿日	有田杢兵卫	李亨男、韩相国	对马国元《每日记》	
15	正保四年二月六日	酒井忠胜、松平信纲	宗义成	九博（003050101）	11 的回信
16	正保四年二月	宗义成	东莱釜山两令公	《本邦朝鲜往复书》11、《同文汇考》附编36《杂令·丁亥岛主探问明朝事情书》	
17	正保四年二月	宗义成	礼曹大人	《善邻通书》28《闻鞑靼事势书》、《本邦朝鲜往复书》11、《同文汇考》附编36《杂令·岛主更探清国事情书》	使者：平田将监、恕首座
18	正保四年二月	宗义成	东莱釜山两令公	《本邦朝鲜往复书》11、《同文汇考》附编36《杂令·岛主探问清国事情书》	
19	正保四年三月三日	酒井忠胜、松平信纲	宗义成	九博（002081801）、《朱［例书］》	
20	正保四年三月十七日	宗义成	酒井忠胜、松平信纲		从24得知其存在
21	丁亥三月	东莱府使闵应协	宗义成	国编书契679	
22	丁亥三月	釜山金使许东岦	宗义成	国编书契680	
23	正保四年四月一日	酒井忠胜、松平信纲	宗义成	《朱［例书］》、九博（002082101）	20 的回信
24	正保四年四月一日	松平信纲	宗义成	《朱［例书］》	19 的回信
25	正保四年四月	东莱府使闵应协	宗义成	《唐兵乱》《华夷变态》	
26	正保四年四月	倭学译官金谨行	宗义成	《唐兵乱》	

续表

编号	日期	发信人	收信人	出处	备注
27	正保四年四月廿八日	宗义成	酒井忠胜、松平信纲	《唐兵乱》	
28	正保四年七月	礼曹参议李省身	宗义成	《善邻通书》28、《本邦朝鲜往复书》12、《同文汇考》附编36《杂令·礼曹参议答书》	17的回信
29	正保四年丁亥十二月	宗义成	礼曹大人	《本邦朝鲜往复书》13、《同文汇考》附编36《杂令·岛主报明朝事情书》	
30	正保四年丁亥十二月	宗义成	礼曹大人	《本邦朝鲜往复书》13、《同文汇考》附编36《杂令·岛主又探问书》	
31	正保五年正月	宗义成	礼曹大人	《善邻通书》28《问大明事势之书》、《本邦朝鲜往复书》13、《同文汇考》附编36《杂令·岛主又探问书礼曹参议前》	《接待事目录抄》,使者:古川式部
32	正保五年正月	宗义成	东莱釜山两令公	《善邻通书》28、《本邦朝鲜往复书》13、《同文汇考》附编36《杂令·同书东莱釜山前》	
33	戊子年(1648)闰三月	礼曹参议李省身	宗义成	《善邻通书》28、《本邦朝鲜往复书》13、《同文汇考》附编36《杂令·礼曹参议答书》	31的回信
34	戊子年	宗义成	礼曹大人	《同文汇考》附编36《杂令·岛主探报滇闽兵事书》	文阙
35	戊子年	礼曹参议	宗义成	《同文汇考》附编36《杂令·礼曹参议答书》	

169

续表

编号	日期	发信人	收信人	出处	备注
36	庆安元年（1648）六月廿一日	古川、唐坊佐左卫门、勘解由、平田将监	杉村伊织、寺田一郎兵卫	对马国元《每日记》、《分类纪事大纲》	

注：1. 对马国元《每日记》，即日本长崎县对马历史研究中心藏对马宗家文书［日记类 Aa－1－4］［日记类 Aa－1－5］。

2. 《分类纪事大纲》，即《分类纪事大纲》第 1 辑 33《唐兵乱一件》。《唐兵乱》包括《唐兵乱风说公仪江被仰上候控并朝鲜国山贼徒党御案内被仰上候控》（庆应本）、《唐兵乱风说公仪江被仰上候控〈诸记录一番〉》（国编宗家本）。

3. 《朱［例书］》，即国编宗家·记录类 5560，MF887。

4. 《接待事目录抄》，即《东莱府接倭状启誊录可考事目录抄册》。

5. 《古文书　秘籍》，即国编宗家·记录类 6513，MF954。

6. 《善邻通书》28，即国编宗家·记录类 4777，MF785。

（二）对马藩中国情报搜集活动的展开

正保三年（1646）八月十三日，对马藩主宗义成令平田将监、西山寺和有田杢兵卫从朝鲜译官那里搜集更多情报。① 宗义成亲笔书写此令，证明藩主对此事非同寻常的关注，更说明搜集情报的重要性和紧迫性。值得注意的是，宗义成此时下令搜集的是清政府与朝鲜交往信件的文本，因为他认为清朝入主中原后才正式与朝鲜建立外交关系。② 此理解显然与史实不符，但却与上文正保二年五月有田杢兵卫备忘录中的内容一致。

有田杢兵卫获得的情报是，清军入关后从北京向朝鲜派遣了使节，朝鲜也向北京派遣了使节。宗义成将此情报中的北京直接理解为清廷，因此认为朝鲜向清廷派遣朝贡使节是清入关后的事情。实际上，在入关前（1637～1644），朝鲜就已开始向盛京派遣朝贡使节，这也是"丙子之役"

---

① 『光雲院樣御直書之寫』日本長崎県対馬歷史研究中心藏，記録類 3－37－B－9（2）。

② "韃靼人大唐取之候后、韃靼之大将ﾖ旧冬霜月朝鮮ヘ使者を以書简差遣たるよし、亦朝鮮ﾖ去三月初ヶ谢礼使者を以書简差遣候通。"

后朝、清所签订的《三田渡盟约》(也称《南汉山诏谕》)的内容。宗义成之所以产生误解,是因为朝鲜在"丙子之役"后刻意向日本(对马)隐瞒了战争的结果,对马藩也未能搜集到有效情报。①

同年九月,有田杢兵卫致函朝鲜,请求派遣译官使哀悼宗义成之母威德院的离世,同时要求提供有关北京和南京的消息。② 与此同时,宗义成于八月离开江户,十月二十六日抵达对马。③ 回到对马后,他于十一月四日致信老中酒井忠胜和松平信纲,表示准备从译官使那里搜集中国情报。④ 这是因为对马藩主回岛后,会依照惯例立即请求朝鲜派遣译官使庆祝藩主回岛,这样一来藩主便可直接与译官使交谈而获得中国的情报。因此,对马藩将藩主回岛的消息通知了朝鲜礼曹、东莱府使和釜山佥使。⑤ 十一月,有田杢兵卫请求朝鲜以书面形式提供明清战争的结果。⑥ 十二月十四日,有田作为译官使迎送裁判前往釜山。⑦

十二月十六日,应对马的要求,以李亨男和韩相国⑧为首的译官使抵

---

① 仁祖十五年(1637)三月,朝鲜礼曹参议崔葕告知对马藩主宗义成战争结束、清军撤退。四月,东莱府使郑良弼告知宗义成"现在朝鲜边境静谧",一直向对马藩隐瞒"丙子之役"的真实结果。参见『本邦朝鲜往復書』二、日本東京大學史料編纂所藏、請求記號4151.9-50。
② "藤智绳自马岛致书译官请送差吊岛主母丧,且闻北京、南京消息。"参见《东莱府接倭状启誊录可考事目录抄册》,韩国首尔大学奎章阁韩国学研究院藏,请求记号:奎贵9674。之后朝鲜以并无前例为由拒绝了这次译官使的派遣(《仁祖实录》卷47,仁祖二十四年十二月甲午条,首尔,韩国国史编纂委员会,1971,影印本,第35册第291页)。
③ 通常情况下,对马藩主按照三年一次的频率参勤交代。当时的藩主在正保三年春回到江户,却于同年十月返回对马,不符合每三年一次的规定,所以只能推测他返回对马是为了搜集中国情报(立花氏清編『宗氏家譜略』村田書店、1975、52頁)。《宗氏家谱略》中还写道:"正保四年,由于唐兵乱,(将军)没有下达参府(即去江户)的指示。"
④ "彼者参候者、唐之樣子も相知可申輿存候。"参见「(正保三年)江戸御老中并方々へ遣御狀控」『毎日記』日本長崎県対馬歴史研究中心藏、日記類Aa-1-4。
⑤ 《同文汇考》二附编卷七《告还·岛主探问慰行期书》,韩国国史编纂委员会藏,1978。
⑥ "藤智绳请问北京南京成败、书契中明白示破云云。"参见《东莱府接倭状启誊录可考事目册》,韩国首尔大学奎章阁韩国学研究院藏,请求记号:奎贵9764。
⑦ 立花氏清編『宗氏家譜略』52頁。
⑧ 《同文汇考》二附编卷七《告还》;《仁祖实录》卷47,仁祖二十四年十二月甲午条。

达对马，祝贺宗义成归岛。① 译官使抵达对马的次日，义成致信老中（松平信纲、阿倍忠秋、阿部重次），表示他计划在四五天内与译官使会面，会面结束后会详细汇报情况。② 二十三日，对马藩主与译官使进行了会谈，次日译官使将中国情报以书面方式记录下来（"书立"）并交给对马的家臣。二十五日，对马藩主将与译官使会谈的内容连同译官使的记录报告老中，等待进一步指示。③

从对马藩主致老中的信中可知，义成通过与译官使的会面切实地搜集到了中国的情报。然而，此时搜集到的却并非清军入关的内容，而是更早之前"丙子之役"的内容。④ 此外，朝鲜倭学译官（李亨男和韩相国）的日语口语能力较低，因此他们并未通过口头而是在会面结束后以书面形式将情报逐条写下。⑤ 李亨男和韩相国逐条写下的这份情报，也保存在对马宗家文书中（参见本文后述）。这样一来，对马藩主就充分利用朝鲜译官使访日的机会，通过双方会面直接搜集到了情报。

对马藩主将搜集到的情报报告给老中并请求进一步指示。次年二月六日，老中回信说，将军阅览情报后，命令对马藩主进一步调查中国的形势。⑥ 因此，宗义成又给东莱府使和釜山金使写信，要求他们提供中国情报。由于朝鲜并未马上对对马藩主的请求作出回应，宗义成派出了一名特

---

① 参见『毎日記』正保三年十二月十六日条、日記類 Aa-1-4。
② "彼地別条も無御座候、静安之由御座候、何茂四五日中彼使者へ可致面談与存候、仍追而可申上候。"参见「（正保三年）十二月十七日付松平伊豆守様、阿部豊後守様、阿部対馬守様連署」『毎日記』、日記類 Aa-1-4。
③ 「（正保三年）江戸御老中并方々へ遣御状控」、日記類 Aa-1-4；『分類紀事大綱』第一輯三十三『唐兵乱一件』日本國立國會図書館藏対馬宗家文書、請求記號 W41-6-30。
④ "将又先年朝鮮国与獞狛人与兵乱之儀、殊更其後致和談候已後朝鮮国王与獞狛与之通用之儀共。"参见「（正保三年）江戸御老中并方々へ遣御状控」『唐兵乱一件』。
⑤ "右之译官之者共へ相寻申候処ニ、口上不自由ニ御座候故、书立仕拙子へ见せ申候。"参见「（正保三年）江戸御老中并方々へ遣御状控」『唐兵乱一件』。
⑥ "右之使ニ被相寻付而、具書注之其方迄捧之書物等何茂備上覧候、然者朝鮮へ者唐之様子知可申候間、従跡々朝鮮江被差遣候者与釜山浦迄相渡之其方心得之様ニ弥様体連々被承之注進尤候。"日本九州国立博物館対馬宗家文書数据庫，收藏品番号：P785，整理番号：003050101。

使携带书信前往朝鲜。① 另外，有田杢兵卫请求朝鲜再次解释朝清关系。②
四月，对马藩主终于收到了东莱府使和倭学译官的回信，并立刻写信报告
老中（参见本文后述）。

二 从朝鲜获得的情报

（一）"丙子之役"的情报

先来看译官使访日时交给对马藩的书面记录：

> 正保三年丙戌（1646）十二月廿四日，译官李金知、韩判事写
> 给古川右马助、平田将监的书信，内容是对（对马藩主）关于鞑靼
> 与朝鲜兵乱情况的回答。
> 到元禄四年辛未（1691）为止，已经过去四十六年了。
> 昨日承蒙盛情款待，不胜感激，下面回答宴会时您询问的事情。
> 一、您问到朝鲜国与鞑靼人往年兵乱的情况。由于很多鞑靼人从
> 辽东进入朝鲜境内恣意妄为，朝鲜出兵抓捕这些鞑靼人后，鞑靼人派
> 大军侵略朝鲜，此时明朝又派兵"侵略"在辽东的鞑靼人。大概是
> 因为明朝的派兵，鞑靼人与朝鲜国讲和。因此，鞑靼国向朝鲜国派出
> 使者，朝鲜后来又派使者去鞑靼国回礼。（A）<u>朝鲜与明朝自古以来
> 就是情同父子，今日与鞑靼国关系并不密切</u>。即使鞑靼人统治中国，
> 朝鲜也完全不会落入鞑靼人手中，现在朝鲜（与鞑靼人的往来）只
> 是应付鞑靼人的一时之计。

---

① "且又大明国中之诸事，连年就贵国虽欲闻之，终无告报，飜是差渡飞舟，万般付倭馆守舌头。"参见「（正保四年二月）对馬藩主致東萊府使、釜山金使」『本邦朝鮮往復書』十一、日本東京大學史料編纂所藏、請求記號 4151.9-50。
② "三月，藤智绳问本国与清人和好之事，要得回示文字。"参见《东莱府接倭状启誊录可考事目录抄册》，韩国首尔大学奎章阁韩国学研究院藏，请求记号：奎贵 9674。

一、鞑靼人大概不会觊觎朝鲜。其详情是，若鞑靼人想要控制朝鲜，就要先推翻明朝的统治，但结果不尽如人意，因此鞑靼人就想到可以先进攻朝鲜，同时控制辽东和朝鲜后再推翻明朝。然而，考虑到即使先控制朝鲜，再与明朝为敌，鞑靼会损失大量兵力，因此朝鲜是安全的。鞑靼方面一直声称与明朝的关系不好，但这些都是毫无根据的主张。他们之所以这样，似乎认为明朝是天底下最好的国家，风俗端正，物质富足，所以只要能控制明朝（的统治区域），他们就不介意放弃鞑靼原有的统治区域。

一、若北狄人统治中国，谋划进攻日本之外的国家，朝鲜不会误入歧途选择跟随北狄。纵使朝鲜亡国，也绝不会投降清朝。（B）届时，朝鲜国王会通过对马告知（日本）大君请求进行调停，这样鞑靼人就不能随心所欲。虽然凭借日本国的威光，这种情况不会发生，我们只是以防万一事先提示。这是我们二人作为翻译的职责。我国无法将所有内容全部告知，（我们）即使想亲口告之上述事宜，也很难组织语言，因此逐条写下，不宣。

丙戌十二月二十四日　李佥知
韩判事

古川右马佐公
平田将监公①

这份书面文件，是在与对马藩主会面的第二天，朝鲜译官使李亨男和韩相国写给对马藩家臣古川右马助和平田将监的，其内容是关于清和朝鲜之间"丙子之役"等情况的回答。这份记录并非原本，而是对马藩在元禄四年整理的。这份日文书写的史料反映了当时朝鲜倭学译官的实际日语写作能力，它的主要内容有三点：一是"丙子之役"的情况及后来的朝、清关系，二是对清朝动向的预测（再次入侵朝鲜的可能性等），三是对清

---

① 『古文書 秘籍』国编宗家·记录类6513，MF954。为了方便引述和理解，笔者在原文中添加了公历年份和英文字母。后文类似情况，笔者不再说明。

征服中原后的预测（朝鲜可能会向日本请求斡旋）。

上述引文的第一条内容叙述了"丙子之役"爆发的原因。先是朝鲜出兵制止清人在中朝边境上的不法行为，清军以此为借口进攻朝鲜，之后明朝又进攻在辽东的清军，最后朝、清讲和。事实上，在进攻朝鲜之初，当时的清朝皇帝皇太极就列出了四条开战理由，第一条便是朝鲜人频繁出入己方领地（"自兹之后，朝鲜败盟，不禁他的百姓，屡来内地采参打围，不知此皆天所分限，各有信地者也"①）。皇太极的出兵原因与倭学译官提供的情报有很大出入。

众所周知，"丙子之役"以朝鲜国王仁祖的投降和《三田渡盟约》的缔结而结束。然而倭学译官却告知对马藩战事结束源于明朝增援，尽力向对马（日本）隐匿朝鲜战败的屈辱历史。

倭学译官还写道，清与朝鲜讲和后，清首先向朝鲜派遣了使节，接着朝鲜也派遣使节作为回礼。战争结束后首先派出使节的一方即为战败方，这是东亚世界的默认规则。因此，倭学译官才特意说明是清而非朝鲜先派出的使节。另外，向清派遣朝贡使是"丙子之役"清军接受朝鲜投降的条件之一（"其圣节、正旦、冬至、中宫千秋、太子及有庆吊等事，具须献礼，命大臣及内官奉表以来"②），倭学译官提供的情报与史实出入巨大。

此外，倭学译官还写道，明和朝鲜一直是情同父子的关系，而朝鲜与清的关系并不密切（参见上述引文 A 段内容）。实际上，《三田渡盟约》规定朝鲜政府须将明朝颁赐的诰命册印上交清人并奉清为正朔，③ 倭学译官的这一叙述显然与其内容相悖。

上述引文的第二条内容旨在分析清人没有侵占和控制朝鲜的意愿及理

---

① 「清太宗の告祭文草稿」中村栄孝『日鮮関係史の研究』下、吉川弘文館、1969、614 頁。
② 参见《同文汇考》别编卷二《节使·丁丑定约条年贡谕互饬谕》。
③ "尔若悔过自新，不忘恩德，委身归命，以为子孙长久之计，则将明朝所与之诰命册印献纳谢罪，绝其交往，去其年号，一应文移，奉我正朔。"参见《同文汇考》别编卷二《节使·丁丑定约条年贡谕互饬谕》。

由。具体来说，清人控制朝鲜的最终目的是征服明，但考虑到若与明作战清军便会损失大量兵力，因此朝鲜现在是安全的。这一内容显然也不符合当时中国的形势。为了掩盖朝鲜已被清控制的事实，倭学译官即使清楚了解中国的最新情况（清军已占领北京、南京等地），也决定此时不告知对马藩。①

上述引文的第三条内容是对清军征服中原后的预测。倭学译官写道，若清人占领了中原并企图征服其他国家，朝鲜即使亡国，也不会向清投降。事实上，在朝鲜仁祖十五年正月三十日，仁祖已经在汉江南岸的三田渡向清帝皇太极行三跪九叩之礼，以示臣服降清。很明显，此文件中记载的内容与历史事实完全不相符。此外，文件还写道，若清征服朝鲜一事真会发生，朝鲜会请求日本进行调解（参见上述引文 B 段内容）。事实上，朝鲜不仅自始至终没向日本发出请求，反而竭尽全力向日本隐瞒"丙子之役"以来的真实情况。

整体来看，第一条提供的是扭曲的情报，将与史实相悖的内容告知对马藩；在第二、三条中，倭学译官尽可能地隐瞒已经降清的事实，并反复强调朝鲜今后也不会向清投降。可以说，尽管清与朝鲜的关系因"丙子之役"由"兄弟之国"变为"父子之国"，但在"丙子之役"发生约十年后的正保三年，朝鲜人还在努力向日本对马藩隐瞒战争的真相。

（二）清军入关的情报

第二年，对马藩将情报搜集的成果——《东莱府使备忘录》《倭学训导备忘录》及对马藩主的信汇总后提交给老中。②

首先来看《东莱府使备忘录》，即来自朝鲜东莱府使闵应协的情报。

---

① 《备边司誊录》，仁祖二十四年十一月十八日条，首尔，韩国国史编纂委员会，1982；《承政院日记》，同日条，首尔，民族文化推进会，2002。
② 「唐兵亂風説公儀江被仰上候控并朝鮮國山賊徒党御案内被仰上候控」日本慶應義塾大學藏、請求記号 94 - 10 - 39 - 37，见 http://dcollections.lib.keio.ac.jp/ja/tsushima/94 - 10 - 39 - 37，最后访问时间：2021 年 7 月 1 日。

在对马藩的记录中,它被称为"东莱府使等人致宗义成的备忘录"。

东莱府使·之觉书(来自东莱府使的备忘录)
(A)清人进取北京时,九王为主将,率八王、右真王等诸大将领百万众到山海关,则明朝守关大将吴三桂迎降,驱逐李自成,遂入北京。(B)进兵南京时,大将则八王、十王,明朝降臣洪承畴亦为领兵同往,乃(按:国编宗家本作"仍")令承畴留注(按:国编宗家本作"驻")南京。(C)人民、商贾、各津各浦,法制大概参用清、汉人而依仿旧制。(D)既合蒙古,又取大明地方,人数多寡可以想知。而大概此等所闻皆是远外传闻(按:国编宗家本作"明")之言,有难详悉。

丁亥四月日　　　　　　　　　　　　　　　　　　　东莱府使①

东莱府使在这份备忘录中提供了四类情报:清入关的出兵情况(参见上述引文 A 段内容),清占领南京的派兵情况(参见上述引文 B 段内容),清朝统治相关的内容(参见上述引文 C 段内容),以及战争的总体结果(参见上述引文 D 段内容)。参照史实,他提供的情报可以说是比较准确的。

与这份备忘录一起的,还有朝鲜倭学训导金谨行的备忘录:

来自训导金金知的备忘录
(A)清国人攻入北京时,九王为大将,八王及右真王率百万人,攻至山海关时,北京的大将吴三桂出迎,引清军进入山海关,将李自成驱逐出北京,占领北京。(B)此后从北京攻入南京时,八王、十王及明旧臣洪承畴同往,占领南京,将洪承畴留在南京。(C)人民、商人、津々浦々大概清国人和汉混居,清国人遵守清国之旧制,汉人遵守大明之旧法。(D)再加上蒙古人,(清国人)统治大明之地,可

---

① 「唐兵亂風說公儀江被仰上候控并朝鮮國山賊徒党御案內被仰上候控」。

以想象人数众多。大概情报如下所述。远国风说传,其中详情不得而知。

丁亥四月日　　　　　　　　　　　　　　　　训导金佥知①

倭学训导这份情报的内容也可以分为四类：清军入关的出兵情况（参见上述引文 A 段内容），清军占领南京的军事情况（参见上述引文 B 段内容），清朝统治相关的内容（参见上述引文 C 段内容），以及战争的总体结果（参见上述引文 D 段内容）。

比较两份备忘录就会发现，《东莱府使备忘录》的 A、B、D 部分与《倭学训导备忘录》A、B、D 部分的内容基本相同，整体内容也可以说是互相对应的。《倭学训导备忘录》的 C 部分简单解释了《东莱府使备忘录》的 C 部分，使其更容易理解，所以可以认为前者是后者的日文（候文）翻译。

对马藩主将这两份备忘录寄给老中时，另附一信逐条整理了已经获得的情报。第一条是关于清兵入关的具体出兵情况，与两份备忘录几乎相同，唯一区别是补充了山海关的记载。第二条是关于李自成之乱和崇祯皇帝自缢的内容，这是两份备忘录中所没有的，有可能是对马藩主从其他渠道获得的情报。第三条指出洪承畴和吴三桂是降清的明将，这可能是从两份备忘录中提取的情报。第四条是清军占领南京的内容，可以认为是对两份备忘录 B、D 部分的总结。第五条呼应两份备忘录的 C 部分，该内容直接引用了上文提到的"东莱之书物"，即《东莱府使备忘录》。通过上述分析可知，对马藩主给老中的信是在整理了两份备忘录后，又加入其他渠道已获得的情报写成的。

《东莱府使备忘录》也被收录在幕府儒官林家编纂的《华夷变态》中。下文标出了《华夷变态》收录内容与对马宗家文书收录版本的异同：

---

① 「唐兵亂風説公儀江被仰上候控并朝鮮國山賊徒党御案内被仰上候控」。

清人进取攻北京时，九王为主将率八王、（十王）、右真王等诸大将领百万众，到山海关，则明朝（山海关）守关大将吴三桂迎降，驱（追）逐李自成，遂入北京。进兵（取）南京时，大将则八王、十王（为首领），明朝降臣（将）洪承畴亦为领兵同往（等从之），乃令（因留）承畴留注（守）南京，（凡明朝）大民、商贾、各津各浦，法制大概参用清，汉人而依仿旧制。既合蒙古，又取大明（朝）地方，大数多（其地民众）寡可以想知，而大概此等所闻皆是远外（委细）传闻之言，有难（远悉不可）详悉（也）。

　　于亥四月日　　　　　　　　　　　　　　东莱府使

（右は朝鲜东莱之人、对马にて谈ずる趣也）①

　　《华夷变态》收录的内容，与对马宗家文书中记录的内容几乎相同，仅在措辞细节上存在些许差异。② 从末尾一句"以上是朝鲜东莱之人在对马谈论的内容"可知，林鹅峰应该也收到了对马藩主给老中的信，并在编撰《华夷变态》时对情报字句做了一些修改。

　　最明显的变化，是将《东莱府使备忘录》中的"大明"改为"明朝"。朝鲜人用"大明"来指代明朝，包含了对明崇拜的感情。然而江户时代的日本很少使用"大明"一词，通常使用"明朝"一词。③ 大概是因为这个原因，林鹅峰将"大明"一词改为"明朝"。还有一些句子的意思几乎相同，但文字被修改成了更优美的汉文。

　　鉴于林鹅峰在《华夷变态》序言中写道，他曾向将军宣读过明清鼎

---

① 林春勝・林信篤編『華夷変態』上、東方書店、1981、10~11頁。
② 松尾晋一对比《东莱府使备忘录》、《倭学训导备忘录》、对马藩主致老中的信与《华夷变态》的记录后认为，对马汇报给老中的情报并没有被全部告知给林家。参见松尾晋一「『華夷変態』と対馬宗家からの「唐兵乱」情報」『研究紀要』1、2016年、2~3頁。
③ 「御書翰嫌字覺書」（日本國立國會図書館藏对马宗家文书、請求記號 WA1-6-11）汇总介绍了日、朝外交文书不应使用的讳字和嫌字，其中就特别提到，若在"明国""清国"前面加上"大"字变成"大明国""大清国"的话，看上去就像日本尊崇中国一样，因此应该用"明国""清国"。

革的相关传闻,并将其翻译成日文("读进之、和解之"),可以认为林鹅峰很有可能在此过程中对字句做了一些斟酌和修改。

三 将军与对马藩主的立场

从前面第一节的分析可知,对马藩主不时地向老中汇报,并听从老中(幕府将军)的指示,积极搜集来自朝鲜的中国情报。然而,最初幕府将军对对马藩的情报搜集活动有何期待?对马藩究竟为何要搜集中国的情报?下面分别分析幕府和对马藩的立场,以努力回答上述疑问。

(一)幕府将军:期待对马藩核实与补充情报

明朝天启元年(1621)三月,努尔哈赤占领辽东,随即迁都辽阳。幕府将军从南京商人那里首次听到这一消息时,[①] 责备了没有立即汇报的柳川调兴。[②] 不过,当将军听说辽东从来就不是朝鲜的土地后,竟然决定不再追究柳川调兴的责任。这说明,此时对马藩的职责是搜集朝鲜情报,而非中国的情报。

这条记录源自朝鲜方面的记录,是努尔哈赤迁都六年后"丁卯之役"爆发时庆尚监司金时让驰启的内容。虽然史料的真实性有待进一步商榷,但我们可以推断,最迟在1620年代后金崛起的时期,幕府就已开始期待对马通过朝鲜搜集中国情报了。

1621年冬天,以规伯玄方为正使、宗智顺为副使,一个诡称奉日本国王(将军)命令组成的使团("御所丸送使")以1617年回答兼刷

[①] "正月,宣慰宴时,倭使云,关伯因南京商人闻鞑贼犯抢中国,作据朝鲜,故于发兵来,调兴以元无此事止之云。"参见《东莱府接倭状启誊录可考事目录抄册》,天启辛酉正月条,韩国首尔大学奎章阁韩国学研究院藏,请求记号:奎贵9674。另,此条虽作天启辛酉(1621)正月记录,但假的日本国王(将军)使于此年冬天离开对马,翌年正月抵达对马(《边例集要》卷1《别差倭》,首尔,韩国国史编纂委员会,1971,第2页),因此应为天启二年正月的记录。

[②] "前日辽东陷奴之日、关白责调兴以趁不告知。"参见《仁祖实录》卷15,仁祖五年三月戊寅条,影印本,第34册第183页。

还使报聘使的名义前往朝鲜。这次赴朝的使团是柳川调兴根据 1607 年朝鲜回答兼刷还使访日的先例擅自决定组派的，事先并未得到幕府的许可。① 使团归国后，在给朝鲜礼曹的回信中解释了匆忙归国的原因，② 也表达了希望朝鲜可以进一步提供更多情报。③ 从回信内容可以推断，此次出使的目的不仅仅是回答兼刷还使报聘使的回礼，还包括对后金入侵朝鲜情况的调查。也许是迟迟没有得到朝鲜的答复，第二年对马藩主宗义成又致信礼曹询问情况。④

朝鲜仁祖五年（1627）正月，"丁卯之役"爆发。次年，对马藩主宗义成向老中报告了这一情况。⑤ 幕府将军德川秀忠命令宗义成遣使赴朝探察形势。多年后，林鹅峰根据规伯玄方对 1621～1622 年访朝的回忆而编写的记录中，提到了德川秀忠下达此命令的背景。

秀忠从长崎传来的情报中了解到后金入侵朝鲜（"丁卯之役"），在确认了对马藩主是否汇报过此事后，他命令对马藩主派遣使者到朝鲜搜集情报。⑥ 也就是说，秀忠并不满足于长崎传来的情报，期望从对马方面获得详细的情报。假的日本国王（将军）使团在朝期间，宗义成不时将最新动向汇报给幕府，还在宽永七年（1630）四月十三日与从朝鲜归来的规伯玄方一同来到江户，亲自向将军汇报。⑦

---

① 松浦允任著、田中健夫・田代和生校訂『朝鮮通交大紀』名著出版、1978、215頁；藤定房著、鈴木棠三編『対州編年略』東京堂出版、1972、245頁；『柳川調興公事記録』上・19項、東京大學史料編纂所藏、請求記號 2051.9 - 108。
② "顷者命探问戎兵犹猖獗否，以速悉岛主。"参见「（天启二年）日本國王三使臣等呈禮曹大人閣下」『江雲隨筆』東京大學史料編纂所藏、請求記號 2351 - 3。
③ "伏乞急示台报，得闻时势如何。"参见『江雲隨筆』。
④ "为问尔来钧候万安珍重，先书不知达于阁下否，只待阅琼复矣。吾殿下介念救贵国山狱戎事未休，故以急命令三使饭岛，探问贵国时势。"「太守義成問山狱戎呈禮曹契」『江雲隨筆』。
⑤ 《古文书　秘籍》。另外，宽永四年十一月八日，对马藩主与从釜山归国的古川右马助一同拜访了以心崇传，告知崇传"顺利击退鞑靼人"（"無事ニテ獯人引退"）。参见『異国日記』影印本、東京美術、1989、上 122～123 頁。
⑥ 「方長老朝鮮物語付柳川始末」『史籍集覽』第 16 册、近藤出版部、1926、572 頁。
⑦ 田代和生「寛永六（仁祖七、一六二九）、対馬使節の朝鮮国『御上京之時毎日記』とその背景（三）」『朝鮮学報』101、1981 年、103～106 頁。

正保三年，在对马藩围绕清军入关的情报搜集活动正式开展之前，将军率先从长崎了解到中国的政局变化，并询问了当时在江户的对马藩主是否了解中国的情况：

> 岛主在江户时，大君问于岛主曰："朱皇帝避乱于福州，请援于我国。南北京皆为鞑靼之所据，而朝廷曾不言及于汝耶？"岛主答曰："北京被陷，果已闻之。而南京见败，则曾所未闻矣。"①

此时将军已经知道南京和北京被清兵占领，于是询问对马藩主是否从朝鲜得到了同样的情报。这条史料本身是朝鲜方面的记录，是对马藩裁判有田杢兵卫致信朝鲜的内容。尽管如此，仍然可以说明在对马藩开展情报搜集活动之前，已获得部分中国情报的将军期望对马藩能从朝鲜获得更多情报。将军并非期望对马提供第一手情报，而是期望对马藩核实已获得情报，并加以补充。

此后，对马藩主向老中报告了直接从译官使那里获得的"丙子之役"相关情报，但幕府要求对马藩主继续努力搜集更多情报。此外，当老中向将军报告对马藩主准备近期来江户参勤时，将军指示老中转告对马藩主无须立即来江户，应留在对马努力搜集中国情报并及时汇报。②之后，将军命令对马藩主若无幕府的进一步指示，就继续留在对马，一旦有消息就及时报告。③尽管"朝鲜→对马"渠道有着传递路线长、速度慢等致命缺点，但对幕府来说，这条渠道作为长崎渠道的补充，可以帮助将军判断已获得情报的真实性，有其存在的重要意义。

---

① 《仁祖实录》卷47，仁祖二十四年十二月甲午条，影印本，第35册第291页。
② "其方事近々可為參勤之段示給之趣達上聞之処、不及其儀候間、國元有之而朝鮮筋之御用等承届可被注進旨被仰出候。"参见日本九州国立博物馆对马宗家文书数据库，收藏品编号：P435，整理编号：002081801。
③ "然者其方參勤之儀重而仰出有之迄者其地罷在、彼國之樣體申來候者可致注進由上意候。"参见日本九州国立博物馆对马宗家文书数据库，收藏品编号：P438，整理编号：002082101。

(二) 对马藩主：为回答将军的询问做准备

宽永十八年（1641），清军围攻锦州的消息（松锦之战）从对马府中传到了釜山倭馆。当时对马藩致书倭馆馆守，提到了对马藩进行中国情报搜集活动的原因。① 这封信的目的，是希望倭馆馆守请求倭学译官提供明清战争相关的书面情报。提出此要求的原因，是来到长崎的漳州商人带来了清军战败的传闻，且这些传闻很可能会传到将军处。因此，对马藩主害怕如果己方不能提供任何情报，会被将军认为玩忽职守。② 也就是说，对马藩主之所以有意识地开始搜集中国情报，是因为害怕一旦中国情报通过长崎等别的渠道到达幕府，幕府很可能会追究其汇报延迟的责任。

此外，对马藩主在觐见将军时，也极有可能被将军直接询问有关中国情报的问题。在前文第一节的事例中，对马藩主宗义成在致平田将监、西山寺和有田杢兵卫三人的亲笔信中就写道：

> 若（此情报）传到了将军的耳朵里，我却不知道这两封信（鞑靼致朝鲜的信及朝鲜给鞑靼的回信）的具体内容，将军询问的时候我便无从回答，因此务必要知道信的内容并汇报。③

正保四年，对马藩寄给倭馆馆守的信中也有类似表达。信中写道，将军对中国情报很感兴趣，要求对马藩主详细调查清支配中国的情况。宗义成也认为，"当我到达江户谒见将军时，必将会被问到中国的情况"。④

---

① "寛永十八年十二月十一日　嶋雄権之助方江申遣ス。"『分類紀事大綱』第一輯三十三『唐兵乱一件』。
② "長崎辺ニ而ちやくちう（漳州）人申ふらし候者、獾人戦負、本国江引取候様ニ風聞候、加様之儀、自然御公儀江脇より立御耳候得者、殿様御油断之様ニ御座候。"『分類紀事大綱』第一輯三十三『唐兵乱一件』。
③ "此段公儀江被聞召迄ニ候而茂、両方之書簡之趣不相知候得者、御尋之時分此方ゟ可申上様子も無之事ニ候条、念を入承知候而可申越候。"『光雲院様御直書之寫』。
④ "御参府之節、於江戸表ニ右之様子御公儀ゟ御尋茂可有御座候と御思召上候条。"『分類紀事大綱』第一輯三十三『唐兵乱一件』。

此后，每当中国发生情势变化时，对马藩都积极搜集各种情报，同时关注来自长崎的中国情报。例如，当台湾朱一贵之乱发生时，对马藩主给老中的信中就提到他也十分关注来自长崎的情报。①

从这些事实可知，归根结底，对马藩积极搜集中国情报的背景是为应对将军的提问做准备。

代结语：对马藩搜集中国情报的意义

随着1607年第一次回答兼刷还使的访日，因"壬辰战争"中断的日朝外交关系正式恢复。当时，幕府命令对马藩主宗义智负责掌管日、朝两国的通交事宜并将之作为家役（"御両国之御通交相掌候儀代々家役ニ相勤候"②）之一。

柳川事件发生后，当时的对马藩主宗义成向德川家光提交的誓词中有"以朝鲜支配为家业，时刻感恩，遵守指示，尽我所能，勤恳奉公"之句。③ 后来，在对马藩主即位或幕府换代时提交给幕府的"起请文前书"模板中，也有"日本、朝鲜通交之事，尽力为幕府效力，并不得泄露幕府命令的任何秘密事项"④ 一条。

---

① "享保六辛丑年十二月四日、当春以来南京之内、台湾嶋兵乱有之段、長崎筋より相聞、江戸表ニ而茂専風聞有之候付、其旨御国江申遣、朝鮮之方承合候様館守江被仰付置候。""唐兵亂風説公儀江被仰上候控并朝鮮國山賊徒党御案内被仰上候控》。
② "対馬守先祖義智儀慶長十二年朝鮮国御和好御再修之砌御両国之御通交相掌候儀代々家役ニ相勤候様被命候事"国编宗家・记录类6010，MF925。此时，幕府要求对马藩主的"家役"包括以下几项：（1）朝鲜国通交之事；（2）国书式之事；（3）两国使节之事；（4）岁遣船之事；（5）漂人使送之事。
③ "朝鮮之仕置以下家業被仰付候、重畳御恩深罢蒙候段、難有忝奉存候、何様之儀も被仰出候趣、守其旨、万端速御奉公油断仕間敷事。"参见《备忘记》之《起请文前事》第5条，韩国国立中央图书馆藏，索号号：古6-18-76；『柳川調興公事記録』中・29项。
④ "日本朝鮮通用之儀、心之及候程人念御为宜様可仕候、若御隐密之儀被仰出候共、一切他言仕間敷候事。"参见《备忘记》之《起请文前书事》第2条。此外，日本长崎县对马历史研究中心还保存有对马藩第五代藩主义方、第六代藩主义诚、第七代藩主方熙、第八代藩主义如就任藩主时向幕府提交的誓词。详见古川祐貴「対馬宗家の家督相続と朝鮮通交（外交・貿易）」『長崎県対馬歴史研究センター所報』一、2021，注52。

上述文件所确立的对马藩主的家役，指朝鲜事务处理（"朝鲜之仕置"）与日、朝通交（"日本、朝鲜通用"）事宜，其中并无任何搜集中国情报的描述。也许正因为如此，对马藩搜集中国情报的行为往往被认为是日、朝交涉过程中的副产品。然而，在《馆守条书》（成书时间不详）这一明确规定了倭馆馆守职责且广为流传的史料中，有一条规定如下："朝鲜国及北京的风说一并用心搜集，无论虚实，一律以书面形式上报。"① 此条内容明确规定，除朝鲜的情报外，搜集中国的情报也是倭馆馆守的职责之一。

1711 年朝鲜通信使（日本称"正德信使"）访日时，对马藩组织编撰了备忘录性质的《（宝永八辛卯年）觉书》② （四册合订）。第四册的《口上觉》中写道："在朝鲜设置倭馆，召集众人，窥探北京、朝鲜的形势。"③ 虽然《（宝永八辛卯年）觉书》侧重于对马藩作为江户幕府藩屏的作用，但我们也要注意到，在倭馆建立初始，探察中国的情况与探察朝鲜的情况同样重要。《（宝永八辛卯年）觉书》被认为是为迎接通信使的到来、统一对马藩内的认识而撰写的，因此我们可以认为此时对马藩再次确认了搜集中国情报的重要意义。

19 世纪中叶，太平天国运动在中国爆发后，对马府中收到了倭馆馆守的报告。对马府中年寄在回信中明确表示，搜集中国情报是对马藩主的第一职责，并指示倭馆馆守继续搜集情报。年寄写道，明清鼎革时期对马藩曾经通过倭馆从朝鲜获得中国情报，并向幕府报告，搜集情报是对马藩主的首要职责，因此对马藩年寄命令倭馆馆守要毫不放松地搜

---

① "朝鲜国并北京筋の风说共に此方御心入に可罢成仪者、不依虚实、沙汰之趣被闻立、便宜之筋书付を以内々可被申越候事。"『館守條書』第 4 條、国编宗家・记录类 4616、MF770；『館守條書』第 5 條、日本長崎県对馬歴史研究中心藏、記録類 2-23-L-18。在『近世日朝通交貿易史の研究』（創文社、1981、178~180 頁）、『新・倭館：鎖国時代の日本人町』（ゆまに書房、2011、107~110 頁）中，田代和生对日本长崎県对马历史研究中心藏《馆守条书》做了介绍。

② 国编宗家・记录类 6574、MF960。

③ "朝鲜へ倭馆を构、人数を召置、北京・朝鲜之时势を窥。"『（寶永八辛卯年）覺書』国编宗家・记录类 6574、MF960。

集情报，不得有误。① 仅从上述史料来看，对马藩主的"御役职"中最重要的是中国情报搜集活动，而且这也是对马藩内的共识。搜集中国情报是在釜山建立倭馆的目的之一，到了幕末，也成为对马藩主最重要的职责。

---

① "正保年中唐兵乱之仪、朝鲜国风闻之次第追々公边被仰上候振も有之、御役职第一之仪ニ付无油断相搜、节々风闻之趣可申越旨。"『北京筋兵乱之事』国编宗家·记录类5645，MF897。

日本近世"素读吟味"汉文训读法标准考[*]
——汉文训读视角下对"日本儒学体制化"问题的探究

王侃良[**]

摘　要　18世纪末日本实行"宽政改革",幕府推出了官方人才选拔考试"素读吟味",旨在考查幕府中下级武士适龄子弟是否具备运用汉文训读法正确诵读汉文的基础学力。但对于汉文训读法的标准,早期研究分成两派,各执一词。本文通过考察和梳理史料,分析了1793~1797年"素读吟味"汉文训读法标准的可能情况,从语言文化研究角度为探讨"日本儒学体制化"问题提供一种新的解读视角。

关键词　素读吟味　汉文训读　日本儒学　儒学体制化

回顾近三十年来学界对"儒学日本化"[①]问题的讨论,吴震曾指出在日本思想史或中国思想史领域,不少学者"通过'日本化'这一分析工具,对江户儒学的社会地位及其作用、影响的评估不仅与战前有天壤之别,而且还基本推翻了战后以来一直以为德川儒教具有体制性地位的观点"[②]。就其原因而言,若将近世日本置于同时代的东亚世界中,就会发现朱子学无法像在中国与朝鲜半岛那般占据日本国家和社会的"祭祀、

---

[*]　本文系教育部人文社会科学研究青年基金项目"汉文训读视角下的日本汉文教育研究(1793~1928)"(21YJC740054)阶段性成果。
[**]　王侃良,上海外国语大学日本文化经济学院讲师。
[①]　"儒学日本化"一词,也被称作"儒学土著化"或"儒学本土化"。
[②]　吴震:《当代日本学界对"儒学日本化"问题的考察》,《社会科学》2016年第8期,第127页。

信仰"及"知识权威"的中心地位。①

尤其在"知识权威"领域，由于"武家支配"以及围绕"家"中心行"诸道奉公"的二元体系构成了近世日本社会秩序的底色，不存在科举制那样体制化的人才选拔制度来保证朱子学的超然地位，更多情况下儒学思想以"个人化"、"庶民化"或"多元化（去中心化）"的形式出现在近世日本的"思想市场"中。②

同样与中国、朝鲜半岛的情况不同，统治阶层的武士数量占据了近世日本总人口的相当比例，中下级武士又在整个武士集团中有着压倒性的数量。③因此在思想研究的侧面，教育史、政治史等领域的实证研究也在不断揭示另一个事实：为了应对 18 世纪以降越来越深刻的各种社会危机，幕府急需更多的优秀人才来应对与管理纷繁冗杂的基层事务。

从享保八年（1723）出台"足高制度"起，幕府就一直试图建立一套相对公平的选拔体制来任用和提拔中下级幕臣。④经过超过半个世纪的

---

① 黒住真『近世日本社会と儒教』ぺりかん社、2003、172 頁。
② 可参考尾藤正英『江戸時代とはなにか』岩波書店、1992；黒住真『近世日本社会と儒教』；辻本雅史《谈日本儒学的"制度化"——以十七至十九世纪为中心》，田世民译，《台湾东亚文明研究学刊》第 3 卷第 1 期（总第 5 期），2006 年，第 257~274 页；渡辺浩『近世日本社会と宋学』東京大学出版会、2010。
③ 可参考渡辺浩『近世日本社会と宋学』104~105 頁。
④ 事实上，近世中后期幕府更期望以一种公平、良性的选拔制度来帮助解决中下级武士的"就职问题"。以幕府直臣为例，武士的经济收入主要来自"家禄"和"役职"。但近世中后期，不算级别最低（无法觐见将军）的"小普请组"（无职御家人），仅"寄合"（禄高三千石以上的无职旗本）与"小普请支配"（禄高三千石以下的无职旗本）就至少占到了旗本总人数的 38.8%。换言之，超过 1/3 的幕府直属中下级武士实际上处于"无业状态"。而其家禄来源又因为与米产量直接挂钩，非常容易受经济、自然环境波动的影响，导致大量的中下级武士在近世中后期陷于非常严峻的财政危机之中。因此，如何妥善处理中下级武士的役职任用及提拔问题，已经成为此时幕府施政中的一项重要课题。可参考橘本昭彦『江戸幕府試験制度史の研究』風間書房、1993、118 頁。对幕府从享保年间开始的一系列人才选拔制度的研究，如"足高制度"（足高の制），可参考泉井朝子「足高制に関する一考察」『学習院史学』2、1965 年、70~88 頁；足高制度以后的"入番制度"（番入り），可参考橘本昭彦『江戸幕府試験制度史の研究』118~137 頁；宽政以降选拔制度的具体情况，可参考小川恭一『德川幕府の昇進制度：寛政十年末旗本昇進表』岩田書院、2006。此外，也有学者指出，在"宽政改革"之前，幕府早期在人才选拔设计上存在"易造成舞弊"的缺陷，可参考眞壁仁『德川後期の学問と政治』名古屋大学出版会、2007、95 頁。

制度嬗变，"学问"考试逐渐从"军学""武艺"等一系列选拔标准中脱颖而出。最终在18世纪末的"宽政改革"中，幕府将朱子学奉为"正学"，并在昌平黌学问所①（下文简称学问所）儒者们的协助下，模仿中国古代科举制推出了公开、定期的学问考试"素读吟味"和"学问吟味"，后者一直持续至幕末。

尽管"素读吟味"和"学问吟味"此类考试的施行范围仅限于武士集团内部，并未推广到整个日本社会，但至少在近世后期，日本儒学不只有个人化、庶民化或多元化的一面，其"体制化"的并轨而行显然也是一个不争的史实。② 本文试以"素读吟味"为考察对象，从语言文化研究切入对早前研究中一些未解问题作出回答的同时，为今后学界探讨"日本儒学体制化"问题提供一种新的解读视角。

一　近世日本的童试："素读吟味"

一般认为，宽政二年（1790）时任幕府首席老中松平定信（1758~

---

① "学问所"之称直到宽政九年才正式出现。为方便行文和区分，本文将"宽政改革"前就已经入住汤岛圣堂的林家一门称为林家、林门，"宽政改革"后的圣堂则统称为学问所。

② 许多学者依然认为，相比科举制，"素读吟味""学问吟味"等学问考试更注重以财物奖励的方式鼓励中下级武士"修习文事"。但"宽政改革"以降，由于学问所和幕府人事行政机构协商一致，优先任用和提拔"学问吟味"成绩优秀者已成为"惯例"。可参考桥本昭彦『江戸幕府試験制度史の研究』140 页。在更需要专业知识的领域，公开选拔考试的重要性愈发凸显。譬如幕府在"宽政改革"同时期推出的官方"医学考试"，以一种相对公平的方式对下级医官及医官子弟的实力水平进行考核，成绩优秀者直接任用，劣等者或罢免或降格。这从另一个侧面反映"能力优先"已经开始动摇了传统家职传承在武家人事任免上的绝对地位。可参考戸出一郎「医学館における医学考試について（二）」『日本医史学雑誌』2、第 48 卷、2002 年、201 页。另外，虽然"宽政改革"的措施可以说只限于幕府和幕府直辖之"天领"，幕府本身也没有积极干预地方上的学术研究和思想活动，不过幕府的提倡带来各藩的起而仿效，实际上"对江户时代后期的儒学普及化起到了巨大的推进作用"。可参考张翔《隔离的政治体和共生的文化圈——日本近世后期的儒学官学体制化和东亚海域的交往》，复旦大学文史研究院编《世界史中的东亚海域》，中华书局，2011，第 164 页。

1829）令林家第七代家主林锦峰（1767～1793）奉朱子学为"正学"，排斥"异学"，就此拉开了"宽政（文教）改革"的帷幕，故亦有"宽政异学之禁"之称。当下围绕此一系列改革措施所展开的相关研究已有一定数量，但针对"素读吟味"和"学问吟味"两项学问考试的讨论仍然鲜少，直接关涉"素读吟味"的专门研究更是寥寥。[①] 以本文管窥之见，仅有桥本昭彦在其著作中单辟一章对"素读吟味"进行了较为具体的介绍及评价。

在日语语境中，"素读吟味"中的"素读"一词，意为孩童以"汉文训读化"[②] 后的日语放声朗读汉文经典，不断反复，最后背诵全文的学习

[①] 对"宽政异学之禁"相关研究的整理，可参考真壁仁『德川後期の学問と政治』540～541頁、注81；对昌平黉学问所相关研究的整理，可参考真壁仁『德川後期の学問と政治』546～547頁、注136。从前述内容中的早期研究来看，日本仍然是该类研究的主要阵地，而中国对此的研究尚处萌芽阶段。本文管见，只有吴光辉从2003年起以"日本科举制"为主题撰写数篇论文对"素读吟味""学问吟味"所涉及的相关问题作了阐述。但正如其所言，现下国内学界对"日本科举制"的研究方法主要有两种，一种是历史学式的，通过文献考证梳理平安时代"日本科举制"的发展过程；另一种方法是"借助日本学者的研究，挖掘日本江户时代（1603～1867）实施的'江户版科举制度'"。参见吴光辉、熊娟《日本"科举学"的转型与评价——以江户时代的〈对策则〉为中心》，《厦门大学学报》（哲学社会科学版）2019年第3期，第105页。故而囿于对二手文献的解读以及一手史料的缺乏，其研究中有着较多的基础性错误。仅以"素读吟味"为例，吴光辉将其描述为："所谓'素读'，即采用汉音诵读经典原文。不过，'素读吟味'并不是吟诵中国古典，而是以7～14岁的幕府臣僚子弟为对象，以测试生员的学习水平与基本素质为目的，一年举行一次的口述考试。"（吴光辉：《科举考试与日本》，《东南学术》2005年第4期，第55页）实际上，从史料及日本学者的研究来看，首先，素读（そどく）是用"日语"（汉文训读法）诵读经典原文，而非"汉音"。纵然此"汉音"可以理解为音读（音読み）中的"汉音"，但也与史实不符（素读中除了汉音之外，还有吴音、唐音及训读）；其次，"素读吟味"考试就是要测试考生"诵读中国古典"的能力；最后，考生的年龄以宽政九年为界，之前为15岁以下，之后为17～19岁，而非7～14岁。除前揭两文之外，还可参考吴光辉《日本科举制的兴亡》，《厦门大学学报》（哲学社会科学版）2003年第5期，第35～41页。

[②] 此处的"汉文训读化"指"汉文训读法"，是一种双向处理汉语与日语，使二者相互转换的语言机制。在实际操作中，以不改变古汉语文本而只添加训读符号的方式，解读与吸收汉文文献。可参考马歌东《日本汉诗溯源比较研究》，商务印书馆，2011，第85页；赵熠玮《汉文训读符号与敦煌文献关系考》，《日语学习与研究》2020年第4期，第66页。

方式。① 因此"素读吟味"旨在考查幕府中下级武士适龄子弟是否具备正确诵读考试指定汉文的基础学力，并依据考查结果对合格、优秀的考生给予物质奖励（多为布匹和纸张）。相比三年一届，至幕末仅举办了15届的"学问吟味"，自宽政五年起"素读吟味"几乎年年举行，共计70余次。②

学问所方面记录的史料《昌平志》把"素读吟味"称为"童科"，③由此可知，"素读吟味"的借鉴对象是中国古代科举制度中的"童试"。④为便于直观理解，本文将"素读吟味"与同时期中国的童试按照考试方式、考题范围等分类作比，并整理成表1。

表1 中日"童试"比较

	清代童试	江户"素读吟味"（童科）
考试方式	笔试	口试
考题范围	正场考四书题一道，经题一道，五言六韵排律诗歌一首；复试为四书题一道，论题一道，默写《圣谕广训》一条	四书五经或《小学》随机抽选其中多篇，每篇运用标准的汉文训读法（日语）诵读五行左右
年龄限制	未曾入学、无功名的读书人，无论年龄大小，统称"童生"	17~19岁
身份要求	本人无过犯，三代无贱民贱役	适龄的旗本、御家人家中子弟

---

① 可参考辻本雅史『思想と教育のメディア史』ぺりかん社、2011、167~189頁；潘钧《近世的"素读"文化与汉文训读》，《日语教育与日本学》2015年第1期，第46~53页。
② 因幕府财政困难及天灾（如地震等）影响，"素读吟味"有过临时中止或延后举行的情况发生。其具体实施年份、参考及录取人数等信息，可参考桥本昭彦『江戸幕府試験制度史の研究』85頁、表9。
③ 原文为"是月，始试童科"，可参考犬塚逊『昌平志』（1818年写本）卷二·三、日本國立國會図書館藏，请求記號为－12。
④ 童试，即童生试，也称小考或小试，民间称之为考秀才，是童生进入府州县学的入学考试。从严格意义上来说，童试并非科举的一级考试。由于明代开始推行"科举必由学校"之制，将学校教育纳入了科举的轨道。清代不仅沿袭了这一做法，而且更为全面、更加严格地推行了这一制度，使童试成为读书人获取功名的初试。可参考李世愉、胡平《中国科举制度通史·清代卷》上册，上海人民出版社，2017，第12页。

续表

	清代童试	江户"素读吟味"(童科)
考试地点	各地府州县学	江户及幕府直辖领(甲府、骏河、长崎、佐渡、日光及箱馆)的类学问所机构
考试规模	三年两考(县试、府试、院试)	一年一考
考试时长	一般分五场,每场考一天	一般情况下一天考完
评阅方式	县试、府试、院试分别由知县、知府与学政阅卷	由学问所儒官根据口试情况当场评定等级
考后奖励	院试录取后成为生员(秀才),可入府学,州、县学,获得日后参加科举考试的资格	成绩优秀者和合格者获得相应财物赏赐,并获得免试进入学问所学习的资格

资料来源:本表的中国部分资料,整理自李世愉、胡平《中国科举制度通史·清代卷》上册,第 12~60 页;王日根《明清科举制度与文治》,科学出版社,2020,第 10~17 页。日本部分资料,整理自桥本昭彦『江戸幕府試験制度史の研究』82~98 页。其中,清代童试主要以乾隆三十五年(1788)议准以降的情况为准;江户"素读吟味"则以宽政九年"改制"后的情况为准。

从表1可知,相比清朝的科举制,近世日本的"素读吟味"有着非常明显的为适应其国情的改动。除了前述基于近世日本的社会特征对考生身份的限制之外,还有两点需要特别留意。

首先,从考试后对合格考生的"奖励"来看,中国的童试和日本的"素读吟味"都可以视作整个人才选拔制度中的第一级考试。桥本昭彦的研究表明,幕府曾三令五申期望"素读吟味"合格者继续参加后续的"学问吟味",然而许多中下级幕臣却只满足于"素读吟味"及第,无意于下一步的深造学习。[①] 真壁仁也指出,包括参加"素读吟味"在内,赴学问所接受"讲释"的现役幕臣或官僚后备军们只满足于拥有看似广博、实则浅尝辄止的各方面知识,以便于日后开展具体的实务工作,没有非要成为某一领域专家学者的追求。[②]

不过由此反而观之,须具备熟读、背诵汉文典籍这般能力的"汉文修养",至少已经在 18 世纪末以降的幕府中下级武士之中形成共识。那些

---

① 可参考桥本昭彦『江戸幕府試験制度史の研究』89~92、277~283 页。
② 眞壁仁『徳川後期の学問と政治』103 页。

否认存在"儒学体制化"的学者对此也无异议。他们虽然否认儒学思想曾自上而下占据近世日本"思想市场"的绝对地位，但依然承认"汉学"或"汉字文化"作为儒学残存的一部分扎根于包括武士集团在内的所有日本阶层。① 因此，撇开对"儒学体制化"的争议，至少以"汉学体制化"一词来概括包括"素读吟味"在内的"宽政改革"的特征，应是当下讨论该问题时可被接受的"最大公约数"。

其次，科举制的核心是考试标准，主要涉及考题范围和标准的答题文体。从考题范围来看，中日两国都没有脱离儒家典籍的范畴，基本一致。但在考试形式上，受八股取士的影响，中国从童试开始便以笔试为主，②而日本的"素读吟味"只考口试。因此"素读吟味"的考试标准——到底使用哪种汉文训读法，便成了另一个亟待解决的问题。

目前学界对此问题尚未形成共识。一种看法以近世后期普遍的社会认知为基准，认为标准的汉文训读法是近世后期儒者后藤芝山（1721～1782）所设计的"后藤点"；③另一种声音则认为除了"后藤点"，还有近世前期儒者山崎闇斋（1618～1682）所创作的"嘉点"。④

经本文考证，认为"后藤点"与"嘉点"同为考试标准的学者应参考了《日本教育资料》中对"宽政九年'素读吟味'实施情况"的记录，⑤似乎

---

① 可参考黒住真『近世日本社会と儒教』173～176頁。
② 明清时期，各级学校把学习八股作为中心内容。学童由启蒙开始，即为八股文写作打基础，一般先读《三字经》《百家姓》《千字文》，以识字为主。接着学"四书"，要求学童背诵，在"四书"开讲之后即"开笔"进行八股文的写作训练了。可参考王日根《明清科举制度与文治》，第36页。
③ 可参考铃木直治『中国語と漢文』光生館、1975、122～127頁；中村春作『江戸儒教と近代の「知」』ぺりかん社、2002、117頁；斎藤文俊『漢文訓読と近代日本語の形成』勉誠出版、2011、13頁。
④ 可参考石川謙『日本学校史の研究』小学館、1960、196頁；鈴木博雄「寛政期の学政改革と臣僚養成」『横浜国立大学教育紀要』3期、42頁；鈴木泰・清水康行等編『古田東朔近現代日本語生成史コレクション 第5巻・国語科教育——誕生と発展』くろしお出版、2013、9頁。
⑤ 原文为"小學ハ山崎點四書五経ハ後藤點ヲ用ユ"，可参考文部省編『日本教育資料』第七冊、120頁、1890～1892年、日本國立國會図書館藏、請求記号255.1—3イ。

更有说服力。不过该史料也只能证明学问所改制后宽政九年的情况，此前的考试标准是否如此，仍不得而知。

二 "素读吟味"汉文训读法选取标准过程中的"异学排斥"

一方面，日本儒者群体的语言问题堪称另一个不同于中国、朝鲜半岛的特殊之处。囿于地理条件与人身交流，近世时期（尤其是中后期）志在儒学研究的日本人必须借助汉文训读法，才能理解由异国文字书写而成的汉文典籍。尽管近世日本儒学界不时会出现反对汉文训读，期望同中国人一样用汉语学习汉文的呼声，① 但随着儒学或汉学不断普及甚至深入儒者以外的职分群体，汉文训读法不但没有被淘汰，反而越来越受"欢迎"。

换一个角度沿着语言史的脉络重读日本思想史，汉文训读法的每一次嬗变都与朱子学的传入、古学运动的兴起等日本儒学史上的重要历史阶段重叠。从表面上看，不同风格的汉文训读法反映了各学派在汉文教育上的理念异同，但究其根本，这种理念异同本身便受不同学派儒学思想发展与变化的左右。② 汉文训读法的变迁，实则日本儒学思想史的"一体两面"。③

另一方面，具有反朱子学色彩的古学运动愈发兴盛，尤其是荻生徂徕及其徂徕学自享保中期（18世纪20年代）以后给日本知识界带来巨大冲

---

① 如荻生徂徕、雨森芳洲（1668~1755）所主张的"唐音直读论"。
② 如在朱子学传入日本之前，日本汉文训读法中训点语的择取一般依循汉唐训诂而来。此类训读法一般被称为"古注训读法""古注派"。主要的代表训读法有博士家点系统的"建武点""永禄点"等。对于汉字虚词，古注派往往将其作不读字（置き字）处理：略过该字不予理会，然后选择在前一字的右下添加补读语（補読語），以贴近日语语感和便于诵读。朱子学传入日本后，推崇朱子学的部分学派推出"新注派"训读法，高举朱子学注释对儒学经典的解释方法，认为经典之中字字有深意，故而在汉字虚词训点法的设计上反对古注派的做法，提倡应一个不漏、字字必读，与古注派在理念上互相对立。
③ 中村春作『思想史のなかの日本語：訓読・翻訳・国語』勉誠出版、2017、51頁。

击和影响，让据点在江户的"关东学派"首次获得了对学问研究、诗文创作的主导权与话语权（"文运东渐"）。①

关东学派的学问主张伴随人员流动与出版流通，从江户到京坂、从都市到地方大范围传播的同时，以京坂学者为主力的各"关西学派"也隐隐结成"同盟"，举起了"反徂徕"的大旗。② 他们中的许多人，如芥川丹邱（1710~1785）、服部苏门（1724~1769）曾一度是徂徕学的支持者，但后又转为它的批判者，并通过对徂徕学的继承与扬弃，推出各自的独特见解。至此，18世纪的近世儒学思想史便在徂徕学与"反徂徕"学、关东与关西、朱子学与古学之间不断被皴染与涂抹，既对立又融合地发展与变化。直到18世纪末"宽政异学之禁"的到来才为这场持续近百年的思想角力画上了休止符。"反徂徕"学、关西学派或朱子学终于迎来了它们的阶段性"胜利"，开始以体制化的姿态示人。

宽政二年，幕府对林家发布"禁令"（学派維持之儀ニ付申達），严禁学问所讲授朱子学之外的其他学说。因为"素读吟味"及第的奖励之一是获得免试入学学问所的资格，所以从理论上来说，在参加"素读吟味"之前，考生仍有可能选择非朱子学的学派接受素读教育。在宽政七年的"素读吟味"中，一位名叫荻生田巳助的考生便因"师从异学兼山派"而被剥夺了考试资格。③ 且从同段史料可知，因考生出自非朱子学的学派而遭到处分的情况实际上早有发生。它明确地传递了一个信息——在官方的人才选拔考试中，朱子学享有绝对的权威。再加上"素读吟味"的汉文训读法标准，无论是"后藤点"还是"嘉点"，都出自朱子学系统的儒者之手，因此幕府中下级武士的子弟们若要通过"素读吟味"，在儒学学习最初的素读阶段最好直接选择朱子学系统的汉文训读法。这也从侧

---

① 可参考中野三敏『十八世紀の江戸文芸』岩波書店、1999、27~29頁。
② 可参考小島康敬『徂徠学と反徂徠』ぺりかん社、1994、201~209頁。
③ 『寛政七年素読御吟味私記』1795、日本國立國會図書館藏、請求記號829—20。另外，此处"兼山"应指儒者片山兼山（1730~1782）。他原本追随徂徕学，后转向徂徕学的对立面，并自成一派创立"山子学"。像山子学这样的儒学流派，反对古学却又不完全倒向朱子学，故而又有"折中派"之称。

面反映了"宽政改革""独尊朱子,排斥异学"的实效性。

既然同为朱子学派的汉文训读法,"素读吟味"为何要同时施行两套标准?那些坚持只有一套标准的早期研究除了揭示"后藤点"的普及度和影响力在近世后期远超"嘉点"外,从语言形式上也认为后登场的"后藤点"更富时代性。如铃木直治就认为,到"宽政改革"之际,由林家先祖林罗山(1583~1657)于近世初期创立的"道春点"已经无法适应当时汉文教育的需求,后藤芝山曾是林家门人,因此林家选择了"后藤点"以重塑权威。①

仔细思考可知,如果"后藤点"和"嘉点"同为"素读吟味"汉文训读法标准的史实无误,则铃木氏的这一解释便颇有不当之处。"嘉点"的创始人山崎闇斋的活跃时间虽然稍晚于林罗山,但较诸后藤仍旧是一个世纪前的人物。因此就训点类型而言,闇斋的"嘉点"与"道春点"都是近世前期汉文训读法的典型,整体风格与近世后期的"后藤点"有着明显的差别。② 如果18世纪末"道春点"已经因落后于时代而式微,则同类型的"嘉点"也理应难以幸免;反之,如果"嘉点"能被选定为"素读吟味"的考查标准,则林家完全可以沿用本门的"道春点",没有必要另择新点,甚至还要引入其他流派的汉文训读法。

这里同时引出了一个新的问题:"宽政改革"时学问所的确是由林家私塾改造而来,但对于其间学问所的诸多事务,譬如"素读吟味"汉文训读法标准的制定,林家的态度是否代表了学问所的意志?

三 "素读吟味"汉文训读法标准选取过程中的朱子学学派之争

元禄四年(1691),林家受将军之命新建汤岛圣堂,登上了"学问"这一"家业"的最高点。时任林家家主林凤冈(1645~1732)也被冠以

---

① 可参考铃木直治『中国語と漢文』124~125頁。
② 可参考斋藤文俊『漢文訓読と近代日本語の形成』1~15頁。

"圣堂开山林大学头"之名。但这并不意味着幕府将圣堂视为其官校，林家背靠的朱子学也不是幕府的官方学问。授权建造圣堂的行为更像是君主对臣子的一种私人赏赐。

圣堂落成后，相当长时间内该设施一直是属于林家的私有财产。作为理论上的"学问权威"，林家不会去妨碍幕府任用其他流派的儒者，对民间的儒学发展也没有任何约束力。① 反之，在"武家支配"的框架下，幕府也不会主动去干涉家臣的内部事务。故而在圣堂的日常活动上，林家享有一定且绝对的自主权和主导权。

然而就在天明七年（1787）松平定信就任老中之后，幕府通过一系列的人事调动及任命，拉开了将林家私塾改造为官校的"国有化"序幕，也为日后林家私塾与学问所的"分道扬镳"埋下了伏笔。②

先是在天明七年，关永一郎（生卒年不详）、市川小左卫门（1749～1820）、平泽五助（1733～1791）等多名林家重要人物相继因各种理由遭到"罢免学职"或"离门"（逐出师门）处分。③ 紧接着，从天明八年到宽政三年，柴野栗山（1736～1807）、冈田寒泉（1740～1816）、尾藤二洲（1747～1813）等由幕府任命的儒者迅速接管了林家私塾要职。从人员构成来看，这些天明末、宽政初空降而至的儒者，还包括后来的加入者如古贺精里（1750～1817）、赖春水（1746～1816）等都来自关西诸国，其中又多与山崎闇斋所创的崎门学派有着千丝万缕的联系。如冈田直接出自崎门，柴野、尾藤、古贺等人则于京坂求学期间或多或少地受过崎门学恩。

面对接连不断、来自林门"旧部"的不满和抵触，以崎门为首的关西儒者"团结一致"，一面通过任用自己属意的人员加强实力，一

---

① 可参考渡辺浩『近世日本社会と宋学』24～26頁。
② 学问所正式创立后，林家私塾仍旧在八重洲河岸林家宅内续存，一直持续活动到明治20年前后。可参考桥本昭彦「官學への転換期における林家塾昌平黌の実態——関係史料についての一考察」生馬寛信編『幕末維新期漢学塾の研究』溪水社、2003、58頁。
③ 可参考高桥章则「寛政異學の禁再考」『日本思想史学』26、1994年、107頁。

面借助幕府颁布的各种"示谕""禁令"来肃清异己，甚至不惜动用"离门"的处置手段。① 加上林家家主林锦峰（1767~1793）在天明七年通过市川小左卫门的运筹被过继为林家养子以继承家督一职，时年仅21岁，6年后旋即英年早逝，没有足够的能力和时间来统合与维持陷入内部派系斗争的林门，胜利的天平迅速倒向了关西儒者。到宽政五年前后，关西儒者尤其是崎门的影响力达到顶峰。在林家向学问所交接权力的这一过程中，林门旧有的教学方式也被崎门推崇的"讲释"所取代。

所谓"讲释"，一般指学生在完成素读教育后，老师在学生面前就经书中的一章或一节进行口头讲解的授课方式。崎门尤为重视"讲释"，不仅广泛使用此法教授学问，对学生听讲的要求也极为严苛，甚至到了必须"一字不差"笔录老师讲解内容的地步。② 以《宽政五年昌平黉日记》所载为例，整整一年，学问所的教学活动基本就围绕着"讲释"与素读展开，"讲师"也多由崎门关联的学者担当。③ 既然此时学问所的素读教育同样由崎门经手，使用本门的汉文训读法"嘉点"也应在情理之中。

早在半个世纪前，荻生徂徕就曾痛陈过"讲释"的弊端：其只注重听说训练，故而不但无助于日本人摆脱对汉文训读法的依赖，更有害于汉文作文。④ 到荻生弟子太宰春台（1680~1747）时，对"嘉点"的批评也加入其中。如在《文戒》一文中，荻生徂徕指出日本人在汉文写作时常有"和习"之"陋习"，最典型的例子便是受日语的影响，在不必要

---

① 天明末年林家私塾内部的学术氛围仍相对宽松，对朱子学之外的古学（徂徕学）、折中学也不完全排斥。关西儒者到来后，林门内部开始整顿学风。另外，这场长达数年、发生在学问所关西儒者与林家旧势力之间的权力斗争不仅仅停留在教育与研究的学术层面，甚至连家主林锦峰养母的私德问题都被牵扯其中。可参考中野三敏『十八世紀の江戸文芸』30頁；眞壁仁『德川後期の学問と政治』83~114頁；高橋章則「寛政異学の禁再考」『日本思想史学』26、1994年、109~110頁。
② 可参考前田勉『江戸の読書会』平凡社、2012、41~42頁。
③ 可参考『寛政五年昌平黌日記』日本國立國會図書館藏、1793、請求記號829—18。
④ 可参考戸川芳郎・神田信夫編『荻生徂徠全集2 言語篇』みすず書房、1974、8~9頁。

的地方滥用、误用如"则""而"这样的汉语虚词。① 太宰春台则直接把原因归结为闇斋凡是"则"字必然训点为"レバ"、凡是"而"字必然训点为"テ"的做法，批评"嘉点"拘泥于字意解释，无视文章整体。②

这种对崎门汉文教育方法的批判气氛，此时也在学问所内部酝酿成型。甚至包括柴野、古贺在内的一批关西儒者都对崎门重"讲释"、轻作文的"偏执"，以及在教材选择上的"狭隘"（重四书、《小学》、《近思录》等，轻五经、史书）学风颇有微词。③ 想必学问所将"后藤点"同时选为"素读吟味"汉文训读法的标准，并不意味着林家"旧势力"的卷土重来，而是关西儒者内部对崎门势力的压制和平衡。

"后藤点"能被选为"素读吟味"的汉文训读法标准，铃木直治认为应是柴野栗山的手笔。柴野不但与后藤芝山有着同乡之谊（都出自赞岐国），还曾一度拜入后藤门下。天明二年后藤逝世，柴野为其撰写了祭文和墓表，④ 足证两人相交甚深。本文也赞成此说。在柴野嗣子柴野碧海（1773~1835）所撰写的另一篇墓表中，作者高度评价了"后藤点"："书出，人争购未已。后藤氏点本，遂遍天下。"⑤ 可见除了柴野与后藤两人的深厚师徒之情外，"后藤点"本身在当时就已经达到了相当的水准。

"后藤点"五经在后藤逝世后的天明七年，由其子后藤师周（1759~1815）主持出版发行。而在天保十年（1839）出版的"后藤点"五经再刻本，不但可以看到扉页已题有"林家正本"四字，此外还附有宽政二年林锦峰所作之序。⑥ 这意味着"后藤点"五经出版后不久，空降至林

---

① 可参考荻生徂徕『蘐園随筆』酒田市立光丘文庫（編号：74）、1714、十三頁表~第十三頁里。
② 可参考太宰春台『倭読要領·卷中』早稻田大學図書館（編号：ホ02 05595）、1728、第二十四頁里~第二十五頁表。
③ 可参考眞壁仁『徳川後期の学問と政治』110~113頁。
④ 可参考鈴木直治『中國語と漢文』127頁。
⑤ 阿河准三『後藤芝山』香川后藤芝山先生顕彰會、1982、191頁。
⑥ 可参考后藤芝山『五經（再刻本）』早稻田大學図書館（編号：口12 00563）、1839。

门的柴野很有可能就已开始筹划用"后藤点"取代"道春点",使其成为林门汉文训读法的权威。但是在幕府举行首届"素读吟味"的宽政五年,"后藤点"四书尚未出版;直到宽政九年学问所改制完成前,"素读吟味"仍允许低龄考生选择自己所熟悉的书物参加考试。于是,除"后藤点"外,"嘉点"成为四书及其他考试书籍汉文训读法标准的首选。

宽政六年,"后藤点"四书出版,从理论上说,在同年举行的第二届"素读吟味"中,四书的汉文训读法标准有可能随之换成"后藤点"。但《宽政八年公事私记》的记录显示,旧历正月十九、二十日学问所内"御座敷""素读所"两处发生书籍丢失事,二十四日柴野收到的失物清单中,五经的书名下明确注明了"后藤点",四书与《小学》则没有任何注明为何家点本的信息。① 因为缺乏其他史料的直接佐证,从之前学问所引入"后藤点"五经所花费的时间来推测,并不能排除宽政六年到八年连续三届"素读吟味"汉文训读法的标准仍维持了五经为"后藤点"、五经以外为"嘉点"的可能。

与此同时,宽政五年到九年的这段时间,也是继天明末、宽政初之后,学问所内部又一次人事变动的"高峰"。宽政四年末,学问所儒者因与幕府在"学问吟味"的成绩评定事宜上发生龃龉,最终导致第一届"学问吟味"以不了了之收场。

学问所本来设计了经书、历史、经济、"讲释"和作文等五科作为考试科目,但当学问所将考试成绩呈送幕府后,幕府在优秀者的成绩评定上一边倒地倾向作文科,招致学问所儒者的强烈不满。② 联名给幕府上书抗议的儒者有三,分别为大学头林锦峰、御儒者冈田寒泉与尾藤二洲。两名关西儒者中,冈田是崎门派的领袖人物;而尾藤至少在汉文教育的理

---

① 可参考桥本昭彦「官學移行期の林家塾昌平黌に関する史料——寛政八年『公事私記』翻刻ならびに解題」幕末・維新漢學塾研究會編『幕末維新期における漢學塾の総合研究Ⅲ(文部省科學研究費補助金基盤研究(A)(Ⅰ)報告書)』1999、138頁。

② 可参考桥本昭彦『江戸幕府試験制度史の研究』25~26頁。

念上与冈田难言一心，一个典型例子是之后的宽政十二年，他与古贺精里一同制定并推动了将学问所教育重心从"讲释"改为"会读"和"轮读"的政策方针。①因此，宽政四年的这次风波，与其说是学问所对幕府的抗议，不如说是冈田及其背后"重讲释、轻作文"之崎门派在表达不满。

就在次年，冈田被从下一届"学问吟味"各项筹备事宜的核心领导圈中排除出去。② 同年，并无子嗣的林锦峰去世，林罗山一门血脉断绝。幕府即刻挑选岩村藩藩主松平乘蕴（1716～1783）第三子松平乘衡（1768～1841）过继至林家继承家督，并改名为林述斋。在随后林述斋给门人发出的"示谕"内，他不点名地批评了崎门派在学问所教育上的种种弊端。③ 宽政六年举行的第二届"学问吟味"中，"讲释"科目被废止。同年年末，冈田从学问所调离改任"常陆代官"，虽然之后他还不时利用闲暇赴学问所进行"讲释"，但随着宽政八年春因感染"痰疾"而被命以停讲休养，④ 他日渐远离学问所的中枢位置。这标志着学问所内部崎门色彩的淡去，也预示了"嘉点"在未来"素读吟味"中的命运。

宽政九年，幕府从林家手中完全接管了对圣堂及学舍的管理权。汤岛圣堂也完成了从林家私塾到幕府直辖的转变，正式成为官校，并改称为学问所。同年举办的"素读吟味"，成为学问所改制后的首场官方人才选拔考试。这一次，不仅考生的年龄和出题范围都做了更改，在汉文训读法的标准上四书五经统一为"后藤点"，"嘉点"仅仅负责《小学》一书。这也难怪许多早期研究在讨论"素读吟味"汉文训读法标准时，只着眼于"天下皆知"的"后藤点"，并不把"嘉点"计算在内。

---

① 可参考眞壁仁『德川後期の学問と政治』103頁。
② 可参考桥本昭彦『江戸幕府試験制度史の研究』30～31頁。
③ 可参考眞壁仁『德川後期の学問と政治』111頁。
④ 可参考重田定一『岡田寒泉伝』1916、66頁、日本國立國會図書館藏、請求記號348—343。

最后，本文将宽政五年至九年"素读吟味"的考题范围、汉文训读法标准沿革等内容整理制成表2，以此对学问所改制前"素读吟味"汉文训读法标准的具体情况作出一定的推测、解答和总结。

表2　1793~1797年"素读吟味"考题范围及汉文训读法标准一览

年份	年龄	考题范围	汉文训读法标准
宽政五年	15岁以下	11~15岁：四书五经； 8~10岁：四书和《小学》； 7岁以下：在考生所熟悉的书籍中任意选取	五经："后藤点" 五经以外："嘉点"
宽政六年	15岁以下	一律四书五经（此外的书籍也可）	五经："后藤点" 四书："嘉点"/"后藤点" 其他："嘉点"
宽政七年至八年		11~15岁：四书五经 8~10岁：四书 7岁以下：从四书与《孝经》中任选两部	
宽政九年	17~19岁	一律四书五经及《小学》	四书五经："后藤点" 《小学》："嘉点"

资料来源：表中年龄及考题范围部分，整理自桥本昭彦『江戸幕府試験制度史の研究』87页制表。

宽政初年学问所体制化改革伊始，空降至林门的关西儒者选择了后藤芝山的"后藤点"，以此取代林罗山的"道春点"并成为林门汉文训读法的权威标准。后藤出身关西，又有林门求学背景，"后藤点"本身还有着与时俱进、适应当时汉文教育需求的一面。但在举行第一届"素读吟味"的宽政五年，"后藤点"的儒学典籍只出版了五经，所以五经之外其他考试书籍的汉文训读法标准，应采用了在当时学问所内势力较大的崎门创始人山崎闇斋的"嘉点"。

此后到宽政九年，随着崎门势力的式微，又鉴于在"学问吟味"中崎门所重视的科目遭到废止，再加上"后藤点"四书的出版，原先"后藤点"与"嘉点"中分天下的局面被打破。"嘉点"作为"素读吟味"汉文训读法标准的情况应渐渐减少。到学问所改制完成后的宽政九年，"素读吟味"中四书五经的汉文训读法标准统一为"后藤点"，而"嘉点"仅限于《小学》一书。

余　论

"近世日本的儒学体制化"是一个宏大且艰深的问题，它不仅仅需要我们凭借"精英的记忆"去构建哲学式的思想脉络，同时也要求我们通过"无知识人的集体意识"，甚至是一种"日用而不知"的普遍知识去尽力还原历史。

"近世日本的儒学体制化"可以被解读为一种"日本的儒学化"。无论怎样切割日本儒学（儒学与汉学），仅仅是"宽政改革"后那些每年参加"素读吟味"的中下级武士适龄子弟，通过年幼时期素读的反复训练，一种不同于日常口语的汉文训读语法将成为他们接触任何新知识时的"思考语言"，而那些用汉字记载的儒学经典也将成为他们"身体的一部分"。① 这就是一种"日用而不知"的普遍知识。它通过最基本的教育构成人们的文化底色，一方面背靠人们不言而喻的终极依据和假设，建立起一整套有效的理解；另一方面在日常生活中起着解释与操作的作用，成为人们生活的规则和理由。②

"近世日本的儒学体制化"也可以被当作一种"儒学的日本化"。因为仅仅是在儒学考试中设置"素读吟味"，就彰显了日本儒学区别于他者的独特性。又或如"后藤点"最终在"素读吟味"汉文训读法标准中脱颖而出的背后，就隐藏着一条徂徕学与"反徂徕"学、关东学派与关西学派、古学与朱子学之争的暗线。体制化过程中的日本朱子学不仅要排斥异学，还要面对自己内部各学派对正学的解释权争夺。这或许也是近世日本儒学才独有的课题。

但是，对这种"儒学日本化"的书写不应只建立在简单的二元对立之上。正如真壁仁所论述的，朱子学在日本被选为"正学"的过程中，学问所儒者对中国、朝鲜半岛、琉球朱子学的考察和分析起到了重要参考

---

① 可参考辻本雅史『思想と教育のメディア史』182～183頁。
② 葛兆光:《中国思想史·导论:思想史的写法》，复旦大学出版社，2001，第14页。

作用。① 又或如语言学研究成果所揭示的那样，"后藤点"在设计上并没有完全回避对林家旧有"道春点"的吸收，更重要的是，它还融合了大量徂徕学派"春台点"的特色。② 也正因此，在彰显日本儒学特点的"素读吟味"中，相比立足于"日本精神"的"嘉点"，"后藤点"却带着一股"唐风"色彩。③ 看似矛盾，在当时的历史语境下却合情合理。

映入眼帘的"儒学体制化"问题，就像是一团不同学科、不同领域历史事实与历史概念的糅杂之物，需要我们不时切换观察角度去为它抽丝剥茧——哪些是知识的，哪些是思想的，又有哪些是权力与知识、思想的结合。在"儒学体制化"的框架内讨论"儒学日本化"，并不是在追寻或塑造"日本儒学神话"，更不是在东亚儒学中争夺话语的霸权，而是"将儒学在东亚的传播、接触、交流等历史作为一面借镜，来探讨儒学思想资源在未来的方向性及可能性"。④

---

① 可参考真壁仁『徳川後期の学問と政治』106~107頁。
② 可参考石川洋子『近世における「論語」の訓読に関する研究』新典社、2015、308頁。
③ 可参考村上雅孝「山崎嘉点の性格」『文芸研究』82、1976年、70頁。
④ 吴震：《当中国儒学遭遇"日本"——19世纪末以来"儒学日本化"的问题史考察》，华东师范大学出版社，2015，"前言"，第5页。

荻生徂徕经世思想的历史检视[*]
——兼对日本儒学思想史研究方法的初步反思

杨立影[**]

摘　要　20世纪50年代以来，日本儒学思想史研究领域形成并延续使用着"近代化"与"日本化"两种研究范式。通过对徂徕学"道德与政治""人欲与经济发展"等具体例证的考察，可知以上两种研究范式均有可商榷的余地。进入新时代，日本前近代思想史研究领域需要在已有的研究方法外，辅以新的研究视角和方法。日本前近代儒学整体发展脉络呈一种"形而下"的特点，是对"世态"与"势态"的孜孜以求，是对理想社会的想象与构想。他们较少讨论"心""性""情"，更不会直接用"近代话语"求索民族未来。因此，应在时代背景下考察儒学的意义，减少预先的假设，用"近世标准"去理解近世，从历史出发然后上升到理论，让思维与史实、逻辑与历史统一起来，如此或许能以当代人的身份看到由古到今东亚历史发展的一些脉络和因果联系。

关键词　荻生徂徕　浮世　经世思想　朱子学　古学

---

[*] 本文是天津市2018年度哲学社科规划课题"东亚视域下日本江户古学派经世思想及其启示"（项目编号：TJSL18-003）的成果。

[**] 杨立影，天津外国语大学日语学院副教授。

一 研究缘起与思考视角

凡事破而后立，关于日本近世思想家荻生徂徕如何通过批判朱子学的理论从而建立自己的学问体系，丸山真男的见解至今仍具有极强的说服力。他运用连续性、解构、切断、建构等概念，证明了程朱理学在荻生徂徕那里遭遇到自然与规范连续结构的解体，并据"道德与政治的分离""自然与作为制度观的对立"，程朱理学被瓦解，进而从儒学内部滋生出一种新的理论，而这直接关乎日本近代思维的成长。①

无疑，丸山关心的是日本何以顺利走向近代，故而他把朱子学视为旧有思维的代名词，运用西方理论和手法"打造"出旧有思维方式的破坏者和日本现代思维方式形成的首位"功臣"——徂徕学的发生及其演进系谱。对于这一研究路径，日本学界存在一定的质疑。②

就此，中国学者亦有独到见解。孙歌在《丸山真男的两难之境》中就曾提出："当他论述日本明治维新之前已经存在由内部产生的近代思维时，他衡量'近代'的标准仍然来自西方。换言之，丸山的'近代观'是欧洲式的。"③ 韩东育指出丸山真男巧妙避开了构成日本近代论思想资

---

① 丸山真男『日本政治思想史研究』東京大学出版会、1952。
② 尾藤正英『日本封建思想史研究』（青木書店、1961）提出，中、日两国从社会基础到思维方式均不同，故而朱子学与日本社会并不相容，江户儒学逐渐"日本化"。尾藤提出的这一思路也成为日本近世儒学最重要的研究思路之一；渡辺浩『近世日本社会と宋学』（東京大学出版会、2010）从"封建""士农工商""士""家""礼"等多个主题入手，阐释了朱子学与近世日本社会的龃龉，其中亦论述了徂徕学"反近代化"的一面；子安宣邦『「事件」としての徂徠學』（青土社、1990）则反对以所谓近代的概念和标准来解释徂徕学，认为丸山的论断实属对徂徕学的虚构；田原嗣郎『徂徠学の世界』（東京大学出版会、1991）、黒住真『近世日本社会と儒教』（ぺりかん社、2003）、小島康敬『徂徠学と反徂徠』（ぺりかん社，初出于1987年，增补版出于1994年）、辻本雅史『近世教育思想史の研究：日本における「公教育」思想の源流』（思文閣、1992）等书，就"道""天人关系""儒学的社会实践"等从不同侧面修正、补充了丸山真男的徂徕学研究。相关中外论述颇多，不再赘述。
③ 孙歌：《丸山真男的两难之境》（代译序），载丸山真男《日本政治思想史研究》，王中江译，生活·读书·新知三联书店，2000，第5页。

源的中国古代思想内涵，譬如荀子、韩子的思想，仅参照了荻生徂徕从没接触过的霍布斯、马基雅维利等西方学者的理论。① 基于从"人性论"到"人情论"、从"仁论"到"礼论"、从"天论"到"人论"这一系列的理论转变展开分析，韩东育论证了徂徕学"脱儒"的逻辑和过程，② 指出了法家思想内涵之于日本近代化的积极意义。王青在《日本近世儒学家荻生徂徕研究》一书中也探讨了中国古代思想资源对徂徕学形成的影响。③ 吴震提出，应从东亚这一广角去理解朱子学如何被吸收与转化、改造与创新等问题。④ 刘莹也质疑了徂徕学近代化研究视角，对徂徕学的思想渊源进行了新的考证。⑤ 杨际开则分析了重构朱子学的徂徕学对 20 世纪中国革命及知识界产生的影响，⑥ 此研究也正说明了中、日传统儒学在历史上的积极互动。

以上中国学者的研究成果表明，有必要打破日本一国儒学思想史的藩篱，在东亚传统思想联动一体的发展特征中探知儒学的多样化面貌，在东亚历史整体变迁中定位儒学的价值。同时也引出一个新问题，即日本儒学思想史的研究视角和方法问题。

如前所述，日本学界从 20 世纪五六十年代开始，形成并延续采用着"近代化"和"日本化"两种研究范式。时至近年，围绕徂徕学这一近世儒学研究的核心，日本学者的研究思路开始发生转变，即由对"思维样式"的探讨转而研究其"秩序构想"。⑦ 中国学者也提出"日本的儒学化"观点，分析了日本近代转型期儒学保守性复活所具有的思想史意义，⑧ 可以

---

① 韩东育：《丸山真男的"原型论"与"日本主义"》，《读书》2002 年第 10 期。
② 参阅韩东育《日本近世新法家研究》第二章第一节，中华书局，2003。
③ 王青：《日本近世儒学家荻生徂徕研究》，上海古籍出版社，2005。
④ 吴震：《东亚朱子学：中国哲学的丰富性展示》，《哲学动态》2019 年第 1 期。
⑤ 刘莹：《孟荀各"一偏"——荻生徂徕之"祖型"辨》，《哲学动态》2020 年第 5 期。
⑥ 杨际开：《荻生徂徕对理学的重构——以〈蘐园随笔〉为中心》，《北大史学》第 20 辑，北京大学出版社，2017。
⑦ 高山大毅「『研究動向』21 世紀の徂徠学」『思想』12、2016、8～15 頁。
⑧ 唐利国：《儒学的日本化与日本的儒学化——以丸山真男为中心的学术史省察》，第一届"江户时代史研讨会——学术·外交·思想"报告论文，山东大学历史文化学院全球史与跨国史研究院主办，2021 年 5 月 8～10 日。

说具有相当大的启发性。以上研究趋势提醒我们，以徂徕学为出发点并辐射日本近世整体思想史的研究工作需要辅以新的视角与方法。

笔者以为，儒学在近世日本更多地表现为实践性和经世精神，尤以荻生徂徕为肇始。儒者们的经典言说为的是回答和解决近世不同发展阶段的社会实际问题，这些问题包含伦理道德的提倡、有序社会的建立乃至新"制度"的探索等。因此，若希望把握日本近世儒学的历史意义，首先从经世思想入手，究明其内涵与特征是非常有必要的。

其次，研究方法上除依据"思维样式"进行观念分析外，还必须把思想放入当时的历史语境中考察其言说的真正所指以及可行性，在历史发展脉络中检验其价值所在。因此，研究具备鲜明经世特质的徂徕学，在研究思路上先要厘清理论自身所表达的内容，即思想本身如何"叙说"，再进一步结合"世"（时代）深入考察其思想与时代的契合度，探究经世思想与现实之争。对这两个层面的考察，或许能为解开思想的"历史真实性"提供一个参考，同时对"近代化"及"日本化"的研究方法提出修正与补充。

荻生徂徕经世学所涉极广，诸如武士"土着"、破除门阀制、重农抑商、"人情论"等，其理论自身矛盾及与社会龃龉之处颇多。① 凡此种种，不可能在一篇小论文中囊括，且学界已有诸多相关研究成果，故笔者将结合先行研究的论点，择取几个重点例证加以讨论。

二　道德与政治可否分离

丸山真男在《日本政治思想史研究》中明确提出：朱子学对《大学》"八条目"的推崇说明个体的道德修行是实现一切社会政治价值的前提条件，因而朱子学的思维方式具有自然法则与道德规范连续性的特点，即个

---

① 韩东育在《日本近世新法家研究》一书中专辟一章论述荻生徂徕的经世论，并从理论高度指出了其具有"变易的历史观与封建复古"等三个自我矛盾之处，分析这些矛盾出现的原因在于"圣人之心"与"圣人之制"间的龃龉等。

人道德与政治是联结在一起的。自山鹿素行开始，直至荻生徂徕，日本近世儒者的"工作"重点就是拆分这一连续性，把"道"仅规定为"政治"，与"道德"无关。①

对于"德"的理解，荻生徂徕自然有异于江户儒学之祖藤原惺窝及其弟子林罗山。惺窝提出道德修身说："先明德，再诚心，次慎行，磨炼内心，进而无伪地行五伦、五常之理，则我身将成圣人，天道一体。"②林罗山认为道德具有先验性："明德乃本心也。人生而有之，自然受于天，备于吾身之物也。"③

荻生徂徕则说："德者，得也。"④ 他并非从内在的"性"出发去理解"德"进而修德，而是从成才的角度主张"成人者，成德也""德立而材成"，⑤ 强调了"德"在人才培养方面的社会实用性。当然，这并不表明荻生徂徕不重视道德，只是在他看来，仁、义、礼、智、信等儒家德目属于个人，即"私"的范畴，不应干涉政治与社会运行。

荻生徂徕认为，良好政治的形成、完美有序社会的实现，不在于个人道德臻致完美，而在于"制度"的建立。荻生徂徕对引发社会问题之"病源"的判断也是完全基于此理念的。面对江户中期的"浮世"社会，他认为根本原因并非性恶引发"道德败坏"，而是制度的未建立与执行制度的官吏自身的问题，故而他提出了种种具体的完善制度的策略。这与他认为"道"是蕴含在古文辞中的历史"实在"，而非形而上的先验性、观念性的"理"，在内在理路上是一致的。因此，对于如何解决社会问题，荻生徂徕当然不主张"以我心治我心"，即首先解决人们内在的道德问

---

① 丸山真男：《日本政治思想史研究》第一章第一节、第二节。
② 藤原惺窩「仮名性理」西田太一郎編訳『日本の思想17 藤原惺窩・中江藤樹・熊沢蕃山・山崎闇斎・山鹿素行・山県大弐集』筑摩書房、1970、39～40頁。
③ 林羅山「三德抄 下」石田良一・金谷治校注『日本思想大系28 藤原惺窩・林羅山』岩波書店、1975、173頁。
④ 荻生徂徠「弁名」吉川幸次郎・丸山真男・西田太一郎等編集『日本思想大系36 荻生徂徠』岩波書店、1973、212頁。
⑤ 荻生徂徠「弁名」吉川幸次郎・丸山真男・西田太一郎等編集『日本思想大系36 荻生徂徠』212頁。

题，因为那好比"狂者自治其狂焉，安能治之"。① 他坚持"以礼制心"才是正道。

关于个人道德与政治的关系，一个典型事例便是荻生徂徕对道入弃母②一事的处理态度。如果按照林罗山"所谓仁，即对父母尽孝，亲密同族与亲属"③ 的孝道伦理来看，弃母不顾的道入无疑是"不仁"的。但荻生徂徕提出另一种解决思路：真正的"恶人"不是"不孝"的道入，而是治理地方不力导致道入及其母被迫乞讨而陷入绝境的官吏。很明显，荻生徂徕质疑仅从孝道伦理去评判个人的行为，反对站在"道德"高点去谴责贫穷软弱的百姓。同样的道理反映在他对"仁"的理解上，他批驳宋儒和伊藤仁斋释"仁"为"爱人""慈爱之德"的观点，认为"仁"的内核在于"长人安民之德"。④ 官吏们守土有责、保民安民才是真正的"教民孝悌"。⑤ 对此，丸山真男的结论是徂徕学将儒学"政治化"，⑥ 张崑将则称徂徕学为"去内圣而尊外王"之学。⑦

作为一个排佛论者，荻生徂徕曾言："佛法以戒杀生为首要，《大藏经》中无一句治国之道。"⑧ 无疑，相较佛教，荻生徂徕更期待儒学的"道"（安民）在治国理政上的作为。当儒家道德遭遇"政治"时，他反对口号式说教与"道德绑架"，力推"实干优先"。

---

① 荻生徂徕「弁道」吉川幸次郎・丸山真男・西田太一郎等编集『日本思想大系 36 荻生徂徕』205 页。
② 一个名为道入的人因为生活穷苦，携母乞讨。后因母亲病重，道入无力救治，就将其母抛弃在路边，独自离开前去江户城。官府得知此事后，抓捕道入并定罪处罚。
③ 林罗山「春鑑抄」石田良一・金谷治校注『日本思想大系 28 藤原惺窝・林罗山』119 页。
④ 荻生徂徕「弁名」吉川幸次郎・丸山真男・西田太一郎等编集『日本思想大系 36 荻生徂徕』213 页。
⑤ 荻生徂徕「政談 巻之一」吉川幸次郎・丸山真男・西田太一郎等编集『日本思想大系 36 荻生徂徕』277 页参照。
⑥ 丸山真男：《日本政治思想史研究》，第 76 页。
⑦ 张崑将：《日本德川时代古学派之王道政治论：以伊藤仁斋、荻生徂徕为中心》，华东师范大学出版社，2008，第 214 页。
⑧ 荻生徂徕「政談 巻之一」吉川幸次郎・丸山真男・西田太一郎等编集『日本思想大系 36 荻生徂徕』283 页。

如何理解江户时代道德与政治的关系？为避免偏颇，笔者以为除了关注思想家的言说，还需把视线下移到现实的政治与社会中，通过对比进行观察。此时或会发现，江户时代儒家式道德教化是相当普遍的。本文拟从以下三个方面概括之。

首先，江户时代最高统治者需要具备的素质，从重臣推荐新任将军人选一事来看，"文德"是被重视和提倡的。这说明幕府在开创新时代初期，对君主德行的重要性已经有了认识。江户初期谱代大名、武将大久保忠邻（1553~1628）在德川家康选择继承人时，强力推荐三男秀忠。他的推荐理由是：

> 乱世之时，武勇虽为主，然知治理天下必备文德。秀忠公不仅文武兼备，且最重要的是孝心深厚、人品恭谦，天意人望之所归者，乃此君也。①

高级幕僚强调，德川秀忠胜任的理由是其具备"文德"这一知识与道德的双重优势。新词新语的出现与使用提示着社会变迁带来的价值观改变，"文德""孝心""恭谦"等道德伦理类词语出现在选择将军继任者的政治大事中，至少表面上说明幕府认同"有德者王"的政治道德观。

第五代将军德川纲吉的时代是文治政治和儒学发展的高峰。加贺藩藩主前田纲纪曾给纲吉侍讲《中庸》，受到纲吉的高度评价，赠其"德惟善政，政在养民"的书信，并亲笔书写"德不孤"三个大字赠给前田纲纪。② 江户中后期，辅佐米泽藩主的折中派儒者细井平洲提出要"美化君德"，强调"有德者王"，这一主张被一些学者评论为带有政治上的策略性和欺瞒性。③ 但若联想包括米泽藩在内江户中后期异常严峻的社会现

---

① 藤野保『德川幕閣 武功派と官僚派の抗争』中央公論社、1965、57頁。
② 下出積與『石川県の歷史』山川出版社、1984、59頁。
③ 辻本雅史『近世教育思想史の研究：日本における「公教育」思想の源流』思文閣、1992、121頁。

实，期待德行高明的有道明君在改革中有所作为是再合理不过的事情。折中学试图从理论上弥补欠缺"道德修身"思想的徂徕学，并从实践上提倡"有德者王"，这也恰好说明了道德与政治在传统东亚社会遭遇危机时依然具有强力结合性和有效性。

幕末维新时期，道德与政治的结合更突显出其必要性。古贺侗庵（1788～1847）《海防臆测》中的外交理念，依据的便是朱子学的道德论及其普遍价值，体现出古贺侗庵政治与道德的连续性思考模式，是古贺侗庵对朱子学"修己治人"理念的一种实践。①

其次，从统治武士的根本法——《武家诸法度》的历次修订中也能看出"道德"的端倪。

自制定以来，《武家诸法度》根据社会发展变化数次进行修订。其中，1663年第四代将军德川家纲颁布21条"宽文令"，是修订内容最多的一次。"宽文令"明文规定要处罚不孝者，② 大有将孝德引入法律之势。1683年第五代将军德川纲吉颁布的"天和令"中，最为人熟知的就是《武家诸法度》第一条表述的改变：由"潜心文武弓马之道"变为"奖励文武忠孝，正礼仪"。③ 从这一次修订来看，此时的《武家诸法度》体现出这一时期幕府施行文治政策的特点。

总体而言，在《武家诸法度》的历次修订中，以下内容被反复强调：不许雇佣叛逆者和杀人犯；禁止新建城池，修缮城池亦需向幕府提交申请；严禁谋反、结党、私下结盟誓约；禁止大名未经许可结婚；参勤交代；依身份确定衣装及是否乘轿；奖励俭约；禁止私斗；禁止建造500石以上的大船等。这些内容关乎忠诚与叛逆，不仅是幕府维护统治的基础，更是将军与大名能否结成牢固的主从关系的准则。如此严苛的规定，既是冷酷的条令，也包含浓厚的道德意味。对此，黑住真评价说：

---

① 清水教好「対外危機と幕末儒学——古賀侗庵『海防臆測』をめぐる一考察」衣笠安喜編『近世思想史研究の現在』思文閣、1995、148頁。
② 『司法資料』第170号、『徳川禁令考』（第一帙）、司法省調査課、1932、107頁。
③ 『司法資料』第170号、『徳川禁令考』（第一帙）、109頁。

《武家诸法度》所引用的和汉观念，显示一种包含了武家传统之律令制以来的世界观。与其说是那些浮夸绮丽的文饰，不如说是带有压迫性道德论调的东西。家康在那些语句中指出人人皆须依归的"道"，并试图从上而下，强迫实行。①

不惟如此，针对普通武士的家训②及江户后期藩校资料中有大量关于践行五伦、五常等伦理思想的内容。如此看来，很难说江户的统治层不重视道德之于政治的作用。

最后，将视线下移至江户民间社会，我们会发现儒家道德教化的更多例证。

幕府不仅试图在日本推行"服忌令"，还在人员来往密集的闹市区颁布"高札"（向民众普及法律知识的木板），其内容以忠孝、亲子关系等为主。③ 幕府极力把儒学的伦理纲常思想以简便实用的方式普及全社会的意图是不言自明的。相关研究已有很多，不再赘述。

随着出版业的发达，元禄、享保时期还出版了很多针对儿童、妇女的教训书。例如延宝三年（1675）小龟勤斋的《女五经》、天和三年（1683）保井恕庵的《女家训》、享保十四年（1729）的《女五常训》等，大多是图文并茂的通俗读物。以《女家训》为例，书中对妇女应守之道总结了八条目：

> 一曰孝逆，二曰守节，三曰不嫉，四曰教子，五曰慈爱，六曰仁虐，七曰淑睦，八曰廉贪。妇人要做到明辨此"八理"、一心向善、修身严守，则福报不求自至，其美名必将流传万世。④

---

① 黑住真：《儒学与近世日本社会》，蓝弘岳译，载张宝三、徐兴庆编《德川时代日本儒学史论集》，台北：台湾大学出版中心，2004，第53~54页。
② 具体详见李卓主编《日本家训研究》，天津人民出版社，2006。
③ 国史大辞典編集委員会『国史大辞典』第5巻、吉川弘文館、1985、352頁。
④ 同文館編輯局編「女家訓・巻之上」『日本教育文庫 女訓篇』同文館、1910、204頁。

另有学者从实证角度分析了石门心学教化如何在日本近世地方得到普及，特别指出了津田左右吉学说的不足。①

随着社会矛盾的加深，幕府加快了改革的步伐。从幕府推行的三大改革内容中，我们也能明显看出统治层对教化的重视。以"享保改革"为例，德川吉宗很重视道德对解决社会问题的作用，他向社会推行并普及《六谕衍义大意》，试图强化儒学道德教化的社会功能。

《德川实纪》记载：享保六年（1721）九月十五日，松平甲斐守（柳泽保光）传唤儒臣荻生徂徕，命其翻译《六谕衍义》。②荻生徂徕的工作是将《六谕衍义》施加训点，使其符合日语语法特点，以便日本人接受和阅读。室鸠巢（1658~1734）则负责将其翻译成更为简单易懂的日语，意在"惠及穷乡下邑乃至下女，便于其时常能阅读之"。③可见，流传至日本的《六谕衍义》在幕府那里，最初的定位就是教化普通民众。最终，《六谕衍义》在日本更名为《六谕衍义大意》，出版发行后作为寺子屋及藩校的重点教材进行传授，实现了"明清圣谕通过村中口述、初等教育机构的读书、习字等方式在知识分子和百姓中广泛传播"。④

至江户中后期，曾被日本古学派质疑的儒家伦理道德反倒逐渐受到重视。韩东育就曾指出："享保改革和田沼改革时被徂徕再传弟子海保青陵猛烈批判过的儒教道德，亦在松平定信的导向下被广泛复辟。"⑤幕末"天保改革"中，幕府继续推行享保以来的民众教育政策，并特别要求寺子屋的教学一定要"对政道有助"。天保十四年（1843）十月，幕府模仿

---

① 吴震：《德川日本心学运动的"草根化"特色——就民间文书〈心学入门手册〉而谈》，《延边大学学报》（社会科学版）2016年第1期。
② 経済雑誌社校『徳川実紀 第五編』経済雑誌社、1904、708頁。
③ 室鳩巣「六諭衍義大意」加藤咄堂編『国民思想叢書 民衆篇』国民思想叢書刊行会、1929、211~212頁。
④ 殷晓星：《日本近代初等道德教育对明清圣谕的吸收与改写》，《世界历史》2017年第5期。
⑤ 韩东育：《德川幕府后期日本财政改革的正当性悖论》，《中国社会科学》2018年第1期。

享保时期的民众教育政策，在江户府内奖赏习字老师11名，赐予《六谕衍义大意》。幕府还大力表彰和引导民众的道德行为。据记载，从17世纪初到19世纪末，日本各地受道德表彰者共8614人，其名目多为"孝顺""忠义""勤勉农业""团结邻里"等道德概念。

本文上述所列举的，仅仅是日本近世众多儒学教化行为中的极少一部分，但它们都可以用来说明：如果某种道德规范被大力宣扬，则统治者和被统治者就都要认可、接受这种道德规范；如果儒学的伦理道德没有被接受的土壤，与日本格格不入，即便幕府或学者极力推行，恐怕也不会有大量相关著述、法律文书、家训、教材等历史文字资料遗留下来。因此，完全可以说儒家的伦理道德在树立近世日本"道德规范"方面占有重要的一席之地。

另外，通过梳理江户"道德"的社会形态，也就知晓了道德与政治的大致关系。很显然，两者是很难分离的。江户后期所谓"刷新士风"，也是幕藩试图通过教育形式利用儒学思想从内部来改变"人"的状态，以此解决愈加深刻的内外危机。因此，如果把所谓轻视内圣学放入历史中进行检验，其学说必然遭遇挫折。"宽政异学之禁"确立了朱子学官学的地位以及当时已然出现的众多"反徂徕"论[1]即说明了这一问题。

三　人欲与经济发展

"天理与人欲"是朱子学的核心命题，批判朱子学的荻生徂徕怎样看待这一命题？他在《辨名》中写道：

"人欲"者，即"性之欲"也，即好恶之心也。味其文意，唯言

---

[1] 就此，学者将批判徂徕学的观点总结为以下五点：徂徕学的非实证性；"中华主义者"色彩；"道"乃自然，非"制作"；轻视道德；徂徕学的"礼乐"观及复兴"心法"。参见赖祺一编『日本の近世（第13卷）儒学・国学・洋学』中央公論社，1993、129~135页。

礼乐以节耳目口腹之欲而平其好恶而已，初非求"人欲净尽"也。所谓"天理"者，指人之所以殊于禽兽者而言，即所谓"天之性"也。亦非若宋儒所言者矣。①

荻生把"天理"看作人兽之别，而非仁、义、礼、智等人性内涵。"人欲"则被荻生徂徕理解为人的好恶之心，"礼乐"便是节制人的好恶之心泛滥的手段。在对《论语·颜渊第十二》"问仁"的注释中，他并不认同朱熹把"克己复礼"的"己"理解为人的"私欲"。② 由此可知，荻生徂徕认定"人欲"仅仅是人的好恶之心和趋利避害的天然感情。

荻生徂徕经世思想的进步之处，就在于他敢于大胆承认"人欲"或者说"人之常情"，认为这些都是发自人内心的"性之欲"，具备合理性，因此很难从道德角度加以贬低、排斥。人欲属"私"，与道德无关，人类也不具备"以我心制我心"的自律能力，因此要想通过个人的内在道德修养祛除"人欲"是极为困难的。荻生抨击朱子学的"灭人欲"观点，认为"人欲"不能灭，要通过外在的"礼"来加以规范，如此就可以导"人心"以向善。这里所谓的"善"，非指道德素质的提高，而指人们能自觉遵守外部的社会规则。如此，不良的社会风气与既成风俗能获得扭转，国家也能长治久安。从这个意义上讲，荻生徂徕的人欲论对建设一个美好社会的确有一定的启示作用，对于人的发展也表达出合理解放人性的理论倾向。

徂徕学人欲论的提出背景，当然脱离不开元禄社会经济的蓬勃发展、衣食住行水平的提高以及生活价值观的改变。甚至连荻生徂徕本人也承认：

自庆长至今，既有百年。自其时世上不限高低贵贱，人人之生活

---

① 荻生徂徕「弁名」吉川幸次郎・丸山真男・西田太一郎等编集『日本思想大系36 荻生徂徕』246 页。
② 参见荻生徂徕著，小川環樹訳注『論語徵2』平凡社、1999、126 页。

态度、生活方式愈渐奢侈。今之世又形成奢侈之习俗，已然成为世界之常态，故而根本无法抑制。①

面对无法抑制的"人欲"横流现象，幕府曾多次发布"禁奢令"。形成于享保时代以后的《御触书集成》是幕府法令集的代表，其中有很多关于改造风俗的内容，可见"人欲"引发的社会风气变化引起了幕府的警惕。这说明"纵欲"实与封建时代的"禁欲"观格格不入，在社会转型期表现为新旧价值观的冲突。井原西鹤、近松门左卫门、西川如见、石田梅岩等人就是倡导新价值观的知识群体。以与荻生徂徕几乎同时代的西川如见（1648～1724）为例，他在《町人囊》中言道：

> 某人云："乐"有二，谓真乐与俗乐；"苦"亦有二，义苦与欲苦。知天地人物之理而乐其道者，乃真乐也。饮食、色欲、游玩者，乃俗乐也。四民各勤其所作，而不实践五伦之交，乃义苦也。不懂安分守己，不知足而终日有所求无止境者，为欲苦也。真乐、义苦乃天事，是自然之道，无逃避之理由。俗乐、欲苦生于人心之私，应努力摆脱之。……当被问及町人等应追求俗乐乎、真乐乎，吾答曰："真乐无论如何甚为无趣，俗乐才是最应追求者。若得饮食、色欲之正则是真乐。"②

虽然客观上讲，追求"道"并享受此过程中的"真乐""义苦"令人格十分高尚，但对于町人而言"甚无趣"，町人追求的是与之相对的"俗乐"与"真乐"。这可以说是"浮世"下现世主义赤裸裸的真实表达，代表了町人与农民等主要社会阶层的价值观念，甚至就是普通人的生活信仰。

---

① 荻生徂徕「政談 卷之二」吉川幸次郎・丸山真男・西田太一郎等编集『日本思想大系 36 荻生徂徠』331 頁。
② 西川如见「町人囊 卷之五」滝本誠一编『日本經濟叢書』大鐙閣、1923、128～129 頁。

井原西鹤的作品中也直白地流露出对追求财富的肯定。他在《日本永代藏》的开头写道：人既诚实又虚伪。人心本是无形无色无声之虚物，外感物而有善恶，其外物便是金银。若要为人，便必须存储金银。人生短暂，金银不可带至冥途，然可留给子孙。为存储金银，须励精家业，坚固其身，也须有以仁义为基且有敬神佛之心。或可以说：元禄庶民的人生观是"赚钱"与"游乐"。①

　　不仅町人与农民无法抑制对现世富足生活的向往，作为社会统治阶层的武士也顺历史潮流而动。山下幸内是江户中期纪州藩的浪人，他曾经上书德川吉宗批判幕府的改革，表示：将军过度节俭，禁止奢华，因此造成金银流通不畅，成为全国经济衰微的祸首。

　　尾张藩第七代藩主德川宗春（1696~1764）也是反"禁奢"的典型。在《温知政要》第九条中，他认为：须灵活使用金钱，如果过度俭省节约使人感到痛苦，那样反倒无益。②他激烈批判德川吉宗要求举国施行俭约的政策，转而在尾张藩内实行相反的措施。成为吉宗的政治对头的宗春，最终被吉宗处以关禁闭的刑罚。

　　时代发生了变化，正像研究者所指出的那样："武士们不再战斗。岂止是不再战斗，就连战国之时的记忆也业已从人们的脑海中消失殆尽了。"③可以想象，熬过了兵荒马乱、食不果腹的时代后，在生产力飞速发展、货币概念逐渐深入人心的江户时代，"人欲渐奢"成为一种不可逆的态势。因此，要求武士阶层抑制向往财富、追求享受的合理人欲，除去因武士阶层整体的经济窘困而不得已为之外，无疑是一种奢望。

　　那么，面对"人欲渐奢"，理论上具备一定开放性的徂徕学在实践层面是否统一了论调？我们可以从《政谈》中得到答案。《政谈》一书与《辨道》《辨名》等不同，里面多是政策建议，包含着荻生徂徕经世论的主旨，它在徂徕学思想中的地位可以间接地从其高徒太宰春台所著的

---

① 高尾一彦『近世の庶民文化』岩波書店、2006、16頁。
② 参见奈良本辰也校注『日本思想大系 38 近世政道論』岩波書店、1976、161頁。
③ 水林彪『封建制の再編と日本的社会の確立』山川出版社、1987、353頁。

《经济录》中得知。《经济录》继承了《政谈》的宗旨，系统阐述了太宰春台的经世理念。正如松崎观海在《行状》中言："欲观先生之志者，阅此书足矣。"① 这侧面说明经世论才是古学派的真实主张。

在《政谈》中，荻生徂徕多处谈及人们吃穿用度的变化，重点关注了农民和下层武士生活水平的提高。例如他写道，本来居住于乡下的农民的日常生活极为简朴，但来到江户后"开始吃大米、喝大酱汤、烧木柴、用炭火取暖，衣服也是买着穿，饮美酒，家里摆着乡下根本没有的屏风，房间里的装修要吊顶，用宣纸糊纸拉门，睡在榻榻米上，还挂着蚊帐"；② 奴婢们的佣金有所上涨，调查一下这些人的生活方式就可看到，他们要用伽罗油和元结，买切碎的烟丝，给担保人礼钱，还要给职业介绍所的人付酬金，③ 而五六十年前奴婢们不使用这些装饰物，吸烟也只买烟叶，自己搓成烟丝；三四十年前，同心（江户时代的胥吏）的家里没有榻榻米，同心们也不穿"上下"套服，可是现在，他们不但铺榻榻米，还用纸隔扇，家中陈设也是只要略有资产就装饰得和与力（江户时代的下级官吏）之家不差上下。④

按照前述徂徕学的观点，荻生徂徕应该对这些现象持宽容态度，然而在《政谈》中，荻生徂徕在描述了这些现象后，对农民和下层武士的过分享受表现得十分担忧。与前述开放的态度相比，他强烈反对打破身份制以及身份制下一系列的规则。⑤ 日本学者长尾龙一认为，徂徕学这一理论矛盾源于"经济的未发现"。⑥

---

① 尾藤正英「太宰春台の人と思想」『日本思想大系 36 徂徕学派』岩波書店、1972、499 頁。
② 荻生徂徕：《政谈》，龚颖译，中央编译出版社，2004，第 82~83 页。
③ 荻生徂徕：《政谈》，第 86 页。
④ 荻生徂徕：《政谈》，第 87 页。
⑤ 值得注意的一点是，徂徕学经世论中"人欲论"的基础，一是建立在小农经济基础上的四民身份制度，二是物质的有限性。荻生认为，如果世界上有限的东西被无限使用，其结果只能是自取灭亡。这一点在地球资源越来越匮乏、环境越来越差的今天看来，无疑是有远见的。
⑥ 参见长尾龙一「江戸思想における政治と知性」『講座日本思想（2）』東京大学出版会、1983、287~290 頁。转引自韩东育《日本近世新法家研究》，第 141 页。

人欲中最基本的"口腹之欲""饮食男女之欲"等需求、本能乃至兴趣等，是人类生存、历史发展的原动力。马克思也把人的需要看作社会发展的动因。中国近代哲学家李石岑（1892～1934）在《中国哲学十讲》中提出"欲望在人类，正是一种生机"，① 明确了人欲与经济发展之间的关系。

承认趋利避害、求乐避苦乃人之常情的徂徕学，"人欲"在其理论中不具有恶的属性，此点与朱子学相比确有创新之处。在荻生徂徕看来，经济发展带来的不是金钱与道德的矛盾，而是金钱与制度的龃龉。没有制度约束，社会外部环境会导致人们疯狂追求金钱利益，造成物品粗制滥造、偷盗抢劫成风、人心浮躁、人际关系变质等恶劣影响。

荻生徂徕承认人要生存、要营生，必然去追求"利"。但当把利放在了首位而不顾其他，造成社会无序时，必须用"礼义"来"禁民为非"，即用制度规范民众过分追求利益之心，以实现"安民"这个更大的"利"，因此，虽然他提出"圣人之道就是承认人之情，不损害人之情"，实际上却主张节制"人欲"。仅从思想欲达到的社会功效看，荻生徂徕的理论从根本上并非有异于朱子学，显然在客观上对传统经济向近代经济的转型极为不利。

众所周知，日本江户时期社会安定，生产力进步，商品经济得到发展，社会风气、价值观随之变化。在生活方面的表现就是人人追求物质金钱、追求享乐，"情欲泛滥"。而反映到知识层面，在对"人欲"的讨论上，形成了新旧价值观的对立。一方面是幕府及荻生徂徕等学者的抑商贱商论、节俭论、节欲论；另一方面是"以享保为契机，从儒学框架内溢出的重商主义经济论即将代替儒学思想引领时代思潮"，② 以及庶民"饮食、色欲、游玩"的人生观。与重商主义同行的，是势不可挡的人性合理解放思潮，贱商思想、禁欲主义显然已经不符合历史态势，但与之相适应的价值观还远未建立。

---

① 李石岑：《中国哲学十讲》，世界书局，1935，第336页。
② 奈良本辰也编『近世日本思想史研究』河出書房新社、1965、53頁。

总之，江户中期以来，传统的人欲观与以町人道德观为代表的新型价值观之间的紧张关系持续对立，全社会还没有形成对"人欲"的统一认识，处在新旧经济交替下人们的价值观是模糊的，包括荻生徂徕在内的知识界同样未免失之偏颇。

四　结语：浮世社会与荻生徂徕的想象秩序

行文至此，要说明的是，本文的目的不在于批判徂徕学自身的矛盾或徂徕学与社会的龃龉。从徂徕学自身的影响力来讲，这当然并非最合理的观察视角。换言之，思想是时代的产物，每个时代面临不同的课题，思想家及思想的价值首先体现在其经世之"当世意义"上，即解决"时代之疾痛"。任何思想家或思想理论必然存在合理与非合理之处，欲将某思想或主张直接运用到现代社会更非明智之举。正因为我们都在"倒着"观察历史，才越发有必要在历史视域下检视思想所指，按照自然而至的时间先后顺序去求索思想的意义。

日本思想史，特别是儒学思想史研究领域，形成了"近代化"与"日本化"两种研究范式。这两种研究范式看似对立，实际也有相同之处：其一，都以朱子学为假想敌，讨论了朱子学在日本近世的地位；其二，都认为徂徕学是日本近世思想史最重要的转折点，只不过"近代化"的研究视角偏重观念，而"日本化"的视角更关注思想与历史背景、与日本社会土壤的关联；其三，有意无意地都有"矮小化"朱子学的意图。

笔者以为，两种研究范式均难免有偏颇之处。"近代化"研究范式忽略了思想产生于特定的社会、历史条件之中，如果止于文本分析、过分强调"思维"的重要性，那么必然会缺失思想家的言说如何与现实进行对话以及如何接受现实社会的检验（所谓徂徕学"制作"的有效性）等重要内容，因此未免模糊了荻生徂徕"君子必论世"[①] 的殷切之期望。

---

① 荻生徂徕「学则」吉川幸次郎・丸山真男・西田太一郎等編集『日本思想大系36 荻生徂徕』257 頁。

譬如本文所论"道德与政治"的关系，如果用纯粹文本分析来考察"思维样式"转变，这一重大命题或许是妥当的。然而，当我们运用"形而下"的方法将之投入历史中去检视时，且不说用西方概念解释前近代东亚问题是否合理，在近世日本，这一命题本身就是不成立的。那么，主张"政治与道德分离"的徂徕学存在与时代相龃龉之处就不足为奇了。当然，丸山真男一定不会忽视徂徕学的历史性，他认为徂徕学正是解决"危机之学"：

> 伴随近世封建社会的确立，为它赋予基础而达到了普遍化的自然秩序思想，在封建社会经历着元禄享保期第一次大规模动荡的时候，内在于此的乐观主义就难以维持了，从而迫切期望出现应付现实危机并加以克服的新的立场。徂徕学正是为了承担这一使命而登场的。①

但问题在于"近代化"的研究范式仿佛是在说明日本现代化的成功必须基于朱子学的解体，朱子学果然有如此巨大的"力量"吗？诚然，社会变迁的重要指征是思维、观念的变革，但当我们不拘泥于日本一国，而是放眼周边，就会发现前近代中、日两国无论社会态势、思想文化动向还是人的发展均呈现诸多相似之处：工商业日趋活跃，随之社会矛盾加剧；"人渐尚奢"，情欲觉醒；自晚明以来反理学思潮愈演愈烈，程朱理学核心价值观动摇；李贽、唐甄、黄宗羲、顾炎武、王夫之等具有批判精神的学者，主张"经世致用"的治学精神，提出了很多脱离封建桎梏、富有人性关怀的新理念。同时代学者中，江户中期的古学派是日本抨击程朱理学的重镇。那么中、日何以在前近代表现出类似的历史特征和思想动态，却又在西方势力入侵后渐行渐远？这绝非仅用"儒学阻碍或者促进现代思维成长"②可以解释的。

---

① 丸山真男：《日本政治思想史研究》，第 194 页。
② 或许有学者解释说，日本儒学是"日本化"后的儒学，此与中国儒学不同。而何为"日本化"的儒学及"日本儒学"，今尚无定论。

儒学"日本化"的研究范式则稍显复杂。① 这种研究视角彻底地把儒学当作外来思想对待，不认可其普遍性，认为儒学思想因在日本"水土不服"而发生了变容。一部分运用"日本化"研究方法的成果自动忽略了儒学经世思想在幕藩改革、藩校教育、民众教化等方面广泛的社会实践，并没有改变津田左右吉以来对中国思想的批判态度。

那么，在既有的研究范式之外，如何辅以新的合理视角？笔者认为，还是要依据思想家及其思想本身的特质来回答。以荻生徂徕为例，他是一位思想家，更是一位关注民族现实与未来的历史学家。荻生徂徕的思想可以用"六经皆史"来概括，他反对宋学空论性理，专著《辨道》《辨名》从概念上对儒学核心范畴进行了批判，将"道"拉回到六经，"道在六经"，"非离礼乐刑政，别有所谓道者也"。② 在《太平策》《政谈》中，他事无巨细地论述了具体的治理策略，构想了一个理想社会。

刺激荻生徂徕思想形成的，或许是随父贬谪在外，阔别十几年再回到都市后的复杂情感：

> 历经十三年，余重回江户城，发觉江户风习较之从前变化巨大。多方思考书籍所载之道理，遂略通人情世故。③

江户的"浮世"景象，在荻生徂徕看来是彻底的"衰世"。"浮世"一词的使用在日本历史久远，江户时代派生出了"浮世绘""浮世草子"等名词，是对新兴艺术形式的命名，表达了"俗人与俗世"的主题，充满着文化非严肃精神。对此，荻生徂徕不无忧虑，曾在《政谈》中说：

---

① 具体可参见吴震《19世纪以来"儒学日本化"问题史考察：1868～1945》，《杭州师范大学学报》（社会科学版）2015年第5期；吴震《当代日本学界对"儒学日本化"问题的考察》，《社会科学》2016年第8期；张崑将《"儒学日本化"与"日本儒教"之间——与吴震教授商榷》，《外国问题研究》2019年第1期。
② 荻生徂徕「弁道」吉川幸次郎・丸山真男・西田太一郎等编集『日本思想大系36 荻生徂徕』201頁。
③ 荻生徂徕「政談 卷之一」吉川幸次郎・丸山真男・西田太一郎等编集『日本思想大系36 荻生徂徕』290頁。

"世道变得人人都把追求利益放在首位。"①

需要注意的是，荻生徂徕认为"世道"即社会环境改变了人们的生活方式和价值观，是以呼吁"君子必论世，亦唯物"。由无数因素构成的"唯物的世"是比思想更为复杂的内容，因此，荻生徂徕虽然从理论和实践上提出了要轻内圣、重外王，或曰"重礼轻理"，然而如本文前述所示，其主张难免与复杂的"世"相碰撞而产生诸多矛盾。

相较荻生徂徕和太宰春台将江户社会发展悲观地理解为"衰世"，海保青陵却称之为"升平之世"，② 极力倡导对"利"的追求。从现在来看，海保青陵比荻生徂徕更准确地把握住了历史潮流，故而我们能从海保青陵的思想中看到更多与"世"的发展相向而行的内容。再次承认，我们是"倒着看""事后看"得来的结论，并不能据此简单判断不同思想价值的高低。

如果对日本近世思想史尽可能地进行客观观察，那么荻生徂徕思想的重要价值或体现为"挽救浮世"。他质疑和反思当时的主流学问，据此勾勒出他所想象的社会秩序，试图为激烈变动中的17~18世纪的日本社会寻求新出路。一言以蔽之，荻生徂徕憧憬的理想社会是以武士精神为底蕴，用"礼乐刑政"规范人心，带有温情的互助型传统社会。包括对荻生徂徕的研究在内，在思考日本近世思想史时，我们不能离开对复杂的"世"的解读。

综上，日本儒学的整体发展脉络是一种"形而下"，是对"世态"与"势态"的孜孜以求，是对理想社会的想象与构想。他们较少讨论"心""性""情"，更不会直接使用"现代话语"求索未来。因此，脱离历史的研究和分析并不符合江户思想史的实际。

我们要整理挖掘江户儒学家讨论的诸如"武士""四民""封建""郡县""三代""华夷""礼乐""富国强兵"等话题，利用那个时代的

---

① 荻生徂徕「政談 卷之二」吉川幸次郎・丸山真男・西田太一郎等編集『日本思想大系 36 荻生徂徠』321 頁。
② 海保青陵「稽古談 卷之二」塚谷晃弘・藏並省自校注『日本思想大系 44 本多利明・海保青陵』岩波書店、1970、243 頁。

话语和话题去观察思想本身究竟怎么"说";更要运用历史思维,在历史中检验思想为何这么"说";最终,或许可以探究出思想要解决什么问题,与后世有什么因果联系等。

作为研究者,今天的我们要做一个"近世人",用"近世标准"去理解近世,而非使用各种后设概念。有必要减少预先的假设,从历史出发,然后上升到理论,让思维与史实、逻辑与历史统一起来。由此,我们或许又能以当代人的身份看到由古到今东亚历史发展的一些脉络。

本文不揣浅陋,仅对日本近世思想史研究方法进行了初步思考,今后将进一步扩展深化。

柄谷行人的"D 的研究":
原游动性与普遍宗教[*]

廖钦彬[**]

摘 要 如何挣脱或抵抗"资本—民族—国家"的宰制,一直是当代日本左翼思想家柄谷行人思考的问题。为回应福山主张的"历史的终结",柄谷在《世界史的构造》中提出一个人类社会构成体的图式"A/BC/D"。超克"BC"(民族、国家、资本)的主要理论根据,是对"A"(氏族)进行否定后的高层次恢复,即对"D"的建构进行一种奠基。"D的研究"是柄谷试图为人类建构未来社会图像的思想试验。在"D的研究"中,他提出原游动性("U",具自由、平等、无偿赠予性格/小型游动民集团)的强迫式回归正是弗洛伊德的"被压抑物的回归",主张人类必会因"U"的回归,而超越"A""BC"的交换模式及其社会构成体,建构出具有普遍宗教性格的未来社会("D")。这一思想工作的成就,取决于恩格斯所说的宗教、社会运动以及柄谷主张的想象力。

关键词 原游动性 被压抑物的回归 普遍宗教 想象力 交换模式

---

[*] 本文曾宣读于中山大学哲学系主办的"当代马克思主义哲学思潮在东亚:柄谷行人的思想"学术会(2016 年 11 月 10 日)。三年后,浅利诚于庆应义塾大学的《三田文学》(2019 年 2 月至 2021 年 5 月)连载十回,完成了《以〈D 的研究〉为中心的柄谷行人论》的发表。以下将适当补充浅利诚的研究观点,以示柄谷研究的动态。

[**] 廖钦彬,中山大学马克思主义哲学与中国现代化研究所暨中山大学哲学系教授。

一　导语

柄谷行人《世界史的构造》① 一书认为，马克思以生产模式或商品交换来建构人类的社会构成体，这已经不合时宜。破坏劳资对立的生产模式（即经济的下层结构）就能解决民族与国家的权力（即上层结构）问题，马克思的这一思想显然不足以彻底超克"资本—民族—国家"（福山所谓"历史的终结"）对人类的束缚与宰制。超克"历史的终结"成为柄谷在该书出版后的最主要课题。从柄谷自此以后的思想发展方向来看，他的思想核心主要环绕于建构超克"历史的终结"的理论基础。

马克思从资本主义社会归结出来的生产模式及商品交换（狭义的交换模式）观点，被柄谷转换成广义的交换模式观点。对于这一广义交换模式的构成，他分别以"A"（互酬或赠予与还礼关系）、"B"（掠取与再分配或支配与保护关系）、"C"（商品交换或货币与商品关系）、"D"（"X"，指透过"B""C"的扬弃，恢复"A"的交换模式）来表示。此四种交换模式分别对应以下四种社会构成体：氏族、部族；国家（亚洲、古典古代、封建型国家）；资本主义；普遍宗教、世界共和国。②

超克"BC"（国家、资本主义）的主要理论根据，是对"A"进行否定后的高层次恢复，即对"D"的建构进行一种奠基的工作。柄谷《世界史的构造》并没有针对"D"进行更详细的阐述，这为其自身往后的工作留下很多发挥的空间。比如《D的研究》（《at + 23》，东京：太田出版，

---

① 柄谷行人『世界史の構造』岩波書店、2010。继此书之后出版的是『「世界史の構造」を読む』（インスクリプト、2011）。此书分两部，第一部收录柄谷出版《世界史的构造》后在一系列受邀讲座上所发言的演讲稿，第二部收录柄谷与他比较亲近的评论家的对谈及友人的文章。与本文直接相关的，是题为"游动的自由带来平等"的座谈会发言稿。

② 参见柄谷行人『世界史の構造』15・39頁。

2015~2016年连载)①、《哲学的起源》(东京：岩波书店，2012)、《柳田国男论》(东京：インスクリプト，2013)、《游动论：柳田国男与山人》(东京：文艺春秋，2014)、《宪法的无意识》(东京：岩波书店，2016)等，反映了柄谷致力于建构"A""D"的具体过程。

分析"A"与"D"的样貌是本文的焦点，亦是柄谷在《D的研究》中的主要工作。在具体分析柄谷的"A""D"之前，笔者认为有必要先分析"A/B C/D"此一社会构成体图式的根源性基础，即"U"（原游动性）。

二　"U"（原游动性）

"U"（原游动性）在《世界史的构造》中已现端倪。柄谷在氏族社会（"A"）以前设置了"漂泊者"（band）的存在。"漂泊者"是柄谷想象出来的存在，是一个极为松动、没有固定居所的30人至50人的采集狩猎者小集团。在这个小集团的互动关系里，并不存在上下权力或拘束关系，因此保有自由与平等的观念。此种游动不固定的小集团因地球自然变迁，开始定居在海边，形成氏族集团或部落即"A"。

柄谷指出，无论是"漂泊者"还是其定居后所产生的氏族集团、部落或共同体（"A"），都与集权国家（"B"）存在一线之隔。定居的氏族集团因互酬或赠予与还礼模式保持和平与平等状态，拒绝成为集权国家。②

在主题为"游动的自由带来平等"的座谈会上，大泽真幸以《执拗

---

① 《D的研究》第一回载于《atプラス》第23号（2015年2月），第二回载于《atプラス》第24号（2015年5月），第三回载于《atプラス》第25号（2015年8月），第四回载于《atプラス》第26号（2015年11月），第五回载于《atプラス》第27号（2016年2月），第六回载于《atプラス》第28号（2016年5月）。柄谷行人目前正在修订这些文章，将以《力量与交换模式》（力と交換様式）的书名结集并交由岩波书店出版。这四种"力量"指赠予、国家权力、货币、神的力量（参见柄谷行人『柄谷行人インタヴューズ 2002~2013』講談社、2014、264頁）。

② 参见柄谷行人『世界史の構造』62~72頁。

回归的原始共产主义》为题发表评述（后收录于《阅读〈世界史的构造〉》），敏锐地指出上述"漂泊者"集团与"A""D"的关系。他认为：

> 在"A"之前，早就已经有狩猎采集民的"共同寄托"，换言之，就是所谓原始的共产主义。它会在人的定居化发展形成氏族社会后，作为一种互酬性而回归。此即为交换模式"A"。这会在经过"C"之后，作为"D"以高层次的方式回归。也就是说，会形成"原始共产主义→A→D"的二重性回归这种结构。①

笔者的想法与大泽一致。大泽认为柄谷虽在《世界史的构造》中大量谈论"BC"结构，但这并不代表柄谷乐于建构"BC"。相反，恰好是为了超克"BC"，柄谷才会谈论"BC"结构。笔者进而认为，更重要的是"A"与"D"如何被柄谷建构的问题。

须注意的是，游动的"漂泊者"集团与定居的氏族集团在《世界史的构造》中虽有区别，即交换模式"A"并非前者的原理而是后者的原理，②但这个区分并不是很明确。在《游动论：柳田国男与山人》一书中，柄谷发展了《世界史的构造》的说法，明确区分了"漂泊者"集团与氏族集团的不同，并提出了两种类型的游动性：一是共同寄托（pooling），世代内、共同体内（纯粹赠予），指一直都在漂泊游动状态；二是互酬交换，世代间、共同体间（互酬赠予），指定居后的游动。③ 两者分别对应了柳田国男的"山人"与"山民"。"山人"与"山民"被柄谷分别归类于未定居的集团与定居后的移动集团。

这种区分方式，一方面是在替柳田国男进行辩护（说明其研究立场带有"A"和"U"的双重色彩），另一方面是他对德勒兹与加塔利在《千高原》（*Mille Plateaux*，1980）中以游牧民为基础之游牧论（Nomadologie）的

---

① 柄谷行人『阅读「世界史の構造」』272~273頁。
② 参见柄谷行人『世界史の構造』8~9頁。
③ 参见柄谷行人『遊動論：柳田国男と山人』附録、文藝春秋、2014、177~195頁。

批判。柄谷认为这个游牧论是以瓦解冷战结构为前提而产生的解构理论，但它恰恰带来了冷战结束后新自由主义的崛起与资本无界限的游动问题，换言之，它变成助长"BC"（国家、资本主义）的元凶。

柄谷认为，游牧民虽带有游动性，但并非游动民（游动的狩猎采集民），而是时常与农耕民（定居民）进行交易。它扮演了在共同体之间交易的中间角色。游牧民不仅会形成国家，还会用"B"的原理来管理它。上述氏族集团与"山民"则被柄谷视同于《千高原》中的游牧民，也就是游走在定居与漂流之间的集团。只要放弃交换模式"A"（互酬或赠予与还礼关系），此种集团是极有可能发展至"B"的存在。

"漂泊者"集团（"山人"，即游动的狩猎采集民）没有定居的地方（自由），因此没有必要蓄积狩猎采集的劳动成果，也因此会把东西公平地分配给所有人（平等）。这里不存在"亏欠"（负い目）的想法，只存在"纯粹赠予"。在"漂泊者"集团里，不存在交换模式，因此成为超克"国族—国家—资本"的基础原理。这正是柄谷利用建构"漂泊者"集团的样貌来为"D"进行奠基的工作。

"U"（原游动性）的用法，是柄谷在思考《D的研究》时所提出来的。他认为"U"来自德语的"ur-"，对应的日语是游动民的"游"（Yu）。① 原游动性是一个关乎抽象力或想象力的问题。因为现今已不存在"漂泊者"集团，其游动性的探讨便只能从现有的氏族集团或部落（奠基于"A"的集团）中抽离出来思考。而"D"的显露正是"U"（原游动性）的高层次恢复。这里出现了柄谷勾勒"D"的矛盾说法："D"究竟是"A"的高层次恢复，还是"U"的高层次恢复？②

柄谷在《D的研究》中改变该说法，主张氏族集团或部落（奠基于"A"的集团）之所以不会成为"B"或拒绝成为"B"，是因为被压抑物（"U"：自由、平等、无偿的赠予）的回归。如此看来，"U"的回归迫使

---

① 参见大黒弘慈『犬儒派マルクス（现代思想 総特集 柄谷行人の思想）』青土社、2015、20頁。
② 着重号为笔者添加，下同。

以"A"为基础的氏族集团或部落停留于自身,而不发展为以"BC"为基础的资本主义的国家社会,同时其也是"D"呼之欲出的绝对条件。换言之,交换模式"D"所恢复的,是因定居而失去的狩猎采集民之游动性"U"。原游动性在此获得了一个合法性位置。此处恰好显示出"U"的二重回归分别显露在"A"和"D"之中。①

这里出现了两个"U"的面貌:"A"里的"U"与"D"里的"U"。"A"里的"U"是不成为"BC",而以强迫姿态出现在氏族社会的东西(互酬)。这是被压抑物("U")回归氏族社会的结果。相对于此,"D"里的"U"是原游动性"U"及被"BC"压抑之东西的回归,也是超越"A"和"BC"(在此出现了阶级)的原理。这是超越人类愿望或意志,以一种强迫姿态而出现的东西(无偿的赠予=纯粹赠予),绝不是互酬交换。"D"是由"神"带来的。②

三 晚年马克思与恩格斯

事实上,柄谷的"U/A/BC/D"之社会构成体思想,与晚年马克思的古代社会思考、恩格斯的《德国农民战争》(1850)、弗洛伊德的《摩西与一神教》(1939)、犹太教形成的历史、原始基督教团有很大的关联。

柄谷认为,马克思在逝世前三年阅读摩尔根的《古代社会》后,便开始思考共产主义的形态。在那之后,恩格斯基本上也开始从事人类学相关的工作,并撰写了《家族、私有制和国家的起源》。③浅利诚指出,这正是柄谷试图透过《古代社会》结合与分判马克思、恩格斯思想的重

---

① 阅读完浅利诚的十回连载文章,笔者一直没有发现他对"U"(原游动性)的考察。笔者颇觉疑惑的是,如果单单关注"A""D"的关系,就无法真正说明"D"的问题。
② 参见柄谷行人「Dの研究(第一回)」『atプラス』23、2015年2月、4~5頁。
③ 参见柄谷行人「Dの研究(第二回)」『atプラス』24、2015年5月、80頁。

要考察。① 笔者认为，浅利诚对柄谷之恩格斯论的解读具有一定的指引性。他说柄谷一方面指出恩格斯陷马克思于"不义"（即将马克思塑造成历史唯物论者），另一方面又认为恩格斯补充了马克思的不足之处（即缺乏宗教运动与社会主义之间关联的历史考察）。②

柄谷认为，恩格斯的工作正是马克思主义（非马克思本人的思想）的开端，自此人类史的整体是由生产模式观点来确立的。也就是说，未来的共产主义必须借由高度的生产力来恢复氏族社会曾有过的共有制。关于此点，马克思和恩格斯存在不同。马克思重视的是氏族社会成员的对等性和独立性、兄弟团体及其互酬制。比如柄谷提及马克思如此叙述易洛魁族：

> 易洛魁氏族的全体成员都是人身自由的人，都有相互保卫自由的义务，在特有权利和个人权利方面一律平等；不论酋长或酋帅都不能要求任何优越权，他们是由血亲纽带结合起来的同胞。自由、平等、博爱，虽然从来没有明确表达出来，却是氏族的根本原则，而氏族又是社会制度和管理制度的单位，是组织起来的印第安人社会的基础。③

柄谷据此认为，马克思在摩尔根的《古代社会》中找到了未来共产主义的原型，他关心的是国家扬弃的问题。柄谷同时也指出，马克思的共产主义在时态上并非属于未来，而是属于现在。也就是说，在现时点对资本主义的超克，便是共产主义的呈现。这也是马克思专心致力于撰写

---

① 参见浅利誠「『Dの研究』を中心にした柄谷行人論：二つの文体で書かれた序章」『三田文学』第 98 卷第 136 号、2019、291 頁。
② 参见浅利誠「『Dの研究』を中心にした柄谷行人論（7）マルクスとエンゲルスの新たな結合へ」『三田文学』第 99 卷第 142 号、2020、251～253 頁。
③ 柄谷行人「Dの研究（第二回）」『atプラス』24、2015 年 5 月、81～82 頁。柄谷这两段话引自马克思《路易斯·亨·摩尔根〈古代社会〉一书摘要》，见《马克思恩格斯全集》第 45 卷，第 416 页。

《资本论》的理由。①

至于恩格斯对柄谷思考《D的研究》产生的影响，可从恩格斯在1848年欧洲革命后所撰写的《德国农民战争》中借以窥见。柄谷认为，《德国农民战争》关注基督教的共产主义运动，正是帮助自己思考"D"（普遍宗教）的绝佳材料。进一步来说，《德国农民战争》中提到的托马斯·闵采尔的"千禧年主义"（Millenarianism），无疑是超克"BC"的关键。

柄谷认为，恩格斯对宗教的社会运动如此热衷，归根结底是因为他目睹了英国宪章运动的失败，即阶级斗争的"消失"。阶级斗争因提供国家与资本家（"BC"）解决阶级斗争的方法而消解于后者的怀柔策略中，显然已经"无法"成为共产主义的实现途径。因此，恩格斯认为唯有通过宗教的社会运动，才有办法真正地扬弃"BC"。②如此，阶级斗争自然也必须被扬弃，扬弃方法便是柄谷自己提出的"对U的高层次恢复"。关于扬弃"BC"，可见柄谷的以下发言：

> 恩格斯始终思考的是未来的社会主义（这与马克思不同）。首先，他从英国的宪章运动来思考现实的阶级斗争以及实现以它为基础的社会主义之过程。此即为历史唯物论。但他面临了1848年宪章运动的衰退。之后，他开始不断追问社会主义运动的泉源与根据。这从《德国农民战争》及他在那之后的基督教史研究（这和恩格斯继承了

---

① 参见柄谷行人「Dの研究（第二回）」、82~83頁；「Dの研究（第六回）」『atプラス』28、2016年5月、134頁。浅利誠「『Dの研究』を中心にした柄谷行人論（2）マルクスとエンゲルスの『新たな協働』序章」（『三田文学』第98巻第137号、2019、267頁）中指出，柄谷在《D的研究》中的重要工作有两个：一个是借由重新检讨恩格斯影响下的历史唯物论，来解读（解放）马克思，特别是以《资本论》为中心；另一个是重新思考恩格斯的乌托邦理论。浅利认为这两个工作揭示了马克思、恩格斯的"新合作"接点，也是柄谷的创举——简言之，"不断地抗争、运动＝共产主义或社会主义＝乌托邦的实现"，正是柄谷联结马克思、恩格斯的基本构想。笔者认为，这一马克思、恩格斯互补工作是柄谷自身建构《D的研究》之理论的必经过程，但并非终点。

② 柄谷行人「Dの研究（第五回）」『atプラス』27、2016年2月、147頁。

黑格尔左派的历史意识有关）中可明显看到。这从我们的观点来看，便是在思考交换模式 D。然而，恩格斯并没有交换模式的观点，因此也无法活用好不容易找到的东西。①

关于"千禧年主义"，柄谷援引了诺尔曼·孔恩（Norman Rufus Colin Cohn）的《千禧年的追求》（*The Pursuit of the Millennium*, 1957）来进行考察，并认为孔恩整理出来的"千禧年主义"的以下两大特征与自己所谓的"D"很类似：一是透过超自然的力量奇迹式地出现，二是末世论的、紧迫的。柄谷认为，"千禧年主义"既否认封建制"B"又对抗罗马教，同时还否定资本主义"C"所带来的阶级差异，甚至朝建构共同体"D"而迈进。它想建构的并非古代的共同体"A"，而是自由的共同体"D"。

"千禧年主义"强调末世论是作为"U"的强迫性回归而产生的。从氏族社会转移到农耕共同体的日耳曼社会开始都市化时，造就了它。在那产生的回归冲动，并非单纯地回归到过去的共同体，它就在形成氏族社会的泉源之中，而且是在那之后被压抑的原动性"U"之回归。但这绝对是对未来的意识，而不是对过去的意识。②

以上，我们可以看到柄谷分别从马克思的古代社会思考、恩格斯对宗教社会运动的考察中，获得了建构以"D"为基础的普遍宗教形态之思想资源。一方面，柄谷继承马克思的《资本论》所宣称的事业（"推翻资本主义社会的抗争、运动＝共产主义或社会主义的实现"、交换模式思想），并拓深了他对古代社会的解读，以资自身的"D"理论之建构。另一方面，柄谷承续恩格斯对"基督教的共产主义运动"的观察视点，针对基督教发展脉络所呈现的普遍宗教样貌进行了探讨，以资其自身的"D"理论之建构。

在《以〈D 的研究〉为中心的柄谷行人论（三）：马克思与恩格斯

---

① 柄谷行人「Dの研究（第五回）」158 页。括号内的文字为笔者注。
② 参见柄谷行人「Dの研究（第四回）」『atプラス』26、2015 年 11 月、88 页。

的"新合作"》中,浅利诚认为这是柄谷让马克思、恩格斯互补其短的做法。① 但笔者认为,这是马克思、恩格斯引导柄谷思考"D"的关键点。比之更早,互补模式在《跨越性批判:康德与马克思》②一书中已经出现。将康德与马克思进行互补的目的,是在思考《世界共和国》③ 或晚于《跨越性批判:康德与马克思》出版的《世界史的构造》中的"D"。

四 "D"的轮廓及其问题点

本节将要整理和探讨"D"的轮廓及其问题点。浅利诚对柄谷思想中的"D""是怎么出现的""又是如何形成的"做了概略性的说明。他指出,柄谷早在《跨越性批判:康德与马克思》中,已针对"A""BC"有所思考,直到《世界共和国》的创作阶段正式提出"D"的构想。当时对应"D"的是"association"(アソシエーション),即组织、公社或联合体。然而到了《世界史的构造》中,"D"被柄谷置换成"X"。盘旋于"D"的根底的有"association"、世界共和国、作为可能的共产主义④、普遍宗教。⑤

---

① 参见『三田文学』第 98 卷第 138 号、2019、200 頁。
② 参见柄谷行人『トランスクリティーク:カントとマルクス』批評空間、2001。
③ 参见柄谷行人『世界共和国へ:資本=ネーション=国家を超えて』岩波書店、2006。
④ "作为可能的共产主义"一语,是柄谷行人另一部著作『可能なるコミュニズム』(太田出版、2000)的书名。柄谷在书中强调,《德意志意识形态》中主张共产主义不是一个必然达成的状态或可以实现的理想,而是"扬弃现状的现实运动"(参见淺利誠「以『D的研究』为中心的柄谷行人論(二):馬克思与恩格斯的『新合作』序章」271 頁)。笔者认为,柄谷始终在贯彻马克思、恩格斯的这个想法,共产主义出现在对现实状态的抗争运动当中,绝不是一个未来理想(《世界史的构造》亦是如此主张)。简言之,不断地抗争、运动便是共产主义或社会主义的。这显然与观念论者或理想主义者的单纯理念有所区别。柄谷 2000 年提倡的 New Associationist Movement(简称 NAM,新公社人运动)便是这个想法的实现。
⑤ 参见淺利誠「以『D的研究』为中心的柄谷行人論(二):馬克思与恩格斯的『新合作』序章」268~269 頁。

到了《D的研究》中,"D"的参考除了上述弗洛伊德的《摩西与一神教》、犹太教形成的历史、原始基督教团外,还有奥古斯丁的"神国"及康德的"世界共和国"理念。柄谷认为,在"U/A/BC/D"的结构里,"D"是一个非"U"、非"A"、非"BC"的可实现物。它既非"U"的漂泊者集团,也非"A"的氏族集团或部落,更不是"BC"的国家资本主义。在柄谷的想法里,"D"并非小型社会,而是一个开放、宽广的共同体。

如前所述,"D"里的"U"是原游动性"U"及被"BC"压抑之东西的回归,也是超越"A"和"BC"(在此出现的阶级)的原理。这意味着"D"非"U"、非"A"、非"BC",但并不能与它们完全切断以显示自身。也就是说,"D"的显现不能与"U""A""BC"彻底无关。应该说,"D"在"BC"成立后直至被超克的时点才有可能出现(犹太教、基督教便是典型例子)。"D"透过与"A""BC"的否定媒介而显露自身。正因为如此,本文以下对"D"的考察亦会与"U""A""BC"呈现关联性的叙述。

关于"D"的具体讨论,主要出现在《D的研究》第四回连载中:

> 从交换模式的观点来看,普遍宗教是交换模式"D"的出现。反过来说,"D"是以普遍宗教的姿态出现的。这里须注意的是,我虽然一直使用交换模式"D",但严格来说,"D"并不是交换模式。它是一种无化"A""BC"的样态。①

如果"D"是"U"的高层次恢复,那么"D"确实不是交换模式,而是纯粹赠予。在"U/A/BC/D"的结构里,宗教显然以各种不同的面貌出现,在"U"里未曾登场,在"BC"里只是国家与资本控制下的宗教(柄谷称为世界宗教)。这与柄谷主张的普遍宗教不同。

"A"里的宗教与"D"里的宗教,在柄谷的理论脉络中有不同的意

---

① 柄谷行人「Dの研究(第四回)」87頁。

义与特别的信息。在"A"里,"赠予⇔反馈"的法则若被破坏,就会受到"神"的惩罚。"A"并不是人以自我意识或意志打造出来的,而是"神"赋予人的。"神"的奠基在"A"里才能得以成立。神与人的关系处于交换模式(祈求与回应、不回应与抛弃)中。人与人之间的关系奠基在世代间、共同体间的互酬赠予,由于赠予物与反馈物都带有神灵(fetich),因此交换是强迫性的,而且没有个人的自由。

相对于此,在"D"里,开示"D"的普遍宗教则是来自对巫术的批判,即对以互酬原理"A"为基础之宗教的批判。然而,普遍宗教无法以固定不变的姿态出现,它会掉落到"A"里,因此历史上的宗教改革及异端的运动才会周期性地出现。这里暗喻普遍宗教必须是一种游动态,无法固定,也意味着普遍宗教在历史上有迹可循,并非肆意的幻想或不可能实现的理念。在这里,神与人的关系并非处于交换模式,只有纯粹赠予。人与人处在维护他人自由、平权、分配均等的状态中。神与人、人与人的关系是强迫性的,而不是交换、互酬。[1]

显然,柄谷对"D"里的普遍宗教的想象和建构,与他对"U"里的宗教的想象与建构是联动的、不可切割的。如何区分这两种宗教形态,则成为今后必须思考的课题。在这里,我们可以说柄谷抛开马克思的摩尔根论促使他考察"A""D"的立场,进而思考"U""D"之间的理论建构。

以此理论建构为基础来看,"D"否定了"A"的共同体拘束、巫术的宗教以及交换互酬。此一思考的模型,笔者认为可以从柄谷对犹太教、原始基督教团的认知中窥见。

柄谷曾花费相当大的篇幅处理弗洛伊德的《摩西与一神教》,主要是想从摩西被犹太人杀害的假设中提取"停留在沙漠"的劝告。一方面,这意味着拒绝成为国家,严格来说是资本、民族、国家的三位一体。另一方面,柄谷亦想说明被杀害后的摩西以摩西之神的姿态出现在迦南,意味

---

[1] 参见柄谷行人「Dの研究(第一回)」6页;「Dの研究(第四回)」3页。

着被压抑物的回归（即原游动性"U"的回归），告诫犹太人要"回到沙漠"。① 柄谷认为"U"的回归，与犹太教在历史上成为普遍宗教的史实有直接的关联。犹太人在巴比伦成为俘虏后，因波斯帝国而得以回到迦南。在那之后，犹太人又在罗马帝国的支配下生存。伴随着世界性庞大帝国的形成，犹太教获得成为普遍宗教的条件。也就是说，观察普遍宗教的形成，必须以世界性庞大帝国的形成为前提。

柄谷也强调，普遍宗教是超越世界性庞大帝国的东西。它并不存在于帝国中心以支持体制，而是处在政治的边陲，由少数人借以对抗体制。它虽会被镇压，却因而不断扩大，但最终若被国家收编为国教，就意味着普遍性的消失。实际上这指的是基督教变成罗马帝国的国教，即世界宗教。②

这里我们看到了普遍宗教与世界宗教的不同。世界宗教因国家体制的无限扩大而显露自身，却也因此而销毁自身，因为它失去了普遍性。世界宗教看似由最多数信仰者来形构，却无法变成由极少数信仰者所构成的普遍宗教。笔者认为，这种吊诡必会成为柄谷思考宗教在"U"和"D"里该以何种形态出现之问题的指引。

如前所述，"D"并非小型社会，因而普遍宗教也并非某个共同体、民族、国家的宗教，而是一个开放、宽广、无法特定的宗教。但由于其所处现实的各种矛盾，它会在不知不觉中变成世界宗教（如罗马帝国的国教）或某个共同体、民族、国家的特定宗教。

柄谷认为，普遍宗教在12世纪以后的异端派即"千禧年主义"中出

---

① 在「『Dの研究』を中心にした柄谷行人論（4）フロイトの位置づけあるいはフロイトの投機買い」（『三田文学』第98卷第139号、2019、226～227頁）中，浅利诚认为柄谷援用弗洛伊德"被压抑物的回归"理论，以说明"原游动性U的回归"，亦是补充摩尔根之古代社会论在晚年马克思那里如何成为共产主义参考范式的重要理论资源。笔者在此不讨论这个问题，但针对浅利诚只说明"柄谷运用弗洛伊德来解释'回归''高层次恢复'问题"是一种赌注而不提出反问的态度，笔者表示不赞同。我们是否应该问柄谷："那个远古而来的人类记忆或无意识，会因何种契机而绽放出来？""D是否真的只能依靠这种记忆或无意识的显现来得到实现？"

② 参见柄谷行人「Dの研究（第三回）」2頁；「Dの研究（第四回）」3頁。

现便是明证。只有被压抑物的回归（即原游动性"U"的回归），才能显现出普遍宗教的形态。柄谷在这里传达给我们一个讯息，即恩格斯在《德国农民战争》中关注"基督教的共产主义运动"的"D"性质。也就是说，普遍宗教可以是恩格斯在1848年欧洲革命之后开始追寻的一种共产主义形态。

事实上，柄谷认为原始基督教的"共产主义"与游动生活、末世论不能分割（参见《马太福音》第10、12章）。原始基督教团是游动的，没有固定的布道场所。而修道院（定居、定所）是在成为国教之后才成立的。修道院在柄谷笔下有两种形态：着重社会活动与实践的形态，权贵化身的形态。无论是哪种形态，只要处在定居状态，就都是柄谷要批判的。更受柄谷推崇的，是原始基督教团那种游动性的共同生活。① 我们不难看出，柄谷这种对原始基督教团之形态的高度评价，来自他对"U"的想象。

以上是极为简略的"D"理论轮廓。以下将检讨"D"理论的问题点。

柄谷检讨"D"的力量时，分别列举了犹太教的"以眼还眼"（《出埃及记》第21章）、耶稣的"有人打你的右脸，连左脸也转过来由他打"（《马太福音》第5章）。前者禁止由交换模式"A"所产生的报复和战争，也就是遵从法律的意思，这最终衍生出"BC"。而后者否定"A"和"BC"（"以眼还眼"），否定强迫回礼或反馈的互酬交换，因为耶稣主张的是纯粹赠予，那绝不是强迫回礼或反馈的意思。但这种"纯粹赠予"将会成为对方无法反馈的负债或亏欠，这便是"爱与宽裕"的力量，即"D"的力量。再次强调，柄谷明确表示"D"不是交换模式。"D"虽是"A"的高层次恢复，但否定"A"和"BC"。

交换模式"D"是无偿赠予、纯粹赠予，已经不是交换。这样来看，柄谷提出自己定义的广义交换模式（"A—B—C—D"）理论，试图以此来批判以恩格斯为代表的马克思主义者之生产模式下的史观，显然存在逻辑

---

① 参见柄谷行人「Dの研究（第四回）」4~5页。

上的矛盾。虽然他在《世界史的构造》中论述普遍宗教时一再说明，"D"既是"A"的高层次恢复，同时也是对"A""BC"的否定，但这还是无法回答两个疑问：若是如此，在"D"里，神与人、人与人的关系是强迫性的，而不是交换、互酬，那么究竟是什么来保障或担保无偿赠予或纯粹赠予？这一强迫性与负债又是何种关联？

柄谷只说明"D"的神与人、人与人的关系并非"A"的"强制神"（Gotteszwang），神只是让人负债（因此人也是让人负债）而已。如此一来，接受者究竟是在何种意义下被进行强迫性的无偿赠予或纯粹赠予？柄谷对"宗教世界＝资本主义世界"有极强的警戒，并试图瓦解潜伏在"A"和"BC"之中的宗教形态，即巫术宗教、世界宗教。因此，这一问题毕竟还是留下了很大的可以思考与追问的空间。

五　结论

柄谷在几乎与《D的研究》之连载同时撰写的《宪法的无意识》中，将"U/A/BC/D"的结构套用在日本宪法上。他认为，如果将"D"的纯粹赠予（即"U"之纯粹赠予的高层次恢复）放在日本《宪法》第九条的"放弃战争和武力的行使"上，就会变成将自身"放弃战争和武力的行使"当成礼物送给他国，而他国也必会以"放弃战争和武力的行使"来与日本共处。而且，这必须是强迫性的。这一套用，也将"D"的层面从神与人、人与人的关系延伸至国与国的关系。柄谷一方面援用康德的"世界共和国"（即诸国的联合）理念，另一方面批判使之联合的根据（商业精神），主张康德的"世界共和国"理念必须奠基在"D"之纯粹赠予的力量上。①

严格来说，交换模式"D"并不是交换模式。因为它超越了"A"和"BC"。"D"在某种程度上是"A"的恢复，亦即赠予原理的恢复。更重要的是，它同时也是对"A"的否定。它还否定根植于"A"的"BC"

---

① 参见柄谷行人『憲法の無意識』岩波書店、2016、128～133頁。

原理。① 然而，接续上述"D"的问题点来思考，我们就会立刻想到两个问题：国与国之间的无偿赠予或纯粹赠予，究竟在何种意义下被强迫进行？神或灵让人负债，若非接受者的主体意识或意志，那么这种负债或愧疚究竟意味着什么？

最后，本文试以柄谷与井筒俊彦《神秘主义》② 的思想关联来代替结论。在《哲学的起源》中，借由讨论爱奥尼亚时代的"无支配统治""平等法则"（Isonomia）思想，柄谷思考了原游动性"U"。他认为，苏格拉底试图在雅典的"民主"（Democracy）中恢复爱奥尼亚曾经的"无支配统治"精神，更重要的是，苏格拉底并不是有意识地要这样做，降临在他身上的"精灵""神灵"禁止苏格拉底以公民的身份活动。③ 简单地说，神灵不准苏格拉底去参加公民大会，而且命令苏格拉底要为正义而战斗，意谓神灵就是要他放弃公民大会的特权与义务。柄谷如此说道：

> 在我的想法里，让苏格拉底以神灵（Daemon）的姿态到来的，便是"被压抑物的回归"（弗洛伊德）。那么"被压抑的东西"是什么呢？当然，这就是爱奥尼亚的无支配（Isonomia）或交换模式D。④

在这里，我们可以看到强迫性的神秘主义色彩。当然这与爱奥尼亚的原游动性"U"有很大的关联。

相对于此，井筒俊彦在《神秘主义》中认为，以荷马、赫西俄德的古希腊神话与史诗为核心的叙事诗，没有经过爱奥尼亚的自然哲学家（米利都学派、色诺芬尼到埃利亚学派）的抒情诗及其自然神秘主义

---

① 参见柄谷行人『憲法の無意識』126 頁。
② 1949 年出版，收录于『井筒俊彦著作集』第一卷、中央公論社、1992。
③ "神灵"（Daemon）原本在希腊语中就是一种中性的存在，没有所谓伦理意义上的好坏、善恶。它是一种超越人类（包含人的知识、行动、技术等能力）的力量，可说是一种神通力。
④ 参见柄谷行人『哲学の起源』岩波書店、2012、196~197 頁。

（Naturmystik）体验的洗礼，根本无法直接联结到希腊哲学（按：以苏格拉底、柏拉图、亚里士多德、普罗提诺为代表）。爱奥尼亚的自然神秘主义体验来自狄奥尼索斯信仰的升华版，即从集团之全一到宇宙之全一的跳跃，必须是绝对者或超越者的神，以一种自我显现、自我绽出的方式才可能呈现其世界观或宇宙观。因此，从米利都学派、色诺芬尼到埃利亚学派的爱奥尼亚自然哲学家所呈现的世界观与价值观，可以说是神的自我显现，而不是人类理性主体或意识下的产物。

在此我们可以看到，井筒描绘的爱奥尼亚自然神秘主义体验（一即全，全即一；神的自我显现、自我绽出），与柄谷《哲学的起源》借阐述苏格拉底以被迫方式恢复爱奥尼亚的"无支配统治"来勾勒交换模式"D"中"神的强迫性"，有着不谋而合的亲近性。

浅利诚认为，柄谷在《哲学的起源》中的论述诉诸自己的想象力或思想实验，显然与他自己钟爱《资本论》序言中的想象力、抽象力有很大关联。① 《以〈D的研究〉为中心的柄谷行人论（十）：最新的移动》预言说，柄谷的论述将会从"交换模式论"转向"力量论"，即浅利诚认为，柄谷目前正在针对"A—BC—D"中赠予、国家权力、货币、神的力量进行思考。② 但笔者认为，这四种力量必无法离开上述"U"中的抽象力或想象力。

---

① 参见淺利誠「以『D的研究』为中心的柄谷行人論（二）：馬克思与恩格斯的『新合作』序章」270頁。
② 参见『三田文学』第98卷139号、2021、228~231頁。

历史囚徒的困境[*]

——和辻哲郎的天皇制伦理学探析

王 超[**]

摘 要 和辻哲郎的伦理学以个体向绝对全体性的回归为核心命题。民族—国家共同体作为绝对全体性在实践世界中的最高体现,是个人去实践伦理要求的场所。在这一思想前提下,和辻哲郎将日本这一具体时空中民族—国家共同体的历史与现实悉数收敛到作为其表现者的天皇身上,构建出他独特的天皇制伦理学。这一理论在战前着重于解释天皇制神圣权威的本体论建设,战后则在时代危机的刺激下,转向了从民众中寻找足以拯救象征天皇制的主体性精神这一动力学问题。和辻哲郎这种向绝对全体性、天皇和传统回归的思想,或许可以拯救一时的危机,但最终会让自身沦为历史的囚徒。

关键词 和辻哲郎 天皇制 伦理学 战后日本

一 时代的危机与吁求

和辻哲郎是日本近代极具代表性的思想家之一。在他的弟子汤浅泰雄看来,和辻哲郎的生涯与近代日本哲学的整体命运宛如一体,后者的成就

---

[*] 本文是北京市科技创新平台项目"东北亚国际关系史创新平台"(项目编号:SK2020PT02)的阶段性成果。

[**] 王超,首都师范大学历史学院讲师。

和问题在和辻哲郎那里得到了最为明确的展示。① 和辻哲郎的《古寺巡礼》与《风土》两书久为国人所熟悉；不过，其学问的集大成之作，当数前后历时13年才出齐的皇皇巨著《伦理学》。② 是著体大思精，兼取东西古典，并涉现象学、人类学、社会学、地理学等学科，从存在的根本原理到社会的风土类型论和历史阶段论，再到国民道德的革新要求，构建起一座庞大的伦理学体系大厦。

对于以这部巨著为代表的和辻伦理学，学术界既有研究将其基本逻辑概括为：提出绝对全体性这一核心概念，并将之具象化为民族全体性，而这一民族全体性在历史中的化身即天皇制。天皇制既是普适性的伦理学原理在日本的特殊展开，也是这一庞大学术体系的最终旨归。③ 因此，罗伯特·贝拉指出，和辻伦理学的中心就是天皇制伦理学。④

和辻伦理学中的这一基本思想脉络形成于1945年日本战败之前。因此，现有研究也集中于分析和辻哲郎的战前思想。对于从1945年到1960年和辻去世的这15年战后学术研究时期，学界往往视为战前的延续，并不加以特别的重视。⑤ 但实际上，战后初期天皇制一度面对存亡未卜的历

---

① 湯淺泰雄『和辻哲郎：近代日本哲学の運命』ミネルヴァ書房、1981、355頁。
② 和辻哲郎『倫理学』，上卷初出于1937年，中卷初出于1942年，下卷初出于1949年，均为岩波书店刊行。而本文所使用的，是2007年岩波书店拆为四册重新发行的版本。
③ 参见高橋文博「和辻哲郎の戦後思想」『日本哲学史研究』总第8期、2011；ウィリアム・R.ラフルーア「廃墟に立つ理性——戦後合理性論争における和辻哲郎の位相」テツオ・ナジタ等編『戦後日本の精神史』岩波書店、1988；森下直貴「「文明あるいは近代」と「個人」と「ナショナルな共同性」——日本哲学の思考類型・和辻倫理学を中心に」唯物論研究協会編『「戦後日本」と切り結ぶ思想』青木書店、2005；等等。
④ ロバート・N.ベラー「近代日本における世界認識——和辻哲郎の場合」勝部真長訳『展望』1966年5月、66頁。
⑤ 现有的几种传记式和辻哲郎研究，均将笔墨集中于分析他的战前思想。参见湯淺泰雄『和辻哲郎：近代日本哲学の運命』；坂部惠『和辻哲郎——異文化共生の形』岩波書店、2000；苅部直『光の領国和辻哲郎』岩波書店、2010；市倉宏祐『和辻哲郎の視圈：古寺巡礼・倫理学・桂離宮』春秋社、2005；熊野純彦『和辻哲郎：文人哲学者の軌跡』岩波書店、2009；等等。本文所引用的熊野纯彦的著作为中译本，参见熊野纯彦《和辻哲郎与日本哲学》，龚颖译，生活·读书·新知三联书店，2018。

史危机,而这场危机大大刺激了尊皇派的和辻哲郎,并使其天皇制伦理学在延续战前逻辑的同时,也发生了重大转变。

1945年8月15日,日本战败投降。作为日本投降与战后处置的基础性文件,《波茨坦公告》要求日本未来应"依日本人民自由表示之意志成立一保障和平及负责之政府"。至于天皇制的存续,该公告并未加以明确指示。直到1946年11月3日新宪法正式公布,天皇制的延续才获得明文保障,昭和天皇个人的战争责任与退位问题也随之逐渐消隐。

不过,社会层面的天皇制批判却持续了更长的时间。1946年的"五一大游行",有50万人聚集在东京的皇居前广场。同年5月19日,参与"粮食游行"的25万人再次聚集于此,有人还在身上挂出了戏谑昭和天皇的字板①。1951年11月,昭和天皇造访京都大学之际,京大准备了一封尖锐质询的公开信呈交天皇并高唱反战歌曲。② 同时,思想界也从战前讲座派的天皇制权力结构批判发展到丸山真男的精神结构批判,反思程度不断加深。③ 以上种种历史动向均表明,天皇制在战后初期曾面临来自政治、社会、思想等诸方面的严重挑战。

面对外界对天皇战争责任论的热议,和辻哲郎在私下斩钉截铁地认为,"在天皇的行动中不存在个体人格的责任","要是退位的话,就无法完成职责"。④ 这种毫不妥协的回护姿态,在保守主义者中也算极端的了;但也正是从这种极端保守之中,可以反观到天皇制危机对和辻哲郎的刺激之大。

本文试图指出,和辻哲郎的关注点在战前战后发生了转变,即便是同

---

① 字板上写着:"诏书 国体得到护持了呀 朕吃得饱饱的 汝等人民就饿死好了 御名御玺。"原文见历史学研究会编『日本同時代史1 敗戦と占領』青木書店、1990、197頁。
② 约翰·W.道尔:《拥抱战败:第二次世界大战后的日本》,胡博译,生活·读书·新知三联书店,2008,第313页。
③ 参见安丸良夫『現代日本思想論』第三章、岩波書店、2012。
④ 和辻哲郎『和辻哲郎全集』別巻2、392頁。和辻哲郎的全集经过三次编订,本文所用为1989~1992年最后一次编订的增补版,全25卷,别卷2卷,均由岩波书店刊行,下文不再分别标出出版年份。

样的命题，其论证方式也悄然发生了改变。在至1945年战败为止的天皇制伦理学中，和辻哲郎志在从哲学与历史的角度解说天皇为何神圣，相当于天皇制的本体论建设；而在战后的相关著作中，和辻哲郎的写作意图转到了如何激发民众对天皇制的主动拥护上，相当于天皇制的动力学探索。

当思想开始试图为实践提供动力之时，原本在纯粹理念世界中搭建的完美图式也就必然要经受现实力量的挤压。于是，思想本身的张力与局限也就得以清晰呈现。因此，考察和辻哲郎思想中的这种动力学构想，不仅是为了补全其天皇制伦理学的整体图像，也是探讨其思想极限之所在的一次尝试，进而如同汤浅泰雄所言，更是探讨近代日本哲学命运或者悲剧的一次尝试。①

二 和辻伦理学的基本原理

在和辻哲郎的天皇制伦理学中，"绝对全体性"概念是一切思想论证的基础。如果不考察这一基础，就很难从根本上理解其天皇制论的独到之处。因此，有必要先追述他战前的思想经历，特别是20世纪30年代定型的伦理学体系的基本内容。

（一）"光之国度"② 的发现：早年思想

1889年，《大日本帝国宪法》颁布的那年，和辻哲郎出生在兵库县的一处乡村。1906年他前往东京求学时，尚不满18岁。来到大都市中生活的和辻哲郎备感孤独，这既是因为他初来之时，"偌大的东京，我只认识三个人"，③ 更是出于少年人那种人生意义遍寻不得的彷徨。和辻哲郎大

---

① 湯淺泰雄『和辻哲郎：近代日本哲学の運命』355頁。
② "光之国度"来自苅部直『光の領国和辻哲郎』一书的题名，也是该书总结和辻哲郎思想时使用的重要的意象。在书中，"光"意指文化之光、生命之光、全体性之光，"光之国度"指和辻哲郎理想中的古代希腊与古代日本。
③ 和辻哲郎『和辻哲郎全集』第18卷、3頁。

246

学时代创作的文学作品如《常磐》①《首级》② 等，充满了鲜血与情欲交织的意象，折射出作者当时内在生命的冲突与苦闷。这种来自生命根底的不安与焦躁，激发和辻哲郎对存在主义的两位先驱——尼采与克尔凯郭尔投去关注的目光。③ 他曾自述所遇到的问题与克尔凯郭尔相类似，这个问题就是应当怎样活着。④ 而尼采更是和辻哲郎异常钟爱的作家，以至于大学期间有一段时间，"无论别人在做什么，流行什么，我每天的生活里只有尼采"。⑤

不过，自1912年大学毕业之后，和辻哲郎的思想开始慢慢发生转变。1918年5月，曾经的文学"浪子"和辻哲郎踏上了前往奈良巡礼古寺、回归日本精神的道路。1920年，《日本古代文化》⑥ 出版，同年和辻哲郎就任东洋大学教授。这两件事标志着他告别了文学创作，彻底转入了学术的世界。此后数年间，和辻哲郎对东西方文明的根源发起了接连不断的探索，先后出版了《原始基督教的文化史意义》⑦《希腊天才的诸相》⑧《原始佛教的实践哲学》⑨。终于，他在古代人的心灵世界中寻找到了足以抚平生命冲突、完善个体人格的理想家园。在和辻哲郎看来，与利己主义的、堕落的现代物质文明相比，无论是古代希腊还是古代日本，都是在宗教仪式、文学艺术等文化之美的感染下，作为情感融合的精神共同体而存在的。

实际上，曾经因为个体生命内的不安与焦躁而接近存在主义哲学的和

---

① 『常磐』初出于1910年，后收入『和辻哲郎全集』第20卷。
② 『首级』初出于1911年，后收入『和辻哲郎全集』第20卷。
③ 和辻哲郎作为学者最初出版的两部著作，就是分别针对这两人的。参见『ニイチェ研究』内田老鹤圃、1913；『ゼエレン・キエルケゴオル』内田老鹤圃、1915。两书后来收入『和辻哲郎全集』第1卷。
④ 和辻哲郎『和辻哲郎全集』第1卷、49頁。
⑤ 熊野纯彦：《和辻哲郎与日本哲学》，第54頁。
⑥ 和辻哲郎『日本古代文化』岩波書店、1920。后收入『和辻哲郎全集』第3卷。
⑦ 和辻哲郎「原始基督教の文化史的意義」，1921年起杂志连载，1926年岩波书店刊行单行本，后收入『和辻哲郎全集』第7卷。
⑧ 和辻哲郎共訳『希臘天才の諸相』岩波書店、1923。
⑨ 和辻哲郎「原始仏教の実践哲学」，1926年起杂志连载，1927年岩波书店刊行单行本，同年作为博士学位论文提交京都帝国大学审查，1932年通过。

辻哲郎，也共享着存在主义对于理性、对于现代文明的不信任。在当时的日本哲学界，与西田几多郎、田边元等前辈名宿不同，和辻哲郎并没有从新康德主义研究开始投石问路，而是选择以尼采和克尔凯郭尔初试啼声，这标志着他从一开始就更为关注内在生命的问题，而非理性认知的问题。①

同海德格尔一样，和辻哲郎也认为西方哲学从咬定"我思故我在"的那个可以思考的自我开始就束缚住了自身。② 不过，海德格尔的意图可以简单表述为强调我"在"先于我"思"，③而和辻哲郎是强调"我"思、"我"在里面的"我"并不成立。因此，和辻哲郎所怅望的古代理想，既要求情感的融合，也必须过共同体的生活。他借由探索古代文化寻到了生命共同体之"根"，也打开了通往"光之国度"的大门。他并没有经历过存在主义者自觉到个体生命有限性时的绝望，在他的思想中，精神共同体散发出的神圣光芒隐没了生命中冲突与死亡的黑暗面。这正是和辻哲郎20世纪30年代构建伦理学体系时的精神底色。

（二）否定性的自我回归运动：和辻伦理学的根本逻辑

上一小节简要介绍了和辻哲郎早年的思想经历与转变，本小节开始着重介绍他20世纪30年代思想成熟期所搭建的伦理学体系。

1925年，和辻哲郎应西田几多郎之邀，前往当时的京都帝国大学教授伦理学。1927年，他乘船前往德国留学。留学期间，他得以近距离接触魏玛共和国时代繁盛的德国学术思想，④ 特别是那时恰逢海德格尔的名著《存在与时间》首次出版。正是在这部书的启发下，和辻哲郎一方面

---

① 湯淺泰雄『和辻哲郎：近代日本哲学の運命』40頁。
② 熊野纯彦：《和辻哲郎与日本哲学》，第121页。
③ 威廉·巴雷特：《非理性的人——存在主义哲学研究》，杨照明、艾平译，商务印书馆，1995，第213~214页。
④ 关于和辻哲郎思想所受的德国影响，参见段世磊《20世纪初德国哲学在日本的影响——以和辻哲郎间学的伦理学为例》，《学术月刊》2016年第3期。

肯定了人间①存在具有时间性的维度，另一方面又批评"脱离空间性的时间性尚非真正的时间性"，②从而引出了存在的空间性维度。

从现有的文献整理结果来看，和辻哲郎独特的伦理学体系正是成形于留学归国之后。在判定写于1930年的《〈国民道德论〉构想备忘录》③中，和辻伦理学的整个体系已经全部规划完毕，大量基本结论也已得出。其后的《作为人间之学的伦理学》④（1934）、转入东京帝国大学任教后出版的《伦理学》（1937～1949）与《日本伦理思想史》⑤（1952）等经典论著，则将《〈国民道德论〉构想备忘录》中的观点细加铺陈、娓娓道来。

理解和辻伦理学，可以从分析和辻哲郎对于日语"人间"（人間）一词含义的阐发开始。汉语中的"人间"，意思类似"世间"。但在现代日语中，"人间"同时也是"人"的同义词。在和辻哲郎看来，日语最初也将"人间"理解为"世间"，即人间社会、人的世界，以"人间"代指"人"是后起的现象。因此"人间"一词也就背负着两重含义，一重是社会，一重是个体。⑥他继而指出，不仅是这个词，日语中"若衆""兵隊""郎党"⑦等词也都类似，既可以当作复数用，也可以单指一个人。他并不认为这表明日语是不严谨的语言，恰恰相反，他认为从这些词语当中正可以窥知人类存在的真相：

---

① 和辻哲郎所使用的"人间"（人間）一词，具有双重含义，兼具中文"人世之间"与"个人"的意思，因此本文将这一词语直接拿来使用，不作特别的翻译处理，以求不失其日语中的两重性含义。关于"人间"在和辻伦理学中的基本地位，下文将会详细探讨。
② 和辻哲郎：《风土：人间学的考察》，朱坤容译，东方出版社，2017，第2页。
③ 和辻哲郎『「国民道德論」構想メモ』，据推定应写作于1930年。后收入『和辻哲郎全集』别卷2。
④ 和辻哲郎『人間の学としての倫理学』岩波書店、2007。后收入『和辻哲郎全集』第9卷。
⑤ 和辻哲郎『日本倫理思想史』上下两卷、岩波書店、1952。后分别收入『和辻哲郎全集』第12·13卷。
⑥ 现代日语中，"世间"之意的"人間"读作"ジンカン"，"人"之意的"人間"读作"ニンゲン"。
⑦ 意思分别是"青年""部队""随从"。

249

"人间"既是"世间"本身,同时也是世间里的"人"。因此"人间"就既不是单纯的人,也不是单纯的社会。这两者在"人间"中辩证法式地统一了起来。①

"人间"一词的这种两义性恰恰反映了人存在的两义性,因此和辻哲郎偏爱使用"人间学"这个名词来代指他的伦理学,使用"人间"这个名词来代指他伦理学中兼具全体性与个别性的人。②

需要注意的是,全体性与个别性并非作为两个完全不相干的概念相安无事地并存于和辻哲郎使用的"人间"一词中。在他这里,"辩证法式的统一"意指人的个别性通过否定全体性才得以成立,反过来全体性也进一步通过否定个别性而成立。"人间"存在的两重构造,"确乎只是否定的运动,舍此别无其他"。③ 进一步,在和辻哲郎的构想中,这种否定的运动是有方向性的。个体作为全体性的否定而觉醒,但是:

……也正是因为这个原因,个人本质上属于全体性。这样的话,这一否定又是全体性的自觉了。因此个人在否定中成为个人的时候,也就在那里打开了否定这一个人、实现全体性的道路。个人的行为是复归全体性的运动。否定向着否定之否定发展,这就是否定的运动。至于人间存在从根源上说就是否定的运动这一判断,其含义乃是人间存在的根源就是否定本身,也即绝对否定性,舍此别无其他。④

就是在这种意义上,和辻哲郎将伦理学的根本原理规定为"绝对否定性通过否定向自我回归的运动"。⑤

---

① 和辻哲郎『和辻哲郎全集』第9卷、20页。
② 和辻哲郎对日语"人間"的分析,很容易令人联想到海德格尔对德语"Sein"(存在)的分析。类似地,海德格尔最终也选择了从分析的结果中导出"Dasein"(此在)一词替换"人",以突显其思想所要强调的内涵。
③ 和辻哲郎『倫理学』第1册、39页。
④ 和辻哲郎『倫理学』第1册、40页。
⑤ 和辻哲郎『倫理学』第1册、181页。

这种将否定原理置于逻辑核心的做法，无疑受到了黑格尔辩证法的影响。和辻哲郎自己对此也毫不讳言。① 为什么否定运动的方向指向的是全体性？更进一步追问，在上面的整段引文之后数行，和辻哲郎就将绝对否定性替换为"绝对全体性",② 为什么个别只能作为欠缺形态而存在,③ 为什么不能是"绝对个别性"？对此，和辻哲郎运用笛卡尔的思想作出了回答。

《伦理学》开篇即指出，伦理学"作为人间之学"的第一要义，就是要从将伦理视为个人意识问题的近世谬误中摆脱出来。④ 确立了近代哲学中"自我"无上地位的那句名言——"我思故我在"，在和辻哲郎看来是极可怀疑的。他试图指出，虽然笛卡尔想用这一命题来回答"学问中什么是可靠之物"，但一切问题的存在都是以问者与被问者的存在为先决条件的，同时，在这一具体问题中作为被问者的"学问"又是学者共同体的所有物。因此，在笛卡尔确证"我"之存在以前，学者之间的关系作为笛卡尔的发问与回答得以成立的前提已经必然存在了。⑤

和辻哲郎断定，即便是埋首书斋的学者，如同笛卡尔那样，他每时每刻的生活也必以具体时空中的"人间"关系的存在为前提。只有在"人间"关系之中，个体才能够得到定位。斩断了一切"人间"关系的绝对个体，实际上将无法用任何词语加以描述。追求个别独立性的极致，就是个别独立性的消失。⑥禅宗打坐中"身心脱落"的境地，在和辻哲郎看来，即"肉体……在与他物之关系尽数破坏这种场合中，就是

---

① 和辻哲郎『倫理学』第 1 冊、181 頁。和辻哲郎虽然完全服膺黑格尔以否定为灵魂的辩证法，但对于后者就此导出的非时间、非空间的绝对精神这一概念有着批判。相比只是在时间、空间中展开自身的绝对精神，和辻哲郎强调他的绝对全体性本身就基于时间性、空间性而成立。因此，马克思认为人是社会关系之总和的这一判断，被和辻哲郎视为与自己一样，是将孤立的个人导向了"人间"（参见和辻哲郎『和辻哲郎全集』第 9 卷、120 頁）。
② "否定的否定是绝对全体性具有自我回归性质的实现运动。"原文见和辻哲郎『倫理学』第 1 冊、40 頁。
③ 和辻哲郎『倫理学』第 1 冊、43～44 頁。
④ 和辻哲郎『倫理学』第 1 冊、19 頁。
⑤ 和辻哲郎『和辻哲郎全集』第 9 卷、135 頁。
⑥ 和辻哲郎『倫理学』第 1 冊、103 頁。

不去营造关系的物体，或者说归向了绝对空"。① 这里的"绝对空"和上文的绝对全体性都可以被理解为个体的否定，和辻哲郎也往往将两者视为等同。实际上，不仅是其伦理学，在和辻哲郎的佛教哲学中，否定运动的辩证法也是用以打通全盘局面的关键一手。② 在和辻哲郎的笔下，绝对否定性、绝对空以及绝对全体性，同永恒运动着的"生"，是可以互换的概念。

实际上，和辻哲郎的伦理学与佛教哲学本就相通。他的全体性概念并非指向实体性的集团意志，而是具有明显的缘起性空式的佛教哲学色彩。和辻哲郎从人与人之间的关系与互动出发，强调由每个人在共同体中的相应角色构成一种全体。例如，母亲像母亲那样行事，父亲像父亲那样行事，子女像子女那样行事，家庭的全体性就得以体现了。③ 因此，绝对全体性才又名"绝对空"。

和辻哲郎虽然统合了佛教哲学概念的"绝对空"与伦理学意义上的绝对全体性，但在这两个概念之间，他并非没有偏重。在和辻伦理学中，"绝对空"的一面，只是作为高档的概念陈列在橱窗之中充当理论的门面而已。大部分情况下，和辻哲郎的关注点都在绝对全体性的一面，都在绝对全体性在具体时空中的展开形态——家庭、学校、国家等各类人共同生活的团体。和辻哲郎将这些共同体称为人伦组织，并赋予其最高的伦理价值。于是，"关系成了实体，生成成了存在"，④ "绝对空"的观念凝固下来后甚至沦为证明人伦组织正当性的工具。

（三）全体性的究极态：民族与国家

在和辻伦理学中，人伦组织是在时间与空间中进行着实践行动的"人间"存在。夫妇、亲族、地域、民族，人伦组织重重交叠，呈现层阶

---

① 和辻哲郎『倫理学』第 1 册、104 頁。
② 参见和辻哲郎『仏教哲学における「法」の概念と空の弁証法』，初出于 1931 年，后收入『和辻哲郎全集』第 9 卷。
③ 苅部直对此有着明确的认识，参见苅部直『光の領国和辻哲郎』208 頁。
④ 和辻哲郎『倫理学』第 4 册、401~402 頁熊野純彦解说文。

式的结构。①

绝对全体性的否定运动带来的首先是个人的觉醒，之后作为个人之否定而出现的第一个全体性组织就是夫妇。夫妇首先是一种公共性的存在；但夫妇两人的情感一旦融合，就可以理解为个人在更高层面上的再次出现，这种一心同体的夫妇状态就成为一种私人性存在。之后，子女的诞生又将这种作为私人性存在的夫妇关系带入了作为公共性存在的亲子关系中。

就是以这样的逻辑，和辻哲郎在《伦理学》一书中将公—私相互否定、不断运动而出现的人伦组织依序总结如下：家庭（包括夫妇、亲子、兄弟姐妹）、亲族、地缘共同体（从邻里到乡土）、经济组织、文化共同体（从友人到民族）、国家。绝对全体性的否定运动所孕育出的这些共同体均是有限的，在更高一级的"公"面前难以脱去"私"的性质。② 反过来看，这也是低一级的"私"不断超越自身，向着绝对全体性的"公"回归的过程。③ 最终，在国家那里，人伦组织实现了"公"的自觉，以法律的强制性维系各级人伦组织的"公"，④ 由此国家成为"人伦组织的人伦组织"，⑤ 成为绝对全体性的究极形态。

当然，严格说来，在和辻伦理学中，民族实际上已经是人伦组织发展的极限状态。国家并未在范围上更加超越民族，而是作为民族在自觉到自身存在后的新阶段出现的。民族可以先于国家存在，但必然会因为全体性的自觉而形成国家。⑥ 同时，国家作为民族全体性的自觉态，也必然是民族国家。虽然和辻哲郎意识到国家可能与民族发生乖离，比如历史上的世界性庞大帝国，但他辩称这样的国家在历史上属于少数，并且最终也会解

---

① 和辻哲郎『倫理学』第 1 冊、43 頁。
② 和辻哲郎『倫理学』第 1 冊、43 頁。
③ 和辻哲郎『倫理学』第 3 冊、13 頁。
④ 和辻哲郎『倫理学』第 1 冊、44 頁。
⑤ 和辻哲郎『倫理学』第 3 冊、18 頁。
⑥ 和辻哲郎『倫理学』第 2 冊、446 頁。

体而走向民族国家。①

国家以法律的颁布与执行表现出全体性在实践中的自觉。上文提到，和辻哲郎规划中的各级人伦组织呈现层层超越的结构，在《伦理学》的"国家"这一节里，他进一步构想，每一级的人伦组织虽然都在其内部保存了低一级的人伦组织，但它们都未自觉到相互之间的关联，因此并不能将低一级人伦组织与自身联动起来。只有国家做到了这个自觉，才能将各级人伦组织安排到各自的位置，并将它们之间发展性的关联组织化。促成、维持与保障人伦组织从"私"向"公"的转化，是国家的全部工作，其本身并不具有任何自己的"私"。这就是将国家称作"人伦组织的人伦组织"的原因。② 国家自觉到全体性的根源之力，并以法律的形式将之表现为统治权。统治权具有对内达成统治、对外保卫自身的绝对权力，因此统治权具有主权性。承认这种主权性，就意味着承认国家是究极态的全体性。③

以上总结了和辻伦理学的整个思想发展历程：从绝对全体性等于绝对空的玄想出发，经由黑格尔式辩证法的推动，最终到达对（民族）国家权力的祝圣。和辻哲郎认为，世界各大宗教的神，都只是创立该宗教的那个民族的全体性的投射，④ 而真正神圣的是全体性本身。如此看来，和辻伦理学的确堪称近代日本最具体系的国家神义论。⑤ 和辻的"神"，在伦理学的普遍原理层面上最终落到了"（民族）国家"，同时在日本这一具体时空的特定民族共同体中，则道成肉身成为"天皇"。天皇制论作为和辻伦理学的实证部分和现实关怀，正是要在跨越千年的历史维度上，论证天皇是日本民族全体性的表现者，也即象征。

---

① 和辻哲郎『倫理学』第3冊、35~47頁。这段内容在战后经过了大幅修订，添加了对于国际组织的有限认可，同时也表达了对国际组织是否会走向罗马帝国式组织的担忧。战前版中对于多民族帝国的否定更为明显，参见和辻哲郎『倫理学』第3冊、370~374頁；和辻哲郎『和辻哲郎全集』第11卷、420~423頁。
② 和辻哲郎『倫理学』第3冊、17~18頁。
③ 和辻哲郎『倫理学』第3冊、31頁。
④ 和辻哲郎『和辻哲郎全集』第9卷、164頁。
⑤ 湯淺泰雄『和辻哲郎：近代日本哲学の運命』301頁。

三 和辻天皇制论的发展

上文提及和辻哲郎对其得意之作《日本古代文化》曾三度修订。实际上，他的主要著作基本上都经历过相似的笔削。读者只要细心对比相同段落，往往能在措辞的差异之间捕捉到作者论述重心的转换。因此，对比不同年代中相同主题的处理手法，考察其措辞是否有所删改、内容是否有所增减，也有助于挖掘和辻哲郎秘而不宣的思想转变。

下文将首先概述和辻哲郎战前天皇制论的核心观点，然后在此基础上比较战前战后的文本差异，分析其论述侧重点的转换。

（一）战前：全体性的表现者

在 1920 年《日本古代文化》一书的初版中，和辻哲郎对"记纪"神话以及《万叶集》等古代歌谣集进行了独到的阐释，为读者描绘出一幅古代日本人身处善恶彼岸、心性纯然发乎自然的生活画卷。和辻哲郎受到反抗基督教道德的尼采和反抗汉意道德心的本居宣长的影响，认为古代日本人心中，后世所言的善最初就是指自然的，而恶就是指不自然的。在这一构造中，"我们在神话中看到的是'自然之子'的神化。在神代史中看到的是'皇室尊崇'的宗教"。[①] 也就是说，皇室的权威来自自然的神圣化。

然而，到了 1939 年的改稿版中，原本身处善恶彼岸的自然地位下降，全体性才是"更深一层的根源性价值"，自然不过是全体性的代名词；而善恶的分别也变得重要起来，其标准就是是否服从全体性的权威。[②] 此时的和辻哲郎依旧会说皇室权威来源于自然，实质上这就等于来源于全体性。

[①] 和辻哲郎『日本古代文化』424 頁、转引自米谷匡史「和辻哲郎と天皇制の新たな神話化——『日本古代文化』の改稿をめぐって」『国文学 解釈と教材の研究』第 39 巻第 6 期、109 頁。

[②] 和辻哲郎『日本古代文化』（改稿版）、岩波書店、1939、384～385 頁。

初版中形容"自然之子"具有"重大意义",到 1939 年改稿版中则修订为具有"特殊意义";相应地,原本只具有"特殊意义"的"皇室尊崇",转而修订为具有"重大意义"。[①]"记纪"神话与日本古代史不再是"自然"的流露,而是变成了天皇神圣性的起源。

当然,这一转变并非发生在《日本古代文化》改稿版出版的 1939 年,而是发生在和辻哲郎留学归国、思想受到极大震动并形成整个伦理学基本体系的 1930 年前后。在作为和辻伦理学整体蓝图与原型的《〈国民道德论〉构想备忘录》中,他留下了"作为民族全体性表现者的皇室权威"这样的字句。[②] 在 1934 年的《日本精神》[③] 一文中,他称天皇为"有生命的全体性的表现者"。[④]《上代中神的意义》[⑤] 更直接将天皇与其伦理学的根本概念相勾连,称皇祖神与现御神(按:天皇)表现了民族的全体性,并借由民族全体性表现了绝对全体性。[⑥]

在这篇文章中,和辻哲郎分析了"记纪"神话中神的不同类型,指出其中并不存在具体的终极神明,即便天地初发之时就已存在的天神也曾经占卜问事,这就意味着一定存在比祂们更为根源的神明,会通过占卜的结果赐下答案。但这更为根源的神明并无名称,乃是不定之神,也即神圣的"无"。[⑦]

和辻哲郎认为,"记纪"神话不将根源之物把握为具体的对象,堪称面对绝对者的正确态度。在他看来,绝对者因其无法被限定而成为绝对者,这种无限流动的神圣性的母胎,正是古代天皇最终的祭祀对象与意志

---

① 米谷匡史「和辻哲郎と天皇制の新たな神話化——『日本古代文化』の改稿をめぐって」110 頁。
② 和辻哲郎『和辻哲郎全集』別卷 1、413 頁。
③ 和辻哲郎「日本精神」『続日本精神史研究』岩波書店、1935。后收入『和辻哲郎全集』第 4 卷。
④ "生ける全体性の表現者。"参见和辻哲郎『和辻哲郎全集』第 4 卷、289 頁。
⑤ 和辻哲郎『上代における神の意義』,1936 年初刊时题为『上代における「神」の意義の特殊性』,编入『尊皇思想とその伝統』时改为现在的题名。后收入『和辻哲郎全集』第 14 卷。
⑥ 和辻哲郎『和辻哲郎全集』第 14 卷、44 頁。
⑦ 和辻哲郎『和辻哲郎全集』第 14 卷、38 頁。

来源。不定之神与绝对全体性并非二物，祭祀不定之神的天皇自然也就成为绝对全体性的表现者，并由此获得了神圣的权威。①

在这一思路的延长线上，和辻哲郎进一步指出，正是天皇的神圣权威引导着日本的统一，催生出了民族全体性的自觉，国家统一是这种神圣权威的结果而非原因。天皇的权威在先，"记纪"中记载的历史在后。② 同时，宗教权威引导下的古代统一，首先就是祭祀的统一，而非政治的统一。③ "记纪"神话中地方氏族的祖神与皇祖神血缘相通，氏族的祭祀也因此整合为以皇祖神祭祀为顶点的统一组织行为。④ 这说明了民族统一首先表现为祭祀团体的统一，而天皇作为最高祭司也就首先且根本上成为祭事而非政事⑤的统一者。

对于天皇的这种宗教权威性质的统治，和辻哲郎特意以"统率"命名，抛弃了早年曾经使用的"支配"一词。⑥ 在和辻哲郎的历史理解中，在此宗教统一之后许久，直到飞鸟时代（592～710），日本的民族全体性才在中国的刺激下进一步发展到国家自觉的层面，才开始颁布"宪法十七条"并进行"大化改新"，建立法律体系，完成人伦组织的究极形态。⑦ 而且，即便到了中世武家政权下国家统一不复存在的年代，天皇的权威也依然存在，这正因为天皇代表的是超越国家的民族全体性。⑧

在和辻哲郎的理论中，天皇受全体性的神圣加持，成为先于国家乃至先于历史的超越性存在。除此以外，和辻哲郎天皇制论还有另一个重要组成部分，即尊皇之道的解说。

---

① 和辻哲郎『和辻哲郎全集』第14卷、43～44頁。
② 和辻哲郎『和辻哲郎全集』第14卷、49頁。
③ 和辻哲郎『和辻哲郎全集』第14卷、44頁。
④ 和辻哲郎『和辻哲郎全集』第14卷、41頁。
⑤ 日语中"政"的训读是"まつりごと"，也即"祭り事"。
⑥ 和辻哲郎『日本精神史研究』岩波書店、1926（初出）、1·3頁。1940年出版改订版，后收入『和辻哲郎全集』第4卷。其中"支配"均已改为"统率"，参见和辻哲郎『和辻哲郎全集』第4卷、11·12頁。
⑦ 和辻哲郎『和辻哲郎全集』別卷1、416頁。
⑧ 和辻哲郎『和辻哲郎全集』第4卷、289頁。

在1930年《〈国民道德论〉构想备忘录》中，和辻哲郎指出，"尊皇是向上代全体性的归属"；[1] 同年的国民道德论演讲也称尊皇是向全体性回归的国民运动的核心。[2] 之后在1931年的《〈国民道德论〉草稿》[3] 和1932年的《国民道德论》[4] 中，和辻哲郎又分别提到尊皇心、尊皇思想是向民族全体性的依归。[5] 在1943年的《尊皇思想及其传统》[6] 中，他更是表明，在古代，承认天皇之神圣权威并向其归属的伦理思想就是尊皇之道，是各种伦理思想的中心。[7]

当然，正如《尊皇思想及其传统》一书的书名所显示的那样，和辻哲郎并不认为尊皇思想仅仅存在于遥远的古代，而是宣称其传统一直绵延不绝以至近代。

在和辻哲郎的理解中，奈良时代的宣命、和歌之中都体现着对天皇尊贵的承认与歌颂。[8] 而奈良时代之后，贵族与武家相继掌权，虽然他们的政权作为"私"的反动并不值得肯定，但其权力最终的源泉毕竟仍系于天皇的权威，而且尊皇之道也一直深藏于武士之心，因此才有所谓"上洛奉公"的历史现象。[9] 至于江户时代，情况又有变化。国学家通过"记纪"研究与天皇宗教神圣性的再确认，开展了对"私"的中世加以否定的运动；[10] 民众也通过自发前往伊势神宫参拜来表达自身尊皇的感情。正是由于这种传统的持续不断，幕末在外国入侵威胁的刺激下，民族自觉的运动便自然与尊皇结合在一起，打出了"尊王攘夷"[11]

---

[1] 和辻哲郎『和辻哲郎全集』別巻1、412頁。
[2] 和辻哲郎『和辻哲郎全集』別巻2、80頁。
[3] 和辻哲郎「「国民道徳論」草稿」，后收入『和辻哲郎全集』別巻1。
[4] 和辻哲郎『国民道徳論』，后收入『和辻哲郎全集』第23巻。
[5] 和辻哲郎『和辻哲郎全集』別巻1、441頁；第23巻、103頁。
[6] 和辻哲郎『尊皇思想とその伝統 日本倫理思想史 第一巻』岩波書店、1943。后收入『和辻哲郎全集』第14巻。
[7] 和辻哲郎『和辻哲郎全集』第14巻、42頁。
[8] 和辻哲郎『和辻哲郎全集』第14巻、67~69頁。
[9] 参见和辻哲郎『和辻哲郎全集』別巻1、413頁；別巻2、80頁；第1巻、412頁；第14巻、305頁；等等。
[10] 和辻哲郎『和辻哲郎全集』第4巻、284~285頁。
[11] 日语中"尊王"与"尊皇"发音都是"ソンノウ"。

的旗号。

然而，明治维新后政府在自己宣扬的国民道德论里面，重新拾起封建武士之间忠君、恩义的道德条目来教导国民，这无疑是昧于尊皇之道本意的倒退行为。① 在和辻哲郎看来，忠、孝一类的道德仍然属于私人道德，如封建时代的忠君观，只能算是日本民族在历史上出现过的道德，并不能算是国民道德。② 国民道德是"身为国民应当实践的道德"，③ 为的是促成国民对于民族全体性的自觉。

和辻哲郎如此坚持不懈地抨击当时的忠君爱国论，背后是他对当时日本社会的忧虑。20世纪三四十年代的军部一面以忠君爱国为口号，一面利用天皇制恣意妄为，与和辻哲郎的全体性理想背道而驰，因此他多次遭到后者不点名的批判。在九一八事变发生后日军侵华脚步日益加紧的年代，和辻哲郎在《日本精神》一文中强调日本精神意味着文化的创造，意味着对外国文明抱持开放谦虚的态度，而绝非政治的口号或者灭私奉公的武人精神。④

1941年，和辻哲郎参加海军省调查科的思想恳谈会，进行了关于思想国防的发言。此时的他仍在强调不可让"私"混入尊皇思想，思想国防的工作不能交给"门外汉"负责，只有交给专门的学者与思想家完成，才能使之不沦为狂热的叫嚣。⑤ 1943年，和辻哲郎在海军大学对学生演讲"日本的臣道"，⑥ 直言身为人臣，如果假公行私，则比单纯的利己主义更

---

① 和辻哲郎『和辻哲郎全集』别卷2、80頁。
② 和辻哲郎『和辻哲郎全集』第23卷、98頁。
③ 和辻哲郎『和辻哲郎全集』第23卷、98頁。
④ 需要注意的是，这篇写于1934年的文章中并未直接将矛头指向武人精神。1938年，和辻哲郎以这篇文章为基础，为辞典撰写"日本精神"条目时，才正面谈到这一问题。参见和辻哲郎『「教育学辞典第三卷」執筆項目』，后收入『和辻哲郎全集』第23卷、183頁。
⑤ 和辻哲郎「思想國防について」，后收入『和辻哲郎全集』别卷2。结合语境，"门外汉"应指政府用以控制思想教育界的官员。
⑥ 和辻哲郎「日本の臣道」，1944年由筑摩书房与「アメリカの國民性」一文合订，作为『戰時国民文庫』的分册出版，后又单独收入『和辻哲郎全集』第14卷。

为罪恶与不忠。① 这些言论中，对军部独断专行的反感呼之欲出。

大体而言，和辻哲郎在战前谈论尊皇之道与国民道德，内容基本如此。其落脚点往往在于抨击当时流行的忠君爱国观念；除了突出尊皇之道才是国民道德的核心这一点以外，正面构想国民道德论具体纲目的工作并不明显。此时的尊皇之道主要仍是一种回归的逻辑，天皇的神圣权威犹如磁石一般，吸引着民族情感向其聚集。天皇因全体性而来的尊崇地位是因，尊崇天皇的行为与民族的统一、国家的建立同样都是果。可以说，和辻哲郎战前的天皇制论，重心毕竟是在阐释天皇何以神圣这一问题上。"记纪"以来的历史也好，尊皇的传统也好，都是这一神圣本体的流溢而已。

（二）战后：基于国民的总体意志

和辻哲郎的战前天皇制论主张天皇因表现了全体性而获得神圣权威，与是否万世一系、血统纯正的神的后裔无关。② 较之狂热的国学者们认为"记纪"神话就是历史、天皇就是神明、万世一系乃无上国体的看法，这已经大为克制了。将天皇最终推到无可名状的绝对全体性这种做法，令苅部直感到和辻哲郎的构想实际上接续了天皇机关说的动议，试图将天皇制合理化乃至抽象化，以便为议会政治争取空间。③ 然而，绝对全体性概念身上的神秘感毕竟难以拭去，与战后民主改革的潮流难免扞格。

战后天皇制论的构建，需要一个更加合乎现代思想气质的核心概念。在战后最初发表的文章《封建思想与神道教义》中，和辻哲郎尚未找到合适的新提法。不过他很快就找到了灵感：1945年底，他在构思一篇记者邀稿时，于稿纸上写下了"天皇是国民总意的表现"④ 这一标题。

在这篇邀稿短文中，和辻哲郎志在说明，人民主权意味着国民的总体

---

① 和辻哲郎『和辻哲郎全集』第14卷、311頁。
② 和辻哲郎『和辻哲郎全集』別卷1、418頁。
③ 苅部直『光の領国和辻哲郎』228～229頁。
④ 「天皇は国民の総意の表現である」。需要说明的是，这是和辻哲郎原稿上的标题，正式发表时则改为「国民の歴史的な総意は天皇によって表現」。参见和辻哲郎『和辻哲郎全集』第24卷、反向頁码59頁。

意志具有最高权力,天皇正是总体意志的表现者。因此,人民具有主权与天皇是主权者两者并不矛盾。日本民族在先史时代就已经如《波茨坦公告》所言的那样,以"自由表示之意志"将自身的总体意志表现到了天皇身上,并且历经长期的磨难而传承至今;在未来,自然也应当秉持冷静客观的态度,以不屈的精神对这一制度继续加以维护。①

此文一出,引来舆论不少非议。然而数月后新宪法草案发表,起首赫然便是"天皇基于日本国民至高之总意,为日本国及其国民统一的象征"。和辻哲郎欣喜之余,又解释说:"将国民总意这种主体性之物以眼睛可以看到的形式加以表现的话,就是象征。"② 于是,"总意"与"象征"就成了和辻哲郎在战后解说天皇性质时频繁使用的新鲜概念。

当和辻哲郎用总体意志、全体意志这样的说法诠释甚至替换全体性时,③ 天皇权威的来源就进一步从精神理念的彼岸落回到人民意志的此岸。天皇制从开天辟地时就已然矗立在那里接受民众崇拜的既有物,变成了民众在历史中根据自由的意志加以确立的被创造物。④ 在天下大乱的战国时代日本还能维系民族统一的根本,不再仅仅是因为天皇尚在京都,更是因为有许多怀抱民族统一信念的民众,恰恰是他们将天皇视作民族统一的表现。⑤

同时,在和辻哲郎这里,天皇权威的宗教性进一步减弱。1952年出版的《日本伦理思想史》的基本思路与《尊皇思想及其传统》相同,甚至文字也存在大量重复。但是前者第一编第二章的结尾与第三章的开篇,将《尊皇思想及其传统》中对应部分的"神圣权威"字样分别改作"权威""作为祭事统一者的权威"。⑥ 对前文提到过的那段论述天皇引导日本统一、催生民族全体性自觉的段落,战后的《日本伦理思想史》虽然继

---

① 和辻哲郎『和辻哲郎全集』第14卷、329~331頁。
② 和辻哲郎『和辻哲郎全集』第14卷、336頁。
③ 和辻哲郎『和辻哲郎全集』第14卷、338頁。在同一篇文章中,和辻哲郎也称全体意志为"有生命的全体性"。参见和辻哲郎『和辻哲郎全集』第14卷、341頁。
④ 和辻哲郎『和辻哲郎全集』第14卷、343頁。
⑤ 和辻哲郎『和辻哲郎全集』第14卷、344頁。
⑥ 和辻哲郎『和辻哲郎全集』第12卷、73・74頁。

续保留，但也额外加以解释，称这是"原始性做法"。①

总之，"天皇是国民总意的表现"这一表述，要求和辻哲郎必须将天皇作为民众自身意志的体现而加以阐释。但问题是，民众是否能够改变自身的意志从而选择或不选择天皇制？这不仅是逻辑上的可能，也是战后初期日本社会中出现的现实声音。对此，和辻哲郎坚持认为，第90届帝国议会通过新宪法草案一事证明"天皇是国民总意的表现"得到了国民的再次确认。②但这终究不是最终答案。为了天皇制的高枕无忧，他只能向民众发出呼吁，期望国民能够发挥自身的主体性，在民主政治下再次确认这一历史传统。③ 因此，以尊皇为中心的国民道德，虽然在和辻哲郎的构想中发端于战前，但在战后已不仅是天皇制本体论的流溢，更是天皇制延续的动力来源了。

当然，"尊皇"一词在皇国思想遭受取缔的战后初期多少显得有些不合时宜，于是和辻哲郎在《日本伦理思想史》中改用"天皇尊崇"的提法；并且在该书的序言中，他辩称从未打算仅以尊皇作为日本伦理思想的全部，《尊皇思想及其传统》只是其通盘构思中的一个部分，并首先以专题的形式加以出版而已。④

诚然，即便是在《尊皇思想及其传统》一书中，和辻哲郎也探讨了清明、慈悲、公正等诸多伦理，但此书的要旨就在于这一切伦理的中枢仍要回到尊皇之上。即使到了《日本伦理思想史》中，这一点也丝毫没有改变，⑤反倒是相比旧文，在论述民众要归属于天皇神圣权威的段落中，在"归属"一词的前面，他添加了"发自衷心"的修饰语。⑥ 可见，此时的和辻哲郎已经意识到，仅仅将尊皇定义为对全体性的归依并不足以应对天皇制遭遇危机这一时代课题，民众以主体性的积极姿态自发拥护天皇

---

① 和辻哲郎『和辻哲郎全集』第12卷、78頁。
② 和辻哲郎『和辻哲郎全集』第14卷、341頁。
③ 和辻哲郎『和辻哲郎全集』第14卷、353～354頁。
④ 和辻哲郎『和辻哲郎全集』第12卷、4頁。
⑤ 和辻哲郎『和辻哲郎全集』第12卷、79頁。
⑥ 和辻哲郎『和辻哲郎全集』第12卷、74頁。当然，如前文所述，行文中也同时将"神圣权威"改为"作为祭事的统一者的权威"。

制才是新时期尊皇思想的题中之义。

本着这样的思路,"民众"在和辻哲郎的笔下忽然活跃了起来。例如,在战前的《尊皇思想及其传统》一书中,和辻哲郎已经讨论了织田信长与丰臣秀吉的崛起问题。① 那时,他强调的是两人都是因为奉戴皇威才得以成为霸主,推动了国家统一的进程。而到了战后的《国民统一的象征》、《伦理学》下卷中,他提出是民众而非武士阶级维持着民族统一的意识。②《日本伦理思想史》下卷明确谈道,在下克上的时代风潮中孕育出来的新一代武士,是因为能够获得民众的认可才成为支配者的,而非相反,③ 所以必须在这一逻辑的延长线上理解织田信长、丰臣秀吉、德川家康为何能够再度统一日本。和辻哲郎眼中的民众,从战前那种通过参拜伊势神宫来寄托尊皇之心的消极形象,转变为主动维系民族统一、参与历史进程的积极力量。

这种充满主体能动性的民众形象,与和辻哲郎对战后新时代日本国民的期待相互重合。在他构思多年、直到60岁告别讲坛后才定稿出版的《伦理学》下卷中,和辻哲郎终于系统详细地正面提出了他自己的国民道德论。在《国民义务的问题》这一节中,他列出了新国民道德的三大纲目:敬一、奉公、尊皇。首先要充分理解民族统一的重要性,超越一切党派的对立,尊重民族的统一,服从民族统一的权威。其次要忠于职守,对公共性事务要有奉献精神。意识到国家乃是至大至公的人伦组织,不可擅离自己的岗位。④ 最后,要明了前面所谈的民族统一和公共性最终都是通过天皇才得以表现。战后新时代的日本国民在敬一、奉公、尊皇的基础上,传承本国的历史传统,同时吸收外国文化,方能创造新的民族性格与新的文化,有贡献于世界大同理想的实现。⑤

---

① 参见和辻哲郎『和辻哲郎全集』第14卷、154~157頁。
② 和辻哲郎『和辻哲郎全集』第14卷、344頁;『倫理学』第4册、294頁。
③ 和辻哲郎『和辻哲郎全集』第13卷、7~9頁。
④ 无须赘言,这一要求明显针对的是战后初期日本各行各业,特别是铁路等公共部门高涨的罢工运动。
⑤ 和辻哲郎『倫理学』第4册、325~328頁。

就这样，和辻哲郎费尽近二十年的思索，凝聚几乎毕生学术功力而完成的巨著《伦理学》在呼吁与期望之中最终完结。此时，他已经将尊皇之道编入日本战败重生、文化再造乃至参与世界大同建设的宏大叙事之中。同时，这也标志着他的思考重心已经从战前解释天皇尊崇之地位的天皇制本体论转向了战后论证尊崇天皇之行为的天皇制动力学。

四　结论：象征天皇制论的极限

本文从理解和辻伦理学的基本逻辑出发，明确了个体向绝对全体性的回归是这一体系的核心命题，而民族—国家共同体作为绝对全体性在实践世界中的最高体现，也正是个人去实践伦理要求的场所。在这一前提下，和辻哲郎将日本这一具体时空中的民族—国家共同体的历史和现实悉数收敛到作为其表现者的天皇身上，构建了他独特的天皇制伦理学。

在战前，和辻哲郎的天皇制伦理学着重于解释天皇制神圣权威的本体论建设。在战后初期天皇制的现实危机的刺激下，和辻哲郎意识到天皇制不仅需要神圣的本源，还需要跳动的心脏。因此，他转向研究从民众中寻找尊皇之主体性精神这一象征天皇制动力学的问题。

《丸山真男回顾谈》讲到了和辻哲郎的一件轶事。有一次，东京大学的学者们聚会讨论新宪法草案，和辻哲郎为众人解释何为"国民统一的象征"。他说，象征就是表现全体性的意思，不必一定是天皇的具体人格。这时，宪法学家宫泽俊义故意诘问道：那是不是举个旗子上书"天皇"两字也算是象征呢？和辻哲郎一时语塞，只好回答说：也可以吧。[①]

根据上下文来看，丸山真男大概是想通过这一轶事向读者说明，和辻哲郎的观点往往是为既成事实的合理化服务的。不过，在这件事中和辻哲郎并没有反驳对方的诘问，倒也体现出其天皇制论中无限虚化天皇实体这一独特的思维特点。在与佐佐木惣一的论争中，和辻哲郎曾承认体现国民意志的决定毕竟由国会作出；但他强调说，这种决定作为命令发出时，采

---

① 松沢弘陽等編『定本 丸山眞男回顧談』（上）、岩波書店、2016、316頁。

用的是天皇之命的形式。① 这可以说是对立宪制君主实质作出的具有和辻哲郎特色的表述了。

当然，在无限静置天皇的同时，和辻哲郎如本文考察的那样，也在构思着积极行动的尊皇民众像。如此看来，丸山真男讲的那件轶事恰好显示出战后和辻哲郎思想上的努力探索以及这一探索的极限：一方面连旗子也可以是天皇，另一方面又拼死守住天皇不放。和辻哲郎高扬尊皇情感，尝试以此赋予其伦理学体系的辉煌大厦一些灵魂的活火，然而为他所点燃的创造历史的主体欲望最终还是要收敛进历史的源头。

诚然，和辻哲郎说经历过历史试炼的古典具有不屈的底力，② 这绝非错谬之言。但是，承袭古典应当是创造的起点，而非终点。丸山真男写作《忠诚与反逆》③ 就旨在强调，即便在给定的历史条件下，主体仍然具有倒转历史的拘束而进行开创的可能。此时的和辻哲郎，却已经丧失了黑格尔辩证法的自由意志与佛教"空"论中不可捕捉的灵动。

和辻哲郎的天皇制伦理学就像一座桥梁，一端通向将狂热的天皇崇拜导向合理化、此世化的方向，还天皇以人的身份；另一端却通向天皇制的固定化，阻碍其产生更多的变化。以战前的进步性判断他，或者以战后的保守性判断他，这两种视角都存在局限之处。

和辻哲郎的思想在战争年代对于狂热的军国主义宣传具有多大的批判作用，对于战后社会就具有多大的危险性。将历史传统无限上升为神圣之源的思想，或许可以拯救一时的危机，但最终会让自身沦为历史的囚徒。和辻哲郎等战后初期的日本保守主义者与现在的日本右翼分子都有这种危险。历史可以是人进行主体行动的场域。2016年夏天围绕平成天皇生前退位一事，天皇本人的积极与政府的窘迫，表明这样的主体行动在近期仍要由天皇本人完成。对于和辻哲郎的谆谆教导与现代日本天皇制本身，这大概是最大的反讽了。

---

① 和辻哲郎『和辻哲郎全集』第 14 卷、385 頁。
② 和辻哲郎『和辻哲郎全集』第 14 卷、331 頁。
③ 丸山眞男『忠誠と反逆』初出于 1960 年，后收入『丸山眞男集』第 8 卷、岩波書店、1996。

解构与重建：柳田国男"固有信仰说"解析*

罗 敏**

摘 要 柳田国男开辟了日本民俗学，致力于用新的研究视角探索日本民众的精神世界。但是柳田的思想带有鲜明的时代印记，其著名的"固有信仰说"成形于二战日本战败前后，受国家主义驱使，柳田在论述中始终持有强烈的排他意识。通过对民俗事象的分析，柳田意图解构外国思想文化对日本的影响，以重新树立民族自信心。然而柳田的论述多停留在想象和推测的层面，缺乏严密论证，因此并未完全建构起新的学说。褪去国家主义外衣，回归民俗学的"固有信仰说"仍然有其价值和意义，柳田的研究对象和方法以及论述中提出的新问题都给后世民俗学者以启发。

关键词 柳田国男 固有信仰 祖先信仰 国家主义

柳田国男生于明治8年（1875），去世于昭和37年（1962），经历了日本明治、大正、昭和三个时代，同时也见证了日本国民国家的形成与挫折。柳田引入欧洲近代科学，以国家、乡土为单位，对日本各地民俗进行大量

---

* 本文为中央民族大学2022年青年教师科研能力提升计划项目（2022QNPY15）阶段性成果。
** 罗敏，中央民族大学历史文化学院讲师。

的实地调查，提出了许多新的论点。"固有信仰说"是柳田的重要论点，他利用大量的民俗资料，试图论证日本的祖先信仰是诞生于本土的"固有信仰"。

日本学界关于柳田"固有信仰说"的既有研究可以分为两类。一类从思想史角度进行研究，出现了从文本解读到借用社会史方法，利用文化民族主义、知识权力等理论进行论述的变化，是对柳田"固有信仰说"的思想研究。① 另一类，以柳田的门生为首的民俗学者继承了柳田的问题意识和研究方法，是对柳田"固有信仰说"具体内容的研究。② 两类研究各成一体，分界较为清楚，前者将"固有信仰说"看作柳田的思想成果，注重说明柳田产生这种思想的历史背景并分析其内涵；后者将"固有信仰说"看作柳田的假说，旨在搜集更多的民俗资料以进一步验证。在思想史学者之间就"固有信仰说"的含义等问题出现争论的时候，民俗学学者也未见参与其中。

近年来，有关柳田国男的研究受到了我国学界的广泛关注。2018 年以来《柳田国男文集》③ 的翻译出版，极大地便利了国内学者的研究。王京围绕柳田国男民俗学的内容、对日本民俗学的影响、与中国的联系、柳田对文字资料的认识等问题进行了多方面的研究，开阔了我国学界对柳田

---

① 相关研究主要有中村哲『柳田国男の思想』法政大学出版局、1985；川田稔『柳田国男——「固有信仰」の世界』未来社、1992；平野仁啓编『柳田国男探究：固有信仰論の展開』たいら書房、1992；伊藤干治『柳田国男と文化ナショナリズム』岩波書店、2002；子安宣邦『日本近代思想批判：一国知の成立』岩波書店、2003；阿部朋恒《日本民间信仰研究回顾——从反思二分法的视角来看》，刘正爱、陈进国译校，载金泽、陈进国主编《宗教人类学》2013 年第 4 辑，社会科学文献出版社、2013。

② 相关研究主要有佐藤米司『葬送儀礼の民俗』岩崎美术社、1971；白石昭臣『日本人と祖霊信仰』雄山閣、1977；櫻井德太郎『日本民俗宗教論』春秋社、1982；岩崎敏夫『東北民間信仰の研究』名著出版、1982；最上孝敬『霊魂の行方』名著出版、1984；赤田光男『祖霊信仰と他界観』人文書院、1986；武田明『日本人の死霊観——四国民俗誌』三一書房、1987；高田照世『祖霊と精霊の祭場——地域における民俗宗教の諸相』岩田書院、2012；五来重『日本仏教と庶民信仰』大法輪閣、2014；等等。

③ 《柳田国男文集》包括《海上之路》《木棉以前》《食物与心脏》《孤猿随笔》《独目小僧及其他》等书目，由王京等译，北京师范大学出版社 2018 年以来陆续出版中译版。

民俗学的研究视野。① 邢永凤梳理了日本盂兰盆节中的祭祖仪式、祖先观念和灵魂信仰等，讨论了柳田的相关论述。② 孙敏从柳田的思想入手，放大柳田学说中的"人神"概念，认为其包含了氏神信仰、御灵信仰、伟人信仰、战死者信仰等，并指出柳田的"人神信仰论"呈现前后期变化的特征，从本质上说是致力于日本民族文化认同和新国学家的发明。③

事实上，受国家主义驱使，柳田在解构外来思想文化，特别是佛教对日本民俗影响的基础上，构建起新的学说。遗憾的是，前述日本学界的两类研究对柳田在论述过程中的解构和重建两个方面的重视程度不同，多偏重于其中一面。思想史的研究多将柳田的重建看作带有国家主义色彩的时代产物，批判柳田在立论方式上秉承了一种内部视线，对其解构的内容以及所产生的后续影响没有进行足够的分析；而民俗学的研究往往直接继承了柳田解构的对象和方法，不自觉地进入柳田学说的重建过程中。

本文将辨析"固有信仰说"的含义，并分析柳田解构和重建的过程，以战后初期日本国家主义思潮的兴起与退潮为背景，对柳田学说的历史意义进行综合评价。

一 柳田国男"固有信仰说"的含义

正如伊藤干治所言，柳田学问的特色在于实证性和构建假说，而不是理论体系。④ 虽然柳田曾在多篇文章中使用了"固有信仰"一词，但未曾对其含义进行完整阐述。因此，目前进行思想史研究的学者对柳田这一概念的界定并

---

① 王京：《1958 年：战后日本民俗学转折的胎动》，《民俗研究》2012 年第 1 期，第 50~57 页；《柳田国男与"一国民俗学"的成立》，《日本学刊》2013 年第 1 期，第 128~139 页；《1917 年柳田国男的中国大陆之旅及其影响》，《文化遗产》2018 年第 2 期，第 103~112 页；《民俗学与历史学的对话——日本神奈川大学"综合资料学"的探索》，《民俗研究》2020 年第 4 期，第 44~52 页；等等。
② 邢永凤：《盂兰盆节与日本人的祖先信仰》，《民俗研究》2010 年第 2 期，第 189~197 页。
③ 孙敏：《柳田国男"人神信仰论"的变迁》，《日语学习与研究》2019 年第 4 期，第 35~43 页。
④ 伊藤干治『柳田国男と文化ナショナリズム』7 頁。

不统一，主要分歧点在于"固有信仰"到底是指祖先信仰还是指氏神信仰。

中村哲曾直截了当地判定柳田的"固有信仰说"是指祖先崇拜，柳田所论述的氏神信仰是以家为单位的祖先崇拜扩大后的信仰。① 中村哲认为，柳田的民俗学是在祖先崇拜中寻找日本人自古以来的信仰，"这是柳田思想的中心……没有了祖先崇拜，柳田所开拓的日本民俗学就如同失去了支柱"。② 但是川田稔认为，柳田所谓的"固有信仰"是指氏神信仰，柳田将此看作日本人信仰的原始形态和日本宗教意识的原型。③

川田稔的定义遭到了子安宣邦和伊藤干治的批判，后两位都将柳田的"固有信仰说"理解为祭祀祖灵的祖先信仰。子安宣邦批评川田稔的研究只是一种停留在解释"固有信仰"层面上的论述，指出柳田最终要谋求的知识、问题相关的话语就是叙述"固有信仰"的话语，这是一种"与生养之家结合在一起的力量"，是"最为根本的动力"，也是祭祀祖灵的信仰。子安还强调柳田的"固有信仰说"是一种指向"内部"的民俗学，是以"内部人"视线来解读民俗资料的叙事，"几乎是面向'民族之魂'乃至'祖灵'的祷告文"。④ 伊藤干治则指出柳田在《祭日考》《山宫考》中对氏神与祖灵的关系进行了论述，据此认为川田的解释不够准确。⑤ 其实除了这两篇文章外，柳田《祖先的故事》对氏神信仰原本是祭祀祖先的问题也进行过释疑。⑥

需要指出的是，川田稔将"固有信仰"等同于氏神信仰，这与柳田自身的论述有很大的关系，氏神信仰和祖先信仰在柳田的论述中分界并不十分清晰。中村哲《柳田国男的思想》指出，柳田将一元神的伊势信仰与多元神的氏神信仰都看作祖先崇拜，本身就存在矛盾之处。平野仁启认为，柳田试图用民俗学的方法将中世、近世和近代的祖灵信仰与氏神信仰

---

① 中村哲『柳田国男の思想』79 頁。
② 中村哲『柳田国男の思想』103 頁。
③ 川田稔『柳田国男——「固有信仰」の世界』前言、1 頁。
④ 子安宣邦：《东亚论——日本现代思想批判》，赵京华编译，吉林人民出版社，2004，第 158~162 页。
⑤ 伊藤干治『柳田国男と文化ナショナリズム』128~129 頁。
⑥ 柳田国男『先祖の話』筑摩書房、1975、141~144 頁。

结合起来，但对古代氏神信仰的宗教意识把握不够。①

围绕柳田"固有信仰说"的立论时间，伊藤干治和子安宣邦等人也存在分歧。樱井德太郎曾指出，柳田毕生都在探寻日本的"固有信仰"。②子安也持同样的观点，但是伊藤认为事实并非如此。伊藤追溯柳田早期作品中出现的有关"固有信仰"的论述，指出在《桃太郎的诞生》所收录的《和泉式部的布袜》中，柳田把小孩神看作"固有信仰"的一种；在《雷神信仰的变迁》中，柳田将日本以天界的神为父、以地上的女性为母亲，圣子诞生的故事也看作"固有信仰"。这些与1940年以后柳田所论述的"固有信仰"的含义不同，柳田的"固有信仰说"是在二战前后这一特定时期展开的，主要围绕家和祖先的关系进行论述。③

尽管"固有信仰"是柳田很早就开始的研究主题之一，但是正如伊藤所言，柳田的研究明显可以分为两个阶段。与前期相比，不仅柳田思想的具体内容发生了变化，而且柳田在阐述"固有信仰"时的意识和方法也发生了显著变化。

后期柳田排除他者影响的意识更为强烈：

> 日本的信仰不是从别处传来，而是独自在这个国家产生、发展起来的信仰。④
>
> 不允许将我们经过千百年积累起来的经历完全视为与他国一样。⑤
>
> 把只有在日本才有的事情看作在他国也是如此、看作是理所当然的，首先必须摒弃这样的做法。⑥

这种排他意识如此强烈，根源在于柳田确立"固有信仰说"时的历

---

① 参见平野仁启「"日本祭祀"的方法和思想」平野仁启编『柳田国男探究：固有信仰論の展開』。
② 櫻井德太郎『日本民俗宗教論』107頁。
③ 伊藤干治『柳田国男と文化ナショナリズム』122~129頁。
④ 柳田国男「氏神と氏子」『定本 柳田国男集』第11卷、筑摩書房、1969、480頁。
⑤ 柳田国男『先祖の話』自序、4~5頁。
⑥ 柳田国男『先祖の話』50頁。

史背景。《祖先的故事》写作于 1945 年 4 月至 5 月，当时日本行将战败，美军对东京进行了多次大规模轰炸，柳田在"连日的警报声"中完成了该书。① 在书中，柳田经常使用"日本国民""国民""民族""我国""我邦"这些词语，相比之下柳田此前十分重视的"常民"一词却极少出现。根据伊藤的对比，1936 年至 1940 年，柳田使用"常民"的次数明显下降，而使用"国民"以及"固有"这两个词的次数显著增加。② 在重视"日本国民"的同时，柳田在书中也多次使用了"外国""他国""比邻的诸民族"等词语。

受到强烈排他意识的驱动，柳田的论述方法从前期单纯寻求日本特有，将"固有信仰"看作与外来思想相对立的概念，③ 逐渐转变为有意识地解构受到外来思想文化影响的民俗事象，摒除他国要素，确立日本原有的观点。正如阿部朋恒所言，柳田通过去除佛教等外来宗教的特征，概括出以祖灵信仰为中心的古代日本原初信仰的形态。④

换句话说，柳田"固有信仰说"的含义指即使受到了外来思想的影响，也未曾改变的日本祖先信仰，既有研究也称之为"祖先崇拜""祖灵信仰"等。为了与中国的祖先崇拜习俗相区别，本文将柳田的"固有信仰"定义为祖先信仰。

有趣的是，民俗学学者并不纠结于"固有信仰"的含义，而是直接选取柳田论述过的具体对象进一步搜集民俗资料并进行讨论。也有不少学者在柳田的基础上扩大了讨论对象范围，但还是以"盂兰盆节的习俗""山中他界观""祖先祭祀活动""两墓制"等为主。可见，从研究对象开始，民俗学学者就已经进入对柳田学说的重建阶段。

---

① 柳田国男『先祖の話』214 頁。
② 参见伊藤干治整理的柳田国男"常民""国民""固有"等词语的使用频率表。伊藤干治『柳田国男と文化ナショナリズム』123 頁。
③ 伊藤干治『柳田国男と文化ナショナリズム』125 頁。
④ 阿部朋恒：《日本民间信仰研究回顾——从反思二分法的视角来看》，第 361 页。

二 国家主义视野下的解构与重建

(一) 柳田国男解构的对象

在论述"固有信仰"时,柳田力图排除"外国思想""外国文化"的影响。所谓"外国的"思想、文化,主要指佛教和儒家思想。例如在谈及魂魄分离的观念时,柳田指出,虽然中国的朱子学也宣扬相同的主张,但这种观念很早就已经存在于日本,"能乐中的幽灵没有被救赎,实际与佛教的思想相违背"。[①]

其实,柳田思想本身并不自我局限,除了"外国的"思想、文化之外,柳田意识中还存在另一个他者,即近代日本。这主要是由柳田所从事的研究内容和方法决定的。

民俗学是近代兴起的新学科,主要对风俗习惯、口述文学、传统技艺、生活文化等民俗事象进行调查和整理。这些研究对象往往留存在农村地区,而不是逐渐发展起来的城市中。在研究过程中,柳田自然容易将研究对象与"现在的生活"对立起来,执着于"乡土",意图探寻与近代城市生活不同的"古代的信仰":

> 三百多年前开始,都市飞速发展,人员往来频繁,同时我们的葬送仪式也开始变得杂乱无章。虽然如此,但是在还拥有不少空地的农村,依然保留了安静地消除现世最后遗迹的方法。[②]

柳田还直言,"随着时代的变迁,国民对神的观念渐渐变得狭隘起来"。[③] 因此,柳田对"已经变化了的"日本神道的解读十分独特。例如

---

① 柳田国男『先祖の話』165~166頁。
② 柳田国男『先祖の話』185頁。
③ 柳田国男『先祖の話』53頁。

在有关氏神信仰、伊势信仰等问题上，柳田与同时代的津田左右吉的观点多有不同。[①] 而川田稔认为，神道可分为明治以后的国家神道和民间的氏神信仰，后者才是柳田所谓的"固有信仰"。[②]

但是正如子安宣邦所言，日本为了自立，需要将自己与中国及其文化差异化，只有把中国他者化，才有可能提倡日本及其文化的独立自主性。[③] 在日本大肆侵略邻国之际，国家主义情绪高涨的柳田选择了受到佛教深刻影响的日本祭祖仪式作为解构的对象，以期确立日本的"固有信仰"。

有学者认为："无论喜欢与否，现在日本佛教是葬送仪式的佛教，是供养祖先的佛教。"[④] 反过来说，日本的葬送仪式和祖先祭祀仪式都充满了浓厚的佛教色彩。造成这一结果的原因主要有两点：其一，佛教本身的影响力绵远深厚；其二，江户时代德川幕府为了打击基督教而设立"檀家制度"，加深了民众与佛教的联系。

佛教传入日本后，以其复杂精密的体系一度包揽了日本人葬送、祭祀祖先的仪式。如人离世后第七日、第四十九日需做法事，每年的忌日和盂兰盆节都需举行法事、诵读佛经，直到死后第三十三年或第五十年的忌日完成最后的供养。此外，佛教式火葬、佛坛、牌位、戒名等也十分流行。

到了江户时代，为了防范日本人加入基督教，严格控制民众，德川幕府设立了"檀家制度"。当时的日本民众必须到某个佛教寺院登记成为该寺的信徒，然后由寺院出具相应的证明，才可免受酷刑。幕府和寺院还对信徒加以严格要求，在佛教的祖师忌日、佛忌日、盂兰盆节、祖先忌日等日子里，信徒都必须到寺院参拜、供养；葬送仪式需交由寺院举办，人死之时由寺僧检验，授死者戒名。[⑤] 通过这些措施，日本民众与佛教的关系变得更为紧密，尤其是在葬送和祭祀祖先的仪式等方面。近代之前，日本

---

① 中村哲『柳田国男の思想』79~101頁。
② 川田稔『柳田国男——「固有信仰」の世界』99~100頁。
③ 子安宣邦：《东亚论——日本现代思想批判》，第78页。
④ 五来重『日本仏教と庶民信仰』166頁。
⑤ 参见杨曾文《日本佛教史》，浙江人民出版社，1995，第532页。

佛教话语中的"先祖供养"甚至成为祭祀祖先的同义词。

如上所述，佛教影响下的祭祖仪式在日本具有悠久的历史和广泛的影响力。柳田国男主要选取了盂兰盆节习俗和日本人灵魂观念进行解构。

（二）对盂兰盆节习俗和日本人灵魂观念的解构

一年中除了忌日，在盂兰盆节也需要对祖先进行供养。日本改用西历后，盂兰盆节从原来的七月中旬被调整至八月中旬，每逢此时大部分日本人都会回到故乡过节。盂兰盆节的主要仪式活动有在佛前点灯、供奉，在家门口、寺庙前、河边、十字路口等地焚火迎接祖先，跳节日舞蹈等。去世后第一年的盂兰盆节，逝者家人需要挑起高悬的灯笼或者在门前挂灯笼，称为"新盆"或"初盆"。盂兰盆节的活动大都带有非常浓厚的佛教色彩，其一直被认为是经由中国传入的佛教节日。

将日本盂兰盆节与正月祭祀祖先的活动进行对比后，柳田指出两者极为相似，并以这种相似性论证盂兰盆节祭祀活动的主要内容在其他节日中也存在，进而说明盂兰盆节并非由外国传入，与佛教无关。柳田搜集的相似点主要包括以下几方面。

（1）除了常设的佛坛外，正月和盂兰盆节时人们都会在家中设置新的佛龛，设置的地点都是祖灵容易找到的地方。

（2）正月的前几日，人们会到山中采伐松树；盂兰盆节的前几日，人们会到山上采摘鲜花。

（3）新年和盂兰盆节来临时，人们都会大扫除。①

（4）正月和盂兰盆节，亲属之间会互赠礼物。两者的贺词也十分相近，盂兰盆节时会恭贺度过了平安无事的盂兰盆节、恭贺身体安康等。②

（5）福岛、九州等地将新年的年神想象成老爷爷和老奶奶，盂兰盆

---

① 柳田国男『先祖の話』48 頁。
② 柳田国男『先祖の話』48～49 頁。

节回到家中的祖灵被小孩称为爷爷、奶奶。①

（6）正月十六和七月十六人们都会制作供奉神灵的年糕，在特定的地方斋戒祈祷。②

（7）正月人们向墓碑泼水，盂兰盆节时频繁地向祖灵进水。这在佛教经典中不存在相应的依据。③

（8）盂兰盆节时所谓的"精灵"一词，是传入日本的汉语词，与正月里的"御灵"是同样的意思，都是指代灵魂的词语。④

通过上述事例的对比说明，柳田强调日本古代习俗在正月和盂兰盆节中被无意识地保留下来，⑤ 古代的这种仪式完全是在祭祀神灵，与佛教毫无关系。⑥

柳田甚至认为，"盆"这个字既不是梵语 Ullambana 的简称，也不是起源于中国传来的盂兰盆会⑦；在日本中世以前的记录中，指代"盆"的汉字大多是"瓮"字，"盆"本来是日本人祭祀祖灵时用来盛供物的容器。⑧

在指出盂兰盆节的习俗与佛教无关后，柳田分析了日本人的灵魂观念。根据佛教的说法，人死后因后代念佛供养的功德，灵魂去往极乐世界。柳田则指出，每到盂兰盆节，祖先的灵魂都会回到家中，这说明祖灵并没有去往彼岸。例如在关东地区一些村庄有一个传说，七月初一的早晨将耳朵贴在地面上，便会听到地狱之门打开的声音。柳田感叹这个传说背后的观念，其实是说日本人的"祖先一直被关在地底下，每年都在等待

---

① 柳田国男『先祖の話』52～53頁。
② 柳田国男『先祖の話』68頁。
③ 柳田国男『先祖の話』77頁。
④ 柳田国男『先祖の話』91～92頁。
⑤ 柳田国男『先祖の話』55頁。
⑥ 柳田国男『先祖の話』68頁。
⑦ 随着佛教《盂兰盆经》传入日本的法会称为"盂兰盆会"，柳田承认这个法会很早就有记录。盂兰盆节在日本称为"盆"，柳田讨论了"盆"的由来。本文依照惯例，将日本的"盆"节译作盂兰盆节。
⑧ 柳田国男『先祖の話』106～116頁。

着这一天到来"。① 因此，柳田认为：

> 日本人的观念，是人死后灵魂会永远留在这片国土上，不会去向远方。这种信仰恐怕从创世以来，至少迄今为止在日本人心中根深蒂固。重点是，这与任何的一种外来宗教的教义都有着明显的不同……②

在柳田看来，这种"灵魂往来完全自由"③的情况，正说明了无论在表面上佛教对日本的祖先信仰产生了多大影响，实际上祖先死后并没有去往佛教所宣扬的彼岸极乐世界，从此与现世没有联系，这本质上反映了"固定信仰"的存在。

在盂兰盆节期间，日本会有祭祀祖先的活动本来不足为奇。《盂兰盆经》中记载，释迦的弟子目连为了拯救堕入鬼道的母亲而向佛祖求助，佛祖告之在七月十五日用百家饭供养十方佛僧，方可救出其母。

柳田在论述中，先将正月的祭祖活动视同日本原有的"固定信仰"，再将盂兰盆节的习俗与正月习俗进行对比，找出两者的相似点，以此证明盂兰盆节也是日本原有的，与佛教无关。也就是先确认某件事物是日本的，再去寻找两件事物的相似性，以证明另一件事物也是日本的，这是柳田在将中国他者化、解构中国思想文化影响的过程中惯常使用的方法。

柳田在论述过程中使用的这种证明方法，缺点在于很难确定第一个事物为日本原有，例如田中久夫特别指出，日本正月祭祀祖先的习俗也是由中国传来的文化。④ 与此同时，这种证明方法确实会对先前的观念造成强有力的冲击。柳田虽然不能完全证明，但提出了很有冲击性的问题：日本

---

① 柳田国男『先祖の話』164 頁。
② 柳田国男『先祖の話』55 頁。
③ 柳田国男『先祖の話』172 頁。
④ 田中久夫「平安時代の祖先祭祀」田中久夫編『祖先祭祀の歴史と民俗』弘文堂、1986、71 頁。

盂兰盆节的习俗果真来自佛教？日本人灵魂观念与佛教思想的矛盾之处如何解释？于是，柳田的解构打开了新的视角，提出了新的问题，成为之后日本民俗学界研究的重要对象。

然而必须强调的是，柳田当时具有强烈的国家主义情怀，急欲彻底排除他国思想文化的影响，这种意识既限定了柳田必然得出类似结论的僵化性，同时又赋予其立论时的极大勇气。1958年，柳田的弟子最上孝敬继承了柳田的研究课题，就盂兰盆节、灵魂归处等问题进行了探讨。不过与柳田不同的是，最上孝敬坦言：

> 盂兰盆节时人们到水边或山上迎送祖灵的习俗，到底是受佛教等的影响后普及开来的思想，还是本来的东西？这一点到现在也很难断下结论。①

1956年日本就喊出了"已经不是战后"的口号，经济迈入高速发展的轨道。与柳田急切证明日本民族的热情不同，最上孝敬此时已经冷静很多，没有"断下结论"。此外，1958年日本民俗学界出现了有意摆脱柳田的束缚、重塑学问方向的努力，作为"积极背叛"老师的弟子之一，②最上孝敬的论述也更加谨慎了。

（三）柳田国男的重建

比起解构，柳田的重建更加缺乏系统论述，大致表现在以下三个方面。

首先，柳田认为对日本人而言，祭祀祖先是十分重要的民俗。除了正月和盂兰盆节外，一年当中的春秋分（例如在秋田县北部农村，会在此时迎送祖灵③）、四月八日（例如群马县赤城山东边的村庄，如果过去一

---

① 最上孝敬『霊魂の行方』281頁。
② 王京：《1958年：战后日本民俗学转折的胎动》，第54页。
③ 柳田国男『先祖の話』60頁。

年中家中有人去世，那么家人一定会在该日登山，据说是去见亡故的亲人①）、四月十五日和九月二十三日（例如新潟县村上市，会在此时祭祀祖先②），人们也会举行祭祀祖先的相关活动。

其次，日本人敬奉的神主要是祖先神。正月里供奉的神被称为"年神""岁德神""正月神"等。柳田指出，在福岛县的海岸地区，人们传说正月十五会在夕阳下的烟雾中看到白发苍苍的翁媪；在九州南部的除夕之夜，有位被称为年爷爷的人会给小孩发放年糕，传说没有得到年糕的小孩在新的一年不会长大。③ 柳田据此认为，年神就是日本人的祖先。他还想象山神与田神也都是祖先神。④ 此外，在柳田看来，氏神也是祖先神，氏神祭本来就是祭祀氏族的祖先。⑤

最后，柳田就日本人观念中灵魂归处的问题作了解答。在对所谓源自佛教的盂兰盆节的习俗和理念进行解构之后，柳田指出日本人遵循的是一种"山中他界观"。他论证说，盂兰盆节时人们从村庄附近的山顶处开辟迎"盆"的道路，或者将灵魂送往山川的河岸，或者从山上采花，以及四月八日的登山习俗等，⑥ 都说明日本人抱有一种灵山信仰。而日本人之所以产生灵魂会去往高山的观念，是因为人们"一般会将棺材埋在山背后，随着形骸消失，灵魂渐渐地向上攀登，最后在与天最接近的清净之地安居下来"。⑦

显然，柳田在重建中使用了较多的想象和推测。虽说这是柳田研究的特点之一，但是也与柳田当时所面临的现实问题的迫切性息息相关。二战期间，日本普通民众伤亡惨重，对柳田而言，现实情况下"家族的延

---

① 柳田国男『先祖の話』176 頁。赤城山中保留着"六道的十字路口""血池地狱"这些地名，柳田认为该地的信仰在佛教影响下有所变化，但是根本的观念古已有之，与七月祭祀灵魂是一样的。
② 柳田国男『先祖の話』69 頁。
③ 柳田国男『先祖の話』52 頁。
④ 柳田国男『先祖の話』72~73 頁。
⑤ 柳田国男『先祖の話』141 頁。
⑥ 柳田国男『先祖の話』173~174 頁。
⑦ 柳田国男『先祖の話』186 頁。

续"① 和"战后人心的动摇"② 都是当时迫在眉睫的问题。为了解决迫切问题，柳田将祖先信仰论证为日本的"固有信仰"，强调日本人的祖先未曾远去他方，而是一直在这片国度的上方保护着子孙：

> 古时人们的观念是，当我们结束了现世生活后，（灵魂）被送到幽寂的山谷之中，在那里洗去污浊，升到高处。我们的祖灵净化之后，在耸立于青云间的山峰上休息，向下凝望着遥远的国度。③
>
> 人们相信，祖先保佑着子孙的田业。④

事实上，柳田的思想并非横空出世。和辻哲郎的论文《日本精神》发表于 1934 年，其中指出：

> 日本在接受佛教信仰的同时，绝没有抛弃原始信仰方式，这是日本特殊的文化性格。当然日本人也不是没有发现这些信仰方式中的矛盾部分。信奉作为普遍宗教的佛教就会扼杀作为国民宗教的祖先神崇拜。日本并未单纯地废弃原始信仰，而是赋予其新的信仰价值。⑤

这说明柳田对战前的国家主义论有一定的继承性。

三　回归民俗学

随着日美媾和条约的签订，日本逐渐从战败的泥潭中恢复过来，战后初期的国家主义热潮也随之告一段落。柳田的"固有信仰说"褪去了国家主义的外衣，回归到民俗学本身。正如柳田期待的那样，以其门生为主

---

① 柳田国男『先祖の話』214 頁。
② 柳田国男『先祖の話』216 頁。
③ 柳田国男「山宮考」『定本 柳田国男集』第 11 卷、筑摩書房、1969、341 頁。
④ 柳田国男「山宮考」347 頁。
⑤ 和辻哲郎『和辻哲郎全集』第 4 卷、岩波書店、1989、316~317 頁。

的大批新生代民俗学学者继承了柳田的问题意识，沿用了柳田的研究方法，持续着对柳田所提假说的讨论。

柳田使用的主要是东日本地区的资料，因此大部分后继学者注重调查日本不同地区的民俗资料。佐藤米司调查了淡路岛等地的两墓制。① 武田明调查了四国地方有关葬送、祭祀活动的民俗。② 岩崎敏夫调查了东北地区的祖灵信仰、灵魂观念、氏神与氏子等。③ 井之口章次整理分析了佛教传入日本之前本土葬送活动的相关习俗。④ 白石昭臣拓展了"山中他界观"，揭示了日本"山中他界观"和"海上他界观"复合存在的情况。⑤

与上述学者注重从空间上搜集民俗资料不同，赤田光男等人开始思考祖先信仰在时间上的变化形态。赤田提出应将民俗学和历史学结合起来，指出万叶时代的和歌可以看到很多有关"山中他界观"的内容，但是到了平安时代，与佛教融合后就出现了山中净土的观念。⑥

从广义上说，与"固有信仰说"相关的研究已经传承到第三代民俗学者。如赤田光男的学生高田照世调查了自己家乡奈良县生驹市地区的两墓制、葬送仪式和盂兰盆节习俗。⑦

上述研究看起来似乎延长了柳田学说的重建过程，事实上是以具体的民俗事象为主，回避讨论"固有信仰说"。这是因为：一方面，柳田的探索过于庞大，总体把握具有一定的难度；另一方面，随着战后日本社会上国家主义的淡化，"固有信仰说"的主题失去了现实意义。

但要肯定的是，柳田的解构对之前的普遍观念提出了质疑，探讨了日本民俗事象与佛教思想的矛盾之处，从而促发了新的研究。

五来重等人引入民俗学方法研究了佛教在日本的发展情况，创立了日本佛教民俗学，其学说可谓受到了柳田学说的重要影响。五来重认为，运

---

① 参见佐藤米司『葬送儀礼の民俗』。
② 武田明『日本人の死霊観——四国民俗誌』7~170 頁。
③ 参见岩崎敏夫『東北民間信仰の研究』（上）。
④ 参见井之口章次『日本の葬式』筑摩書房、1977。
⑤ 白石昭臣『日本人と祖霊信仰』75~126 頁。
⑥ 赤田光男『家の伝承と先祖観』人文書院、1988、180 頁。
⑦ 参见高田照世『祖霊と精霊の祭場——地域における民俗宗教の諸相』。

用佛教教义无法说明日本的葬送仪式和祭祖习俗：

> 佛教与这些习俗的信仰基础不同，因此在佛教传入日本之前葬送和祭祖仪式就已经存在了……日本民族所固有的灵魂观念和祖先观念在庶民中传承下来，作为民俗规定了葬送和祭祖仪式……僧侣无法理解民众所举行的葬送和祭祖仪式。① （并且）对于活着的人来说，拥有的是不完全的肉体，所以是有限的。灵魂抛弃了有限的肉体，变得无限、永恒并且万能。从这个意义上看，无限的、永恒的、万能的"佛"与灵魂是一样的。因此，日本人把死者、灵魂与"佛"看成同样的东西。但是，在深奥的佛经中，"佛"是开悟了的觉者，日本人却把死者和灵魂当作"佛"。②

对于研究日本祖先信仰的学者而言，柳田学说是重要的既有研究成果之一。例如，以现代日本祖先崇拜为课题的罗伯特·史密斯在研究中承认，现在有关日本祖先信仰的起源主要有两种说法：一是起源于日本本土的信仰体系；二是深受佛教等影响，是从中国传入的信仰。到底哪种结论更接近事实，依旧很难做出判定。③

四 结语

二战期间，柳田受到时局刺激，再次注意到日本"固有信仰说"的课题。他的论述包含了解构和重建两个方面，国家主义在其中发挥了关键作用。解构过程中的柳田带有强烈的排他意识，矛头直指佛教、儒家思想等外来思想文化；重建过程中的柳田将家族的延续看作日本人最关心的话题，通过一定程度的想象和推测，努力构筑日本人的民族认同。除此之

---

① 五来重『日本仏教と庶民信仰』169 頁。
② 五来重『日本人の生死観』角川書店、1994、195 頁。
③ ロバート・J. スミス（罗伯特·J. 史密斯）著、前山隆訳『現代日本の祖先崇拜——文化人類学からのアプローチ』御茶之水書房、1996、3 頁。

外，柳田著名的"常民论"也旨在构筑受儒家思想和佛教等外来文化影响之前的日本人自己的思想和文化。① 这些无疑都根源于时代背景下柳田力促日本民族认同的现实需要。

思想史学者和民俗学学者立足于不同的着眼点，同时勾勒出柳田作为思想家和作为民俗学家的两幅素描。柳田被分为两类对象去理解的原因，不仅在于现代学者各自的学科范围的限制，更重要的是国家主义思潮对柳田学问的影响是有时效的。当然，柳田的研究方法和提出的问题有着跨越时代的意义。不可否认，柳田受时代束缚，其论说带有鲜明的国家主义色彩，但如果只关注学者思想中的局限性，也容易忽视其在学科内部的探索与努力。

战后国家主义退潮后，回归民俗学本身的柳田学说焕发出跨越时代的学术力量，柳田的研究对象、研究方法、提出的问题都对后世学者产生了巨大影响。柳田"固有信仰说"的开放性，使得后世的民俗学者持续着对相关问题的关注和讨论。然而遗憾的是，这些研究对深入讨论"固有信仰说"缺乏热情，多注重搜集相关民俗事象。

当然，日本民俗学界对柳田的学说有所反思。如1958年出版的《信仰与民俗》试图从佛教、道教、基督教等多角度讨论外来宗教对日本民俗的影响。② 但总体而言，目前仍然罕见对柳田"固有信仰说"针对性的发展或批判。这种困境启示我们需要从更广阔的东亚区域的视野出发，去审视佛教、儒家思想等与各地民俗现象之间的联系。

---

① 小熊英二：《单一民族神话的起源——日本人自画像的系谱》，文婧译，生活·读书·新知三联书店，2020，第218页。
② 王京：《1958年：战后日本民俗学转折的胎动》，第53页。

近代日本儒学史的成立
——以井上哲次郎的"三部曲"为中心

王茂林

摘　要　现代学科意义上的"日本儒学史",肇始于井上哲次郎的"三部曲"。以往对井上的研究,主要集中于讨论其所分之学派的合理性和批判其倡导的国民道德论,鲜见从儒学"近代转型"的角度分析井上之"三部曲"所具有的研究范式的意义。本文从"返本"与"开新"两个维度诠释了这种"近代转型":成形于明代的学案体叙述方式与日本近世的儒者资料汇编为"三部曲"之所本,而"哲学"的概念创制与系统性建构则为井上之开新。以此为论述框架,本文大体勾勒出"三部曲"所呈现的传统"经学"转型为西方视域下的"哲学"这一重要过程。井上的"三部曲"不仅直接促成了近代日本儒学史的成立,也对中国哲学史的现代学科建制起到了殊为重要的作用。

关键词　井上哲次郎　日本儒学史　三部曲　经学　哲学

现代学科意义上的"日本儒学史",肇始于井上哲次郎(1855~1944)的儒学"三部曲",即《日本阳明学派之哲学》(1900)、《日本古

---

* 本文是北京大学历史学系"'海上丝绸之路与郑和下西洋'及其沿线地区的历史和文化研究"重大项目、中国博士后科学基金第67批面上资助(项目编号:2020M670055)的阶段性成果。
** 王茂林,中国人民大学哲学院博士生。

学派之哲学》（1902）和《日本朱子学派之哲学》（1905），这可以视为日本历史上率先将儒学置于西方"哲学"框架中并加以系统梳理的尝试。

正因为如此，日本政治思想史学的建立者丸山真男以井山的尝试为创举，认为"他揭开了近代儒学史研究的序幕"，① 非常深刻地指出了井上的儒学研究不同于儒家文化圈内传统意义上"经学"展开的范式。同样，卞崇道也评价井上"在日本近代儒学史上位居其首"，② 林美茂则进一步指明"三部曲"正是井上"把江户时代的阳明学、古学、朱子学等思想都放在'哲学'范式中进行梳理、把握与阐发而产生的代表作"。③

然而，以往对井上的研究，主要集中于讨论其所分之学派的合理性和批判其倡导的国民道德论，④ 鲜见从儒学"近代转型"的角度分析井上之

---

① 『丸山眞男講義録　第五冊　日本政治思想史　1965』東京大学出版会、1999、9頁。
② 卞崇道：《论井上哲次郎儒学观》，《东疆学刊》2004年第3期。
③ 林美茂：《"哲学"的接受与"中国哲学"的诞生》，《哲学研究》2021年第4期。
④ 井上因其"御用文人"的身份，虽然生前学术地位显赫，但是身后几乎被"遗忘"："对于井上哲次郎的评价至今尚无定论。不，更确切地说他差不多已经作为一个过去之人而被遗忘（故意被忘却了）。……他在世之时，就被尖锐地批评为'伪哲学家'（高桥五郎）、'迎合潮流者'（《现代日本教会史论》）。"（中村春作：《近代日本的学术之知与儒教重构——作为近代之"知"的"哲学史"的建立》，俞喆译，《思想与文化》2009年第1期，第65页）然而抛开迎合时政等因素，井上在学术上所具有的开创性不应该被忽视，尤其是他的"三部曲"值得予以高度重视。关于"三部曲"的先行研究，除了散见在各种名目的日本近代思想史相关专著中，还可参看卞崇道《论井上哲次郎儒学观》，《东疆学刊》2004年第3期；林美茂《"哲学"的接受与"中国哲学"的诞生》，《哲学研究》2021年第4期；刘岳兵《明治儒学与近代日本》，上海古籍出版社，2005；唐利国《论井上哲次郎武士道论的成立——东西洋的对抗与日本的定位》，《历史教学》（高校版）2008年第8期；邓红《井上哲次郎与〈日本阳明学派之哲学〉》，《贵阳学院学报》（社会科学版）2018年第5期；大島晃「井上哲次郎の『性善悪論』の立場：『東洋哲学研究』の端緒」『ソフィア：西洋文化ならびに東西文化交流の研究』1994年1月15日、51~68頁；今西順吉「井上哲次郎の開拓者的意義」『印度學佛教學研究』第49卷第2号、2001年3月、526~532頁；井之口哲也「井上哲次郎の江戸儒学三部作について」東京学芸大学紀要出版委員会『東京学芸大学紀要　人文社会科学系Ⅱ』2009年1月30日、第60集、227~239頁；杉山亮「明治期における儒教言説に関する一考察―井上哲次郎『儒学三部作』について（1）―」『都法』第58巻第1号、2017年7月、137~165頁；水野博太「明治期陽明学研究の勃興―井上哲次郎『日本陽明学派之哲学』に至る過程」『思想史研究』第24号、2017年12月、68~85頁；等等。

"三部曲"所具有的研究范式的意义。林美茂对于井上之"支那哲学"的研究，则为我们指明了把握井上思想的重要方向所在。因此，井上以西方"哲学"的范式来重新系统梳理"东洋儒学史"，此举究竟具有怎样的价值有待深入考察。

井上的儒学研究并非无源之水，从学术史的角度而言，其"三部曲"是在汲取以《明儒学案》为代表之学案体的经验基础上，以西洋"哲学"的方式分门别类、重新建构，这就将传统儒学置于"哲学"的论域之中。此举在当时遭到了以内田周平（1845～1944）为首的传统汉学派的批判，而内田正是在对井上的批判中写就了世界上第一部以"中国哲学史"命名的儒学史研究著作。① 由此看来，厘清井上建构"三部曲"的始终，有助于我们把握"日本儒学史"乃至"东洋哲学史"作为现代意义上的学科的开端，更能为我们理解儒学的近代转型提供新的思路。

一 从"经学"到"哲学"

关于井上"三部曲"的定位，井之口哲也指出：

> 约一百年前诞生的这"三部曲"所展示的框架，也就是将江户

---

① "在中国哲学研究史上，内田周平是有资格留下一笔的，因为1888年内田周平出版了世界上第一部《中国哲学史》（当时称《支那哲学史》）。"（曹峰：《〈中国哲学史〉与内田周平》，《中国社会科学报》2015年6月10日）虽然内田之作以"哲学"冠之，然而其内容却未跳出传统经学的路子，"内田周平虽然是世界上第一部《中国哲学史》的作者，但名不副实，并没有对日本后来的中国哲学史写作产生实质性的影响。作为崎门学派的传人，他在思想上坚持朱子学的立场，在学风上坚持训诂、考证的传统方法，所以，实际上是个落伍的人"（曹峰：《井上哲次郎与内田周平》，《中国社会科学报》2015年6月18日）。所谓的"落伍"，实际上指内田并没有改变传统儒学研究的范式，内田极力攻讦的井上则截然不同。井上1880年7月从东京大学毕业之后，10月进入了文部省，在编辑局兼官立学务局工作，从事《东洋哲学史》的编纂工作。1881年井上的《哲学字汇》出版，1883年9月他担任东京大学第一次开设的"东洋哲学史"课程的授课教师。由此可见，早在内田之前，井上就率先开启了儒学的"哲学"化进程。

时代的儒学分为阳明学派、古学派与朱子学派的做法，至今仍然是主流。换言之，井上关于江户儒学的学派分类被有效地继承了下来，至今仍在使用。①

井上"三部曲"对江户时代传统儒学的划分方法，至今仍被日本教科书所沿用。当然，此种分类已经遭到诸多批判，比如苅部直曾指出，日本教科书沿用此种分类是对津田左右吉之前通说的墨守成规。② 暂且搁置井上的分类是否恰当的问题，从日本儒学发展史来看，井上的创造性在于首次运用西方"哲学"的思维方式，系统整理了历史上的儒学材料。对此，丸山曾精辟地评论道：

> 他（井上哲次郎——引者注）关于"国民道德"的众多著作与论文，鼓吹的腔调很强，相应的学术价值很低。然而其中，他运用在欧洲留学所学的西欧哲学的诸范畴而研究的德川儒学的三部作品，是近代日本德川儒学史研究的划时代的里程碑。之所以如此说，是因为它们并非以传统悠久的"经学"（中国古典注释学——引者注）来把握的，而是将日本的儒教史姑且视为"思想"的历史来对待的最初作品。即使把诸如将德川时代的儒者或儒教的思想家们塞入朱子学派、阳明学派或古学派之中，或是将欧洲哲学的范畴与学派机械地套用在儒学史上加以解释这样的缺点考虑在内，该著作至今仍然没有失去生命。③

丸山将井上的"三部曲"视为"近代日本德川儒学史研究的划时代的里程碑"，其主要依据在于井上对待儒学的方式是"思想"而非"经学"的。这就提示出了儒学的近代转型，是从传统的"经学"转为西方

---

① 井之口哲也「井上哲次郎の江戸儒学三部作について」『東京学芸大学紀要 人文社会科学系Ⅱ』2009 年 1 月 30 日、第 60 集、227 頁。
② 苅部直『日本思想史への道案内』NTT 出版、2017、129～134 頁。
③ 丸山眞男『日本政治思想史研究』東京大学出版会、1952、383 頁。

哲学视域下的"思想"。①

当然，这并不意味着儒学的近代转型是一蹴而就的。相反，儒学在江户时期已然孕育出向近代转型的内在理路，丸山以古学对朱子学的分解勾勒出了这种近代思维的形成和演变。②如果这种近代思维在江户时期整体而言还处于隐而不彰的萌芽状态，那么井上通过其"三部曲"的建构，就从形式上把儒学的近代转型系统地呈现了出来。井上是出于何种动机写作"三部曲"？"三部曲"又是如何体现这种转型的？关于第一个问题，井上曾自述写作的缘由：

> 明治三十年（1897），我承蒙官命，赴法国巴里府召开之万国东洋学会，讲述日本哲学思想之发展。归朝以来，愈感日本哲学之历史研究之必要，聊务于阐明德教之渊源，寻绎学派之关系。③

从井上的自述来看，他认为有必要着手"日本哲学之历史研究"，而目的在于"阐明德教之渊源，寻绎学派之关系"。井上将自己接下来的工作定位为"哲学史"的研究，这种研究的前提显然是承认日本历史上存在"哲学"。

这层表述的意思，显然是影射了明治年间关于日本究竟有无"哲学"的一场争论。其中最著名的观点，是中江兆民认为日本没有"哲学"的论断：

> 我们日本从古代到现在，一直没有哲学。……近来有加藤某和井上某，自己标榜是哲学家。社会上也许有人承认，而实际上却不过是

---

① 无论是井上还是丸山，似乎都没有刻意区分"哲学"与"思想"，这或许与后来"中国哲学合法性"的争论关联甚深（可参见林美茂《"哲学"的接受与"中国哲学"的诞生》，《哲学研究》2021 年第 4 期）。本文主要考察的是日本儒学史的成立问题，为避免枝蔓，暂且搁置不论。
② 详见丸山眞男『日本政治思想史研究』。
③ 井上哲次郎「日本陽明学派之哲学序（明治 33 年 11 月 17 日）」『日本陽明学派之哲学』富山房、1900、1 頁。

把自己从西方某些人所学到的论点和学说照样传入日本。这是所谓囫囵吞枣，而不配叫做哲学家。①

中江不仅认为日本历史上不存在"哲学"，而且认为现实中那些所谓受过西方哲学训练、试图以西方哲学框架重新诠释传统思想的学者亦不足以叫作"哲学家"（这里明显是在讽刺加藤弘之和井上哲次郎）。这一观点庶几代表着明治时代趋于传统阵营的汉学家们的意见，也贯穿在了中江本人的著述之中。以《理学钩玄》（1886）和《理学沿革史》（1886）为例，中江既以"理学"而非"哲学"命名其书，可见其始终保持着对"哲学"的审慎态度。②

与之相反，在明治初期全盘西化的风潮之后，幼年受过汉学训练而后又有留洋经历的许多西化派走向了"折中东西"或"以西释东"的一端。井上的高足井上圆了继承了老师的立场，旗帜鲜明地宣称他将各取东西哲学之所长，以创建"新哲学"：

（1887）我东洋（中）有西洋人之尚未研究的、从来固有之哲学。（因此，）若今日于我邦研究，比较对照于西洋之哲学，他日取

---

① 中江兆民：《一年有半（生前的遗稿）》第一章，氏著《一年有半·续一年有半》，吴藻溪译，商务印书馆，1979，第15~16页。
② 商务印书馆在《一年有半·续一年有半》之"出版说明"（1978年12月）中，曾将《理学钩玄》直接解释为"哲学概论"，将《理学沿革史》释为"哲学史"（中江兆民：《一年有半·续一年有半》，第2页）。这就忽略了中江本人排斥以"哲学"诠释儒学的立场："'Philosophy'为希腊语，世或译为哲学，固无不可。余则据《易经》穷理之语，更译为理学，意则相同。据原字之意义，睎为圣哲之人之意，乃求无所不知之义也。盖理学之旨趣系于万事，以穷究其本原之所在。人能有得于斯学，成学识淹博，得为所谓圣哲之人，是理学之语中所以云之有意义也。"参见中江兆民『理学鉤玄 巻之一（明治19年）』中江笃介编『中江兆民全集7』岩波書店，1984，13頁。同样，在《理学沿革史》中，中江亦使用"理学"划分出"古昔之理学'Philosophy'""希腊之理学""中古之理学""近代之理学"等。不过，虽然中江长期坚持以"理学"而非"哲学"作为"Philosophy"的译语，但当"哲学"译词几乎被整个日本学界所普遍接受时，他在最后的著作中也间或采用了这一译法。

288

其二者之所长，组成一派之新哲学，若至于此，则不独为余辈之荣幸，（亦）为日本全国之荣幸。①

然而，如何才能各取其长？换言之，在承认东西方各有"哲学"的前提之下，要如何将两者进行比对？解决这一问题的关键，在于明确"哲学"对于当时所谓"哲学"研究者而言究竟意味着什么。井上曾在其《西洋哲学讲义》中将"哲学"定义为：

> 哲学，乃统合资给诸学科之材料，以寻究天地流行间之自不变化者之学也，即稽查万化所由起之本原之学。如此，与广义的总体相关之哲学称为"纯正哲学"。②

"纯正哲学"可以视为井上对普遍意义上的"哲学"的界定，即将"哲学"理解为一门考究世界本原且为各学科基础的学科。

在给出了"哲学"的定义之后，井上又将哲学分为实验哲学与形而上学两大类。在他看来，德国古典哲学多为形而上之学，而近代培根以来的英国哲学则多属形而下之学，"英之哲学虽实著，易流于卑近；德之哲学虽高妙，易过于空漠"。③ 要谋求大成，则需要"折中"两者。

当然，"哲学"还有不同的分类方式。若以地域言之，可分为东洋哲学、西洋哲学。由此看来，井上圆了融合东洋哲学和西洋哲学的想法，亦可溯源至乃师井上的这种折中主张。而这种折中主张之所以具有近代意义，很重要的原因在于其内含着"主体性"。对此，渡边和靖非常精准地定位说：

---

① 井上圆了「哲学ノ必要ヲ論ジテ本会ノ沿革二及ブ」『哲学会雑誌』第1册第1号、8~9頁，转引自渡边和靖『明治思想史——儒教的伝統と近代認識論』ぺりかん社、1978、99頁。
② 井上哲次郎『西洋哲学講義　卷之一（1883）』島薗進・磯前順一編纂『井上哲次郎集』第1卷、株式会社クレス出版、2003、2頁表~2頁里。
③ 井上哲次郎『西洋哲学講義　卷之一（1883）』島薗進・磯前順一編纂『井上哲次郎集』第1卷、3頁里。

在对待西洋思想之时，启蒙思想家们一味地努力去忠实地理解它们，与此相对，井上似乎下定决心不加任何评论即无法接受。他应该始终与西洋思想保持着一定的距离，并以此来确保自身的主体性。自身应该保持一定的原理（"理性"），由此来取舍选择诸说。①

也就是说，井上的开创性既不在于对日本汉学的继承，也不在于吸收和引入西方哲学，而在于尝试构建东西方思想的统一体。在此预设之下，井上对"三部曲"有着清晰的目标设定，即"阐明德教之渊源，寻绎学派之关系"。

以儒学为"德教"，是将儒学视为道德之宗教。井上认为理想的宗教是道德宗教：

> 在人类的生命中，存在比佛教、基督教更为重大的东西。这个重大的东西不外乎是进步，而进步唯道德而已。道德必将取代佛教或基督教而占据宗教的地位，成为理想的宗教。②

不过，井上的考镜源流，以及对学派之间关系的阐述，是以"哲学"的方式对传统儒学即"德教"进行系统重构。需要注意的是，这种书写方式是"哲学"的，而非"经学"的。

何谓"哲学史"的书写方式？实际上很难定下具体的标准。大体言之，书写"哲学史"至少有两个非常重要的因素：一为"哲学"体系内的基本概念，二为"哲学"的思维方式。正如盖房的砖瓦和设计图对于盖好房子不可或缺，对于儒学的哲学建构而言，基本概念和思维方式亦缺一不可。

就基本概念而论，井上从大学时代起就有意识地翻译西方哲学的基本

---

① 渡辺和靖『明治思想史—儒教的伝統と近代認識論』99頁。
② 井上哲次郎『倫理と宗教との関係（1903）』島薗進・磯前順一編纂『井上哲次郎集』第1卷、84頁。

概念，这突出地体现在其所著《哲学字汇》之中。在自传中，他曾回忆其创制新哲学类词汇的经过：

> 我是明治十三年七月从东京大学毕业，翌年即由东京大学出版了《哲学字汇》。……为何会编纂刊行《哲学字汇》呢？当时我们正处学生时代，每当研究哲学，倍感困惑的是日语中没有哲学之术语。欲讨论哲学相关的问题，用日语则很难表达，需使用很多外语的词汇才能理解。深深感到无论如何应该制定哲学术语。当时我们的前辈学者西周已经制定了很多哲学的术语，但是还不够。加藤弘之博士也认为有这种必要性，对我们大加鼓励。①

对于试图研究哲学的井上等人而言，当时最大的困难在于"日语中没有哲学之术语"。这里的"日语"应该是指假名，而所谓的"外语的词汇"，从《哲学字汇》的译词来看，应该多指汉字词汇。尤其值得关注的是，井上选用于翻译的词汇，多采用儒学与佛教中的固有词汇：

> 先辈之译字中妥当者，尽采而收之。其他新下译字者，《佩文韵府》《渊鉴类函》《五车韵瑞》等之外，博参考儒、佛诸书而定。今不尽引证独其意义艰深者，才入注脚，以便童蒙。②

以井上引以为豪的词汇创制来看，"世界观""人生观""伦理学"等重要的哲学术语均以汉字表述，对后来的中国哲学研究影响深远的"形而上"（出自《周易·系辞》）概念亦出自井上之手。

井上不仅创译了许多重要的哲学词语，而且更为重要的是通过《哲

---

① 『井上哲次郎自伝—学界回顧録』富山房，1973、33~34頁。后收入『懐旧録・井上哲次郎自伝』，島薗進・磯前順一編纂『井上哲次郎集』第8卷、株式会社クレス出版、2003。

② 井上哲次郎著、有賀長雄改訂増補『哲学字彙　附清國音符』绪言、東洋館書店、1884。

学字汇》的编纂"统一译语",① 这就在一定程度上确立起了开展哲学研究所必不可少的术语体系。

在西周、井上等创制的概念之中,许多亦被用于中国哲学史的研究。除了基本概念之外,"哲学"的思维方式对儒学的近代转型亦产生了关键的影响,这尤为明显地体现在系统地重构传统儒学这一方面。接下来,我们将在明代儒学史的脉络中探讨"三部曲"的推陈出新。

二 学案与宗旨

就日本儒学而论,全局上井上首次将江户儒学裁割成朱子学、阳明学和古学等各派,这可以视为"大框架"上的截断众流;在学说的阐释上,井上又运用了西方"哲学"的论述方法,这可以称为"小结构"上的"哲学"式叙述。这至少在形式上就较为明显地与传统儒学史的书写区别开来。那么,这种差别的继承性与开创性究竟体现在何处?

从学术史的角度而言,德川时代伴蒿蹊的《近世畸人传》、原念斋的《先哲丛谈》,都可以视为井上以前针对江户儒者的史料汇编。"宽政二年(1790),即早于《先哲丛谈》27 年刊行的伴蒿蹊的《近世畸人传》,对《先哲丛谈》的影响甚大。"② 较之《近世畸人传》,《先哲丛谈》在人物收录、资料收集方面更为丰富。从原念斋所作《先哲丛谈·凡例》中,可窥见其书写的体例及旨趣:

> 次序率从其年齿先后,不分以门流。但林罗山少菅玄同二岁,而罗山国家草创大儒,宜直接惺窝,故独不拘他例耳。又如父兄子弟并有著显者,则皆类从附载焉,否则人恐错认其各处别出,以为同姓异

---

① 桑兵:《近代"中国哲学"发源》,《学术研究》2010 年第 11 期,第 4 页。
② 原念斎著、源了圓・前田勉訳注『東洋文庫 574 先哲叢談・解説』平凡社、1994、464~465 頁。

族。……此编专以知先儒之性行履历为主,而未及其识见者,以其人皆有成书布于世也。间有略举识见者,以其未著见者也。①

从此书"凡例"来看,"次序率从其年齿先后,不分以门流"表明了《先哲丛谈》没有按照学派进行分类,"专以知先儒之性行履历为主,而未及其识见"则说明此书的主要写作目的是记载先儒事迹,而不详记其学说。

《近世畸人传》《先哲丛谈》都有后人续编作品问世,虽进一步充实了人物及其相关事迹等史料,但是续作均"效前编例",② 故总体而言依旧处于资料堆砌的阶段。这样的书写方式虽然不具有近代性,但是为井上重新梳理江户儒学史提供了可资借鉴的材料。③

此外,井上的儒学史书写中还渗透着学案式的记述形式,这可从体例和分派两个方面进行说明。在阐述具体人物的思想时,井上采用了较为固定的叙述体例(见表1)。

表1 "三部曲"之体例

体例	人物	事迹	著书	文藻	学风	学说	批判(批评)	门人	关系书类	××学派	其他
合计	23	23	14	4	4	23	7	8	15	4	4

"三部曲"首先按照时间顺序介绍人物"事迹",接着罗列"著书"(包含解说),然后再具体分析该人物的思想"学说",最后附上关于该人物的相关著书。虽然人物不同条目可能有所增减,但总体而言基本采取了"事迹"—"著书"—"学说"—"关系书类"的书写体例:

---

① 原念斎「先哲叢談凡例」『先哲叢談』全八卷、庆元堂·拥萬堂、文化十三年、1頁里。
② 東條琴台「先哲叢談後編凡例」『先哲叢談後編』卷一至卷二、庆元堂·青雲堂、文政十年至十二年、1頁表。
③ 在"三部曲"中,诸如那波鲁堂的《学问源流》、原念斎的《先哲丛谈》、东条琴台的《先哲丛谈后编》等文献常被井上引用于具体论述中。

学案著作没有标准的体例，但由《明儒学案》所产生并改进的一种体例，则是经常被用到的。它的构成有：学者的传记，撰传者对学者言行的评论，学者著作的文摘，有时还有采自其他文献有关其人的记载。作者著作的文摘，可以包括书信、笔记、序言、论文、日记、自传、辩论或对话的记录。①

以上是朱鸿林对于以《明儒学案》为代表之学案体的归纳。以之相比照，井上以儒者事迹、著书、学说以及评判等构成的书写体例未出其外。除了书写体例外，相较于《近世畸人传》和《先哲丛谈》，"三部曲"更为显著的特征在于分门别派（见表2）。

表2　"三部曲"之具体分派

	日本阳明学派	日本古学派	日本朱子学派
一	中江藤树及藤树学派	山鹿素行	京学派及惺窝系统
二	藤树蕃山以后的阳明学派	伊藤仁斋及仁斋学派	惺窝系统以外的朱子学派
三	大盐中斋及中斋学派	荻生徂徕及徂徕学派	南学及闇斋学派
四	中斋以后的阳明学派		宽政以后的朱子学派
			水户学派

虽然将整个江户时代的儒者群体进行系统而清晰的划分是井上的创举，然而就此分类方法本身而言，却渊源有自：

> 井上的方法，通过学说的继承来设定"学派"并系统地进行分类，可以说是导入了介绍西方哲学史时的方法论。但是从儒学思想的整理这一点来看的话，可以说是沿袭了在近代以前的中国已经存在的——以《明儒学案》等为代表性的事例——通过师承关系和地域等来系统划分儒学者的方式。②

---

① 朱鸿林：《〈明儒学案〉研究及论学杂著》，生活·读书·新知三联书店，2016，第30~31页。
② 泽井启一：《丸山真男与近世/日本/思想史研究》，刘莹译，《河北民族师范学院学报》2018年第3期，第92页。

要理解这种有意识的分门别派行为，还需要对以《明儒学案》为代表的学案体书写传统有所把握。黄宗羲在《明儒学案·自序》中指出：

> 羲为《明儒学案》，上下诸先生，深浅各得，醇疵互见，要皆功力所至，竭其心之万殊者而后成家，未尝以懵懵精神冒人糟粕。于是为之分源别派，使其宗旨历然。①

上述引文明确指出《明儒学案》通过"分源别派"而使"宗旨历然"的谋篇布局：

> 大凡学有宗旨，是其人之得力处，亦是学者之入门处。……故讲学而无宗旨，即有嘉言，是无头绪之乱丝也。学者而不能得其人之宗旨，即读其书，亦犹张骞初至大夏，不能得月氏要领也。是编分别宗旨，如灯取影。杜牧之曰："丸之走盘，横斜圆直，不可尽知。其必可知者，是知丸不能出于盘也。"夫宗旨亦若是而已矣。②

这就是说，无论多么复杂蕴奥的学问，都可以借助"宗旨"而得其大要。丸之在盘，其路径纵有千万，总不出其盘，黄宗羲借助这个譬喻，指出为学之方案当扣其"宗旨"而不必陷其枝蔓。比照而言，井上梳理各派的直接原因也在于判别各派之"学脉"。他在《日本朱子学派之哲学》的序中写道：

> 余向于明治三十三年，以《日本阳明学派之哲学》公之于世，次又于明治三十五年，以《日本古学派之哲学》公之于世，以介绍我邦之阳明学派与古学派之学脉、学风及学说等为务。③

---

① 黄宗羲：《明儒学案·自序》，《黄宗羲全集》第13册，浙江古籍出版社，2012，第3页。
② 黄宗羲：《明儒学案·发凡》，《黄宗羲全集》第13册，第5页。
③ 井上哲次郎「日本朱子学派之哲学序」『日本朱子学派之哲学』富山房、1937、1頁。

除了学术上的考量之外，井上在重订版的序中，从明治日本的思想乱局出发指出融合东西洋哲学的必要：

> 近来，在我国虽然出现了继承欧美思想、倡导各种主义的人，但至于道德的实行，则甚不振。……彼等应稍用东洋之活学问以刷新其枯燥之头脑。然又耽于东洋训诂之学而掩西洋哲学之耳，此者固不足以论。要之，打破东西洋之哲学（的界限），成为一体，更出于其上，此为今日学界之急务。①

也就是说，虽然明治日本充斥着各种欧美思想，但在井上看来却疏于"道德的实行"。若依《明儒学案》之体例，则"道德"二字或可视为井上思想的"宗旨"。以"三部曲"分论之，在最早出版的《日本阳明学派之哲学》的序言中，井上论述说：

> 凡国民道德心，乃为发达进步之物……其由来之处极远，实千世万世之遗传也。……若欲知我邦之国民道德心如何，则以领悟其熔铸陶冶国民心性而来之儒教之精神为要。即如此书所叙述之日本阳明学派之哲学，岂无所资于此？②

国民道德论是井上在后来广受诟病之处，如果暂且搁置其中"鼓吹的腔调"，那么井上从"儒教之精神"中寻求陶冶日本国民之"道德"的主张值得重视。"道德"确实是儒学精神的"宗旨"，不仅阳明学资于此，朱子学也是如此：

> 乃知道德主义之通古今、贯东西而不易。朱子学派之学说固非皆

---

① 井上哲次郎「重訂 日本陽明学派之哲学序（大正13年11月17日）」『新訂 日本陽明学派之哲学』富山房、1938、3~4頁。
② 井上哲次郎「日本陽明学派之哲学序（明治33年9月24日）」『新訂 日本陽明学派之哲学』5~6頁。

是，今日观之，谬见误想之多，自不必说。然不拘于此，则其中所存永远不变之道德主义，到底不得否定。①

甚至被井上塑造为朱子学对立面的古学，亦表现出了对"道德"的重视：

> 仁斋所说之处，在于个人道德，故可以说自法律、经济、政治这样的方面出发的言说全然无有。因其全以个人道德为主而说，故个人本位之观念自然居胜。而素行与徂徕，则自团体本位即国家社会之立场出发而观之观念居胜。②

由此可见，无论是代表儒学精神的阳明学和朱子学，抑或"反"朱子学的、作为日本特色的古学，井上均刻意地突出其中的"道德"主张。因此可以说，弘扬"道德"是井上为日本儒学史立下的"宗旨"。

综上所述，日本近世出现的各种儒者资料汇编与成形于明代的学案体，都是"三部曲"之所本，而"哲学"的概念创制和系统建构则为井上之开新。借此返本开新，"三部曲"所具有的转型意义亦得以较为直观地呈现出来。更为重要的是，这种转型不仅直接促成了近代日本儒学史的成立，对中国哲学史的学科建制亦起到了殊为重要的作用，这就涉及井上对整个"东洋哲学史"的把握。

三 "东洋哲学史"中的"三部曲"

井上不仅要建立起日本的"哲学"，他还试图构建整个"东洋"的哲学史。从思想潮流而言，井上对明治哲学进行了三期划分：

---

① 井上哲次郎「日本朱子学派之哲学序」『日本朱子学派之哲学』3頁。
② 井上哲次郎「附録四　第一　我國古学派の特色」『日本古学派之哲学』富山房、1924、747頁。

广义上而言，若回顾明治思想的潮流，我认为明治的哲学至少分成三个阶段，这是方便的思考方法。第一期，为明治初年至明治二十三年；第二期，为明治二十三年至明治三十八年日俄战争结束时；第三期，则自明治三十八年至明治四十五年为宜。①

在此基础之上，井上回顾当时哲学界的境况说：

在明治哲学第二期中，哲学研究者均以德国哲学为主进行研究。……换言之，拘泥于德国哲学，又醉心于其中的，是极端的状态。这是甚为遗憾之事。为了不变成那样，我自己从最初就不断地讲授东洋之哲学，努力保持平衡。然能汲取此精神之人甚少，殊为遗憾。②

可见，曾留学德国的井上并未拘泥于德国哲学，而是尝试在德国哲学与东洋哲学之间保持某种平衡。

实际上，早在赴巴黎参会之前，井上就已经着手准备"东洋哲学"的资料：

《东洋哲学史》是我从明治十三四年左右开始策划编著的。我把与中国哲学相关的内容、与印度哲学相关的内容，变成衷然之册。虽然书橱已满，尚未整备的部分仍然很多。若要将之公开于世，尚需十年左右。

所谓的"东洋"，从井上的论述来看特指"印度以东的哲学"，③ 具体而言就是中国、日本和印度的哲学。三国之哲学各有特色，如中国和日

---

① 井上哲次郎『明治哲学界の回顧』岩波書店、1932、7頁。
② 井上哲次郎『明治哲学界の回顧』8~9頁。
③ 井上哲次郎『哲学と宗教』弘道館、1915、345頁。

本的哲学重伦理，而印度主宗教。更进一步，井上强调东西洋哲学具有一致性，并视此为融合东西方文化的可能性所在。

如何融合东西方哲学，放在今天依旧是难以解决的问题。井上的学术研究在今天看来似乎有些驳杂，也源于他试图融合整个东西方哲学的宏大构想。那么，他是如何着手建立这一体系的？

井上在1886年的日记中写道：

> 余久志于著东洋哲学史……如印度哲学，尽管不够充分，但亦有诸氏之著。然至于中国、日本之哲学，则著述极少，特别如日本哲学，知之者绝无。君若著东洋一般之哲学，其功固大也。①

也就是说，在以中国、日本和印度为代表的"东洋"哲学研究之中，井上认为印度哲学方面已有一定的积累，但是中国和日本的"哲学"研究却"极少"，其中"日本哲学"又处在一种"绝无"即基本没有的状态。因此不难推论，井上应该会将写作的重心置于日本哲学，中国哲学次之，最后为印度哲学。

> 归国之后，井上以比较宗教及东洋哲学讲义为内容，开始教授印度哲学。与此同时，明治二十三年于万国东洋学会上报告《性善恶论》一文。以此为开端，至明治三十年左右，发表了一系列与儒学或老庄思想等中国哲学相关的论文。②

可见，在"三部曲"正式出版之前，井上已经陆续发表了关于中国

---

① 原文为明治19年2月4日井上的日记，转引自磯前顺一『近代日本の宗教言説とその系譜―宗教・国家・神道』岩波書店、2003、87頁。
② 磯前顺一『近代日本の宗教言説とその系譜―宗教・国家・神道』87頁。矶前此条记述的时间有误。井上于明治22年9月参加了瑞典举行的第八届万国东洋学会，并在会上宣读了题为《读东亚中支那哲学家的性善恶论》的论文。后经修改，该论文于明治24年1月5日刊载在《哲学会杂志》第47号，题为《性善恶论》。该论文后亦收入《井上哲次郎集》第9卷。

哲学的相关研究，而《性善恶论》可以视为井上"东洋哲学"研究的开始。① 此文引发了他与坚守传统汉学研究的代表内田周平的一系列论战，② 也预示着日本近代"中国研究"的开始。

相较于具体的争论，《性善恶论》更为重要的学术史意义在于以此"事件"为开端，井上开始公开发表东洋哲学史的相关研究："余之《性善恶论》，原为东洋哲学史中之一篇，固不过未定之草稿。然公之于众，曾就同一之事项，于万国东洋学会讲演。"③

不过，《性善恶论》还只是聚焦于传统中国经学史上有关人性论的讨论，其后井上继续其在东京大学的"东洋哲学史"的授课。④ 对于井上的"东洋哲学史"研究而言，最具里程碑意义的当然是日本儒学史"三部曲"的相继问世，这标志着其东洋哲学史研究已初具规模。

近年来颇受学界关注的《日本阳明学派之哲学》，既是"三部曲"的起点，也是"三部曲"中受争议最多的一部。实际在井上之前，"反"朱子学已经成为日本阳明学的一种"标签"：

东国反复主张朱子学与阳明学的对比论：

朱子学＝知识主义—学问第——经验主义—官学（国家·权力）

阳明学＝行动主义—德行第——唯心主义—民学·私学（个

---

① 可参考大島晃「井上哲次郎の『性善悪論』の立場：『東洋哲学研究』の端緒」『ソフィア：西洋文化ならびに東西文化交流の研究』1994 年 1 月 15 日、51～68 頁。

② 详见井上哲次郎「性善悪論」『哲学会雑誌』第 4 冊第 47 号、1891 年 1 月 5 日、621～632 頁；井上哲次郎「性善悪論（承前）」『哲学会雑誌』第 4 冊第 48 号、683～699 頁；内田周平「井上文學士ノ性善悪論ヲ讀ム」『哲学会雑誌』第 5 冊第 50 号、1891、825～837 頁；井上哲次郎「再ビ性善悪ヲ論ジ併セテ内田周平君ニ答フ」『哲学会雑誌』第 5 冊第 51 号、1891 年 5 月 5 日、867～881 頁；井上哲次郎「再ビ性善悪ヲ論ジ併セテ内田周平君ニ答フ（承前）」『哲学会雑誌』第 5 冊第 53 号、1891 年 7 月 5 日、991～1005 頁。

③ 井上哲次郎「再ビ性善悪ヲ論ジ併セテ内田周平君ニ答フ」『哲学会雑誌』第 5 冊第 51 号、1891 年 5 月 5 日、868 頁。

④ 详见林美茂《"哲学"的接受与"中国哲学"的诞生》，《哲学研究》2021 年第 4 期，第 4～7 页。

人・私权）

　　与其说这是在前近代中朱、王两学的实际关系，不如说是"近代阳明学"典型的自我规定的模式。所谓"官学"是指昌平黌朱子学，实际上"官—民"的对立是近代日本新闻界常用的套话。①

　　早在井上之前，朱子学与阳明学就已经被石崎东国等人刻意塑造成了一种对立的关系。应该说，虽然阳明学在一定程度上表现出了对朱子学的某种批判，但是远没有达到上述推论中表述的"官—民"之间的对立程度。正是由于接受了阳明学与朱子学之间的这种对立关系，井上也常常被列入这一系列鼓吹阳明学风潮的人物之中。然而井上的立场实际上更为复杂：

　　　　维新以来世之学者，或倡导功利主义，或主张利己主义，及其结果之处，或遂至破坏我国民道德心。②
　　　　近来，在我国虽然出现了继承欧美思想、倡导各种主义的人，但至于道德的实行，则甚不振。③

　　可见，井上的立场是如何在欧美思潮的冲击之下，确立日本固有之精神道德这一核心问题。正如前文所指出的，井上建构"三部曲"的宗旨在于"道德"二字，因此他的关注重点，始终是儒学作为整体而言所具有的发扬国民道德心的现实作用，并非作为不同学派而言学问上的区别及分歧。因此在其结论中，朱子学并非作为阳明学的对立面而需要加以排斥，反而是包括朱子学在内的儒学，都可以作为国民道德心的培育之基而需要大力弘扬：

---

① 荻生茂博『近代・アジア・陽明学』ぺりかん社、2008、406 頁。
② 井上哲次郎「日本陽明学派之哲学序（明治 33 年 9 月 24 日）」『新訂 日本陽明学派之哲学』6 頁。
③ 井上哲次郎「重訂 日本陽明学派之哲学序（大正 13 年 11 月 17 日）」『新訂 日本陽明学派之哲学』3 頁。

（功利主义、利己主义等）欲自根柢扑灭我国民道德心，是余订正此书（《日本阳明学派之哲学》——引者注）之日所未俟，故姑且以稿本原貌发行也。①

今日俄战争已告终结，我邦之威光大大发扬于宇内，遂欧美学者渐欲究明我邦强大之所以然。当斯时，德川氏三百年间为我邦教育主义之朱子学派，于国民道德发展之上影响伟大。其（历）史的研究，亦岂可一日忽之哉？②

井上对朱子学的态度尤其值得玩味。在他看来，相较于古学派和阳明学派，朱子学派给人以更为"稳健且中正"之感，"尤以之为教育主义，则为儒教诸学派中危险最少者"。③ 他将朱子学定位为"与功利主义全然相反"的"道德主义"，因此，即便"见朱子学派之学说如千篇一律般单调，不敢遽侮蔑之"。④

井上对朱子学的定位，透露了贯穿其学问始终的道德主义倾向。"朱子学派之道德主义与今之所谓自我实现说，假令其形式相异，然于其精神殆同出一辙。"⑤ 可见，井上认为朱子学派中包含着"永远不变之道德主义"，即便朱子学者不过是"朱子的精神奴隶"，⑥ 但他也依旧认为朱子学"不能否定，于其伦理之说中存在着永远不灭的真理，以是其隐然影响人心，养成国民之道德"。⑦

换言之，就学术研究而言，日本朱子学似乎并不能从中国的朱子学中推陈出新，然而从国民道德论出发，朱子学却为"儒教诸派中最安全、

---

① 井上哲次郎「日本陽明学派之哲学序（明治33年9月24日）」『新訂 日本陽明学派之哲学』6頁。
② 井上哲次郎「日本朱子学派之哲学序」『日本朱子学派之哲学』4頁。
③ 井上哲次郎「日本朱子学派之哲学序」『日本朱子学派之哲学』2頁。
④ 井上哲次郎「日本朱子学派之哲学序」『日本朱子学派之哲学』3~5頁。
⑤ 井上哲次郎「日本朱子学派之哲学序」『日本朱子学派之哲学』3頁。
⑥ 井上哲次郎『日本朱子学派之哲学』598頁。
⑦ 井上哲次郎『日本朱子学派之哲学』597~598頁。

稳健的教育主义"，① 是最适合用于培育国民道德的学说。井上试图以朱子学的教义提挈国民道德建设，虽然其政治意图饱受诟病，然而作为首个较为系统地整理朱子学文献并且尝试梳理出日本朱子学的发展脉络的学者，他的贡献不容小觑。

更进一步言，井上既以"三部曲"为培育国民道德的基础，那么作为一个整体而言，朱子学与阳明学之间即便确有对立，也不是主要矛盾。这是因为井上为"三部曲"设置的真正敌人，是包括功利主义、利己主义在内的可能"败坏"国民道德心的西洋思潮。

由此，当"三部曲"被还原为井上所构筑之"东洋哲学史"中最为重要的一环时，我们就可以把握住贯穿"三部曲"始终的找寻国民道德基础的意识。在此前提之下，虽然批判和对立依旧存在于日本朱子学、阳明学和古学之间，但是由于它们对培育国民道德均有助益，故不可偏废，这才是"三部曲"作为井上之日本哲学史研究所具有的整体意义。

结　论

明治时代是一个各种思潮纷呈的时代，在新旧思想的交替中，井上为"阐明德教之渊源，寻绎学派之关系"，借助了学案体的书写体例，对江户时期传统儒学思想进行了带有"哲学"意味的系统性梳理，就此而论，其"三部曲"实为日本儒学史研究的典范之作。

然而，"三部曲"自问世以来遭到了多方的质疑与批判。② 这些质疑与批判表明，相较于与旧学之间的关联，"三部曲"与代表着时代前沿的"哲学"尚有距离。那么它所象征的转型意义究竟体现在什么地方？

首先，就日本儒学的发展而言，"三部曲"的学派归类时至今日依旧是主流的日本儒学分类方式，已然成为日本儒学的"常识"。如果暂且搁

---

① 井上哲次郎『日本朱子学派之哲学』601 頁。
② 例如町田三郎《明治的汉学家》，连清吉译，台北：台湾学生书局，2002，第 272 页；宮川透・荒川几男『日本近代哲学史』有斐閣、1976、61 頁。

置关于其中人物归属的分歧等具体争议，那么"三部曲"更为重要的意义应该在于以学术方式对儒学日本化进行了论证。儒学不仅是"东洋哲学史"的一部分，更是日本国民道德的重要来源。也即是说，儒学已经完成了日本化，成为日本的"古层"之一，从而与西洋思想相抗衡。

其次，就"东洋哲学史"的学科建制而言，"三部曲"的写作不仅拉开了"日本哲学"写作的序幕，也催生了"中国哲学史"。井上所创制以及经由《哲学字汇》固定下来的许多"和制"汉语哲学词语，为后来书写"中国哲学史"准备了诸多新词。如果不能否认这些新词所承载的新思想也曾"逆输入"近代中国，助力中国的近代化转型，那么我们应该肯定"三部曲"学术开新的意义。

总之，当今日的我们回溯与反思这段历史的发展时，或许可以抛却争论本身，更多地将关注点转向井上此举所带来的学科转型的意义。从这一点上而言，卞崇道等给了井上高度的评价："通过日本儒学思想史的研究，井上以所学西方哲学知识重释儒学，使儒学在明治时代以新的面孔得以复兴，井上也因之在日本近代儒学史上占据了重要的地位。"[①]

[①] 卞崇道、王青主编《明治哲学与文化》，中国社会科学出版社，2005，第143页。

帝国日本语境中的"东亚"

顾菱洁[*]

摘 要 当代语境下的"东亚",与曾在帝国日本社会中出现的"东亚(東亜)"概念不尽相同。作为历史概念的"东亚",其起源、演变和消亡的整个过程,同时也是近代日本人持续而长期地建构地缘政治话语、塑造国家身份叙事的过程。19世纪末的日本知识人以"是否独立、是否持主权"的标准划定"东亚"的边界。1933年,"东亚"取代"东洋"登上政治舞台。其后,帝国日本将被其承认"独立"的伪满洲国纳入"东亚之安定"的政治话语之中。以帝国日本为核心的"大东亚"叙事在1943年发生转向。其中集中显露的,既是近代日本人对"大东亚战争"之"大义名分"的再度设计,也是应对西方文明的正面挑战时,他们在不断膨胀的国家意志之下,"煞費苦心"地改写地缘政治叙事和重塑日本国家身份的复杂情感与心理。

关键词 帝国日本 东亚 "大东亚战争" 国家身份

一 问题的提出

自冷战结束以来,东亚成为中日学者历史对话的重要主题。当代意义

---

[*] 顾菱洁,北京大学历史学系博士生。

上的"东亚",即现在日本人所使用的"东亚细亚（東アジア）"语词,与曾在帝国日本语境中频繁出现的"东亚（東亜）"[1] 概念并不一致。前者是包括东北亚和部分东南亚地区在内的地域性语词,而后者则是因作为帝国日本的战时术语而在战后日本不再被使用的历史概念。日本学者子安宣邦指出,"东亚（東亜）"是战后日本人谨慎而抑制不谈的禁忌。[2] 然而在此意义上,多数日本人自战后至今拒绝使用"东亚（東亜）"一词并代之以"东亚细亚（東アジア）"的做法,使得日本学术界很少将前者视为独立概念并放在历史视域中进行考察。

日本学者基于战时与战后思想的连续性,将日本战时的"东亚（東亜）"概念视作战后"东亚细亚（東アジア）"语词的战时形态。中见立夫和并木赖寿分析了20世纪40年代"东亚"概念的消极意味及其对战后"东亚细亚"的负面影响,[3] 但没有具体探讨前者自生成至消亡的整个话语建构过程。此外,"东亚（東亜）"还通常被当作亚洲概念的次级概念放在近代日本亚洲主义思想脉络中进行探讨,"东亚新秩序"和"大东亚共荣圈"论尤其成为批判和否定的对象。子安宣邦称战时日本知识人以"东亚"为名的话语不过是在重复马克思对印度的分析,[4] 王屏指出"东亚"概念具有很强的殖民主义色彩,因而需要对其进行重构。[5]

"东亚（東亜）"概念毋庸置疑承载有极强的帝国主义意识形态,所以才会在战后日本社会中不再被使用,并且至今都是中日学者的批判对象。然而作为近代日本人建构地缘政治话语、塑造国家身份叙事的重要术语,"东亚（東亜）"应该被视为一个独立的概念并探讨其生成、演变和

---

[1] 本文探讨的核心概念是作为历史概念的"東亜（Toua）",写作带引号的"东亚"。在1945年以后,战后日本人不再使用这一概念,而是使用"東アジア"指代亚洲东部地区。为加以区分,本文写作"东亚细亚"。
[2] 子安宣邦:《近代日本的亚洲观》,赵京华译,生活·读书·新知三联书店,2019,第116页。
[3] 並木賴寿「『東アジア』概念について考える」『東アジア近代史』第11期、2008年3月、3~4頁；中見立夫「19世紀半ばから20世紀初頭における"東アジア"とロシア帝国—地域概念と国際関係」『ロシア史研究』第88期、2011年、16頁。
[4] 子安宣邦:《近代日本的亚洲观》,第60~63页。
[5] 王屏:《近代日本的亚细亚主义》,商务印书馆,2004,第352页。

消亡的整个过程。若只是在近代日本亚洲主义思想脉络中肃清其负面意义，就很难解释帝国日本为何会在20世纪30年代选择塑造出"东亚（東亜）"概念而非直接使用"东洋（東洋）"或"亚细亚（亜細亜）"作为其官方文书中的政治用语。另外，1940年的"'大东亚共荣圈'声明"和1943年的《大东亚共同宣言》（以下简称《共同宣言》）往往被视为帝国日本建构"大东亚共存共荣"话语的重要文本。但不容忽视的是，在其话语的侵略性和虚伪性之外，从前者到后者存在叙事转向的现象，而解读这一变化的关键即在于帝国日本对以"大东亚（大東亜）"为名的战时叙事的再编。其中集中显露的，既是战时日本人对"大东亚战争""大义名分"的再度设计，也是应对西方文明的正面挑战时，他们在不断膨胀的国家意志之下，"煞费苦心"地改写地缘政治叙事和重塑日本国家身份的复杂情感与心理。

"东亚（東亜）"概念虽然在1945年以后很少被日本人使用，但这一源于日本、由日本发起的概念及话语，直到今天仍然是中日两国共有历史认识的巨大障碍。本文尝试利用近代日本知识人的著作文章，结合日本政府官方公文中的诏书、演讲、帝国议会档案等一手史料，具体考察"东亚（東亜）"从地域概念成为政治用语进而演变成战争口号的整个过程，为理解"东亚（東亜）"概念提供新的维度。

二 "东亚三国"地区概念的生成

"东亚"概念的出现，以"亚细亚"（Asia）的存在为前提。"亚细亚"源于寓意"日之出"的亚述"assu"，[①] 首次进入中华文明圈，应该是出现在来华传教士利玛窦与明朝官员李之藻于1602年制作的《坤舆万国全图》中。到18世纪初，"亚细亚"一词逐渐为日本人所接受，西川如见的《日本水土考》（1700）中出现了"亚细亚""亚细亚诸国"的表述。[②] 19世

[①] 下中邦彦編『アジア歴史事典 1』平凡社、1959、16頁。
[②] 松田宏一郎「『亜細亜』の『他称』性」日本政治学会編『日本外交中的亜細亜主義』岩波書店、1998、41頁。

纪后半叶,俄国人使用来自欧洲的"East Asia"(或德语的"Ost-Asien"①)指称其在亚洲东方的土地。其后,日本人翻译俄语词汇,②并在绘制亚洲地图的过程中细分出"东方亚细亚""西方亚细亚""北方亚细亚""中央亚细亚""南方亚细亚"等地域空间。但在诸多称呼中,只有"东方亚细亚"被明确略称为"东亚",且在20世纪初的日本社会中逐渐流行。

19世纪末的日本民间知识分子经俄国人接触到"东亚"一词,并开始使用该词来分析俄国在亚洲的形势。在1886年刊行的《将来之日本》中,德富苏峰(德富猪一郎)说俄国"虽为纯正之腕力国家,其兵马虽有蹂躏欧洲列国之猛势,然其势力不仅无法在欧洲恣意妄为,就连在东亚也无法恣意逞威风。其原因为何?在于英国之掣肘"。③在此,"东亚"是一个指代亚洲东部的地域性词语。

自1891年俄国动工修建西伯利亚铁路后,所谓的"东亚之形势",即亚洲东部地区的纷争与冲突,日益成为该时期日本人的关注对象。1893年8月日军参谋本部编纂课组织出版《东亚各港志》,称其成书背景是"随着舟车交通之频繁,东邦之形势逐年变化,今欲明其事,则必先晓其通商港口之情状",④"因列举东部亚细亚之著名港口而称'东亚各港志'"。⑤政治评论家兼新闻记者末广重恭(末广铁肠)在《东亚之大势》(1893)中描述其所谓的"东亚之大势",提出要"始于俄国而终于支那,通过洞察东亚之大势而为本国内政敲响警钟",⑥"一言以蔽之,不可畏惧俄国,不可放弃朝鲜,不可轻视支那,若是知晓三国之形势而不入歧途,

---

① 中见立夫引用 Reinhard E. Zollner 的研究,指出德国的地理用语"Ost-Asien"对19世纪末的日本学界产生影响。参见中见立夫「19世紀半ばから20世紀初頭における"東アジア"とロシア帝国—地域概念と国際関係」『ロシア史研究』第88期、2011年、16頁。

② "东亚"一词的出现较早可追溯到1884年《朝日新闻》对俄国用语的翻译中。参见「露国聖彼得堡に於て……(ロシアのシベリア鉄道敷設計画動き出す」『朝日新聞』1884年10月30日。

③ 德富猪一郎『将来之日本』経済雑誌社、1886、85頁。

④ 参謀本部編纂課編『東亜各港誌』参謀本部、1893、绪言。

⑤ 『東亜各港誌』凡例、1頁。

⑥ 末廣重恭『東亜之大勢』青木嵩山堂、1893、绪言、12頁。

我国就能屹然维持独立，进而积极左右东亚之局势"。① 鹿岛长次郎在1894年的著作《日清战争》中亦频繁使用"东亚"一词，其书第四章说道："然则当时东亚之形势渐趋危殆，俄国在东亚设置一海军港，意欲争雄……英国盘踞中央亚细亚南部，占有被称为新加坡和香港之领地，在东亚细亚亦羽翼丰满。"② 在鹿岛的言辞间，"东亚"即将成为战场的紧张氛围可见一斑。

面对复杂紧张的"东亚之形势"，主要以俄国和英国为假想敌的"东亚三国"的说法开始流行。1887年《朝野新闻》刊载了一篇题为《西伯利亚铁路与东亚三国之关系》的文章，其标题中的"东亚三国"指代日本、中国和朝鲜。及至甲午战争期间，日本知识分子采用明确的标准，将中、日、朝三国区别于其他亚洲国家而专门统称为"东亚三国"。这个标准是该亚洲东部国家是否免受西方诸国的侵略，换言之即"是否独立、是否持主权"。

辻武雄的《新编东亚三国地志》于1900年出版。该书以汉文写成，为与西洋既有的地理著作相区别，作者特地在标题中使用"新编"二字。他首先以"保独立、持主权者"为标准，划定有别于其他亚洲国家的所谓"东亚三国"：

> 欲明亚洲之地理，亦须先知东亚三国（日本、支那、朝鲜）之地理。……然则今日之现势，蚕食已过半矣。其能保独立、持主权者，惟有东亚之三国耳。惜乎。③

辻强调"东亚三国"一衣带水、休戚与共的亲密关系：

> 我日本，隔支那、朝鲜，仅一衣带水耳。自古以来，兄弟之国

---

① 末廣重恭『東亞之大勢』224頁。
② 鹿島長次郎『日清戰爭』興文社、1894、15頁。
③ 辻武雄『新編東亞三國地誌』普及社、1900、緒言。

也。是以使问相通，舟楫不断。诚有唇齿辅车之势焉。①

若是将辻的"亚洲团结"意识向前追溯，樽井藤吉在1885年提出的"大东合邦"构想可谓其原型之一。在樽井的叙述中，与欧洲诸国文明相对立的"东方诸国"，尤其是位于最东方的日本与朝鲜理应相互扶持、缔盟合邦。②樽井的"大东合邦"构想主要指向日本与朝鲜，而在甲午战争结束以后，随着日本战胜清王朝、确立起其在亚洲的地位，中国亦开始被拉入该时期日本知识分子所构想的"东亚三国"地区秩序之中。

曾参与倒幕运动的明治政治家大江卓撰写的《东亚和平策》出版于1906年。该书在扉页题有"志兴东亚"四字，由宫崎繁吉、上村才六作《小引》。《小引》写道："到如今只有我日、清、韩三国，支持其间而已。单箭易折，束箭不易折，于是乎有三国连横之说。"③将当时"五洲列国对俄国"拟作春秋战国时期的"六国对秦"，以同文同种的"东亚三国"类比昔日"三晋"，指称"惟日、清、韩三国同在亚洲，海程密迩，一苇可航"，故应相互交好，"亦所谓兄弟之国也。据此自反省，定即知阋墙之非"。④

在构筑"东亚三国"以对抗西方侵略的过程中，"东亚"一词本身的存在及其成立不可或缺。相较于被认为带有极强他称性的"东洋"或"亚细亚"，聚焦"东亚之大势"的日本知识分子更倾向于建构起一个以本国为中心的"东亚"概念。近代日本著名的东洋史学者、时任东京高等师范学校教授的桑原骘藏在1904年明确以"东亚"为题刊行汉文译著《东亚史课本》⑤。桑原自称：

> 本书以提举东洋诸国之治乱兴亡，及诸民族盛衰消长之大要为旨

---

① 辻武雄『新編東亜三國地誌』绪言。
② 樽井藤吉「大東合邦論」竹内好編『亜細亜主義』筑摩書房、1963、112~113頁。
③ 大江卓著、宫崎繁吉漢訳『東亜平和策』帝国印刷株式會社、1906、小引。
④ 大江卓『東亜平和策』小引、9頁。
⑤ 该书为桑原骘藏所编著的《初等东洋史》之译著，由桑原校阅。

趣,繁简中度,词意明通,洵可充中国学堂之教课善本也。①

在"中日战争后之东亚"章节中,与"垂涎东亚之俄国"相对,该书以中国的口吻进行叙述:"甲午之役,我国不惟创深痛巨。而诸外国观觇我弱点,于是各挟其大欲,而肆种种强请于我矣。"② 在八国联军侵华之后,该书更是发出:"嗟乎!中国不亟图自强,而惟是仰鼻息于他人,庸有济乎。以我地大人多之第一等大国,弗自振刷,反将为强权鱼肉,诚可痛大息也。"③

与这一刊行于1904年的《东亚史课本》形成鲜明对照的,是同为桑原编写,在1898年出版,后来成为日本东洋史固定教科书的《中等东洋史》。④ 虽然时隔不过六年,但两者的撰述形式和成书目的截然不同。一方面,在《中等东洋史》中,桑原有使用作为略称的"东亚"一词;而在1904年刊行的《东亚史课本》中,东亚一词出现的次数更多,就连著作标题也从"东洋史"改成"东亚史"。另一方面,《中等东洋史》以日文成书,后来成为日本东洋史教学的教科书,而《东亚史课本》则为汉文译著,桑原自称"可充中国学堂之教课善本也",其行文中明显存在以中国为主角之一、试图将中国也拉入"东亚"版图的政治思考。在《东亚史课本》书末的大事年表中,该书着重点出"两国国民之重大责任":

> 然则亚洲诸国,其尤具备独立之体面、足以排斥异种者,舍日本与中国,其谁属哉。我两国国民之责任,不可谓不重且大矣。⑤

总的来说,19世纪末20世纪初,"东亚"概念在近代日本语境中的

---

① 桑原骘藏「弁言九则」『東亜史課本』(泰東同文局某友訳)泰東同文局、1904、1頁。
② 桑原骘藏『東亜史課本』221頁。
③ 桑原骘藏『東亜史課本』223~224頁。
④ 桑原骘藏『中等東洋史』大日本図書、1898。
⑤ 桑原骘藏「近世史摘要及大事年表」『東亜史課本』書末。

生成，一方面是日本知识分子在以西方列强为假想敌的同时，尝试借鉴西方的文明逻辑居高临下地衡量与评判亚洲诸国的结果；另一方面则是他们特意以汉文成书，试图通过将中国拉入以日本为核心的"东亚三国"地区秩序构想之中，从而对自古以来的华夷秩序发出挑战。另外，该时期以汉文成书之著作的撰写倾向呈现出"东亚"概念的另一个特征，即更加集中地投向亚洲的视角，使得"东亚"没有"东洋"那般强烈的与西方文明相对抗的意味。

三 "东亚之安定"政治话语的建构

虽然19世纪末20世纪初的日本民间知识分子开始在著作中使用"东亚"一词，但是在20世纪30年代以前，"东洋"仍然是日本人用以指称亚洲的最标准用语。[①] 及至20世纪30年代，"东亚"一词在日本言论界不断涌现。《国际知识》杂志将原来与"欧美"专栏并列的"东洋"专栏特意改作"东亚"，《朝日新闻》在其报道中频繁使用"东亚"一词，数量可达两千之多。之所以会出现这样的现象，是因为"东亚"在1933年正式取代"东洋"成为日本政府官方文书中的政治用语。

"东亚"概念在政治舞台上的登场与伪满洲国的建立有关。1932年3月，日军在中国东北建立伪满洲国。在枢密院通过《日满决议书》以后，日本政府于9月15日正式承认伪满洲国。1933年2月，国际联盟会议以42对1的结果通过要求日军撤出伪满洲国的劝告案，日本代表松冈洋右退场。"煞费苦心"建立起来的帝国势力圈即伪满洲国得不到国际联盟的承认，这可以说是1933年日本退出国际联盟的直接原因，亦是"东亚"一词登上政治舞台的重要缘由。

换言之，既然伪满洲国在名义上并非日本的殖民地，那么就不能被放

[①] 渡辺昭夫「対外意識における『戦前』と『戦後』：首相・外相の議會演説の分析に基づく若干の考察」佐藤誠三郎等編『近代日本の対外態度』東京大学出版会、1974、233頁。

置在帝国之中进行探讨。而以"东亚"这一想象的空间为媒介，日本得以将本国与获其承认"独立"身份的伪满洲国相联结，希望设计出有别于国际联盟的、东亚地区特有的地域共同体。正因为如此，以所谓中、日、"满"之团结为基础的"东亚之安定"政治话语在20世纪30年代被建构起来。

1933年3月27日，日本天皇颁布《关于退出国际联盟的诏书》，宣布日本正式退出国际联盟：

> 今值满洲国新兴，帝国尊重其独立，促进其健全发展，此乃去除东亚之祸根、保证世界和平之根本。然联盟之所见与之相背，不幸者也。……今与联盟分道扬镳，遵从帝国之所信，绝非偏向东亚，疏远友邦之情谊。愈使国际笃信，宣大义于宇内，乃朕夙夜思虑之事。①

在这份由天皇下达的诏书中，首尾均使用"东亚"一词而未提及"东洋"。同日发布的另外两份官方声明却并非如此：内阁发布的"告谕案"屡次提到"确保东洋之和平""确立东洋和平"，②枢密院提交的"措置案"说到"帝国政府试图确保东洋之和平，进而有助于世界和平"，③都没有出现"东亚"一词。

这三份同日发布的官方文书内容大致相似，遣词造句却有明显区别。细观诏书成文之前由内阁、外务省修改的20多份诏书草案，④最初的草稿明确使用"东亚"，其后的三四份草案仅出现"坚持东洋之安宁""堵住极东之祸源"的说法，再之后的修改基本固定使用"去除东亚之祸根"

---

① 「御署名原本・昭和八年・詔書三月二七日・國際聯盟脱退ニ関スル詔書」1933年3月、國立公文書館（亜洲歴史資料中心）、Ref. A03021877900。
② 「國際聯盟脱退ニ関スル內閣総理大臣告諭案」1933年3月、國立公文書館（亜洲歴史資料中心）、Ref. A01200655500。
③ 「國際聯盟脱退ニ関スル措置案」1933年3月、國立公文書館（亜洲歴史資料中心）、Ref. A01200655600。
④ 『詔書渙発経過大要』1933年3月27日至1933年4月17日、國立公文書館（亜洲歴史資料中心）、Ref. A15060210500。

和"绝非偏向东亚"的表述。"东亚"在天皇诏书中登场,而在诏书草案中曾有过的"东洋"最终没有出现,这在一定程度上足以说明"东亚"取代"东洋"成为官方用语。

1936年以后,"东亚"及"东亚之安定"越发成为日本官方公文中的固定用语。依据承认门罗主义的《国际联盟盟约》第21条规定,20世纪30年代的日本人计划以帝国日本为"安定东亚"的力量,经由国际承认而确立所谓的"远东国际联盟"。① 1936年1月21日,时任外务大臣广田弘毅在第68届帝国议会上进行如下演说:

> 近来帝国之国际地位越发上升,其责任也日益重大,幸而帝国之意图在于确保世界和平,而此意图亦逐渐贯彻至世界各地。尤其帝国正专心致力于东亚之安定,诸国皆知。我善邻关系即将确立,实乃可庆贺之事。②

通览全文,广田明确表述"东亚之安定",前后多达六次。广田明确指出帝国政府确定其外交方针的最大目的在于确保"东亚安定",③而"东亚安定"的基础则是所谓中、日、"满"关系的改善,"我痛感要使此'三国'之关系更进一步并将之完全正常化,以使东亚安定之基础越发牢固"。④

1933年日本退出国联,对一战后以凡尔赛-华盛顿体系为中心的国际秩序造成冲击。在此之后,日本开始摸索构筑以本国为中心、提倡亚洲特殊性的地区秩序。在3月25日会见国外记者团时,广田声称"东亚之

---

① 三谷太一郎『近代日本の戦争と政治』岩波書店、2010、97頁。
② 「第六十八回帝国議会ニ於ケル広田外務大臣演説」1936年1月、外務省外交史料館(亜洲歴史資料中心)、1頁、Ref. B02030030100。
③ 「第六十八回帝国議会ニ於ケル広田外務大臣演説」1936年1月、外務省外交史料館(亜洲歴史資料中心)、5頁、Ref. B02030030100。
④ 「第六十八回帝国議会ニ於ケル広田外務大臣演説」1936年1月、外務省外交史料館(亜洲歴史資料中心)、2頁、Ref. B02030030100。

安定"乃"吾人之大使命"①:

> 我对外政策之根本,正如昭和八年三月二十七日退出联盟通告之际颁布的诏敕所言。总而言之,我们首先希望在确保东亚之安定的同时,凭借万邦和谐之精神,促进与友邦诸国之亲善关系,增进国际和平及人类福祉,为此做出更多的贡献。②

广田几次演说之后,"东亚之安定"逐渐成为日本政治生活中的常用语。一是成为帝国日本外交方针的常用表述。1936 年 4 月 25 日,时任外务大臣的有田接见外国通信员时称,"确保东亚之安定"是"事关国家存亡生死之问题"和"我们对世界所具有的天责"。③ 1936 年 7 月,由外务省编写的《帝国外交方针》明确写道:"帝国外交之根本方针,是凭借以帝国为中心的日、满、支三国之团结互助,确保东亚之安定,推动其发展。"④ 及至 1941 年太平洋战争爆发之前,帝国日本的"政府声明案"中依旧有"确保东亚之自主安定,确立世界之和平,使万邦各得其所,乃帝国不动之国是"⑤ 的表述。

二是成为帝国议会开院式敕语中的固定用语。自 1937 年 9 月 4 日第 72 届帝国议会召开以来,"东亚之安定"在帝国议会的开院式敕语中频繁登场。此前,开院式敕语的固定句式通常是面向西方诸国,宣称"帝国

---

① 「国際事情(480)月刊時報/広田総理大臣談話」1936 年 5 月、外務省外交史料館(亜洲歷史資料中心)、2 頁、Ref. B02130703300。
② 「国際事情(480)月刊時報/広田総理大臣談話」1936 年 5 月、外務省外交史料館(亜洲歷史資料中心)、1 頁、Ref. B02130703300。
③ 「国際事情(480)月刊時報/有田外務大臣談話」1936 年 5 月、外務省外交史料館(亜洲歷史資料中心)、7 頁、Ref. B02130703400。
④ 「9 帝国外交方針」1936 年 7 月、外務省外交史料館(亜洲歷史資料中心)、Ref. B02030154900。
⑤ 「48 政府声明案」1941 年、外務省外交史料館(亜洲歷史資料中心)、Ref. B02032968400。

与缔盟各国之交往越发亲厚，朕甚悦之"。① 中日战争爆发之后，第72届帝国议会的开院式敕语正式使用"东亚"一词："凭借帝国和中华民国之团结协作，确保东亚之安定，以实现共荣。"② 尽管遣词造句略有不同，但直到1941年12月16日召开的第78届帝国议会为止，"东亚之安定"始终是该时期开院式敕语中的常用语。1938年第74届帝国议会的开院式敕语说，"为建设东亚之新秩序、确保东亚永远之安定，实应昂扬国民精神、发挥国家总力";③ 1941年第78届帝国议会的开院式敕语称，"确立东亚之安定，有助世界之和平，乃朕夙夜忧虑之事"。④

总的来说，1933年诏书虽然明确使用"东亚"一词，但在同日公布的其他公文中仍然可以看见"东洋"一词的使用。但自1936年以来，出于建构"东亚"地域共同体的意图，以所谓中、日、"满"团结为核心内涵的"东亚之安定"这一表述，逐渐成为日本政府的政治标语，成为"帝国外交之根本方针"和"吾人之大使命"。考察从1868年到1945年"东亚"和"东洋"两个词语在首相演说和外相演说中出现的次数，⑤ 同样可知"东亚"在该时期官方演说中的流行程度。从20世纪30年代开始，"东亚"取代"东洋"成为帝国日本的宣传标语，这一现象不容忽视。考虑到下文将要论述的"东亚"与"东洋"的两点不同之处，可以认为"东洋"对于想要在亚洲重建其地缘政治身份的帝国日本来说并不适宜，为此后者必须寻找一个替代性词语并丰富其政治内涵。于是"东亚"一词作为联结帝国日本和伪满洲国的媒介，就此登上政治舞台。

---

① 「第46回帝国議会　貴族院　本会議（開院式）」1922年12月27日、國立公文書館（帝國議会会議録検索系統）。
② 「第七十二回帝国議会開院式勅語案」1937年8月、國立公文書館（亞洲歷史資料中心）、Ref. A14100535900。
③ 「第74回帝国議会　衆議院　本会議（開院式勅語）」1938年12月26日、國立公文書館（帝國議会会議録検索系統）。
④ 「第78回帝国議会　衆議院　本会議（開院式勅語）」1941年12月16日、國立公文書館（帝國議会会議録検索系統）。
⑤ 渡辺昭夫「対外意識における『戦前』と『戦後』：首相・外相の議会演説の分析に基づく若干の考察」佐藤誠三郎等編『近代日本の対外態度』267頁。

"东亚"与"东洋"的第一点不同之处，在于"东亚"具有确定的地域范围，并且能够借助西方的文明标准将伪满洲国纳入其中。"东洋"在19世纪初期作为与"西洋"（Occident）相对应的"Orient"的译词被确定下来，其指代的空间范围模糊不清。① "东亚"则相对明确。最初，"东亚"指代"独立且持主权"的中国、日本与朝鲜。后来，被日本承认"独立"的伪满洲国取代已经成为日本殖民地的朝鲜，进入所谓"东亚三国"的组成中。

"是否独立、是否持主权"一直是近代日本知识分子进行自我认知和政治思考的参照物，也是他们衡量以及评判同属亚洲之他者的重要指标。1934年5月，日本将原有的亚细亚局改成东亚局，将欧美局拆分为欧亚局和亚美利加局。亚美利加局暂且不论，东亚局和欧亚局在亚洲地区工作对象的区别是该国家或地区"是否独立"。② 以此之故，在地理上属于亚洲但在当时沦为殖民地的区域事实上由欧亚局负责，而东南亚唯一没有沦落为殖民地的泰国以及被日本承认"独立"的伪满洲国均隶属东亚局的管辖范围。

第二点不同之处是"东亚"很少被时人批判为"他称性"词语。"东洋"是以"西洋"之存在为前提而具有其意义的"他称性"用语。③ 与之相对，近代日本人在使用"东亚"的时候，并未明确制造出一个作为先验性存在的他者，而在提及西方国家时通常使用"欧美各国"或"诸国"之类的模糊称呼。

虽然对照1933年诏书的和文本与英译本，可知"东亚"与英文词"East Asia"相对应，但很难追究"东亚"在多大程度上是作为"East

---

① 19世纪初期，日本人将"东洋"作为与"西洋"（Occident）相对应的"Orient"的译词。用"东洋"和"西洋"指称东西的做法，取代了此前《坤舆万国全图》中以中国为中心的地区划分方法，同时使得"东洋"的界限越发模糊。

② 井上勇一「外務省地域局の成立にかかわる一考察」『法学研究』第73期、2000年1月、408~410頁。

③ 近代知识人津田左右吉否认存在如"西洋"一样作为一元世界、一元文化而存在的"东洋"，他认为"东洋"只是"在用东洋这一用语来表现非西洋的概念"。参见津田左右吉『支那思想と日本』岩波書店、1939、114頁。

Asia"的译词而具有其意义的。至少从其生成之初的情况来看，近代日本人面向亚洲诸国（主要是中国）以汉文成书，宣称"东亚三国"同文同种、休戚与共，这才是"东亚"概念的真正生成。

四 "大东亚诸国"战时叙事的转向

1940年8月1日，时任外相松冈洋右阐述外交声明时首次提到"大东亚共荣圈"一词。[①] 1943年11月，日本政府与"大东亚诸国"举办会议，通过《共同宣言》。[②] 这两次外交表态文件以太平洋战争爆发为界，前者"大东亚共荣圈"是日本政府于同日发布的《基本国策要纲》的补充性说明，后者《共同宣言》是由"大东亚诸国"共同发表的政治声明。虽然都被冠以"大东亚"之名，但"大东亚共荣圈"（及之后的宣战诏书）和《共同宣言》呈现了不同的"大东亚"战时叙事。

"大东亚共荣圈"建设构想与近卫内阁1938年11月3日发表的"东亚新秩序声明"一脉相承，旨在建设以帝国日本为核心，以所谓中、日、"满"团结为基础的东亚地区秩序。1938年的"东亚新秩序声明"指出，"东亚之中的新秩序建设源于我肇国之精神"，使之成为"现代日本国民所承担的光荣的责任与义务"。[③] 与之类似，在1942年1月21日的议会演说中，东条英机也提及"大东亚共荣圈"的建设"事实上源于肇国之大精神，使大东亚各国及各民族得其所，基于以帝国为核心之道义，确立共存共荣之秩序"。[④]

虽然"大东亚"在地理范围上有所扩大，但就本质而言，依旧是20世纪30年代"东亚"政治话语的延伸。通过宣称"（大）东亚新秩序"

[①] 「大東亜共栄圏確立　同調友邦と提携　松岡外相　外交方針闡明/外相談〈写〉」『朝日新聞』1940年8月2日。

[②] 「大東亜共同宣言」1943年11月、外務省外交史料館（亜洲歴史資料中心）、Ref. B13090817500。

[③] 「7 帝国政府声明（昭和13年11月3日）」1938年11月、防衛省防衛研究所（亜洲歴史資料中心）、Ref. C11110428600。

[④] 吉田裕『アジア・太平洋戦争』岩波書店、2018、108頁。

建设是与日本国体相结合的"帝国未曾有之大业",日本政府将"东亚之安定"转化为全体日本国民的责任和义务,使后者对"以亚细亚解放为目标的战争"的"大义名分"无法产生出足够的抵抗心理。

1941年11月5日,帝国日本御前会议通过《帝国国策实施要领》,宣称"帝国为打开眼下之危局,完成自存自卫,建设大东亚之新秩序,现在决心对美、英、荷开战"。[①] 在六日后的联络会议上,日本政府确立《对美英开战名目要点》(以下简称《名目要点》),即"帝国对外国策之要谛在于确保东亚之安定,招来世界和平,故应先建设大东亚之新秩序,此乃帝国不动之国是"。[②]《名目要点》的叙述对象是"帝国日本",其将发动战争的"大义名分"落脚于"帝国之存立"。在此意义上,所谓的"大东亚战争"不过是"帝国日本在大东亚的战争"。

1943年11月5日,日本与"大东亚诸国"在东京召开"大东亚会议",发表《共同宣言》。在会议结束以后,外务省出具报告书《大东亚会议及〈大东亚共同宣言〉的世界史性质的意义》(以下简称《意义》),试图重新阐释"大东亚战争"之"大义名分":

> 大东亚战争迄今未满两年,东亚诸国代表汇聚一堂,誓约共同进行从美、英之侵略掠夺中解放东亚、复兴为了东亚之东亚的大东亚战争,向整个世界宣告大东亚建设之精神和大东亚之新秩序,表明应有助于确立世界恒久和平的方针与热情,这在世界史中是具有划时代意义之大事,正可谓世纪之伟事。[③]

所谓"大东亚诸国",《意义》在开头即说道:"昭和十八年十一月五日及六日,日本、中华民国、泰国、满洲国、菲律宾共和国、缅甸国各代

[①] 信夫清三郎:《日本政治史》第4卷,周启乾译,上海译文出版社,1988,第396页。
[②] 「16 对米英開戦名目骨子(外務省)」1941年11月11日、外務省外交史料館(亜洲歷史資料中心)、147頁、Ref. B02032965200。
[③] 「1 大東亜会議及び大東亜共同宣言の世界史の意義」1943年、外務省外交史料館(亜洲歷史資料中心)、4頁、Ref. B02032958600。

表在东京汇合,自由印度伪政府首脑作为陪席,召开大东亚会议。"① 相较于既往模糊不清的"友邦"的说法,这里的"大东亚诸国"的成员非常明确,共有七个"国家"。

通过签订条约和协议等,帝国日本有意地制造出这样一群"大东亚诸国"。早就被承认"独立"的伪满洲国暂且不论,在太平洋战争爆发后不久的1941年12月21日,日本与泰国签署军事同盟条约。1943年1月和8月,日本分别与中国汪伪政权和缅甸巴莫政权签订协议,同年10月推动菲律宾劳威尔政权成立并承认自由印度伪政府的成立。如此一来,及至11月5日"大东亚会议"举办之前,除日本之外的其他六个参会者都已具备被日本承认"独立"的"民族国家"身份。

制造出这样的"大东亚诸国",与当时对《共同宣言》到底是帝国日本的"单独宣言"还是"大东亚诸国"的"共同宣言"的争论有关。② 参照重光葵的设计,《共同宣言》的全部意义可以说就在于其是"全会一致的共同宣言"。③ 换言之,《共同宣言》的主语并非"大东亚共荣圈"或《名目要点》中孤立的"帝国日本",而是"大东亚诸国",其"大义名分"的落脚点也并非"帝国之存立",而是"大东亚各国的自存自卫"。通过将自身掩藏在"大东亚诸国"这一地域性集团中,帝国日本试图制造出"大东亚诸国一致对外"的假象,重塑"大东亚战争"的"大义名分":

> 大东亚会议实际上无非是东亚诸民族想要从美、英的侵略和榨取

---

① 「1 大東亜会議及び大東亜共同宣言の世界史的意義」1943年、外務省外交史料館(亜洲歴史資料中心)、1頁、Ref. B02032958600。
② 在《共同宣言》的起草过程中,矢部贞治反对"共同宣言"的说法,他认为"大东亚诸国"应该只是帝国日本的协助者,而"单独宣言"更能突出帝国日本的能动性和主体性。参见有馬學「誰に向かって語るのか―『大東亜戦争』と新秩序の言説」酒井哲哉等編『「帝国」日本的学知 第一巻』岩波書店、2006、272頁。
③ 「1 大東亜会議及び大東亜共同宣言の世界史的意義」1943年、外務省外交史料館(亜洲歴史資料中心)、1頁、Ref. B02032958600。

中解放自我,确立政治上和经济上之自主独立的自觉意识的凝聚,亦不过是想要将东亚归还于为了东亚的东亚而非为了美、英的东亚的共同意志,即"大东亚意志"的表现。①

这段引文来自《意义》文本的第五段。后者四次提及"为了东亚的东亚",五次说到"(大)东亚式自觉",明确宣称"大东亚战争"意在使东亚成为"为了东亚的东亚(東亜のための東亜)",而非"为了美、英的东亚(美英のための東亜)",试图营造出"将东亚归还于为了东亚的东亚"的"大东亚诸国"的共同意志。

另一方面,1943 年的《共同宣言》是对 1941 年美、英两国发表的《大西洋宪章》的正面否定。"大东亚"与"大西洋"在叙事上截然对立。《意义》声称大西洋会议不过是"美、英强行在其阵营中纠合诸国,汇聚一堂"并"随意捏造无大义名分的战争目的,讨论本国中心的战争计划",② 而"大东亚会议"才是"各国代表欣然一致表明其对完成大东亚战争和大东亚建设的道义责任,堂堂正正地宣布大东亚战争之历史意义与大东亚及世界的道义性新秩序"。③ "随意捏造无大义名分的战争目的"中的"无大义名分"几个字是后来加上的,意在通过对比强调"大东亚会议""有大义名分",即"大东亚会议宣告欧美中心的近代世界史的终焉"。④

虽然日、德、意在 1940 年 9 月签署了同盟条约,但不论是"大东亚战争"的命名没有考虑到德、意的情况,还是《共同宣言》只囊括亚洲国家,都反映出帝国日本是在试图制造一场名不副实的"亚洲对欧洲的

---

① 「1 大東亜会議及び大東亜共同宣言の世界史的意義」1943 年、外務省外交史料館(亜洲歷史資料中心)、8 頁、Ref. B02032958600。
② 「1 大東亜会議及び大東亜共同宣言の世界史的意義」1943 年、外務省外交史料館(亜洲歷史資料中心)、4 頁、Ref. B02032958600。
③ 「1 大東亜会議及び大東亜共同宣言の世界史的意義」1943 年、外務省外交史料館(亜洲歷史資料中心)、5 頁、Ref. B02032958600。
④ 「1 大東亜会議及び大東亜共同宣言の世界史的意義」1943 年、外務省外交史料館(亜洲歷史資料中心)、9 頁、Ref. B02032958600。

战争",而非真正意义上的"同盟国对协约国的战争"。在当时的日本人看来,只有在挑战西欧中心主义叙事的意义上,"大东亚战争"的世界史性质的意义才最为充分。然而,长篇累牍的《意义》不过是一纸空文,它翻来覆去只是在宣称"《大西洋宪章》不过是美、英两国在宣布处于他们的世界支配下应该如何处置世界之物。而《大东亚共同宣言》则是大东亚诸国宣扬其共同意志、表现大东亚意志的东西"。[1]

总的来说,《共同宣言》和《意义》没有使用突出日本主体性的措辞,而是试图塑造以"日本在亚洲之中"为显、以"日本代表亚洲"为隐的双重政治身份叙事模式。明治时期的日本人在面向亚洲诸国宣称成功的、文明的日本可以"指导"亚洲的同时,仍然需要顾及西方诸国的看法,避免使欧洲人产生"代表亚洲的日本＝半开化的亚洲国家"[2]即"日本是东洋国家"的联想。与之相对,昭和时期的日本人更为积极地表露出"代表亚洲"的姿态。1939年2月的《关于东亚新秩序建设的宣传方案大纲》要求对"列国"进行"宣传",认为"列国"应正确认识帝国的意图并适应东亚的新情势。[3] 1941年12月,在对美、英宣战后不久,帝国议会的开院式敕语激烈地指责"美、英两国与帝国之所信相悖,竟激化东亚之祸乱,以致帝国终不得不大动干戈"。[4]

然而,这一"日本代表亚洲"的身份在1943年由显向隐。通过设立机构、签订条约、举办会议、发表宣言等四个步骤,日本营造出"大东亚诸国"这一地域性集团的假象,以"大东亚各国"相互团结打败美英、解放自我为战争标语,试图顺利进行名为"大东亚对美、英"、实则为"日本对美、英"的战争。

---

[1] 「1 大東亜会議及び大東亜共同宣言の世界史的意義」1943年、外務省外交史料館(亜洲歷史資料中心)、28~29頁、Ref. B02032958600。

[2] 酒井哲哉:《近现代日本外交史》,日本国际政治学会编《日本国际政治学》第4卷,刘星译,北京大学出版社,2017,第172页。

[3] 「東亜新秩序建設に関する宣伝方策大綱(昭和一四・二・一七)」1939年2月、國立公文書館(亞洲歷史資料中心)、3頁、Ref. A15060362400。

[4] 「第78回帝國議會　衆議院　本会議(開院式勅語)」1941年12月16日、國立公文書館(帝國議会会議録検索系統)。

出于对本国的国际性孤立状态的担忧，"制造友邦"可谓日本自1933年退出国联以来的惯习。外相松冈在提出"大东亚共荣圈"时就说道："要达成皇国的对外目的……有必要在列强间积极推动，在现在的国际环境中尽可能多地制造友邦。"[1] 在《意义》中，以帝国日本为核心制造友邦的个体叙事被改编成"大东亚诸国"自觉其命运和使命的共同叙事，即"大东亚战争不只是帝国日本的自存自卫的战争，实际上是大东亚的自存自卫的战争。这不是日本独自的总体战，同时也应是大东亚的总体战"。[2]

五 结语

"东亚"概念的起源、演变和消亡的整个过程，也是近代日本人长期建构地缘政治话语、塑造国家身份叙事的历史过程。19世纪末，"东亚"主要作为"东方亚细亚"或"东部亚细亚"的缩略语而具有其意义。该时期的日本知识分子以"是否独立、是否持主权"的标准划定"东亚"的边界，用"东亚三国"指称性质相似且具有共同责任的中国、日本和朝鲜。这是近代日本人化他者之文明逻辑为己用的典型事例。

1933年，"东亚"一词取代"东洋"登上政治舞台。以"东亚"这一想象的空间为媒介，日本将被其承认"独立"的伪满洲国纳入"东亚之安定"的政治话语之中，尝试建构出有别于国际联盟的、东亚地区特有的地域共同体。到1943年，日本人努力进行以帝国日本为核心的"大东亚"战时叙事：一则制造虚构的"大东亚诸国"，塑造出"将东亚归还于为了东亚的东亚"的所谓"大东亚"共同意志；一则塑造出具有明确对抗性的他者，这也是《共同宣言》（1943）行文中频频质疑《大西洋宪章》（1941）之精神的缘由所在。与20世纪30年代"东亚"政治话语不具备明显的他者特征不同，"大东亚"与"大西洋"在叙事身份和政治立场上截然对立。

---

[1] 「消極方針を一擲　『松岡声明』の重大性」『朝日新聞』1940年8月2日。
[2] 「1 大東亜会議及び大東亜共同宣言の世界史的意義」1943年、外務省外交史料館（亜洲歴史資料中心）、21頁、Ref. B02032958600。

随着作为叙述对象的帝国日本由实转虚,"大东亚诸国"被刻意建构起来。而在塑造"日本在亚洲之中"的"大东亚"共同意志的过程中,帝国日本"代表亚洲"的地缘政治叙事色彩和日本的国家身份由显向隐。若是将这一由实转虚、显隐共存的身份叙事放在日本近代亚洲主义的思想脉络中进行考察,则可看到"兴亚"思想和"脱亚"意识的交织共振。但无论是具有实体的"东亚"政治话语还是作为虚像的"大东亚"战时叙事,均以1945年日本战败而告终。战后日本人使用"亚细亚""东亚细亚"等词语取代"东亚",这是他们急欲摆脱战争阴霾的结果,亦是"东亚"概念至今为多数日本人避而不谈的重要原因。

会议纪要

"近代东亚的知识生成与变异"
青年学者工作坊（第二期）纪要

李果安[*]

  2021年7月24日，"近代东亚的知识生成与变异"青年学者工作坊（第二期）在北京大学历史学系圆满召开。此次工作坊由北京大学人文学部、北京大学历史学系主办，北京大学东北亚研究所、首都师范大学东亚历史研究中心联合承办。来自中国社会科学院、北京大学、复旦大学、南开大学和日本东北大学、早稻田大学以及韩国成均馆大学等海内外高校的20多位学者参会发言。

  开幕式上，北京大学历史学系教授宋成有首先发表致辞。他指出，本次工作坊中关于近代以前日本历史的论文占了较大比例，与会学者的国际背景也很丰富，这反映了中国的日本史研究的进步。接着，宋成有回溯北大亚洲史研究的传承，指出周一良先生1952年在北大首先开设亚洲古代史课程并在1958年出版讲稿《亚洲各国古代史》，这标志着中华人民共和国成立后亚洲史研究的新起点。而20世纪七八十年代以来，第二代日本史学者立足历史唯物主义，从中国视角思考，敢于交流，如指出日本学者的不足，使新中国的日本史研究形成独特的价值，也得到了日本学界的肯定。此后，90年代中国的日本史学界的一批研究成果得到了日本学界的热烈回应。这说明学者一定要保持学术主体性，客观评价国内外研究。

---

[*] 李果安，北京大学历史学系硕士生。

通过例举中国最近译介的"讲谈社·日本的历史"十卷本丛书,宋成有强调学者要思考现实与历史、学术与政治的关系,开放地探讨学术问题。他还认为,目前中国的亚洲史研究存在不足,尤其是对于东亚这个复杂的区域还需要持续努力。

最后,宋成有对与会学者提出三点希望:第一,要关注国内外研究动向;第二,要关注理论,学习以历史唯物主义为代表的史学理论;第三,还要注意研究框架,仔细反思学术史。他鼓励说,处在新时代的第四代、第五代中国日本史研究者要好好利用现有的优势,力争取得更好的成果。

本次工作坊采取分组讨论、线上与线下相结合的会议形式,会场分别设在人文学苑5号楼B117、B113会议室。

B117会议室的上午场与会学者分成两组,分别围绕"东亚情报与知识流动""战后思想"两个主题展开讨论。

日本东北大学准教授程永超做了题为《近世初期的对马藩与中国情报收集》的线上报告。她以对马宗家文书为核心史料,考察了对马藩从朝鲜所获的关于"丙子之役"和清军入关的情报,还分析了将军和对马藩主的意图、行动,最终指出搜集中国情报是对马藩的"御役职",并总结了该行动的影响。

温州大学讲师邢鑫做了题为《方技与农事:江户时代的本草家与药园》的报告。他首先宏观透视了江户时代药园的分布与发展,之后又微观分析了本草家与药园的互动,指出江户时代药园是官僚制度与家业的结合,从而反思过去的线性进步叙事,发掘近世药园前景的多种可能性。

北京大学博士后张蒙报告的题目是《重新发现汉医典籍:近代日本在"满洲"进行的药草调查》。他指出,明治时期日本医学界认为汉医法已经过时,但汉药研究反而勃兴。日本在"满洲"进行了大规模的汉医汉药研究,这一过程实际上也是重新解释传统的过程。

东北师范大学讲师汪力做了题为《尾崎秀实中国社会论的再考察——以"半殖民地性"与"中国统一化论战"为中心》的报告。他通过分析尾崎对中国社会"半殖民地性"的理解以及尾崎在"中国统一化论战"中的立场,指出尾崎将中国社会的半殖民地化理解为中国社会

"亚洲性"与长期停滞的结果,从而重视从列强角度分析中国社会,这导致其否定国民政府的统一活动。

早稻田大学博士刘韵做了题为《独立"左派"的战后经验与市民主义:败北后的思考》的线上报告。刘韵提出独立"左派"的概念,希望探明市民主义论何以成为独立"左派"的共通言说,并以重点强调市民职业人身份的久野收和强调市民运动中市民自发性的鹤见俊辅为代表,揭示了相关思考。

本场点评嘉宾中国社会科学院研究员唐永亮认为,程永超的报告揭示了日本"锁国"状态下的情报收集工作,也展现了日本国际观的重要方面,其史料文书的识别功底尤其突出;不足之处在于没有突出主题,建议可以先将论述集中在核心史料上,后续再逐步扩展。邢鑫的报告题材独特,但问题意识不够清楚,期待其论文的最终完成。张蒙的报告脉络清晰、资料较全,后续可以与当前的中医中药发展及其国际化相联系。汪力的报告与其本人前后的研究有很强的连续性,可以尝试整体思考相关论题。刘韵的报告展现了概念史特色,厘清了"左""右""市民社会"等概念,知识人与市民、与国家的关系都值得进一步探讨。

B117会议室下午场的与会者也分为两组,分别围绕"日本对外关系"和"东亚文化环流"两个主题展开报告。

北京大学博士后梁晓弈报告的题目是《〈释日本纪〉音训三题》。他先后讨论了"水泉"、"溟涬"/"含牙"、"不负于族"三个事例,还原了汉文与和训之间复杂而多面的关系,认为应当重视日本训读汉籍时概念导入的过程,而非一味在训读中探求所谓的日本原初思维。

上海师范大学讲师康昊做了题为《"边土"的超克:中世日本世界观与两界曼荼罗》的报告,指出中世日本在"三国"世界观、密教两界曼荼罗世界观和神国思想的影响下逐步克服了自卑意识,取得佛教地理空间观念的中心地位,最终在一定范围内形成了以天皇为中心的世界认识。

山东大学副教授胡炜权做了题为《"倭寇"、漂流民和被掳人:15世纪的日、明、朝三国关系的一个侧面》的报告,分析了与"倭寇"有关的漂流人口、被掳人情况和朝鲜对此的处置措施,最后指出"倭寇"背后存在更广泛的非官方与官方互动交流的问题,需要对"朝贡体系"说等理论进行再思考。

郑州大学讲师王萌做了题为《Philologie 在日本的早期传播与近代中日文献学的成立》的报告,提出要重视在日本传播的德国文献学的"历史学""国学"的一面。王萌通过芳贺矢一与村冈典嗣对伯克之"Philologie"的引介与运用,指出日本文献学的特点及其与国家精神的结合,而这也影响了中国近代文献学的成立。

中国社会科学院助理研究员王康报告的题目是《梁启超流亡日本与"少年中国"意象的生成》。她认为梁启超创造的"少年中国"意象受到他流亡日本之体验的影响,并最终回归传统文化而表达对"少年中国"的期待。

中山大学历史学系(珠海)博士后罗敏做了题为《游学与留学:中日近代教育制度与学问体系的变迁》的线上报告,指出在近代中国和日本,"留学"一词取代了"游学"一词,这主要是受近代外交和教育制度影响。"留学"不仅继承了"游学"的原意,还引申出新的内涵,彰显了中日学问体系由传统儒学向近代学术的转换。

本场点评嘉宾北京师范大学教授张昭军指出,在中国史研究中也存在类似古音古义的溯源、佛教世界观的冲击等问题,因此梁晓弈、康昊、胡炜权对于相关领域的进一步研究非常令人期待。另外,张昭军也希望未来国内的日本史学界能够超越日本学界的问题意识与视角,形成从中国以及东亚整体出发的研究取向。

对于第二组的三份报告,张昭军指出,在进一步研究日本对德国文献学的引入时,王萌可以思考"文献学"一词本来所具有的含义及其在中日两国的不同发展脉络。结合王康的报告,张昭军敏锐地指出,目前学界有一种将诸多概念的引入悉数归于梁启超一人身上的倾向,但其与历史实际之间的差距应当得到更加详尽的考察。点评罗敏的报告时,张昭军认为"游学"与"留学"这两个用词之间的转变需要更加细致地爬梳史料并加以辨析。

李果安　"近代东亚的知识生成与变异"青年学者工作坊（第二期）纪要

B113会议室的会议同样分为上下午两个场次。上午场围绕"儒学在东亚的传播与受容"主题展开讨论。

中央民族大学讲师李浩然的报告《何以在道德普遍性中实现差等？——论韩儒李滉对〈西铭〉"体不及用"问题的回应》，讨论了朝鲜儒者李滉对杨时和程颐围绕《西铭》"体不及用"问题之争论的回应，指出李滉把《西铭》视为求仁之学，强调"民胞物与"的"仁之体"只能在"仁之用"中彰显和形塑，形成"由用而达体"的主张。

山东理工大学讲师王超做了题为《湛轩洪大容的华夷观》的报告，清晰地揭示了在燕行、西学和道家思想影响下，洪大容由"华夷之辨"向"华夷一也"的观点转变，体现了朝鲜儒者对儒家礼乐文化的反思。

成均馆大学博士洪孝娅做了题为《朱子与朝鲜时代理气争论》的报告，以朝鲜儒者李滉和李耳为例，先后探讨了朝鲜语境中关于"四端""七情"的模糊性和理气关系的争论，指出朝鲜儒者在朱子学"理气二元论"框架内发展出了自己的独特思想，丰富了儒学内容，也影响了当时的朝鲜政局。

南开大学讲师廖娟做了题为《"仁"的回响——再论朱子〈仁说〉在日本的传播与变异》的报告，以大田锦城"仁"论为例，指出儒家核心理念"仁"因为同时具备超越性和现实性而成为一种普遍的道德理想，由此得以跨越中日语境。同时，在跨地域传播之时，其特殊性与普遍性之间亦会产生张力。

复旦大学副研究员商兆琦做了题为《中江兆民〈民约译解〉中的"自治"——以与朱子学的关联为中心》的报告，指出中江兆民在《民约译解》中通过"自治"一词对朱子学与卢梭之民权论进行了融合。这揭示了儒学作为幕末学问的共通媒介的价值，也揭示了朱子学与卢梭学说之间潜在的对话可能。

本场点评嘉宾宋成有对报告给予了充分肯定并提出一些建议，如李浩然可以更注重韩儒的特点；王超可以进一步研究整个清代的华夷观与韩国的中国观；洪孝娅的报告思路清晰，可以进一步注重角度的创新；廖娟可以将文章更加聚焦于个案；而商兆琦的报告体现了日本式的研究特点，需

329

要注意碎片化的问题。

宋成有评价上述报告人均能具体问题具体分析，提出自己的看法，而且题材丰富，有望改变学界"两头重，中间轻"的格局。他还指出，本场报告普遍存在缺乏研究史梳理和不够重视中国学者之研究的问题。学术研究应该坚守学术主体性，也需要"攻其一点，亦及其余"，努力进行整体性思考。此外，张昭军从中国史角度发起了对于"清学"和特殊性的讨论，进而强调要重视中日思想交流。

B113会议室的下午场围绕"日本近世思想史"主题展开。

天津师范大学副教授杨立影做了题为《"东亚"视野下的秩序构想：荻生徂徕的历史观与社会变革思想》的报告。她指出，荻生具有"治乱循环"的制度变迁观和"天人合一"的生命观，通过研究荻生历史观与变革思想的关联，可以揭示出荻生"非民族主义者"的一面。

苏州科技大学讲师许美祺做了题为《山片蟠桃"无鬼论"与东亚近代理性》的报告。结合宗教学和知识社会学理论，从顽固存在于东亚的"鬼神"信仰出发，她指出山片的"无鬼论"是东亚理性主义的里程碑，而日本18、19世纪之交的社会发展是其形成的不可缺少的条件。

北京理工大学副教授何鹏举报告的题目是《异言何以经世——洋学与新井白石的"正德之治"》。何鹏举提出，"正德之治"改革与新井白石同传教士西多蒂的交流以及新井本人的洋学积累密切相关。但洋学并没有直接成为新井白石改革主张的理论依据，而是为其思考德川幕府体制的潜在危机提供了巨大刺激，从而促使其将改革导向实施"文治"、限制外贸和禁教的方向。

重庆大学讲师石运的报告为《18世纪日本地方的知识人与"学塾"体验》。她以古义堂门人为例，指出学塾是日本儒者的主要活动空间，并重新审视了学塾作为"思想空间"的作用与意义，以深化对学者思想与社会环境之关系的理解。

上海外国语大学博士后王侃良的报告题为《再考近世日本的儒学体制化问题——以"素读吟味"考试中的标准汉文训读法为中心》，指出1787~1797年林家私塾官学化过程中，"素读吟味"考试的汉文训读法之标准的确立背后存在权力博弈，只有"后藤点"才符合博弈的需求。王侃良强调要运用"无知识人的集体意识"来还原历史。

上海师范大学讲师侯雨萌的报告《吉田松阴幕府观新释：论松阴不是"讨幕论者"》详细分析了吉田松阴讨幕言行的真正意图，揭示了吉田松阴对幕府"敬而不尊"、极度尊王的面相，指出吉田松阴不是"讨幕论者"，其一切言行都是为攘夷和尊王服务。

本场点评人北京大学副教授唐利国敏锐地指出，杨立影的报告提出了思想史研究中哲学、文学与史学色彩的问题。其他与会者对此展开了激烈的讨论，并涉及"非民族主义者"的意义、是否持"治乱循环"观等问题。

唐利国继续点评说，许美祺的研究颇具特色，但对先行文献梳理不够，架构也可以改进；何鹏举的报告问题意识特别清楚，可以进一步挖掘；石运的报告运用资料极深入，还可以注意学塾活动与长州藩的联系，以进一步升华结论；王侃良的报告匠心独运，不过资料的限制是一个难关，而且也需要再思考报告所论究竟是儒学的体制化还是社会化；侯雨萌的报告在微观上补充了吉田松阴研究的一个重要话题，但需要厘清究竟是"倒幕"还是"讨幕"。

在本期工作坊会议期间，与会学者参与多场报告并热烈讨论，彼此交流切磋，都有很大的收获。这些研究报告在主题与时段上都极为丰富，反映了当前日本史学界青年学者的关注重点和研究取向。与会学者们一致肯定这次工作坊举行的意义，希望本系列工作坊可以持续举办，为青年学者提供表达与交流的平台，并为国内东亚史研究贡献智识成果。

学术评论

去"中心主义":全球史语境下的"新世界史"
——读羽田正《全球化与世界史》

陈佳奇[*]

摘　要　全球史既可以作为一种史学研究范式,亦可以作为史学的研究对象,近年来成为中外史学界关注的焦点。羽田正《全球化与世界史》一书正是对全球史研究展开深入思考的佳作。作者认为语言的全球化与"默会知识"的积累,将突破学术研究的地域与国别界限,形成全球人文社会科学的知识网络。全球史作为一种分析方法,也会促进世界史研究从传统的纵向时序史转为重视历史的横向关联,进而形成"新世界史"。"去中心主义"导向作为该书的研究特色,既拓宽了认识历史的角度,又展现出世界各地间的交流互动,推动涌现出更多新的研究议题。同时,对中国史的研究也需要借鉴该书所倡导的"地球居民的意识",以跨国或全球的视野,关注全球化进程中的"在地化"特征,考察世界历史演进中的"中国痕记"以及中国历史发展中的"世界因素"。

关键词　全球史　去中心主义　新世界史　在地化　中国史

---

[*] 陈佳奇,北京大学历史学系博士生。

东京大学羽田正教授的专著《全球化与世界史》（グローバル化と世界史）中文版已于 2021 年出版。① 全书围绕"人文社会科学与现代世界""新世界史与全球史"两部分内容，探讨在全球化急速发展的时代，处于不同语言和知识体系下的学者如何运用全球史的视角和方法，建构全球语境下的"新世界史"。

当今世界涌现的商贸摩擦、环境恶化、科技竞争、文化冲突、传染性疾病流行等问题，引发了愈发明显的"逆全球化"趋向。在此背景下，羽田这部专著中译本的出版有其独特的学术价值与现实意义。笔者敢竭鄙怀，在评述《全球化与世界史》中文版（以下简称"该书"）的内容与特色的基础上，分析该书倡导的"全球史"研究方法对中国史研究的借鉴意义与启示。

一 主要内容：全球史语境下的"新世界史"

该书是羽田教授《面向新世界史》的续篇，主体内容分成两大部分共计十章的篇幅。羽田写作该书的初衷源自他的职业经历及学术关怀。他曾长期担任东京大学的副校长，主管学校的国际事务，具有处理外事的丰富经验。2015 年，日本文部科学大臣提议改组大学本科及研究生院系设置，其中人文社科的部分专业因与社会需要的技术性领域脱节，面临被裁撤的危机。羽田正的职业经历对其学术关怀产生了深刻影响，更促使其重新审视人文社会科学的定位与前途。为此，他决定写作一部探讨全球史研究方法的专著，以深入思考人文社会科学的发展路径以及全球史语境下世界史研究的未来方向。

该书的第一部分"人文社会科学与现代世界"共分为四章，集中探讨人文社会科学的研究意义和重要性。②

第一章主要论及人文社会科学的国际化趋向。作者对这种趋势持赞同

---

① 羽田正：《全球化与世界史》，葛兆光导读，孙若圣译，复旦大学出版社，2021。
② 羽田正：《全球化与世界史》，第 32 页。

态度，并认为人文社会科学的使命有两点：一是用语言文字来理解并解释人类及其精神与文化、社会与行动的各种方面，二是用语言文字恰当地说明并理解现代社会中存在的问题，并提供解决方案。其中，语言文字是最重要的工具。由此，作者围绕人文社会科学研究中语言文字的使用，引出"默会知识（暗默知）"的话题。

在第二章，作者集中探讨"默会知识"的作用。"默会知识"是文科学术体系建立的前提，被认为是不言自明、无须验证的世界观察方式。作者基于德国、日本两国的情况，以区域历史研究领域为案例，提出"默会知识"和"知识基于语言被体系化"是人文社会科学研究的主要特征。总体而言，日本的人文科学具备了与欧洲及北美人文科学相异的体系和视点，即意识到"自我"是日本，除此以外均是"他者"。[1]

在第三、四章中，作者提出建构全球化时代的人文社会科学，需要实现语言的全球化。特别是在"Global English"被广泛应用的情况下，还应尝试推进其他语言的全球化，例如发展"全球日语"（Global Japanese）。通过多语种的交叉并行，建立起多语言的全球人文科学的知识网络。

该书的第二部分"新世界史与全球史"共分为六章，集中分析"新世界史"与全球史的关联。

在第五章，作者梳理了"世界史"一词的发展谱系及意涵，指出"世界史就是将人类自诞生迄今的过去作为某种统一的、理论性的体系来理解"。[2] 作者认为"新世界史"是"地球居民"（Residents of the Earth）的世界史，能排除某种中心观，并展现长期以来被忽视的关联性和相关性。[3] 而建构这种"新世界史"的方法，在于不拘泥于时序史，关注历史的横向关联，描绘出某个时代的世界全景图。[4]

在第六章，作者对全球史的研究方法进行系统介绍，并区分了英语中"World History"与"Global History"的差别。作者指出，"World History"

---

[1] 羽田正：《全球化与世界史》，第74、92页。
[2] 羽田正：《全球化与世界史》，第155页。
[3] 羽田正：《全球化与世界史》，第169、173页。
[4] 羽田正：《全球化与世界史》，第170页。

和"Global History"是两种不同的全球性地思考历史的方法,虽然两者处理的问题在很多情况下是相似的,但前者在时空上的范畴更加长远广阔。[①]

在第七章,作者主张将"Global History"作为全球人文社会科学的一个分支,而研究"Global History"的目的在于"唤起人们作为地球居民的意识"。[②] 就全球史与世界史的关系而言,并非要用全球史来取代世界史,而是将全球史作为一种分析方法,来推动"新世界史"研究。[③]

在第八、九两章,作者投入利用全球史方法书写"新世界史"的研究实践中。通过对比德国、日本、中国的博物馆展览,作者再次论证了各国对其自身历史的认知各有差异,以民族国家为思考单位的传统史学范式有必要在全球史语境下加以修正。为此,作者用四张全景图描绘出现代世界演进的线索。这四幅图像分别是《帝国、王国和小共同体共存的时代:1700》、《帝国变动的时代:1800》、《旧式帝国与国民国家竞争的时代:1900》以及《现代的国际秩序与主权国家:1960》。[④]

在该书的终章,作者再次重申其基本观点,并展望了"新世界史"的未来方向。他鼓励各国学者摒弃学术研究中所谓的"主场"观念,进入全球人文社会科学的领域,增进不同语言体系之间的交流合作,公开发表具有"地球居民的意识"的优秀成果。

二 研究特色:"去中心主义"导向

全球史的最大突破,是从学理上颠覆了以往世界史研究中根深蒂固的"西方中心论"。[⑤] 自 20 世纪 70 年代以来,日本学界的全球史研究初现端

---

① 羽田正:《全球化与世界史》,第 199 页。
② 羽田正:《全球化与世界史》,第 211 页。
③ 羽田正:《全球化与世界史》,第 214 页。
④ 羽田正:《全球化与世界史》,第 19~22 页。
⑤ 刘新成:《从国家交织中寻找"全球":越界的全球史》,《世界历史评论》2019 年第 4 期,第 150 页。

倪。其中，日欧近世（Early Modern）比较研究与"勤勉革命论"（Industrious Revolution）的提出、亚洲间贸易论和亚洲经济圈论的盛行以及海域亚洲史等研究的进展，为日本的全球史研究奠定了良好的基础。[①] 进入21世纪以后，全球史在日本学界受到更多关注，大多数研究者在实践中有意识地突破欧洲中心主义，致力于以"亚洲视角"推进全球史研究。

作为日本全球史研究的领军人物，羽田在对欧洲中心主义进行系统反思和批判的同时，亦致力于重构与修正日本全球史研究中的"亚洲视角"。有感于西方人文学科中存在的"欧洲"与"非欧洲"二元对立的问题，他呼吁日本的人文社会科学不一定要有同西方学界一致的问题意识和论述策略。在该书中，他提倡有别于欧美的历史叙事，追求"去中心主义"导向的"新世界史"。

羽田基于其全球意识，强调以全球史的方法和视野研究世界史，开展不同语种学者之间的合作，从而发展跨越民族国家语境的"新世界史"。笔者认为，这一创见具有以下三个方面的价值与意义。

第一，"去中心主义"导向拓宽了看待历史的视角，有助于丰富人类的历史认识。

作者突破国别史或两国关系史的语境，创造性地提出了"荷包蛋型"帝国的概念。这种20世纪发展起来的新帝国由两部分构成：紧密团结在一起的国民国家是中央的蛋黄部分，包裹着国民国家的殖民地是蛋白部分。蛋黄与蛋白的比例在每个"荷包蛋型"帝国中都不相同：英国拥有印度、加拿大、澳大利亚以及非洲的大部分地区，其蛋白比例远远超过蛋黄；美国只占据加勒比海的部分海岛和菲律宾，其蛋黄比例远远超过蛋白。[②]

如果按照传统的民族国家史观，20世纪60年代的世界是由美、苏为

[①] 康昊:《全球史在日本的兴起、实践及其特点》，《史学理论研究》2021年第2期，第138页。

[②] 羽田正:《全球化与世界史》，第270页。

代表的两大阵营构成的两极世界。但在该书中,作者以全球视角横向审视这一时代,认为20世纪60年代是主权国家群诞生的时期。作者注意到,美、苏两大国之外的第三世界,尤其是亚非拉国家摆脱殖民统治走向独立的巨变。① 因此,"去中心主义"的全球史在很大程度上有助于从新的层面解读过去,从而形成对全球历史更为深入、多面的认识。

第二,"去中心主义"导向并不排斥基于全球意识的国族叙事与知识建构。

在该书终章,作者提出"学者们应将基于日语发现的知识创建及其背景,通过其他语言进行说明",这并非"日本中心主义"。其观点意在提醒研究者应注意克服"地区中心主义"的研究取向。②

美国学者柯文(Paul A. Cohen)在研究中国近现代史时批判了三种"西方中心"的模式,即"冲击-回应"模式(Impact-response Model)、"传统-近代"模式(Traditional-modernity Model)以及"帝国主义"模式(Imperialism Model),并提出一种动态的"中国中心观"(China-centered Approach),强调内外多重因素互相渗透、转化、演变,进而形塑着中国历史的样态和走向。③ 虽然柯文提出的"中国中心观"在一定程度上弱化了"他者""跨国""全球"等因素对中国构成的影响,但其核心要义在于考察中国历史自身的发展规律,以及内外因素交互作用下中国历史发展的原动力。因此,"去中心主义"的导向绝非取消"西方中心"、另行建立"日本中心"或"中国中心",而是要突破单一视野下的历史叙事与解释框架,基于世界图景、全球意识去书写和讲述属于民族国家的历史,并展现世界各地人类集群之间的关联及相互影响。

第三,"去中心主义"导向将推动更多的新议题涌现出来,从而拓宽史学的研究领域和空间广度。

---

① 参见柯文《在中国发现历史:中国中心观在美国的兴起》,林同奇译,社会科学文献出版社,2017,第16~18页。
② 羽田正:《全球化与世界史》,第175页。
③ 参见柯文《在中国发现历史:中国中心观在美国的兴起》,林同奇译,社会科学文献出版社,2017。

全球史关注到此前历史研究中被忽略的对象，同时也并非全然从宏观视角进行分析，其研究主题也多有涉及微观层面。在跨学科方法日益被提倡的今天，关于人、物、概念、思想、情感、语言、制度、疾病、商业贸易、书籍出版、报刊媒介、知识科技、气候环境、文化教育、国际关系等各方面内容，都可以被囊括到全球史研究的范畴之中。

"去中心主义"的导向促进史学研究者更多地关注历史中互动互联的现象，包括人与人、群体与群体、人与群体、人与自然的联系。羽田提出的构建全球人文社会科学、培育"地球居民"意识等观点，正是建立在一种推进"互动"的价值追求上。随着史学研究内容的拓展，尽管后现代史学已不复蔚然大观之势，但史学的发展将越来越摆脱单一的线性历史（linear history）观念，出现更为明显的"复线的历史"①（bifurcated history）趋势。

无论是"欧洲中心"还是"亚洲中心"的研究取向，本身都落入了中心主义思维的窠臼中。作者在该书中积极提倡用日语言说和书写人文社会科学，并提倡保护世界上知识体系的多样性，进而形成全球的人文社会科学。② 这对于打破个别国家或区域的"文化霸权"，推动"去中心主义"的世界史研究具有重要意义。

尽管该书对深化历史研究提出了诸多高见远识，然而依然有个别问题值得进一步商榷。

首先，"默会知识"的作用。"默会知识"不仅包含了知识分类，而且隐含着价值等级，同时也涉及历史叙述的中心和边缘等潜意识或无意识。③

"默会知识"的形成本身就带有鲜明的主体意识，这使得各国学者在发展本国的人文社会科学时，也带有明显的主体特质，甚至潜藏着某种意识形态色彩。例如政党政治已成为近代大多数国家默认的一种统治方式，

---

① 杜赞奇：《从民族国家拯救历史：民族主义话语与中国现代史研究》，王宪明等译，江苏人民出版社，2009，第2页。
② 羽田正：《全球化与世界史》，第309~310页。
③ 羽田正：《全球化与世界史》，第9页。

但世界各国有关政党的思想理论即"默会知识"存在明显的差异。如中国的"执政党""参政党""民主党派"等概念以及中国共产党领导的多党合作和政治协商制度,是基于中国独有的历史和国情形成的,带有意识形态性,很难在他国落地生根。

同时,无论全球视野有多大,都必须借助一种"单一的主导叙事"才能将目力所及的所有地区整合在一起。而单一的主导叙事又往往是种族中心主义的,因为它需要从自我的文化和经验中获取重构过去的知识与灵感。全球史在打破欧洲中心主义的宰制后,有可能会走向另外一个中心主义。[①] 由此,"默会知识"是否会演化为某种"单一的主导叙事",这一问题值得注意,并有待于进一步探讨。

其次,发展跨语境的全球人文社会科学困难重重。各国学者都有其立场判断和研究专长,再博学的人也只能看到世界的冰山一角。每个历史研究者都有其"认知中心",这也是一种不自觉、非刻意的中心主义,这就给发展"地球居民"意识以及建构全球人文社会科学带来了挑战。

全球史固然力主摒弃偏狭的民族主义史观,摆脱各种中心主义和优越论的困扰,平等而开放地对待各个国家和人民的经历,但全球史也难以做到不分轩轾地对待所有历史角色,同样需要在叙事中为不同国家和人民安排不同的位置。[②] 关于这一困境的解决办法,德国历史学家奥斯特哈默(Jürgen Osterhammel)认为可以把欧洲中心主义和其他各种中心主义去道德化,随后把它们放在平等的层面上,尝试将它们作为世界史的多种不同视角来运用,每种角度都有各自的合法性和智识潜能。[③] 这一看法实际与葛兆光老师在该书导言中的观点不谋而合:

---

① 张旭鹏:《超越全球史和世界史编纂的其他可能》,《历史研究》2013 年第 1 期,第 19 页。
② 李剑鸣:《全球史写作中的时空结构——从奥斯特哈默的〈世界的演变:19 世纪史〉谈起》,《经济社会史评论》2019 年第 4 期,第 10 页。
③ 于尔根·奥斯特哈默:《关于全球史的时间问题》,《复旦学报》(社会科学版)2018 年第 1 期,第 59 页。

> 历史学家不能以为自己全知全能，我们只能或者更能从某一个角度（中心）看世界……有各种不同视角、不同形式的全球史，直到我们达成共识，并且有能力把这些全球史整合起来的时候，才有一个从多个角度观看、多重立场协调的全景式全球史。①

当然，尽管"去中心主义"的理想不易实现，但依然是意义非凡的学术追求，值得历史研究者心向往之。

三　余思：全球史语境下的中国史研究

该书倡导或作为趋势所追求的"全球史"，既是作为研究对象的全球史，也是作为研究方法的全球史。就后者而言，全球史作为一种研究方法，亦可为中国史研究提供新思路和新视角。

羽田在该书中强调以"地球居民的意识"建构全球史语境下的"新世界史"，这不仅是世界史研究走向全球化时代的需要，同时也意味着中国史研究必须对既往的民族史观进行全面反思。中国历史延伸的脉络深刻嵌套在斑斓的世界图景中，对中国史的研究需要以跨国乃至全球的视野，考察世界历史演进中的"中国痕迹"以及中国历史发展中的"世界因素"。

一方面，中国史研究需要以跨国史视角关注全球化进程中的"在地化"特征及其产物。

跨国史专注于研究跨国个体、非国家行为体和各种无法用国籍界定的共同体之间所存在的跨国纽带，并探索国家间关系以外的网络。② 运用跨国史方法推动中国史研究的关键是分析人的思想与行动，尤其是跨国人员、信息、思想、文化、制度、资本、商品、技术的输入如何影响近代中国。

民国时期中国人对外来思想、文化、制度的包容和接受的程度，域外

---

① 羽田正：《全球化与世界史》，第26页。
② 入江昭：《全球史与跨国史：过去、现在和未来》，邢承吉、滕凯炜译，浙江大学出版社，2018，第18页。

力量影响中国历史进程的深度,以及中国参与国际事务的广度,均超过了此前中国历史上的任何时期。民国史研究有必要引入跨国史的方法,弥补已有范式的不足。①

例如在思想领域,马克思主义的中国化既是中国革命的实践过程,也是近代以来西方思想"在地化"的具体表现。又如民主革命先驱孙中山提倡的"三民主义",在一定程度上也是西方民主、民权、民治等观念传至中国的"在地化"产物。然而,关于三民主义内容的具体阐释,中国各方政治力量在不同的历史时期又显示出明显的差异。

国共两党都曾在阐释"三民主义"意涵时提出"革命的三民主义"概念,以争夺中国革命的话语权。中国国民党革命委员会(以下简称"民革")将"革命的三民主义"作为其组织建立及存续的思想根基,也作为增强成员对组织认同程度的政治文化资源。民革的前身组织之一"三民主义同志联合会"在其改革决议案中,就曾将"革命的三民主义"作为领导其组织路线的最高原则。② 民革的创始人之一谭平山曾对"革命的三民主义"的含义做过明确解释:它是针对中国半殖民地半封建社会的特殊状态,由数十年革命行动上所体验而获得的一种指导中国革命运动的理论体系;追求的目标在于民族独立、政治民主化、经济社会化。"革命的三民主义"对于中国民族问题的主张,是求中国之自由平等、国内民族一律平等、扶助弱小民族——这与一般的狭义民族主义及狭义的国家主义迥然不同,且立于反对地位,而与新民主主义有诸多一致之处。③

三民主义在中国的产生和流变,以及"革命的三民主义"思想的发展,是近代世界民主革命思潮"在地化"的阶段性产物,同时也反映出不同历史时期中国革命的基本特征与核心诉求。

另一方面,中国史研究需要将中国置于整体世界中,关注中国历史进

---

① 王立新:《有思想的历史》,商务印书馆,2020,第70~71页。
② 《附党的改革方案决议案——三民主义同志联合会第一次全体大会通过》,《民潮》第6、7期合刊,1947年4月5日,第14页。
③ 谭平山:《革命的三民主义与新民主主义》,《自由丛刊》第10期,1948年1月1日,第18~19页。

程中的世界因素。国际局势与他国政策的变化会产生一种递进效应，进而影响到中国各方政治势力的决断与选择。

解放战争时期，除国共两党及由民主党派、民主人士构成的"第三方面"外，美、苏两国力量也或明或暗地活跃在中国的政治和军事舞台上。美、苏两国的对华政策，极大地影响着中国解放战争进程和中国各派政治力量的命运走向。其间，1948年民革在港期间与美国驻华使馆多有接触，虽然联络时间不长，但这一插曲很值得注意。

国民党政权在战争中的溃败以及经济领域的千疮百孔，引起了美国政府极大的不满。美国驻华大使司徒雷登（John L. Stuart）在给国务院的报告中提到，国民政府迟早要面临崩溃，必然要被其他的政府取而代之。他认为由李济深、冯玉祥、蔡廷锴等人组建的民革能够凭借其影响力，招揽国民党军政官员并获取更为稳固的军事支持，建立一个新的政府。① 民革在此时也酝酿着一项计划，并争取到包括龙云、孙连仲、傅作义、王耀武、邓锡侯、阎锡山、刘文辉、马鸿逵等在内的国民党高级军政官员一定程度上的支持，这一计划的目标是建立一个新的联合政府。

关于民革的此项行动，司徒雷登虽不确定还有哪些国民党地方实力派会加入，不过他认为民革会成为有力挑战国民党中央政府的地方力量之一。② 此时，美国驻华外交机构也加强了与民革的沟通。而身在香港的李济深面对着国共内战的愈演愈烈，深知美国的决断会对中国政局发展产生重大影响，他在致民革中央常委朱学范的信中明确提到要重视"对美外交的运用"，认为可通过与美国建立沟通和联系，使美国"不帮助蒋介石延长中国内战残杀中国人民、不侵略中国主权、不利用中国基地对外作战并协助中国成立民主联合政府"。③

---

① The Ambassador in China (Stuart) to the Secretary of State, July 16, 1948, *Foreign Relations of the United States* (*FRUS*), *1948, The Far East: China*, Volume Ⅶ, p. 364.

② The Ambassador in China (Stuart) to the Secretary of State, July 16, 1948, *FRUS, 1948, The Far East: China*, Volume Ⅶ, p. 365.

③ 朱学范：《我与民革四十年》，团结出版社，1990，第131~133页。

为进一步增进与民革的联系，司徒雷登向国务院提议由美国驻华大使馆派出固定人员与李济深展开接触，并传递口头消息，美国借此可与民革发展友好的往来。① 但这份提议遭到美国国务院的明确反对。美国国务卿马歇尔在给司徒雷登的回电中提到，如果美国政府与民革建立"外交"联系，实际上等同于支持国民党地方派系发动武装叛乱，美方不宜派出专门的外交官员与民革展开沟通，更不能向香港派出观察员；认为美国驻华大使馆应对民革包括李济深个人采取谨慎的态度，并避免给他们提供任何建议或暗示。②

李济深虽然看清了美国的反共立场，但对这一时期美国对华政策的走向不甚了了。当司徒雷登了解到民革提议组建的联合政府有共产党力量参与时，他的态度陡然发生变化。他认为尽管中国很有可能出现联合政府取代蒋介石政权，但从美国的立场来看，这是最不可取的。他建议美国要努力防止中国组建这样的联合政府，并在可能的情况下继续增加对蒋介石政权的支持。③

在蒋介石政府的统治已处在崩溃边缘的处境下，如果试图影响中国政局的方向，美国很可能要承担重大的军事、经济和政治责任。④ 美国并未支持民革关于建立联合政府的提议，更拒绝扶助民革取蒋而代之。此后，中国民间"反内战"及"排美"的运动声浪迭起，民革的领导人于1948年底至1949年初北上参加了由中国共产党领导的新政权筹建工作，中国共产党和新生的人民政权随后在外交上"一边倒"。由此可知，美国的外交决策不仅影响了民革成员乃至中国共产党的对美认知，而且在很大程度上推动了中国政治局势的明显转变。

---

① The Ambassador in China (Stuart) to the Secretary of State, July 14, 1948, *FRUS*, *1948*, *The Far East: China*, Volume Ⅶ, p. 358.
② The Secretary of State to the Ambassador in China (Stuart), July 16, 1948, *FRUS*, *1948*, *The Far East: China*, Volume Ⅶ, p. 363.
③ The Ambassador in China (Stuart) to the Secretary of State, August 10, 1948, *FRUS*, *1948*, *The Far East: China*, Volume Ⅶ, p. 407.
④ The Ambassador in China (Stuart) to the Secretary of State, July 16, 1948, *FRUS*, *1948*, *The Far East: China*, Volume Ⅶ, p. 408.

四　结语

英国历史学家卡尔（Edward Carr）认为："在过去与现在之间，存在着双向的交通，现在是由过去铸造的，然后又不断地再现过去。"① 这说明历史研究将随着时代发展而不断涌现新的方法、视角与议题。羽田该书围绕"人文社会科学与现代世界""新世界史与全球史"两大议题，集中讨论了在全球史语境下世界史研究如何"去中心主义"，以打破文化霸权，实现不同语言体系学者的平等交流。该书倡导通过建立全球性的人文社会科学体系，在全球化时代推进不同国家和地区的学术对话，从而形成全球共融共通的学术共同体。

就中国史研究而言，关注全球化进程中的"在地化"特征及中国历史进程中的世界因素，将有助于借鉴全球史的研究方法，在纵向延伸的基础上，从横向层面考察近代中国与世界的紧密联系。

"去中心主义"的全球史方法确实开启了史学研究的新阶段，然而全球史的研究路径也并非十全十美。正如钱乘旦所指出的：全球史也有其明显甚至固有的缺陷，即在书写横向历史的同时有意无意地抛弃了纵向历史，结果从纵向的偏颇转移到横向的偏颇。因此，若将全球史视为超越此前一切历史研究的巨大进步，则有过分抬高之嫌。纵向和横向的历史各有千秋，并无"先进"和"落后"之分。② 对于历史研究者而言，在突破思维局限、追求"去中心主义"的过程中，对传统既有与近来新创的研究方法都应持客观、开放的态度。"海纳百川，有容乃大"，如此才能建构起羽田该书所言的"地球居民的意识"。

---

① 爱德华·卡尔：《历史是什么？》，陈恒译，商务印书馆，2007，第 6 页。
② 钱乘旦：《"世界史"的理论、方法和内容》，《光明日报》2015 年 1 月 10 日，第 11 版。

学术通讯

荣新江教授当选英国学术院通讯院士

2021年7月22日，我系荣新江教授当选英国学术院（The British Academy）通讯院士（Corresponding Fellow）。

英国学术院是英国人文和社会科学领域最高等级的学术机构，成立于1902年，包括21个学科组。它每年增补英国本土院士、外籍通讯院士和荣誉院士各若干名，是对人文和社会科学学家学术成就的最高认可。在人文学科中，中国学者陈寅恪、夏鼐分别于1944年和1980年获此殊荣，荣新江教授今年入选；在社会科学学科中，我校林毅夫教授于2010年入选。这是英国学术界给予的最高荣誉，也是北京大学、北大历史学系的荣光。

荣新江教授，1978年考入北京大学历史学系，1985年留校任教，现任北京大学历史学系暨中国古代史研究中心博雅讲席教授、教育部"长江学者"特聘教授，兼任国务院学位委员会学科评议组成员、北京大学历史学系学术委员会主任、中国敦煌吐鲁番学会会长。

简要说来，荣新江教授的学术贡献和学术影响力主要体现在以下六个方面。

第一，中外关系史研究。（1）突破以往文明传播以语言学—神话学比较研究为主的路径，尝试将语言学的研究成果应用于历史研究，勾勒、描述来往于丝绸之路上的人群以及物质与精神文化的交流，已结集的成果有《中古中国与外来文明》（2001）、《丝绸之路与东西文化交流》（2015）。（2）近20年来对丝绸之路上的商人——粟特人做了系统研究，揭示中古丝路上粟特人的聚落形态、信仰和生活状况等，并以粟特研究为线索揭示出中古中西交流史研究领域中以往不为人知的一些方面，论文结集为《中古中国与粟特文明》（2014），并主编出版《从撒马尔干到长安——粟特人在中国的文化遗迹》（2004）、《粟特人在中国——历史、考古、语言的新探索》（2005）、《粟特人在中国：考古发现与出土文献的新印证》（2016）。（3）以课题推进集体研究，成果合编为《中外关系史：新史料与新问题》（2004）、《马可·波罗　扬州　丝绸之路》（2016）、《马可·波罗与10～14世纪的丝绸之路》（2019）、《丝绸之路新探索：考古、文献与学术史》（2019），多方面推动中外关系史和丝绸之路研究。

第二，敦煌吐鲁番研究。（1）多年来在国外调查流失的敦煌吐鲁番文献，出版专著《海外敦煌吐鲁番文献知见录》（1996），基本弄清流失国宝的情形。（2）以敦煌文献为基础，重点研究唐宋敦煌归义军政权，写出第一部归义军史专著《归义军史研究——唐宋时代敦煌历史考索》（1996）。（3）撰写第一部敦煌学教材《敦煌学十八讲》（2001），不但为国内许多高校教学使用，而且被译成英语、俄语、吉尔吉斯语、哈萨克语文本出版，英文本在荷兰著名的东方学出版社 Brill 出版，成为国外高校敦煌学教材。此外，还出版了敦煌学论文集两部《敦煌学新论》（2002）、《辨伪与存真——敦煌学论集》（2010）。（4）领导新获吐鲁番出土文献整理小组整理自1997年以来新出土的吐鲁番文书，出版了《新获吐鲁番出土文献》2册（2008），该书图文并茂，获得第二届"中国出版政府奖（图书奖）"；主持编纂《旅顺博物馆藏新疆出土汉文文献》35册（2020）。此外，还主编出版《吐鲁番文书总目（欧美卷）》（2007），并汇集多年收集的吐鲁番文书，合编为《吐鲁番出土文献散录》（2021）。

第三，隋唐史研究。（1）主编大型学术年刊《唐研究》（第1～23卷，1995～2017），推动国内外隋唐史研究的进步，引领学科发展方向。主持北大985项目"盛唐工程"，编辑出版专著5种6册。（2）在自己的研究方面，强调社会史研究的转向，尝试以社会流动、性别划分、世俗信仰等多重视角观照隋唐史的研究，特别重视城市社会史的研究，相关论文已结集为《隋唐长安：性别、记忆及其他》（2010）；最早提出"长安学"概念，并在《唐研究》上推出三个"长安学"专号。（3）主持整理唐代墓志500方，合编为《大唐西市博物馆藏墓志》（2012），为学术界提供新材料。

第四，西域史和民族史研究。（1）利用对敦煌吐鲁番文书及东西方学者对西域胡语文献研究的成果，以及多次赴西北地区考察的成果，系统研究了西北民族的变迁史，发表一系列论文，并出版《于阗史丛考》（合著，1993；2008年增订），此书被国外学者评价为"是最可信赖的"。另外合著《于阗与敦煌》（2013），深入系统阐述10世纪前后于阗与敦煌关系史。（2）多方面推动西域史研究，合编《新获吐鲁番出土文献研究论集》（2010）、《秩序与生活：中古时期的吐鲁番社会》（2011）、《黄文弼所获西域文献论集》（2013）、《西域考古·史地·语言研究新视野：黄文弼与中瑞西北科学考察团国际学术研讨会论文集》（2014）、《丝绸之路与新疆出土文献——旅顺博物馆百年纪念国际学术研讨会论文集》（2019），组织多学科、多领域学者多角度推进西域史研究。（3）引进人才，花费10年时间合编《龟兹石窟题记》（2020），推动古代龟兹石窟寺研究。

第五，出版日文专著《敦煌の民族と东西交流》（2012）、英文专著 *Eighteen Lectures on Dunhuang*（2013），合编论文集 *Great Journeys across the Pamir Mountains*（2018），还发表有关丝绸之路、西域史等方面的西文论文50余篇，日文论文30余篇。多年来一直活跃在国际学术舞台，在相关学术领域有着广泛的影响力。

第六，推进中国学术规范化。曾出版《学术训练与学术规范——中国古代史研究入门》(2011)，在学生中影响深远。近年来，先后出版《学理与学谊——荣新江序跋集》(2018)、《三升斋随笔》(2020)、《从学与追念：荣新江师友杂记》(2020)、《三升斋续笔》(2021)，以多种形式阐述学术思想，倡导学术规范，推进学术研究。

（供稿：北京大学历史学系）

Table of Contents & Abstracts

Topic Discussion

Jiyue Tongwu as the *Lingtai* in Ancient Yue

Liu Xiaofeng / 1

Abstract: In the context of the ancient Chinese time cultural system, this article provides a comprehensive analysis and interpretation of the *Jiyue Tongwu* "Bronze Model House with Figurines of Musician" excavated inside a wall niche in the Shaoxing Potang Shizishan tomb No. 306, now collected in the Zhejiang Museum. The article explains the top half of the bronze model house as the *Xiangfeng* "Wind Indicator" and the bottom half as the *Mingtang* "Brilliant Hall". Analyzing the scene of bronze figurines performing music with regard to the connection between ancient music and time, the article proposes that the artifact is the *Lingtai* "Spirit Terrace" in the ancient Yue region and the musical scene is a depiction of the prayer for good harvest in the spring. This *Lingtai* of the ancient Yue is by far the earliest and the only surviving example of an architectural model of the *Mingtang*. The combination of the *Jiu* bird and the octagonal pillar on top of the roof of the *Lingtai* also provides the earliest real example of the *Xiangfeng*. This interpretation of the artifact would be of vital importance to future study of the cultural bond between the ancient Yue and the Central Plain, as well as the impact of ancient Chinese time culture on the ancient Yue region.

Keywords: *Jiyue Tongwu*; *Xiangfeng* "Wind Indicator"; *Mingtang* "Brilliant Hall"; Octagonal Pillar; *Lingtai* "Spirit Terrace"

Sages in Confucianism: Lawgivers or Saints?

Kojima Tsuyoshi / 27

Abstract: The concept of "Sage" in Confucianism has been comprehended as the producer of rites and music since the ancient times. Until the times of Neo-Confucianism, "Sage", regarded as a character with superior personality, became the existence that "being achieved through learning" for everyone. However, such change is not simple. In the previous records and narrations of apocrypha (纬书), the image of the sage is different from that of the ordinary people. Notwithstanding that Wang Anshi denied this character of special-shaped, he still considered that the sage is the producer, and from this point of view he still stood on the traditional position. On the surface, this shows his transitional status in the ideological history. In Japan, however, Ogyu Sorai, a critic of Neo-Confucianism, once again defined the sage to the producer, showing something in common with Wang Anshi. The similarity between Wang Anshi and Sorai in terms of overall thoughts can be reflected symbolically through the "theory of Sage". Despite the theory of Sage of Neo-Confucianism is still prevalent currently, we should realize the need to pay more attention to the political aspect of Confucianism through their discussion. This paper first introduces the view from Shimada Kenji, a Japanese scholar. In his view, the theory of Sage has gone through fundamental changes since Neo-Confucianism. Then, it summarizes the contents and implications of the theory of "being achieved through learning" in Neo-Confucianism, and argues that it is not only an old view from Confucianism, but also the shadow flash of the theory of Sage from Wang Anshi. Then it puts forward that Ouyang Xiu, Wang Anshi et al., denied the theory of Sage in apocrypha from the perspective of rationality, and emphasized it was an ideal image of politician. With that in mind, the Neo-Confucianism in Neo-Confucianism

349

emphasized that ordinary people could achieve the goal of being a sage by learning knowledge. By comparing with Ogyu Sorai, the paper indicates that the two types derived from the concept of sage (producer or personality) are not only obtained from historical development, but also can be acquired from whether to place the root of Confucianism in the difference of politics or ethics.

Keywords: Confucianism; Sage; Wang Anshi; Ogyu Sorai

The "China Factor" in Joseon-Ryukyu Relations During the Ming Dynasty

Zhang Kunjiang / 41

Abstract: China's presence as the "great other" often forces neighboring countries into contradictory pro-yet-anti-Chinese relationships, at times considering China to be "one of us", and at other times pushing it away as an "other". This article aims to analyze the "China factor" and its obvious importance through Joseon-Ryukyu interactions from the late - 14th to mid - 17th century (Ming Dynasty era). Section two deals with the exchange of official documents between Joseon and Ryukyu, as well as the reception given to Ryukyu envoys; while section three deals with case studies of Joseon and Ryukyu returning shipwrecked citizens to their homelands. These sections will describe in detail that what both Joseon and Ryukyu considered most in their dealings with each other were not bilateral relations but how their actions would be perceived by China, and how the "China factor" is an omnipresent phenomenon for China's neighbors. In the conclusion, the article will attempt to pinpoint the nature of the "China factor", in that it is not a stand-alone phenomenon but one that has resulted from centuries of interaction and routine. Thus, we may achieve a broader and clearer view of China if one contemplates "China" or the "China factor" from the viewpoint of a neighboring country, from an East-Asian viewpoint, or even from a global perspective, than if one simply looks at China from the Chinese perspective.

Keywords: Ming Dynasty; Joseon; Ryukyu; Shipwrecked Citizens; China Factor

Taking Okakura Tenshin as a Medium

Sun Ge / 63

Abstract: Okakura Tenshin was a quite controversial thinker in the Japanese modern history. Later interpretations of him often ignore the context of his thoughts and the characteristics of his time, turning Tenshin's discourse on "Asia is one" and "the ideals of the East" into abstraction. It is necessary to get closer to his text and referencing the condition of his time in the analysis in order to comprehend his discourse in historical contexts and the thread of thoughts of him. This essay chose two texts of Tenshin's and analyzed three post-war thinkers' treatises on Tenshin's thoughts. The goals of the essay are to outline his intellectual key elements that cannot be simply reclaimed as the category "Japanese Romantics" and further to give a preliminary discussion on how to take Tenshin as a medium to contemplate the meaning of the category "Asia" in today's condition.

Keywords: Okakura Tenshin; Maruyama Masao; Takeuchi Yoshimi; Hashikawa Bunzō; Asia is One

An Analysis of Maruyama Masao's Methodology of Studying the History of Thought

Tang Yongliang / 76

Abstract: Maruyama Masao is a famous historians of thought in Japan after the World War II, who has made a fundamental contribution to the establishment of the discipline of history of Japanese thoughts after the war. This paper mainly uses Maruyama's related research results on the research methods of the history of thought, and tries to sort out the main contents and internal logic of his research methodology of the history of thought, in order to provide a path for macroscopically grasping the history of Japanese thoughts after the war. Maruyama divides the research objects of history of thoughts into four categories, including theoretical theory, perceptual experience, doctrine and the spirit of the times, and puts forward two different dimensions of analysing the research objects-discipline and concentration, which is of great enlightening significance. Maruyama's the research methodology of history of thoughts has inherent logic and rationality. The research methods proposed by Maruyama are either based on the in-depth analysis of the research object and ideological significance of the history of thoughts, or based on the macro grasp of history of Japanese thoughts from the view of cultural contact theory, which not only reflects the seriousness of scientific and physicochemical discussion, but also has the nationalist feelings rooted in the study of history of Japanese thoughts. Maruyama's research methodology of history of thoughts does not seem to be completely systematic, however, this diversity just provides multiple ideas for the study of the history of thought and various possibilities for future development and innovation. Maruyama's research method of the history of thought is greatly influenced by Marxist historical materialism so that his research method also has reference significance for Chinese academic circles to carry out the research on the history of Japanese thoughts.

Keywords: Maruyama Masao; History of Thought; Methodology; Value

From China Investigation to Japan's Heavenly Mission: A Study of Naito Konan's Theory of Japanese Culture

Wu Guanghui / 93

Abstract: Any discussion of Naito Konan's theory of Japanese culture would be incomplete without reference to his first China investigation in 1899 as a journalist. This China investigation can be said to have further strengthened Naito Konan's theory of "Japan's heavenly mission", which he had vigorously advocated since 1894. Most of the studies so far have focused on sorting out the ideological threads of the First Sino-Japanese War and Japanism, on which the theory of "Japan's Heavenly Mission" is based, but they have neglected the basic premise of Naito Konan's China investigation and his research on Chinese culture. In this regard, by reviewing Naito Konan's initial evaluation of China, then his initial experience with China and finally his research on Chinese culture, a clear thread can be identified in his theory of Japanese culture, contributing to our understanding and grasp of the fundamental purpose of Naito

Konan's research on China "for the sake of Japan".

Keywords: Naito Konan; China Investigation; Heavenly Mission; Theory of Japanese Culture

"Nihon" or "Yamato": A Discussion in the *Nihon Shoki* Lectures During Heian Period

Liang Xiaoyi / 116

Abstract: There were several discussions on "Nihon" and "Yamato" the *Nihon Shoki* lectures during the Heian period. For a long time, these were treated as the early examples that "Nihon" was used as the title of Japan, the modern nation-state. However, this article argues that these discussions are more then examples, and we will figure out what the Heian intellectuals really concerned only when we are aware of the fact that there was a gap between oral and written language.

Keywords: *Nihon Shoki*; Country Name; "Nihon"; "Yamato"

The Confucianization Tendency of the Gozan Buddhist Monks in the Middle Age of Japan: Centered on Engetu Chūgan's Political Concerns and Confucianism Cognition

Wang Mingbing / 137

Abstract: Influenced by the Song Studies (Song Xue) spreading to Japan, the Gozan Buddhist monks at the end of the middle age in Japan showed a distinct tendency of Confucianism. Engetu Chūgan (1300–1375), who was born in Jufukuji of Kamakura, is based on the practice of Tantra and Zen, but he was still passionate about Confucianism and had a lot of discussions about it. In terms of his understanding and cognition of Confucianism, in addition to his political ideal of benevolent governance and the social care as a Confucian "scholar", he also made a very outstanding study of the Four Books and Five Classics, especially his theory of the *Yi*, which can be regarded as the peak of the study of the *Yi* in the middle age of Japan. His thinking on Confucian philosophical concepts such as benevolence and temperament highlights a theoretical pursuit and practical desire to break the boundaries between Confucianism and Buddhism, and to seek the path of linking Confucianism and Buddhism.

Keywords: The Gozan; Buddhist Monks; Engetu Chūgan; Confucianism

China-Related Intelligence Gathered by Tsushima Domain in the First Half of the 17th Century

Cheng Yongchao / 162

Abstract: Tokugawa Japan remained vigilance of changes in China and collected China-related intelligence through multiple channels. Among them, a channel going from Beijing to Seoul, then to Tsushima and Edo through the Busan Japanese House was considered to be most reliable, for intelligence transmitted through this channel could be verified with the letters exchanged between the Busan Japanese House, Tsushima Fuchu (Kunimoto), the lord of Tsushima domain, the bakufu and Joseon Korea. In the first half of the 17th Century, in correspondence with Tsushima's request of China-related intelligence, Joseon did its best to conceal some crucial information, such as its surrender to Qing, while provided accurate intelligence on the Manchu conquest of China proper. The shogunate in its intelligence gathering, tried to cross-check the China-related intelligence from multiple sources to determine the authenticity and trustworthiness, Tsushima was one of primary sources for the shogunate. In response to the shogunate's demands, the lord of Tsushima ordered the master of Busan Japanese House to actively collect China-related intelligence, which was a mixture of falsehood, redacted information, and reality. Busan Japanese House was found partly to collect, process and analyze such intelligence. By the end of the Tokugawa Shogunate, gathering China-related intelligence had evolved into the most important duty for the lord of Tsushima domain.

Keywords: Tsushima Domain; Tsushima so Family Documents; China – related Intelligence; Joseon Korea; Joseon's Missons to Tsushima

Rediscuss the Systemized Issues of Japan's Confucianism (1603 – 1867):
Focusing on the Standard of Vernacular Readings of Chinese Texts
of "Sodokuginmi"

Wang Kanliang / 187

Abstract: During the Kansei Reform which happened at the end of the eighteenth century, Shogunate launched the official talent's selection examination "Sodokuginmi". Sudokuginmi aimed to examine the children of the middle and lower-level samurai of the Shogunate, whether they had the ability to read Chinese texts through the vernacular readings of Chinese texts correctly. Those early research projects about this issue were divided into two groups with different options. Through combing and investigating historical materials, this article sorts out and analyzes the possible situation of the standard of vernacular readings of Chinese texts of "Sodoginmi" during 1793 to 1797. This article also provides a new perspective for the discussion on the systemized issue of Japan's Confucianism.

Keywords: Sodokuginmi; Vernacular Readings of Chinese Texts; Japan's Confucianism; Systematization of Japan's Confucianism

A Historical Review of Ogyu Sorai's Statecraft Thought: A Preliminary Reflection on the Research Methods of the History of Japanese Confucianism

Yang Liying / 205

Abstract: Since the 1950s, two research paradigms of "modernization" and "Japanization" have been formed and continued to be used in the research field of the history of Japanese Confucianism. Through the investigation of specific examples such as "morality and politics" and "human desire and economic development" in Sorai's doctrine, it can be seen that the above two research paradigms have room for discussion. In the new era, the research field of Japan's premodern ideological history needs to be supplemented by fresh research perspectives and methods on the basis of existing research methods. The overall development of pre-modern Confucianism in Japan is "physics", which is a pursuit of "the

355

way of the world" and "situation", and a "imagination" and conception of an ideal society. They seldom discuss "thought of mind and nature", let alone directly use "modern discourse" to seek the national future. So, we should investigate the significance of Confucianism under the background of the times, reduce the pre-assumptions, understand the modern world with the "modern standard", start from history and then rise to theory, so as to unify thinking with historical facts, logic with history. Therefore, we may be able to see the sequence and causal links in the historical development of East Asia from ancient times to today as contemporary people.

Keywords: Ogyu Sorai; Ukiyo; Practical Thoughts; Zhu Zi's Philosophy; Ancient Learning

Karatani Kojin's "Research on Mode D": Nomadic Lifestyle and Universal Religion

Liao Qinbin / 226

Abstract: How to break free from and resist the dominance of "Capital-Nation-State" have always been the questions to Karatani Kojin. In his *The Structure of World History*, as his response to the Francis Fukuyama's Endism, Karatani proposes the Modes A/BC/D as his thought of the structure of human society. The theoretical underpinning for going beyond Mode BC lies in Karatani's first negation and then restoration of Mode A (race), which work purports to lay foundation for his Mode D. His continuous discussion and research of Mode D represents his attempt at and test on a theoretically outlined human society in the future. Through his research on Mode D, his proposed idea of nomadism (U means freedom, equality, pure gift-giving and no reciprocity / small nomadic bands) and idea of forced return to this mode of existence, similar to "the return of the repressed" by Freud, points out that human society will have U's return. Such return till transcend the current social existence and Modes ABC of exchanges. What he proposes has what can be called the universal religion in a future society. Karatani's theoretical achievement owes to what Engels has said about religion and social movement and Karatani's own imagination.

Keywords: Nomadic Lifestyle; The Return of the Repressed; Universal Religion; Imagination; Modes of Exchanges

The Dilemma of Historical Prisoner On Watsuji Tetsuro's Ethics of the Emperor System

Wang Chao / 243

Abstract: The core proposition of Watsuji Tetsuro's ethics is the return of individuals to absolute totality. The nation-state community, as the highest manifestation of absolute totality in the real world, is the place for individuals to fulfill ethical duties. Under this premise, Watsuji Tetsuro made the emperor of Japan as the sole representative of Japanese nation-state community, and thereby constructs his unique ethics of the emperor system. Before World War II, this theory focused on ontological construction of the sacred authority of the emperor system, while after the war, stimulated by the crisis of the emperor system, it turned to the dynamics of the subjective spirit among common people, which will be the savior of the emperor system. Watsuji Tetsuro's ethics of returning to absolute totality, emperor and tradition may save a temporary crisis, but in the end it will make itself a prisoner of history.

Keywords: Watsuji Tetsuro; The Emperor System of Japan; Ethics; Postwar Japan

Deconstruction and Reconstruction: Research on the Theory of Inherent Faith of Yanagita Kunio

Luo Min / 266

Abstract: Yanagita Kunio founded the Japanese folklore and devoted himself to understand the spiritual world of the Japanese with a new research perspective. However, his thought was vividly characterized with features of the age. His theory of inherent faith was formed around the World War II. Driven by the nationalism, Yanagita Kunio showed a strong excluding consciousness in the discussion of his theory. Yanagita Kunio wanted to deconstruct the influence of foreign cultures and reconstructed the national confidence through the analysis of phenomena of folklore. But most of Yanagita Kunio's discussion stayed in the imagination or speculation, which lacked a strict argumentation. So he didn't completely establish a new theory. However, his theory of inherent faith, which was removed the nationalistic cloak and returned to the folklore is still valuable and meaningful. The research objects, approaches and new questions put out during the study gave a lot of inspiration to the follow researchers.

Keywords: Yanagita Kunio; Inherent Faith; Ancestral Beliefs; Nationalism

The Establishment of History of Confucianism in Modern Japan: Centering on Inoue Tetsujiro's "Trilogy"

Wang Maolin / 283

Abstract: The "History of Confucianism in Japan" in the sense of modern discipline started from the "Trilogy" made by Inoue Tetsujiro. The previous studies on Inoue mostly focus on whether the schools divided by Inoue are rational, as well as the criticism of his national moral argument, but there are few studies analyzing the significance of the research paradigm that Inoue's "Trilogy" owns from the perspective of the "modern transformation" in Confucianism. This paper tries to interpret such "transformation" from the two dimensions of "returning to the origin" and "creation": the narration mode of "study case" formed in the Ming Dynasty and the data compilation of Confucian scholars in modern Japan are the foundation of the "Trilogy", while the concept creation and systematic construction of "philosophy" is Inoue's "creation". Taking this as the framework for discussion, the paper outlines the important process of transforming from traditional "Confucian classics" to "philosophy" in the western context presented in the "Trilogy". As for the conclusion, Inoue's "Trilogy" not only contributes directly to the establishment of history of Confucianism in modern Japan, but also has played a vital role in establishing the modern discipline of history of Chinese philosophy.

Keywords: Inoue Tetsujiro; History of Confucianism in Japan; Trilogy; Confucian Classics; Philosophy

"East Asia" in the Context of Imperial Japan

Gu Lingjie / 305

Abstract: "East Asia" (東アジア in Japanese) in the contemporary context is not the same as the concept of "East Asia" (Toua, 東亜 in Japanese) which once appeared in Imperial Japan. As a historical concept, its origin, evolution and demise of the whole process, is also the modern Japanese continuous and long-term construction of geopolitical discourse, shaping the narrative of national identity. At the end of the 19th century, Japanese intellectuals defined the boundaries of "East Asia" on the criterion of "independence and sovereignty". In 1933, "East Asia" replaced "The Orient" (Tōyō, 東洋 in Japanese) on the political stage, and the Imperial Japan put the puppet Manchukuo, recognized as an "independent state", into the political discursive apparatus of "the Stability of East Asia". The narrative of "Greater East Asia", with Imperial Japan as its core, took a turn in 1943. This is the modern Japanese's redesign of the cause of the "Great East Asian War" and positive challenge to Western civilization, which shows their great ambitions of rewriting the geopolitical narrative and reshaping Japan's national identity under the ever expanding national will.

Keywords: Imperial Japan; East Asia; "The Great East Asian War"; National Identity

Minutes of Meeting

Summary of 2nd Young Scholars' Workshop "The Generation and Transformation of Knowledge in Modern East Asia"

Li Guoan / 325

Discussion Review

De-centralization: "New World History" in Global History Context:
A Review of Haneda Masashi's *Globalization and World History*

Chen Jiaqi / 332

Abstract: Global History, not only as a paradigm but also as an object of historical study, has become the focus of Chinese and foreign historians in recent years. Haneda Masashi's *Globalization and World History* is a masterpiece that deeply reflect on the study of global history. The author believes that the globalization of languages and the accumulation of "tacit knowledge" will break the regional and national boundaries of academic study to form a global knowledge network of humanities and social sciences. As a method of analysis, global history will also make the study of world history to attach importance to horizontal interrelations, instead of the traditional vertical sequential history, and then form a "New World History". As the study feature of the book, the orientation of "de-centralization" broadens the perspective of understanding history, shows the interactions among all parts of the world, and promotes the emergence of more new study topics. Meanwhile, Chinese history study should also learn from "the Awareness of Residents of the Earth" advocated in the book, and pay attention to the characteristics of "Localization" in the process of globalization from transnational or global perspective. Exploring "the marks of China" in the evolution of world history and the "world factors" in the development of Chinese history.

Keywords: Global History; De-centralization; New World History; Localization; Chinese History

Academic Communication

Professor Rong Xinjiang Elected British Academy Corresponding Fellow

/ 345

图书在版编目(CIP)数据

北大史学.第23辑,东亚思想与文化史专号/北京大学历史学系主办.--北京:社会科学文献出版社,2022.9
　　ISBN 978-7-5228-0469-9

　　Ⅰ.①北… Ⅱ.①北… Ⅲ.①史学-世界-文集②史评-世界-文集 Ⅳ.①K0-53

　　中国版本图书馆 CIP 数据核字(2022)第136613号

北大史学 （第23辑）
东亚思想与文化史专号

| 主　　办 / 北京大学历史学系
| 主　　编 / 赵世瑜

| 出 版 人 / 王利民
| 责任编辑 / 陈肖寒
| 文稿编辑 / 李蓉蓉 等
| 责任印制 / 王京美

| 出　　版 / 社会科学文献出版社·历史学分社（010）59367256
|　　　　　　地址：北京市北三环中路甲29号院华龙大厦　邮编：100029
|　　　　　　网址：www.ssap.com.cn
| 发　　行 / 社会科学文献出版社（010）59367028
| 印　　装 / 三河市龙林印务有限公司

| 规　　格 / 开本：787mm×1092mm　1/16
|　　　　　　印 张：22.75　字 数：350千字
| 版　　次 / 2022年9月第1版　2022年9月第1次印刷
| 书　　号 / ISBN 978-7-5228-0469-9
| 定　　价 / 89.00元

读者服务电话：4008918866

▲ 版权所有 翻印必究